航空地勤
運務導論

Introduction to Airport
Passenger Service

楊政樺、曾通潔◎著

序

　　《國際機場旅客服務實務》一書自2010年9月初版，至這本書以《航空地勤運務導論》的書名重整後再版，光陰荏苒，十年已倏忽飛逝。在這十年期間，隨著民用航空運輸業的不斷發展，航空企業的競爭核心由規模化開始逐漸向管理精細化和服務差異化轉變，並紛紛朝向以內省觀點辨識目標客群與需求，整合實體環境和人力資源，致力把品牌風格鑲嵌在通路的每個關鍵接觸點，力促顧客與品牌產生正向互動體驗。北歐航空公司總裁卡爾森（Jan Carlzon）曾經指出，「前場人員」（front-line employees）是關鍵時刻的關鍵主角，接觸顧客的十五秒關鍵瞬間，可以說是決定公司命運之「關鍵中的關鍵」。二十一世紀，新興市場的消費態樣已進入「感官和感覺」的可擴展領域。包含運輸服務產業在內的諸多服務業特別重視「主客互動關係」的細節管理，尤其「前場人員」是執行關鍵時刻的第一線戰力，他們與顧客互動的品質塑造了顧客對服務品質的看法，以及工作績效的輸出。本書作者考慮空運顧客到機場報到劃位時最先接觸到的是泛稱為「地勤人員」的「機場運務人員」，更是前場中的前場，遂以運務人員為探究主體，爬梳國內、外民航法規、國際航空運輸協會（International Air Transport Association, IATA）相關技術手冊、學術文獻、全服務式與平價航空公司運務作業手冊、產業動態資訊等資料，彙整與主體有關的工作本位（work-based）／工作有關（work-related）之專業主題，深層解構運務人員執勤期間的工作任務、工作執行方式、服務情境、服務接觸點、服務提供對象，一般作業與應變通則等，期望能幫助讀者以合理的學習路徑增進適性就業準備，提高職場適應性和就業能力。

　　本書兩位作者，過去逾二十年以來，均分別於民用航空運輸領域的學術界與產業界崗位黽勉從事知識探索與技術實踐，勤勤懇懇，不敢告勞。秉持匠人匠心的初心，此次在《航空地勤運務導論》一書再度合

作，仍以「outside insider, inside outsider」（局外圈內人，局內圈外人）的思維，勉力共創這本專書的問世。兩位作者也藉此一隅，表達對揚智文化事業股份有限公司工作團隊的感激。文末，由於作者知識譾陋，舛誤難免，倘有謬誤疏漏之處，深望四方賢達鑒諒，不吝指正針砭為禱，以匡不逮是所至盼。

楊政樺・曾通潔 謹誌

目　錄

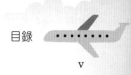

航空地勤運務導論

vi

Chapter

1

國際民航運輸簡介

第一節　國際航空運輸產業概述

「運輸」（transportation）可以定義為「利用各種運輸工具及通路，將人或貨物從甲地運送到乙地，藉以排除空間阻隔及縮短時間的一種社會經濟活動」。因運輸工具的不同而區分為公路運輸、軌道運輸、管道運輸、水道運輸及航空運輸等方式，而航空器憑藉空氣之反作用力飛行於大氣之中從事運輸行為者，稱之「航空運輸」。即便在國際恐怖攻擊事件頻傳、金融危機、保護主義抬頭、傳染性疾病疫情、國際燃油價格飛漲的餘波盪漾下，全球旅客運輸量仍有逐步增長的趨勢，其中臺灣因地理位置正好處在繁忙的越太平洋航線的輻軸中心，藉由兩岸四地頻繁的互動交流，促使商旅服務從過去的賣方市場轉變成買方市場。

航空運輸市場型態，可略分為洲際航空公司、區域航空公司與平價航空公司（Low Cost Carrier, LCC）為主要經營型態。票價與營運政策成為驅使航空公司吸引消費者時代來臨，航空事業進入戰國時代。為提升民眾搭機旅遊意願，降低航空公司的經營成本，機隊選擇已成為重要課題，低耗油綠能化為主要的考量因素。另外，人力成本控管，委外尋求代理公司提供地勤服務，創造機場公司的地勤代理商興起，加入航空聯盟拓展航線，建立共用班號營運市場，擴大利基，均是當下航空公司經營實務的態樣。本節就「航空運輸的定義」、「航空業聯盟體系」、「臺灣空運產業發展簡史」及「外籍航空公司在臺營運概況」四大面向從事梗概性的引介，分述如後：

一、航空運輸的定義

航空運輸，簡稱「空運」（air transportation），基於達到某種活動目的，以航空器為工具，將人或貨物透過各種運輸工具及通路，從甲地運送到乙地的現象稱之「航空運輸」。航空的原理係根據航空器發動機運作後產生的動力，帶動渦輪使其轉動，渦輪不斷旋轉產生推力，藉著地表

空氣之反作用力而使航空器得以浮升於空中，並經由地表海面之反作用力而浮升或推進。航空運輸的產業特性具有技術密集性和資金密集性，屬於「第三產業」的第一個層次，亦即「流通領域」。航空運輸在國民經濟和社會活動中雖不直接創造新的物質產品，不增加社會的產品總量，但它是直接生產過程的繼續，對保持國民經濟、各部門、各地區、各企業之間的聯繫、交流及促進國際貿易具有舉足輕重的地位。

　　工商業發展並進下，人們從事商務往來及觀光旅遊更加頻繁。為了縮短兩地往來的時間，在交通工具的選擇上，也就趨向於速度快及準點性高的運具。尤其，航空運輸具備跨越山川海洋阻隔的特性，在沒有其他更適合的替代運具被發展出來之前，它仍是人們長途旅行的最佳選擇。航空運輸不僅縮短了各個國家與地區之間的距離，亦擴大個人活動的能力，促使人們的交流密切，觀光、文化、經貿活動往來頻繁，驅使國界意識模糊，天涯若比鄰得以實現。然而，航空運輸的運作方式比其他運輸方式複雜許多，廣義的「航空運輸系統」包含：主管部門（如交通部民用航空局、行政院國家運輸安全調查委員會）、航空站（包含機場公司或機場管理當局、航空貨運站、機場管制塔臺、氣象諮詢、機場聯外捷運系統、購物餐飲、過境或轉機旅館、商務中心），推動機場周邊發展並專責機場園區行銷與招商的航空城公司、政府機構（財政部關稅局、內政部入出國及移民署、行政院農業委員會動植物防疫檢疫局、內政部警政署航空警察局、衛生福利部疾病管制署、外交部領事事務局、交通部觀光局機場旅客服務中心）、民航六業（民用航空運輸業、普通航空業、航空貨運承攬業、航空站地勤業、空廚業、航空貨物集散站經營業）及航空器製造商、發動機製造商、航空器租賃公司等相關產業。而狹義的「航空運輸系統」僅專注在航空公司實現人和物從始發地運送至目的地的位移行為及其衍生的各式經濟效用。

二、航空聯盟體系

　　四架遭劫民航客機被利用釀成911恐怖襲擊事件之後，餘悸猶存的各

國為了應對和防止災難性恐怖主義的出現，紛紛在航空安檢與機場進出控制採行各式制度面與科技面的「預防性防禦」（preventive defense）措施。甚至在既有全球經濟疲軟、資產泡沫日益膨脹的市場態勢下，更加雪上加霜，造成包括成本上升、金融、航空、保險、旅遊業受創的連鎖效應，亦衝擊國際航空市場的劇烈盤整或重組，部分航空公司退場，例如：美商西北航空與達美航空合併存續公司為達美航空；美國大陸航空與聯合航空合併存續公司為聯合航空。抑或合併成單一公司或經營集團，例如：法航與荷蘭皇家航空合併為法國荷蘭皇家航空；中國東方航空與上海航空合併為中國東方航空集團，但仍然持用原有的航空公司班號繼續營運。抑或以平價航空的經營模式成立子公司，裨益進行分眾行銷。例如：新加坡航空成立酷航與捷星航空、大馬亞洲航空分庭抗禮。泰國航空成立泰國微笑航空對抗泰國亞洲航空；中華航空成立臺灣虎航，與樂桃航空、泰國微笑航空及酷航從事競爭，期望維持集團競爭優勢。

　　早在911事件之前，其實1990年代後期，全球航空界已經感受到競爭態勢與經營成本壓力，於焉進行結盟或合併，以遂行合縱與連橫等務實策略。1997年5月由美國聯合航空公司、德國漢莎航空公司、加拿大楓葉航空公司、北歐航空公司及泰國國際航空公司等五家公司率先組織了全球首起「星空聯盟」（Star Alliance），至2021年合作夥伴有，長榮航空、愛琴海航空公司、哥倫比亞航空、巴拿馬航空、布魯塞爾航空、衣索比亞航空、深圳航空、克羅埃西亞航空、加拿大航空、紐西蘭航空、全日本空輸（All Nippon Airways）、韓亞航空、奧地利航空、LOT波蘭航空、德國漢莎航空、北歐航空、新加坡航空、TAP葡萄牙航空、泰國國際航空、聯合航空、瑞士國際航空、南非航空、中國國際航空、土耳其航空、埃及航空和印度航空等二十六家涵蓋全球五大洲的合作夥伴。

　　1998年9月，美國航空公司、英國航空公司、加拿大國際航空公司、國泰航空公司和澳洲航空公司等五家大企業宣布共同成立第二個全球性的「寰宇一家聯盟」（Oneworld Alliance），並於隔年2月1日正式運作。截至2021年，寰宇一家共有十四家合作夥伴，包括美國航空、英國航空、澳

洲航空、國泰航空、日本航空（Japan Airlines）、馬來西亞航空、芬蘭航空、西班牙國家航空、卡達航空、皇家約旦航空、西伯利亞航空、斯里蘭卡航空、摩洛哥航空和阿拉斯加航空。寰宇一家會員航空另各自簽有共用班號航空公司二十四家，除了可以搭乘寰宇一家航空公司服務之外，更可延伸航線至非聯盟的共用班號航空公司，服務軸幅延伸，改善聯盟會員航空公司較少的劣勢。在共用班號的非附屬成員航空公司之中，其中甚至不乏第三大航空聯盟「天合聯盟」（SkyTeam）的成員。

前揭所述的「天合聯盟」，2000年6月由法國航空、達美航空、墨西哥航空、大韓航空成立，截至2021年的合作夥伴涵蓋中華航空、達美航空、墨西哥國際航空、大韓航空、中國南方航空（2020/1/1起退出，仍保持與部分天合聯盟成員的代碼共享合作）、中國東方航空，廈門航空、嘉魯達印尼航空（印尼鷹航）、越南航空、俄羅斯航空、法國航空、義大利航空、歐羅巴航空、捷克航空、荷蘭皇家航空、羅馬尼亞航空、阿根廷航空、肯亞航空、中東航空、沙烏地阿拉伯航空公司共十九家。透過此全球最綿密的轉運系統，短期來說，合併的議題可以為參與者在營運上帶來許多動力，增進世界排名；長期來看，他們必須為設置更新的服務水準，共同創造一個可以超越競爭者的團隊。

三、臺灣空運產業發展簡史

1909年，一位法國航空技師梵朗在上海的上空從事航空器的表演，此為中華大地的穹蒼第一次出現人造飛行器遨遊天際。爾後，在軍閥割據時代，1921年北洋政府航空署開辦北京與上海的國內定期航線。1930年8月，我國第一家民營的國籍航空公司開啟上海、四川、廣東、北京、昆明及香港、舊金山等航線的空運服務。1931年，歐亞航空公司飛航北京、廣州、蘭州、四川及香港、河內等航線。後來，歐亞航空公司收歸國有後，於1951年改組為中央航空運輸公司，飛航國內各大都市及香港、馬尼拉、舊金山等國際航線。歷經八年對日抗戰，1945年，由俗稱「飛

虎隊」的中華民國空軍美籍志願大隊（American Volunteer Group, AVG）指揮官陳納德將軍（Claire Lee Chennault）以及商人魏豪爾（Whiting Willauer）合資創辦「行總空運隊」（CNRRA Air Transport, CAT），1946改稱民航空運隊（Civil Air Transport），諸多外籍航空公司將經營航線延伸至我國境內。行總空運隊、中央航空公司及中國航空公司當年並列為中華民國三大航空公司。

中華人民共和國於1949年10月1日建立政權之後，海峽兩岸分立分治，國民政府退守臺灣。原先在中華民國的三大航空公司僅有民航空運隊部分人力機具隨著國民政府遷臺，維持臺灣與香港等地的空中交通。民航空運隊在1955年改組成立民航空運公司，經營國內外航線，但1975年該公司法人股東美國太平洋公司決議宣布解散。繼而，1951年由陳文寬、戴安國、蔡克非等人共同創辦復興航空公司，是臺灣第一家純民營經營國內航線的航空公司。1958年10月1日，復興航空因一架自馬祖返臺北的水陸兩用客機PBY型藍天鵝式商用飛機失事，遂改變經營方針，暫停國內航線，以代理國際客運業務及經營空中廚房為主，1983年由國產實業集團接掌後，始恢復國內航線經營。1957年，胡侗清成立遠東航空公司，初期經營空中運報業務、不定期國內外包機及航測、農噴等工作，1962年起陸續開闢國內航線班機，為經營國內航線之主要航空公司。1959年，一批空軍退役軍官以資本額新臺幣四十萬元、員工二十六人及PBY型飛機兩架成立中華航空公司，從事至寮國、越南代行戰地運補工作，1962年開始經營國內航線，1966年華航以DC-4開闢第一條國際航線，臺北至西貢（越南胡志明市），1970年開闢中美越洋航線，華航為臺灣的民航發展立下嶄新的里程碑。1982年，華航又增闢臺北至盧森堡歐洲航線，1984年完成環球航線，躋身國際的大型航空公司，為代表臺灣的國家航空公司（flag carrier）。除此之外，1966年大華航空公司、臺灣航空公司、永興航空公司紛紛成立。大華航空初期以直昇機農噴、運補或包機業務為主。臺灣航空公司以經營蘭嶼、綠島等離島航線為主。而永興航空公司除了經營離島航線外，尚從事農噴業務。

　　1987年，臺灣的高速公路壅塞，鐵路營運績效不佳，政府頒布《民用航空運輸業申請設立、增闢航線、購機執行要點》，放寬國內航空運輸新業者加入及允許業者增闢航線的管制，此即一般所謂的「開放天空政策」。在航空客運量大幅增加的狀況下，臺灣遂進入高競爭環境的空運市場。在國內航線市場利潤固定，且競爭激烈的生存危機下，天空開放後的航空公司均紛紛改組，添購新機，擴大國內線的經營規模及拓展國際及區域航線。1989年長榮航空公司獲准籌設，經營國際航線。1991年華航子公司華信航空公司成立，飛航國際航線。至2001年6月，臺灣當時計有六家航空公司經營民用航空運輸業，分別為中華、長榮、華信、復興、遠東、立榮。另外，尚有亞太、大鵬、中興、凌天、金鷹經營普通航空業。開放天空後的國內航線雖飛航班次增加，但因供給增加導致相對的承載率下降，和航空公司家數成反向關係，在具商業優勢的國際航權拓展不易，且當時海峽兩岸的直航市場尚未開放，航空公司集團化、聯盟化遂成為生存法則下的必然趨勢，如同美國開放天空後航空市場的質變經驗，臺灣的航空公司初期以維持市場占有率為競爭策略，但在經營一段時日之後有所改變。他們確信最有效率的競爭武器在規模，因此開始併購小型航空公司或打破公司之間的藩籬予以集團化、聯盟化。遠東航空公司與復興航空公司互相持有對方股票，且兩家公司也採取航線與票價聯盟。立榮航空自1998年7月1日合併大華、臺灣航空後，同時長榮航空也停飛國內航線。此外，華航亦在考量飛航品質與專心經營國際線下，自1998年11月由華信航空接手飛航國內線。2016年11月22日，復興航空無預警停止所有航線營運，並決議解散公司，提交長期停航申請。

　　曾經一度是臺灣最大的國內與區域航線航空公司的遠東航空股份有限公司成立於1957年6月5日，初期以經營貨運為主，並長期擔任「空中運報」任務，直到1978年中山高速公路通車後此一工作始告終止。遠航早期的服務範圍廣泛，除了經營客運、貨運之外，還承攬國內外包機、空中照相、森林防護、海上搜尋及支援石油鑽探等運補工作外，亦接受軍方、民用航空局、臺灣省政府委託維護其飛機、直昇機，並接受國外航空公司飛

機及發動機維修工作，因此累積了豐富完整的經驗，並在觀光事業蓬勃發展的六十年代順勢成為國內航線的龍頭老大。2008年5月12日傍晚，遠航發布股市重大訊息，因資金問題，自2008年5月13日起暫時停止營業，公司經營瀕臨倒閉危機。經聲請法院准予重整後，於2009年10月5日引進樺福集團資金，2011年4月18日正式復航。2015年10月1日經臺北地方法院裁定完成重整，並於2015年10月16日確定。然而，遠東航空復因沉痾的財務瓶頸，於2019年12月12日向交通部民用航空局提出自13日起暫停所有航線營運，由於遠航並未依照《民用航空法》第48條第三項規定，於主管機關核准後六十天始得停業，民用航空局認定違規事實明確，依《民用航空法》第112條第四項規定，報請交通部廢止其民用航空運輸業許可，交通部於2020年1月31日函覆同意，除了廢證並「收回航權」之後再重新分配之外，民用航空局也將依法裁處新臺幣三百萬元罰鍰。2020年3月7日、9日，租予遠東航空的ATR72-600客機，被租賃公司收回，分兩日從松山機場起飛，經越南峴港等地返回丹麥。成立六十二年的遠東航空由盛轉衰，從國內與區域航線龍頭到二度黯然破產停業，臺灣民航史的圖景無情地翻過了「遠東航空」這一頁。無論它的過去是繁花似錦，還是慘澹經營。變幻無窮就是歷史也是生活的本質。

　　長榮集團創辦人張榮發第四子張國煒以成立臺灣航空業的Emirates（阿聯酋航空）為目標，期許讓旅客感受到用心、優質與尊榮而籌資創辦星宇航空股份有限公司（STARLUX Airlines Co., Ltd.），於2018年4月27日獲得交通部民用航空局的籌設許可函，5月2日正式取得登記核准。2020年1月23日，星宇航空在桃園國際機場舉行首航儀式，從桃園往返澳門、峴港及檳城三個航點班次正式同步開航。

四、外籍航空公司在臺營運概況

　　因兩岸航空市場與東北亞航線運能提高，且平價航空大舉進入臺灣市場，創造市場榮景，因此2017年起法航、土航、加航、阿聯酋重回臺

灣航線，2018年10月起，汶萊皇家航空（BI/RBA; Royal Brunei Airlines）直飛臺北—汶萊。目前，在臺經營定期貨機業務的外籍航空僅有聯邦快遞（FM/FDX; Fedex）、優比速（5X/UPS; United Parcel Service）與中國國際航空（CA/CCA; Air China）等。依據IATA發布全球航空發展景氣預報，美洲與太平洋航線將持續熱絡展，已吸引亞太區各國「平價航空」（LCC）飛航臺灣，如**表1-1**所示，原有十九家進入臺灣市場，亞洲航空集團旗下全亞州、馬亞航、菲亞航積極開拓臺灣至東南亞市場；韓國與日本的平價航空也積極經營臺韓、臺日營運。後來，受到新冠肺炎（COVID-19）重創影響航空產業，由新加坡酷航（Scoot）和泰國皇雀航空（Nok Air）合資成立泰國廉價航空「酷鳥航空」（NokScoot）評估前景黯淡，遂於2020年6月24日發布聲明表示將開始企業瘦身，26日更直接宣布董事會決議將解散公司、退出市場。

　　另外，國籍航空公司與中國大陸航空公司感受到直航班機所帶來的經濟效應，開放兩岸直航航點、中轉點與互設辦事處，並藉由兩岸協商簽署海峽兩岸空運協定，在兩岸同意的互惠基礎上，對參與兩岸航空運輸業者在對方領域取得的營運收入給予免徵營業稅與所得稅，如此積極的協商討論或許會再次帶動臺灣航空市場的活絡。同時，航空公司為有效拓展航網幅度與航班密度，亦廣泛使用共用班號方式來增加運航班次，以日航與華航為例，兩家航空公司對於彼此經營的臺日航線，採用共掛班號方式經營，無形間彼此間的運行班次增加，提高時間帶優勢，也讓旅客搭乘航班更為便利。另外，新加坡航空的兩家子公司勝安航空與酷航共用班號，以酷航為主飛航空公司，無形中平價航空與傳統航空的服務水準漸漸被拉進，而產生質變，此型態亦發生在臺灣虎航與華航、華信共用班號飛航桃園長沙航線上。為了維繫航權或增加他國航線，國籍航空與外國籍航空共用班號，以獲取該國內陸航線運載權已成為業界營運常態，往往華航與長榮的主飛班機，同時掛有多家天合聯盟（華航）及星空聯盟（長榮）的共用班號班機，亦可能因代理該外國籍航空的地勤業務，雖非同一聯盟，但為增加共同利益而共掛班號經營，例如長榮航空代理香港航空，衍生出長

榮與香港航空共掛班號服務。只不過,共掛班號服務立意雖佳,偶爾產生
消費者購買A航空機票,卻搭乘B航空的飛機產生的搭機糾紛。因此,航
空公司的行銷通路背負向消費者仔細說明的義務與責任,方可讓行銷營運
能更有彈性,提高消費者選購與搭機的便利性。

表1-1 2020年在臺灣營運客機業務的外籍航空公司

區域	航空公司	英文名稱	IATA code	ICAO code	備註
港澳	澳門航空	Air Macau	NX	AMU	
	國泰航空	Cathay Pacific Airways	CX	CPA	
	國泰港龍航空	Cathay Dragon	KA	HDA	
	香港航空	Hong Kong Airlines	HX	CRK	
	香港快運航空	Hong Kong Express Airways	UO	HKE	LCC
東北亞	日本航空	Japan Airlines	JL	JAL	
	全日本空輸或稱「全日空航空」	All Nippon Airways	NH	ANA	
	大韓航空	Korean Air	KE	KAL	
	韓亞航空	Asiana Airlines	OZ	AAR	
	樂桃航空	Peach	MM	APJ	LCC
	德威航空	T'way	TW	TWB	LCC
	釜山航空	Air Busan	BX	ABL	LCC
	濟洲航空	Jeju Air	7C	JJA	LCC
	易斯達航空	Eastar Jet	ZE	ESR	LCC
	真航空	Jin Air	LJ	JNA	LCC
東南亞	菲律賓航空	Philippine Airlines	PR	PAL	
	馬來西亞航空	Malaysia Airlines	MH	MAS	
	曼谷航空	Bangkok Airways	PG	BKP	CI共掛班號
	泰國國際航空	Thai Airways	TG	THA	
	新加坡航空	Singapore Airlines	SQ	SIA	
	勝安航空	Silk Air	MI	SLK	TR共掛班號
	嘉魯達印尼航空（印尼鷹航）	Garuda Indonesia	GA	GIA	CI共掛班號

（續）表1-1　2020年在臺灣營運客機業務的外籍航空公司

區域	航空公司	英文名稱	IATA code	ICAO code	備註
東南亞	越南航空	Vietnam Airlines	VN	HVN	
	印度航空	Air India	AI	AIC	BR共掛班號
	越捷航空	Vietjet Air	VJ	VJC	LCC
	宿霧航空	Cebu Pacific Air	5J	CEB	LCC
	越南捷星航空	Jetstar	BL	PIC	LCC
	馬亞洲航空	AirAsia Berhad	AK	AXM	LCC
	馬印航空	Malindo Air	OD	MXD	LCC
	全亞州航空	Air Asia	D7	XAX	LCC
	菲律賓亞洲航空	Air Asia Philippines	Z2	APG	LCC
	泰國獅子航空	Tha Lion Air	SL	TLM	LCC
	酷航空	Scoot	TR	TGW	LCC
	汶萊航空	Royal Brunei Airlines	BI	RBA	
	景成國際	JC Inernational Airlines	QD	JCC	
	亞洲捷星航空	Jetstar Asia	3K	JSA	LCC
美洲	美國航空	American Airlines	AA	AAL	JL共掛班號
	達美航空	Delta Air Lines	DL	DAL	與CI共掛班號
	聯合航空	United Airlines	UA	UAL	BR共掛班號
	加拿大航空	Air Canada	AC	ACA	
	哥倫比亞航空	Avianca	AV	AVA	BR共掛班號
	夏威夷航空	Hawaiian Airlines	HA	HAL	JL共掛班號
歐洲	荷蘭皇家航空	KLM	KL	KLM	與CI共掛班號
	義大利航空	Alitalia Linee Aeree Italiane	AZ	AZA	與CI共掛班號
	法國航空	Air France	AF	AFR	
	土耳其航空	Turkish Airlines	TK	THY	
	西班牙歐洲航空	Air Europa Lineas Aereas	UX	AEA	與CI共掛班號
	捷克航空	CSA Czech Airlines	OK	CSA	CI共掛班號
中東	阿聯酋航空	Emirates Air	EK	UAE	
大洋洲	澳洲航空	Qantas Airways	QF	QFA	CI/3K共掛班號
中國	中國國際航空	Air China	CA	CCA	

*航空*地勤運務導論

（續）表1-1　2020年在臺灣營運客機業務的外籍航空公司

區域	航空公司	英文名稱	IATA code	ICAO code	備註
中國	中國東方航空	China Eastern Airlines	MU	CES	
	中國南方航空	China Southern Airlines	CZ	CSN	
	上海航空	Shanghai Airlines	FM	CSH	與MU合併
	廈門航空	Xiamen Airlines	MF	CXA	
	深圳航空	Shenzhen Airlines	ZH	CSZ	
	山東航空	Shandong Airlines	SC	CDG	
	海南航空	Hainan Airlines	HU	CHH	
	吉祥航空	Juneyao Airlines	HO	DKH	
	春秋航空	Air Spring	9C	CQH	LCC
	四川航空	Sichuan Airlines	3U	CSC	

第二節　國籍航空公司簡介

　　1987年以前，臺灣僅有四家航空公司：中華、遠東、臺灣、永興。其中，僅華航營運國際定期航線。1987年實施開放天空政策以後，1998年增至十一家，後因金融危機蔓延，油價波動、需求疲軟和激烈的市場競爭，歷經整併，永興航空由華航與國華集團收購，並更名為國華航空，後因經營理念不同，國華集團退出營運，遂併入華信航空而成為華航集團的子公司之一。另一方面，1995年在長榮集團購買馬公航空之股權後，於1996年3月正式更名為立榮航空。1998年7月1日，立榮航空正式與大華航空及臺灣航空合併，同時承接長榮航空之國內航線。遠東航空於2008年5月13日因財務危機暫停營業，經聲請法院准予重整後，引進樺福集團資金，2011年4月18日正式復航。但2019年12月13日宣布停止營運，交通部民用航空局於2019年12月27日報請交通部廢止其民用航空運輸業許可，交通部審慎衡酌事實及法令後於2020年1月31日同意廢止。

　　截至2020年，國籍民用航空運輸業以固定翼航空器經營國際定期航線者有中華、華信、長榮、立榮、臺灣虎航及星宇航空等六家，茲臚列於後：

一、中華航空公司（資料來源：https://www.china-airlines.com）

　　中華航空公司是中華民國首家經營國際航線定期或不定期航空運輸業務的國籍航空公司，也是最大民用航空運輸業者，且是華航集團的核心企業。主要股東包含財團法人中華航空事業發展基金會、行政院國家發展基金管理會、中華電信。1959年以資本額新臺幣四十萬元、員工二十六人及PBY型飛機兩架成立從事至寮國、越南代行戰地運補工作，1966年，開闢第一條由臺北至西貢（胡志明市）的國際航線，正式步上了國際航空舞臺。1988年在原有二十七位股東捐出股權後，成立「財團法人中華航空事業發展基金會」將監督管理權交給社會。為突破航線取得障礙與成為股票上市民營化公司的目標，華航創造新的企業形象與全新的企業識別標誌CIS，首先於1991年正式申請股票上市；1993年華航正式於臺灣證券交易所股票上市，成為臺灣第一家股票上市的航空公司。1995年10月華航推出全新的企業識別標誌「紅梅揚姿」。2009年11月26日，華航在桃園機場的新營運總部「華航園區」開始營運。目前以經營國際航線及兩岸航線為主（包含客運與貨運），航點遍布三十個以上國家及地區。

　　中華航空長期稟持最初的服務理念：「相逢即是有緣，華航以客為尊」從事服務人群，造福群眾。為了因應時代變遷及企業目標改變，1998年完成《中華航空公司策略規劃書》確定整體企業的新願景為「最值得信賴的航空公司」，且頻頻透過各種行銷通路及媒體主動出擊，將此新願景與國人分享，並從事企業改造。2003年為華航開闢最多航點的一年，包括越南胡志明市貨運航線、復飛英國曼徹斯特貨運航線、臺北─首爾（仁川機場）包機航線、臺北─河內客運航線及澳洲布里斯本客運航線，同年1月26日利用上海春節包機，開啟兩岸分隔五十三年以來的首度直航。2004年榮獲英國曼徹斯特機場最佳航空公司，同年引進全球第一架導入波音飛機公司「概念客艙」（Signature Interior）設計主軸的B747-400客機。2005年以蝴蝶蘭彩繪機身的A330-300客機，向全球介紹臺灣優質農產品。2006年中華與達美兩大航空美亞兩洲擴大共用班機合作，且於當

年4月25日首航阿布達比開啟臺灣與中東間唯一的客運航班服務；9月與民航局簽約進行華航園區的工程計畫。2008年7月展開兩岸週末包機後，同年12月開始兩岸平日包機業務；2009年分別成為高雄世運與臺北聽障奧運的指定航空公司；同年11月臺灣正式成為國際航協電子貨運（IATA e-Freight）國家與地區，中華航空亦正式成為國際航協電子貨運航空公司。華航於2011年9月28日加入天合聯盟，是首間加入國際航空聯盟的國籍航空公司。該公司亦獲得英國知名航空服務調查機構Skytrax公司評選持續獲得最佳機艙清潔、最佳整體服務、最佳進步獎，以及2018年全球最佳機場服務第六名、最佳商務艙座椅、豪華經濟艙座椅第五名、最佳商務艙貴賓室第十名。在相關認證方面，持續通過安全查核認證以及E-IOSA認證、國際環境管理系統標準認證、國際能源管理系統標準認證、國際溫室氣體管理系統標準認證。由臺灣永續能源研究基金會舉辦的「2018年臺灣企業永續獎」（Taiwan Corporate Sustainability Awards, TCSA）評選該公司在企業永續報告類及企業永續績效類表現不凡，共獲四項大獎，其中「TOP50白金獎」及「氣候領袖獎」蟬聯五屆殊榮、「社會共融獎」亦連續二年獲獎，並獲頒2018年特增設之「英文報告獎」。截至2020年7月1日止，華航員工總數合計為11,368人（國內9,608人；國外1,760人），截至2020年2月，機隊規模涵蓋A321-275N、A330-302、A350-941XWB、B737-800、B747-409、B777-309ER/36NER、B747-409F、B777-F等機種。華航主要子公司包含：華信航空股份有限公司、臺灣虎航股份有限公司、華膳空廚股份有限公司、華航大飯店股份有限公司（2020因COVID-19結束營業）、華夏航科國際股份有限公司、華旅網際旅行社股份有限公司、華儲股份有限公司、桃園航勤股份有限公司、台灣航勤股份有限公司。

二、華信航空公司（資料來源：https://www.mandarin-airlines.com）

華信航空公司係於1991年6月1日由中華航空公司及和信集團共同合

資成立，是我國第三家飛航國際航線的航空公司。1992年10月31日由於和信集團撤資，華信航空遂成為由華航百分之百投資的子公司，但人事及財務章程、前後艙組員的招募、訓練則完全獨立。1996年4月並獲得國內航空界第一張空中服務ISO-9002品質系統國際認證。華信航空是中華民國民航史上直飛澳洲、加拿大的第一家航空公司。

1998年8月，華信航空與國華航空合併後統稱為華信航空。有關國華航空公司（Formosa Airlines），原名為永興航空公司，成立於1966年，創立初期以飛航離島航線及經營農噴業務為主；直至1990年加入經營本島主要航線；1994年10月與誠洲電子集團結盟，正式更名為國華航空公司，當時擁有國內十二條航線，往來臺灣與離島共十個城市，每日起降架次約一百二十班左右，主要以SAAB SE-340、FK50、FK100及Donier-228從事飛航服務；1996年7月1日，中華航空與國華航空開始策略聯盟關係，首創國內與國際航線全程訂位、一票到底、行李直掛之服務，同時並與誠洲電子集團各自擁有42%的股權，且具有經營管理權。於1999年7月起，國華與華信研究合併的可行性及資源、訂位系統的整合，而於同年8月起正式合併，存續公司為華信航空公司。為了增取電子商務的無限商機，1999年11月起率先推出國內航線電子機票後，在2000年6月中旬推出網上購票、海東青會員卡，並曾於2001年2月13日起，在臺北、高雄兩地的機場櫃檯裝設「kiosk自動報到亭」，引進國內旅客自動報到系統，讓旅客從購票、付款、取登機證皆可獨立完成。此外，國華航空在2000年納入華信航空之後，隨即展開再次全面品質認證作業，並於當年12月8日由英國SGS Yarsley International Certification Service公司頒給ISO-9002品質保證合格證書，認證範圍包括航務、機務、飛安、聯管、空服、地服及貨運服務。並於2003年12月完成更新驗證，取得SGS United Kingdom Ltd.所頒發ISO 9001的2000年版品質保證合格證書。現今主力經營國內、兩岸與區域國際航線，並定位為中型區域航空公司。截至2019年8月，機隊規模涵蓋ERJ-190AR與ATR72-600兩種機種。另外，該公司和其母公司華航機隊亦自由互相調度，因此華信航空在部分的高載客率航線是採用華航的B737、

A330甚至B747。華信航空也經營臺中國際機場、臺北松山機場、花蓮機場及澎湖機場的地勤代理、航空貨運、空中廚房、飛機維修、機內免稅品販售等周邊事業。2020年7月5日起,由於國內新冠肺炎疫情趨緩,離島旅遊熱度大爆發,看好暑假旺季離島旅遊的市場需求,華信航空向同屬華航集團的臺灣虎航濕租A320空中巴士客機三架執行華信航空班號部分由松山飛往澎湖及金門航班。

三、長榮航空公司（資料來源：https://www.evaair.com/）

　　長榮航空公司是臺灣第一間私人的國際航空公司,也是第二家經營國際航線定期或不定期航空運輸業務的國籍航空公司,主要股東涵蓋長榮海運股份有限公司、長榮國際股份有限公司。該公司的中文名稱傳承長榮集團一貫之命名。公司英文名稱「EVA」（EVA Airways Corporation）係取自長榮集團英文名稱Evergreen Group之字首,加上航空事業Airways之字首組合而成。該公司在政府宣布「天空開放政策」後,集團總裁張榮發利用海運的基礎延伸航空業務,整合海、陸、空為一全面性之運輸網路,遂於長榮海運公司內部成立一航空籌備小組,開始進行規劃,並於1988年9月1日長榮海運二十週年慶時,向該集團之各分公司、代理商宣布此項計畫,並由交通部將此申請案轉報行政院,復由行政院指示經濟建設委員會（簡稱經建會）研究評估,於經建會完成研究報告後,送呈行政院裁示,並經過交通部和學界、業者溝通後,於1988年1月17日公布了國際航空客、貨運公司的申請條件,長榮航空於向民航局申請籌設甲種民用航空運輸業後,1989年4月7日正式成立,並於1991年7月1日正式起飛。

　　發展至今,長榮航空充分發揮「飛航安全快捷、服務親切周到、經營有效創新」的經管理念,自1991年推出全球首創的「第四艙等」——長榮客艙,並於2005年的B777-300ER機隊中,將長榮客艙改名為「菁英艙」。1995年陸續投資立榮、大華、臺灣等多家國內線航空公司,開創航空事業合作經營新趨勢。1998年7月1日起,三家航空公司合併為立榮航

空公司。此外,長榮航空完美的飛安紀錄,深獲海內外業界肯定,屢獲交通部民用航空局頒布「金翔獎」的殊榮,並獲得德國*Aero International*雜誌,評選長榮航空為全世界十大安全航空公司之一。2005年至2009年長榮航空與日本三麗鷗集團攜手合作,聯手打造全球第一架Kitty Jet彩繪機,成功創造商機與世人注目成為焦點;2013年6月18日正式加入星空聯盟。2016年6月,長榮航空獲得英國知名航空服務調查機構Skytrax公司評選為五星級航空公司的殊榮。2018年再度獲得Skytrax公司評選為2018年全球最佳經濟艙第八名以及2018年亞洲最佳航空公司第三名。2018年獲得澳洲AirlineRatings.com評選為全球二十大最安全航空公司,英國Business Traveller評選為全球最佳商務艙氣泡酒金牌,美國TripAdvisor評選為全球十大最佳航空公司第五名、亞洲地區十大航空公司、亞洲區最佳商務艙、亞洲區最佳豪華經濟艙、亞洲區旅行者之選經濟艙。2019年再獲得澳洲AirlineRatings.com評選為2019全球十大最佳航空公司第八名及2019年亞太區最佳長程線航空公司。交通部民用航空局針對「107年度(2018年)國際及兩岸航線民用航空運輸業營運與服務評鑑結果」同時賦予長榮、立榮兩家航空公司最高等級的優等獎項。

　　截至2018年5月31日止,員工總數合計為11,147人,截至2020年2月,機隊規模涵蓋ATR72-600、A321-211、A330-203、A330-302、B787-9、B787-10、B777-300ER、B777-F5E/F等。其主要子公司包含但不限於:長榮航勤股份有限公司、長榮空廚股份有限公司、長榮航太科技股份有限公司、立榮航空股份有限公司。

四、立榮航空公司（資料來源：https://www.uniair.com.tw）

　　立榮航空公司原名馬公航空公司(Makung Airlines),成立於1988年8月1日,由嚴式裕創辦,由陳文武出任董事長,以服務澎湖鄉親加強鄉土發展為職志,初期以兩架英國航太公司生產之BAE HS-748經營臺北、高雄、馬公之定期客運業務。1995年,該公司取得經營國際包機資格,

包機首航菲律賓佬沃。同年4月長榮航空購買馬公航空30%的股權，同時全面導入國際航空公司之管理制度與系統，1996年3月8日，原馬公航空為了調整市場形象及業務拓展需求，正式更名為立榮航空。1998年7月1日起，因應航空市場上環境的變化及資源配置的有效化，立榮航空宣布與大華及臺灣航空合併，且以立榮航空公司為存續公司，同時長榮航空亦全面退出國內線，將額度及MD-90客機悉數交由立榮航空使用。2004年2月，立榮航空首創「金廈一條龍」小三通產品，提供往返金廈臺商便捷快速的服務，只要一通電話即可確認所有船位、機位，並提供機場、碼頭的雙向行李運送及專屬櫃檯服務等，成為當時立榮航空重要的獲利來源之一。該公司與長榮航空同屬長榮集團旗下，以經營國內航線與區域國際航線為主，但立榮並未隨長榮航空一起加入星空聯盟。現役機隊規模涵蓋ATR72-600、A321-211。在兩岸及海外航線，部分航線使用長榮航空的航空器從事飛航任務。2019年1月19日立榮航空獲得交通部民用航空局頒發107年度（2018年）「國內定期航線組」及「國際及兩岸航線組」「金翔獎」兩項最高榮譽。

五、臺灣虎航（資料來源：https://www.tigerairtw.com）

臺灣虎航是目前唯一的中華民國籍平價航空公司，是華航集團繼華信航空公司之後的第二家航空業全資子公司，提供往來東北亞、東南亞和澳門的客、貨運服務以及臺灣各機場地勤代理服務。

2013年12月，華航集團正式宣布進軍平價航空市場，與新加坡欣豐虎航（Tigerair）合資成立臺灣虎航（Tigerair Taiwan），其持股比例為華航集團90%、欣豐虎航10%。由於公司成立初期持續虧損，2017年1月華航集團購回欣豐虎航持有的臺灣虎航股份之後，同年3月1日凌晨二時起官方網站新網址上線，藉此與欣豐虎航脫勾，且由華航協助臺灣虎航開發包機航點增加並穩定收益，且恰逢2016年11月22日復興航空（TransAsia Airways）與2016年8月復興航空旗下子公司威航（V air）突發性解散，順

勢吸納其部分客源而成功轉虧為盈。2016年12月15日起桃園機場地勤業務收回自營不再由母公司華航代理。且除了自己的地勤業務之外額外在桃園機場接下捷星日本及捷星亞洲的地勤代理。2018年3月10日起推出多元支付，在臺虎官網訂票後三小時內可在各大超商服務機臺刷出條碼並結帳。

經營策略上，為因應不同客群的需求，提供平價產品，建立產品市場區隔，裨益與其他平價航空同業競爭。截至2020年5月底，機隊規模涵蓋A320-271N、A320-232（WL）與A320-232等空中巴士A320系列全經濟艙服務，且向同屬華航集團轄下的華航及華信進行班機調度以降低營運成本，主要飛行澳門、東南亞及東北亞國家航線。從2016年至2019年連續獲得《讀者文摘》雜誌評選為讀者信譽品牌「低成本航空類」白金獎。

六、星宇航空（資料來源：https://www.starlux-airlines.com/）

前長榮航空公司董事長張國煒自2016年起，宣示打造「臺灣的阿聯酋航空」為職志，秉持「華麗新生，閃耀如星」的口號，以象徵對高品質及高標準的堅持和自我要求之「Luxury」（高端服務）作為創立初期的重要指標，利用自有資金著手申請營利事業登記並從事籌備工作。先於2017年4月向臺北市政府登記成立星宇投資有限公司，再於2018年4月27日獲得交通部民用航空局對於籌設星宇航空股份有限公司（Starlux Airlines Co., Ltd.）的許可函，5月2日正式獲得經濟部正式登記核准。2018年9月7日，星宇航空進駐鄰近桃園機場的遠雄航空自由貿易港區，由星宇航空與遠雄航空自由貿易港區股份有限公司雙方合作投資興建星宇航空桃園總部暨運籌中心大樓，並於2019年6月18日舉行興建工程上樑典禮。該公司第一階段計畫，是成立後第一個六年，機隊規模達二十七架、員工三千五百人；第二個六年，機隊預計增加到五十架、員工七千人到八千人，現已訂購十架A321-200neo，五架A350-900及十二架A350-1000客機。該公司已經獲得交通部核發從臺灣桃園國際機場往澳門。往日本的定期航線包

括：沖繩那霸、大阪關西、福岡、仙台、札幌新千歲、函館、名古屋、東京成田。往泰國的航線包括：曼谷、清邁、普吉島。往越南航線的部分，包含芽莊、峴港、下龍灣。從臺中國際機場出發的定期包機航線包括：大阪關西、東京成田、胡志明市。該公司預訂2020年1月23日，首航澳門、峴港、檳城。截至2019年12月6日，員工總數合計近一千人。星宇航空首架客機A321-200neo（編號：B-58201）在德國漢堡時間2019年10月25日下午三時正式交機，由董事長張國煒接機後親自駕駛飛回臺灣，沿途停靠杜拜、曼谷兩地，在臺灣時間2019年10月28日上午11時20分順利降落在桃園國際機場北跑道23R。2020年1月23日上午7時25分，星宇航空在桃園國際機場舉行首航儀式，從桃園往返澳門、峴港及檳城三個航點班次

圖1-1 星宇航空商務艙客艙組員提供酒類服務前，邀請乘客核對酒名

資料來源：國立高雄餐旅大學學生潘敏文攝於星宇航空首航當日班機

圖1-2　星宇航空商務艙座位（前視圖）

資料來源：國立高雄餐旅大學學生潘敏文攝於
星宇航空首航當日班機

正式同步開航。首航儀式結束後，張國煒親自駕駛第二個飛往澳門的航班，宣告臺灣航空市場雙雄割據的局面，自此已有第三選擇。2020年2月12日，星宇航空又因為受新型冠狀病毒疫情影響，星宇航空宣布原訂4月6日開闢的宿霧航線，將規劃延至7月1日才正式開航。

第三節　民航六大特許產業

依據《民用航空法》第2條第十一至十六款，民用航空業的種類有：民用航空運輸業、普通航空業、航空貨運承攬業、航空站地勤業、空廚業及航空貨物集散站經營業等六種。這六種業務，均係國家特許事業。

所謂「特許事業」，其經營權原保留於國家，在特定情形下，國家將其經營權之全部或一部分，授予私人經營之事業。民航六大特許產業的定義如下：

一、民用航空運輸業

民用航空運輸業，指以航空器直接載運客、貨、郵件，取得報酬之事業。

有關民用航空運輸業之業務，如依航空器分，可分為：(1)飛機運輸業務（指民用航空運輸業以飛機直接載運客、貨、郵件，取得報酬之業務）；(2)直昇機運輸業務（指民用航空運輸業以直昇機直接載運客、貨、郵件，取得報酬之業務）。依運輸規則性分，可分為：(1)定期航空運輸業務（指以排定規則性日期及時間，沿核定之航線，在兩地間以航空器經營運輸之業務）；(2)不定期航空運輸業務（指除了定期航空運輸業務以外之加班機、包機運輸之業務）。另有所謂包機，指民用航空運輸業以航空器按時間、里程或架次為收費基準，而載運客、貨、郵件之不定期航空運輸業務。目前計有中華、長榮、華信、立榮、臺灣虎航及星宇等六家航空公司經營固定翼航空器運輸業務以取得報酬。經營直昇機運輸業務則為德安航空與凌天航空，前者經營國內航線定期或不定期及國內離島偏遠航線定期或不定期運輸業務，後者經營國內航線直昇機運輸業務（**表1-2**）。

二、普通航空業

普通航空業，指以航空器經營民用航空運輸業以外之飛航業務而受報酬之事業，包括空中遊覽、勘察、照測、消防、搜尋、救護、拖吊、噴灑、拖靶勤務、商務專機及其他經核准之飛航業務。

過去，普通航空業多半從事高空攝影、高空量測、工程吊掛、醫療運送、清洗電力公司高壓電塔電線絕緣礙子等業務，且規定不得經營載

表1-2　民用航空運輸業基本資料統計表

航空公司	經營業務項目	備註
中華	經營國際或國內航線定期或不定期客、貨、郵件運輸業務	1.1959.12.16成立 2.以固定翼航空器營運
長榮	經營國際或國內航線定期或不定期客、貨、郵件運輸業務	1.1989.04.11成立 2.以固定翼航空器營運
華信	經營國際或國內航線定期或不定期客、貨、郵件運輸業務	1.1991.06.01成立 2.以固定翼航空器營運
臺灣虎航	經營國際或國內航線定期或不定期客、貨、郵件運輸業務	1.2014.9.16成立 2.以固定翼航空器營運
立榮	經營國際或國內航線定期或不定期客、貨、郵件運輸業務	1.1996.03.08成立 2.以固定翼航空器營運
星宇	經營國際或國內航線定期或不定期客、貨、郵件運輸業務	1.2018年5月2日 2.以固定翼航空器營運
德安	經營國內航線定期或不定期直昇機運輸業務及國內離島偏遠航線定期或不定期運輸業務	1.1996.07.10成立 2.以直昇機營運並兼營普通航空業 3.以固定翼航空器經營離島偏遠航線（跨足直昇機與固定翼航空器）
凌天	經營國內航線直昇機運輸業務	1.1994.10.20成立 2.2018.07.27核發民用航空運輸業許可證（以直昇機營運）

運人、貨。然而，若干先進國家早已開放個人或企業擁有私人飛機，或者開放民航業者提供商務專機服務，由客戶自己選擇出發地、目的地、出發日期及希望到達的時間，滿足私人、企業人員、知名影星和政府要員對於隱密、舒適、尊榮、安全，頂級的客製化需求，而由民航業者依時間、里程或架次計算，提供客戶特定需求之「商務專機」（business chartered planes）服務，實現「飛機等人而非人等飛機」的情境。依2015年7月30日修訂之《普通航空業管理規則》第2條敘明，「商務專機業務」係為普通航空業管理經營範疇，該條文為：「普通航空業，指以航空器經營民用航空運輸業以外之飛航業務而受報酬之事業，包括空中遊覽、勘察、照測、消防、搜尋、救護、拖吊、噴灑、拖靶勤務、商務專機及其他經核准之飛航業務。」且律訂：「普通航空業經營商務專機業務，應以座位數

十九人以下之飛機或直昇機提供單一客戶專屬客運服務，不得有個別攬客行為。」商務專機已在歐美市場蔚為風尚，隨著海峽兩岸密切往來，商務專機的業務促使民航業者的營運面向更加多元與活絡。目前，華捷、飛特立是以普通航空業執照專營商務專機業務，長榮航空則是臺灣首家同時經營民用航空運輸業與商務專機業務的航空公司。騰達航空、灣捷航空也在2018年獲准籌設，且騰達航空更於2019年1月3日獲得商務專機的營運許可證。截至2019年底，經營普通航空業者計有德安航空、大鵬航空、凌天航空、群鷹翔國土資源航空、漢翔航空工業、華捷商務航空、飛特立航空、前進航空、安捷飛航訓練中心（民航商照、私照及儀器飛行訓練）、騰達航空、灣捷航空、亞洲航空股份有限公司（經營航空器修護）、天際航空（經營熱氣球自由飛空中遊覽）、飛聖航空（經營商務專機，協助代管私人飛機機隊、駕駛）、隼揚航空等。

三、航空貨運承攬業

航空貨運承攬業，指以自己之名義，為他人之計算，使民用航空運輸業運送航空貨物及非具有通信性質之國際貿易商業文件而受報酬之事業。

forwarder或freight forwarding agent，臺灣稱為貨運承攬業，中國大陸稱為貨運代理（貨代），依據《航空貨運承攬業管理規則》第2條之定義，「航空貨運承攬業，指以自己之名義，為他人之計算，使民用航空運輸業運送航空貨物及非具有通信性質之國際貿易商業文件而受報酬之事業」。國際貨運代理協會聯合會（International Federation of Freight Forwarders Associations, FIATA）對貨運承攬業的定義是：「根據客戶的指示，為客戶的利益而攬取貨物的人，其本人並非承運人。貨運承攬業也可以這些條件，從事與運送契約有關的活動，如儲貨、進出口報關、驗收、收款等。」臺灣對於航空貨運承攬業有兩大主要規範：(1)可經營之組織種類以公司為限（《民用航空法》第66-1條）；(2)實收資本額不得低於新臺幣五百萬元（《航空貨運承攬業管理規則》第6條）。

實務上，貨運承攬業介於貨主與承運人之間，接受貨主委託，為其繕製文件、代辦保險、集裝箱／盤／櫃運輸、代提、代發、簽發提單、結算運雜費、交單議付和結匯等國際貿易與貨運物流業務的中間環節與手續集中辦理，協調、統籌、理順，藉以收取佣金或賺取差價。以空運領域為例，他們的主要業務為辦理航空貨物的集運工作，將不同託運人交運的貨物，一次交付航空公司承運出口，或將航空公司進口的貨物分別交付給貨主，以跨越國界障礙，應用複合運輸系統有效整合企業物流服務活動。承攬業者在整個航空貨物運輸過程中可以說是航空貨物在地面上的接駁運輸者。目前相對較著名的航空貨運承攬業者，包含但不限於：美商羅賓昇國際聯運（C. H. Robinson）、香港商信可股份有限公司（DB Schenker Logistics）、中菲行國際物流股份有限公司（Dimerco Express）、洋基通運（DHL Express）、美商優比速（UPS Express）、美商聯邦快遞FDX（FedEx Corporation）、荷蘭商天遞（TNT Express）、臺灣航空貨運承攬（Taiwan Express）等。

四、航空站地勤業

航空站地勤業，指於機坪內從事航空器拖曳、導引、行李、貨物、餐點裝卸、機艙清潔、空橋操作及其有關勞務之事業。

「航空站地勤業」簡稱「地勤公司」，地勤作業為機場整體客貨運輸作業中重要的一環，其主要的工作項目大抵包含：

1. 機坪作業督導與管制：負責協調和處理有關作業及資料的處理、通報航機作業的督導、協調機下作業的人力、裝備的需求等。
2. 機坪服務作業：機坪服務主要係提供各型航空器到離航空站所需之場面服務，並引導航機順利起降。服項目包含：航機進離場引導作業、航機進離場輪檔及滅火作業、航機進離場車道管制及耳機通話作業、航機加油作業；航機飲水處理及添加作業、航機清廁作

業、航機電源車（Ground Power Units, GPU）、氣源車（Air Starter Units, ASU）、冷氣車作業（Air Conditioning Units, ACU）、航機煞車冷卻作業、航機擋風玻璃擦拭作業、航機離場推機作業、航機移位作業、航機異常支援作業等。

3. 裝卸服務：主要負責客機、貨機出口與入口行李、郵件的裝載及航機貨物的打盤、裝櫃作業。裝卸作業必須依照各航空公司航機到離時間，配合適當的人力與裝備以順利完成裝卸航機任務。

4. 貨物服務：主要提供郵件、貨物的裝載調度服務。服務項目包含：進出口郵件集調、進出口貨物集調、場內／外貨運倉儲進出口貨物拆理、貨櫃貨盤集裝（pallet and container）、執行貨物裝打盤（cargo build-up）及裝載稽核等。

5. 旅客服務：提供具有行動障礙之年長者或病殘傷患者輪椅、擔架服務等行動輔助設備、出境櫃檯行李裝櫃與託運服務、進口行李拆理、轉機處理服務、出／入境旅客手推車服務等。

6. 機艙清潔與補給服務：負責客艙內環境清潔及整理、座椅椅套／墊、地毯、膠皮等清潔更換、毛毯與墊背更換、餐點與侍應品補給。航機在經過勞頓的旅途後，客艙必須重新整理後，方能以全新面貌上路，服務下一趟使用該航機的旅客。

我國計有臺灣航勤股份有限公司、桃園航勤股份有限公司、長榮航勤股份有限公司、立榮航空公司等四家專業地勤公司，一家專營飛機內外清洗與航空貨櫃維修業務的華夏航科國際股份有限公司，以及兩家經營單項「空橋操作」之欽發產業股份有限公司與福恩機械股份有限公司。

五、空廚業

空廚業，指為提供航空器內餐飲或其他相關用品而於機坪內從事運送、裝卸之事業。

航空食品業通稱為「空中廚房」（簡稱空廚），英文是catering service，通常結合中央廚房、保稅倉儲、物流及一般作業工廠，藉由在地面廚房製備餐點，再將所製作的航空餐（點）裝載至航空器客艙的空中廚房，客艙組員再將餐點進行複熱作業並服務飛機上的旅客者稱之。我國自1998年1月21日在修訂之《民用航空法》增列「空廚業」為民用航空業的種類之一起，「空廚業」得以「自己名義」而非「航空站地勤業」身分提供航空器內餐飲服務。目前計有華膳空廚股份有限公司、長榮航勤股份有限公司、高雄空廚股份有限公司、立榮航空公司、復興空廚股份有限公司等業者持有空廚業許可證，供應國際航線餐飲與相關用品，甚至提供機關團體供膳。

六、航空貨物集散站經營業

航空貨物集散站經營業，指提供空運進口、出口、轉運或轉口貨物集散與進出航空站管制區所需之通關、倉儲場所、設備及服務而受報酬之事業。

《航空貨物集散站經營業管理規則》第3條對航空貨物集散站經營業務範圍敘明如下：「一、航空貨物與航空貨櫃、貨盤之裝櫃、拆櫃、裝盤、拆盤、裝車、卸車。二、進出口貨棧。三、配合通關所需之服務。航空貨物集散站經營業得兼營下列業務：一、航空貨櫃、貨盤保養、維護及整修。二、與航空貨物集散站倉儲、物流有關之業務。」航空貨物集散站經營業是專供進出口貨拆打盤、拆併裝櫃或存儲未完成海關放行手續的進出口貨物的場所，為陸空運輸的中繼站，其功能有：理貨、通關、存儲及驗放等綜合性作業性質。目前桃園國際機場計有華儲股份有限公司、永儲股份有限公司、遠翔空運倉儲股份有限公司、長榮空運倉儲股份有限公司及遠雄航空自由貿易港區股份有限公司等五家業者。臺中國際機場有中科國際物流股份有限公司、華信航空股份有限公司。高雄國際機場有華儲股份有限公司。

第四節　民航其他相關產業

　　臺灣缺乏自然資源，除了基本的農產品可以自產自足之外，整體國計民生的發展還是得依靠賺取外匯，因此我國的貿易依存度高達85%以上，對外交通運輸顯得特別重要。除了海運外，航空運輸為必然蓬勃發展的事業之一。

　　整個民航運輸系統是以滿足旅客、貨主之運輸需求為目的，雖然此系統是以航空公司為營運主體，但所涉及行業甚多。因此，除了六大特許產業之外，其他與航空運輸的相關產業尚有飛機製造及維護廠商、航空器租賃業、快遞業、報關行、航空代理業、旅遊業、旅館業、物流與倉儲業、固定基地營運服務業（Fixed Base Operator, F.B.O.）、飛行訓練中心、航空器周邊設備製造商（如航空座椅、自動空廚系統、侍應車……）等。此外，與機場建設有關者，則涉及建築業、運輸顧問公司、助導航設備製造業、飛航管制設備等。限於篇幅，援舉數例如後：

一、航空器製造及維護業

　　由於航空器本身與飛航安全息息相關，航空器製造國的民航主管當局對航空器製造、維護都訂有一套繁雜但不失井然有序的規定，除了生產者必須具備航空器「機型檢定證」始准出售外，使用者之航空公司須按照飛機製造廠規定維護手冊、程序或指令維護航空器。因此，航空器製造商在售出飛機後，尚必須指派專責駐廠代表於購買者的航空公司充當技術顧問及協調者，因此航空器製造商與航空公司的售買關係是長期的。

　　較著名的飛機製造廠包含但不限於：美國波音（The Boeing Company）、美國洛克希德‧馬丁（Lockheed Martin Corporation）、加拿大龐巴迪公司（Bombardier Inc.）、貝爾公司（Bell Helicopter Textron Inc.）、賽考斯基公司（Sikorsky Aircraft Corporation）、法國空中巴士集團（Airbus SE）、俄羅斯的圖波列夫公共股份公司（Туполев）、巴西航

空工業（Empresa BRasileira de AERonáutica S.A.）、中國商用飛機有限責任公司（Commercial Aircraft Corporation of China Ltd，縮寫COMAC）與西安飛機工業（集團）有限責任公司、臺灣的漢翔航空工業股份有限公司等。至於飛機維護專業公司，例如：臺灣的亞洲航空股份有限公司與長榮航太科技股份有限公司，也有航空公司自己維護並受其他航空公司委託從事飛機維護，例如：中華航空。另外，飛機發動機製造商，包含美國的美國通用電氣公司（General Electronic Co.）及普惠公司（Pratt & Whitney）、英國的勞斯萊斯股份公司，又譯為羅爾斯·羅伊斯股份公司（Rolls-Royce Motor Cars Limited）等。

二、航空器租賃業

現代企業經營，對於生產、營運所需要之機器、設備，未必會選擇以自有資金或貸款的購買途徑，而經常採用租賃飛機擴充或組建機隊，除了降低公司的現金流出，活絡資產組合配置，提高資金流動效率，減少舊機在公司運營的成本消耗、資金占用，以及飛機殘值帶來的損耗，甚至針對新興航線運輸市場氣氛充斥不明朗因素（如地緣政治風險）抑或具尖峰性與方向性的短期運輸需求，裨益全方位的降低財務風險。鑑此，為了配合企業成長及快速取得機隊，帶動經濟發展、增強稅收能力、提升產業結構、聯結實體經濟與金融資本平台等多元情境下，出租人在一定時期以內把航空器提供給承租人（特定航空公司）使用，承租人依據租賃契約向出租人按季或者每半年定期支付租金以取得航機使用權，租賃契約訂定後，雙方當事人皆受契約效力拘束，不得隨意變更。當租賃期滿，承租人有續租、退租、購買三種選擇方案。藉由航空器租賃業在前述說明的樞紐角色，裨益機隊優化的融資渠道已經蔚為風尚。飛機租賃的方式主要包括「營業性租賃」（operation lease）與「融資性租賃」（finance lease）兩大類。

所謂「營業性租賃」是出租人擁有飛機的所有權，承租人擁有飛機

的使用權。這種租賃方式可以提供承租人隨著預估市場的蓬勃、萎縮，保有彈性決策與靈活運用的空間。實務上，營業性租賃同時伴有轉租和售後回租（sale lease back）、乾租（dry lease）和濕租（wet lease）等方式。「濕租」係指承租人向出租人租借航空器是建立在「ACMI」，亦即航空器（aircraft）、機組員（crew）、維修（maintenance）與保險（insurance）等四項內容的基礎。這種狀況最常出現在剛成立的航空公司，或出租人沒有租借的同型機，其他尚包含旅遊旺季或特定節慶期間的運輸需求。由於業界承租契約常因各種因素而略有差異，因此「濕租」尚可再細分為「半濕租」（damp lease），其型態和濕租類似，但出租人不提供客艙組員或不提供油料，而由承租人自行派遣客艙組員值勤。相對於濕租，乾租是出租人僅出租飛機，而不提供組員、維修服務與保險。其次，所謂的「融資性租賃」係指承租標的物（航空器）係由承租人自行決定，出租人僅提供融資資金，且雙方事先約定於租約期滿時，出租人以雙方約定的價格售予承租人。

　　由於民用航空客機型號規格標準化，飛機製造商單純化且航空器使用人必須依照法律規定於每次飛航時記載每次飛航日期、飛航時間、飛航班次、組員姓名及任務、飛航起訖機場或地點及其他事項，並由機長簽證於「飛航日記簿」，每次飛航前也需記載各項維修檢查情形、缺點及故障改正措施、缺點延遲改正紀錄、各種維修勤務及其他維修事項，由領有合格證書之負責航空器維修工程師簽證，並經機長簽署後始得飛航，飛機的使用程度透明化，具有完整的保險保障，零件的維修、保養亦多由原廠零件、專業技術團隊支援，因而航空器租賃市場遠較不動產透明且穩定。目前較著名的航空器租賃業包含但不限於：荷蘭埃爾凱普控股公司（AerCap Holdings N.V.）以及所收購之富邦金控投資美國國際集團（American International Group, AIG）旗下的國際租賃財務公司（International Lease Finance Corporation, ILFC）飛機租賃部門、奇異電氣資本航空服務公司（General Electronic Capital Aviation Service, GECAS）、美國金融信貸及租賃服務公司（Commercial Investment Trust,

CIT Group Inc.）、北歐航空金融（Nordic Aviation Capital）、Babcock & Brown飛機管理公司（BBAM Aircraft Leasing & Management）、日商三井住友金融集團的SMBC飛機租賃公司（SMBC Aviation Capital）、美商 Air Lease Corporation、愛爾蘭飛機租賃公司（Avolon Holdings Limited, AVOL）、中國飛機租賃集團控股有限公司、工銀金融租賃有限公司 （ICBC Leasing）、中國東方租賃公司。臺灣的航空器租賃業則涵蓋中租控股股份有限公司、中華開發金融控股股份有限公司、永豐金租賃股份有限公司等。

三、貨運相關行業

以一般國際航空貨運作業程序來說，航空貨運承攬業向貨主收取出口貨物，安排班機時間，經過報關行（通常承攬業也自兼報關業務），通過海關查驗，暫儲於集散站或貨運站，等貨物在此上盤櫃再交給航空公司運送。所謂盤櫃是指裝載空運貨物、行李之貨櫃或貨盤。進口貨物則完成通關手續後，由承攬業派車將貨物送達貨主。

四、報關行

「報關行」（customs broker）係指受進出口商（貨主）委託，到海關辦理進出口通關手續的一種服務業，其業務內容為代理貨主繕打進出口報單、遞送報單、申請驗貨、領取貨樣、會同查驗貨物、簽證查驗結果、繳納稅捐及規費、提領放行貨物等，目前航空貨運承攬業大部分兼營報關行業務。

五、觀光旅遊周邊產業

包含但不限於旅行業、住宿服務業（商務旅館、溫泉旅館、汽車旅

館及民宿）、餐飲業、運動／娛樂及休閒服務業、觀光遊樂業、其他汽車
客運業、水上運輸業、租賃車、文化創意產業等。

六、固定基地營運服務業（FBO）

指專為商務航空客戶所提供的相關地面後勤服務。例如：航空器地面
處理、旅客接待、出入境協助、航務作業、飛行計畫等，FBO業者通常有
專屬之機坪、辦公大樓及棚廠，可提供私人專機託管服務。目前桃園機場
與松山機場設有商務中心，提供商務包機旅客通關的便利與尊榮服務。

七、機場公司與航空城公司

有鑑於航空市場蓬勃發展，運輸型態複雜與消費者服務，公部門的官
僚架構與營運策略很難周全因應，且民用航空局兼有管理與稽查的角色，
不易滿足市場服務需求，環觀全球大型國際機場均採用委外經營方式，藉
以提升機場服務品質。因此，2010年11月1日，從原來的行政機關（交通
部民用航空局桃園國際航空站），轉型為國營事業機構，且命名為桃園國
際機場股份有限公司。企圖以企業發展的角度，以機場為中心，搭配桃園
市政府、桃園航空城股份有限公司，非僅提供旅客搭機舒適便利及貨物
運送安全的航空服務，並建構完善產業發展環境，帶動航空城相關創新產
業，促進國際商務貿易與地方經濟，創造工作機會、稅收和觀光財。

八、其他

其他與民用航空相關的產業涵蓋：地勤代理業務（如熊航服務股份
有限公司、臺灣天際服務股份有限公司）、提供旅行支票與外幣現鈔收兌
的金融機構、提供旅行人員暨產物平安及海外事故的急難救助而生的保險
業、國際行動通訊／行動電話與Wi-Fi分享器租借／計日計量網路SIM卡

銷售機構、國際商務中心暨貴賓室、航空旅遊行銷體系的廣告業、機上雜誌及空中售賣型錄的印刷業、專業雜誌及出版公司、提供學科及飛行術科的飛航訓練中心（如安捷飛航訓練中心）、航空維修教育中心、航空教育相關文理短期補習班、個人形象與美姿美儀培訓機構、訂位票務與客服代理機構、國際會議展覽中心等。

Chapter

②旅行證件

依照國際慣例，凡從事跨國觀光旅行者必須具備三種基本旅行證件（travel documents），即：護照（passport）、簽證（visa）和續（回）程機票。少數落後國家或地區因為公共衛生環境不佳或無有效防疫的措施，因此往往會要求旅客必須出示預防接種證明文件（vaccination）。實務上，航空公司僅負責旅客或貨物的運送，旅客必須對自己的國際旅行憑證有效性負責。若旅客因旅行證件不完備而導致行程受阻或遭到遣返，必須自行擔負相關損失。航空公司從業人員檢查證件，除了協助旅客再次檢查證件是否合適，減少旅客因持用不正確的旅行證件而產生隱藏性的財產損失。再者，亦是為了減少航空公司因承載旅行證件錯誤的旅客而招致他國入境邊防檢查站的巨額罰款。舉例來說，倘若旅客持用不正確的旅行證件而導致違規入境事件，往往會被原機遣回，除了要負擔來回機票費用與簽證的辦理費用外，還可能需要支付額外的安全檢查費用或航警押送費用與旅館的住宿費用。航空公司亦將因違規載客而被罰款。以美國為例：航空公司載運未持有有效旅行證件前往或過境美國的旅客，每承載一位違規旅客，依情節輕重，罰款承運航空公司USD 2,000至USD 3,300；非美國籍旅客未依規定填寫入境申報書I-94或I-94W，罰款承運航空公司USD 1,000。為了避免公司產生無謂損失，運務人員檢查旅客旅行證件時，不可不慎。

本章所介紹的旅行證件泛指旅客進行跨國旅行所需的相關證明文件（護照、簽證、落地簽證許可證與船員保證書），以及因應《臺灣地區與大陸地區人民關係條例》（簡稱「兩岸關係條例」）所開放的中國大陸與港澳人士來臺之入境許可與「申根簽證」（Schengen visa）相關規定。

第一節　護照或其相等性之文件

「護照」（passport）是一個國家的政府發放給本國公民（citizen）或國民（national）的一種旅行證件，用於證明持有人的身分與國籍，以便其出入本國及在外國旅行，同時亦用於請求有關外國當局給予持照人通

行便利及保護。一般而言，護照是由本國的主管單位（外交部）所發給的文件，予以證明持有人的國籍與身分，並享有國家法律的保護，且准許通過其國境，而前往指定的一些國家。簡言之，護照是用以證明持照人屬該國公民，並得以持照返回護照發出國的文件。

自從2001年美國發生911事件後，國際國土安全意識高漲，驅使多數航空公司在旅客進入登機門之前，仍會再要求旅客出示證照查驗。然而，為了確切落實國際航空運輸協會推行「自助服務科技」（Self-Service Technologies, SSTs）的政策，在不影響保安的前提之下，能兼顧加快旅客前進速度並縮短等待的時間，諸多國家已積極推廣「生物辨識技術」及「晶片護照」等解決方案，讓「低風險旅客」的檢查自動化，有關當局便可集中其專業的資源，全心專注於辨識「高風險威脅」旅客，提升機場和邊境的控制。目前世界各國在國境邊檢「生物辨識技術」上可被蒐集使用於識別身分的人體生理特徵（physiological characteristics），包含但不限於個人所具有之獨特、不易改變的指紋、臉部影像與虹膜。一旦確認通關者在自動通關系統的掃描資料與既存檔案相符，便可快速通行，以確保國境安全與提升通關效能。

另一方面，就「晶片護照」（內建生物辨識特徵之IC晶片護照，又稱「電子護照」，簡稱「ePassport」）而言，自馬來西亞率先於1998年發行晶片護照以來，諸多國家也陸續發行。美國國土安全部自2006年10月26日起，舉凡享有簽證免除計畫國家的旅客必須使用「晶片護照」，方可以入境美國旅行。我國外交部亦自2008年12月29日起發行晶片護照，成為全球第六十個使用晶片護照的國家。

對於護照的種類，大致可區分為以下數種型式：

一、外交或領事護照（diplomatic passport）

表皮為深藍色，核發給現任在職之外交、領事及政府其他官員，且於國際慣例下賦予外交及領事人員的權利。依據《護照條例》第9條規

定：「外交護照之適用對象如下：一、總統、副總統及其眷屬。二、外交、領事人員與其眷屬及駐外館處、代表團館長之隨從。三、中央政府派往國外負有外交性質任務之人員與其眷屬及經核准之隨從。四、外交公文專差。五、其他經主管機關核准者。」另外，大多數國家的元首到他國進行訪問時，若不持用護照時，會由邀訪的地主國外交部部長簽發「元首通行狀」供受邀的元首及其陪同出訪的配偶或依附之眷屬使用，此通行狀會記載受邀來訪國家的國名及來訪事由，不需事先申請簽證，可以獲得禮遇免除通關及證照查驗程序，僅由邀訪的地主國另行蓋印以茲證明。因此，每次邀訪前必須簽發一份新的元首通行狀給受邀國家，出訪完成後交由邀訪的地主國外交部歸檔為政府檔案。

二、聯合國通行證

由聯合國核發的Laissez-Passer，法文是「請予通行」之意。聯合國與各專門機構根據《聯合國特權和豁免公約》和《專門機構特權和豁免公約》，對該組織職員頒發之具有護照效力的身分證件，其效力分別相當於外交護照和公務護照。持有人可以在非國籍所在國享有外交豁免權、免簽證、快速通關、安檢等多重便利性。

三、公務護照

官方、特別或行政部門之護照，封面英文名稱為OFFICIAL PASSPORT，表皮為深褐色，係核發給由政府派出執行公務，但不具有外交官資格或《維也納外交關係公約》（*Vienna Convention on Diplomatic Relations*）認可之外交身分的政府雇員、技術和行政人員。依據《護照條例》第10條規定：「公務護照之適用對象如下：一、各級政府機關因公派駐國外之人員及其眷屬。二、各級政府機關因公出國之人員及其同行之配偶。三、政府間國際組織之我國籍職員及其眷屬。四、經主管機關

核准，受政府委託辦理公務之法人、團體派駐國外人員及其眷屬；或受政府委託從事國際交流或活動之法人、團體派赴國外人員及其同行之配偶。」此外，因中華民國在臺灣所處之特殊國際處境，核發之外交護照或公務護照常有使用不便或是遭到打壓或限縮的情形。因而，中華民國外交部以權變方式核發G類護照給部分駐外人員。G類護照外觀與普通護照相同，差別為護照號碼為G開頭（普通護照為九碼數字無字母）。

四、加急護照或臨時護照

發放給那些原先護照遺失或失竊或遭遇臨時突發狀況但急需進出國境的人。

五、難民旅行證（又名1951年公約旅行證或日內瓦護照）

因為難民們通常無法從他們的國籍所在國（他們尋求庇護的國家）獲得護照，為了方便難民或是持有其他身分但無法獲得自己國家護照者，也能保有前往其他國家旅遊的權利，目前有一百四十五個國家簽署1951年7月28日聯合國《關於難民地位的公約》第28條及1967年1月31日《難民地位議定書》的規定，這些國家有義務向合法在其領土內居留的難民簽發象徵護照功能的「無國籍之難民旅行證」（Identification Certificate, IC），供持證人到發證國領土以外旅行。難民旅行證的封面上寫有英語「Travel Document」和法語「Titres de Voyage」，通常亦有簽發國使用的語言，以及公約的簽署日期（1951年7月28日）。該旅行證最初為灰色封面，而有些國家使用其他顏色，並在封面的左上角有兩條斜線。作為公約簽署的延伸，旅行證持有者甚至可享受一些國家的免簽證待遇。

六、普通護照（ordinary passport）

普通護照表皮為墨綠色，適用對象為具有中華民國國籍者。依據我國外交部《護照條例》規定，外交護照及公務護照之效期以五年為限，一般人民（14歲以上）的普通護照以十年為限。為兼顧役政管理及尚未履行兵役義務男子權益之衡平，外交部經與內政部及國防部會商後，於2019年4月26日修正《護照申請及核發辦法》、《尚未履行兵役義務男子申辦護照及僑居身分加簽限制辦法》及《中華民國普通護照規費收費標準》等三項法規，自2019年4月29日起，我國年滿14歲至接近役齡男子（尚未履行兵役義務或未免除兵役義務男子，在臺曾設有戶籍，年滿18歲之翌年1月1日起至屆滿36歲之年12月31日止之役齡男子，簡稱「役男」）及在國內役男之護照效期，由原規定之五年放寬為十年，但是遺失補發護照效期以五年為限。已出境役男年滿19歲當年之1月1日以後，符合《兵役法施行法》及《役男出境處理辦法》之就學規定者，經驗明其在學證明或三個月內就讀之入學許可後，得逐次換發三年效期之護照。此外，在臺設有戶籍國民本人未能親自至外交部領事事務局或外交部中部、南部、東部、雲嘉南辦事處（簡稱四辦）之首次申請普通護照者，自2011年7月1日起，必須親自持憑申請護照應備文件，向戶籍所在直轄市、縣（市）政府轄內之戶政事務所臨櫃辦理「人別確認」。前揭「人別確認」就是由戶政事務所人員就首次申請護照者本人之國民身分證資料（如姓名、出生日期、國民身分證統一編號、國民身分證照片影像等）與普通護照申請書（戶政事務所備有空白表格）所填具之相關資料加以核對。經比對無誤後，再就申請人本人與普通護照申請書所黏貼照片、國民身分證照片影像，進行人貌核對，倘均確認無誤，戶政事務所人員即在申請人之普通護照申請書上加蓋章戳，以為證明。未滿14歲且未請領國民身分證者則須由直系血親尊親屬、旁系血親三親等內親屬或法定代理人繳驗親屬關係證明文件陪同辦理，並繳驗申請者戶口名簿或最近三個月內申請之戶籍謄本。

第二節　簽證或其相等性之文件

「簽證」（visa）是指本國政府發給持有外國政府、政府間國際組織或自治政府核發且為我國承認或接受之有效旅行身分證件的人士，允許其合法進出本國境內的證件。依國際法一般原則，國家並無准許外國人入境之義務。目前國際社會中鮮有國家對外國人之入境毫無限制。各國為對來訪之外國人能先行審核過濾，確保入境者皆屬善意以及外國人所持證照真實有效且不致成為當地社會之負擔，乃有簽證制度之實施。另外，各國政府基於平等互助與互惠的原則，給予國民之間相互往來的便利，並維護本國國家安全與公共秩序。因而，辦理簽證的規定不盡相同，有些國家給予特定的期限內免予簽證，即可進入該國，有些國家發給多次入境的優惠，也有些國家設有若干的規定須具保證人擔保後，始發出允許入境的簽證。

依據國際間簽證發放作業，簽證之准許或拒發係國家主權行為，外交部及駐外館處受理簽證申請時，應衡酌國家利益、申請人個別情形及其國家與我國關係決定准駁且有權拒絕透露拒發簽證之原因。綜上可知，簽證係用以證明持證人已取得發證國之入境許可。某些國家對於特定國家可予以免簽證方式進入該國。簽證有獨立一本者，亦有蓋戳記或貼於護照上者。簽證有單位時間內被授權「單次」或「多次」入境該國之權利，一旦單次簽證已使用，即失去作用。我國政府自1987年4月10日外交部修訂，持外國護照或外國政府所發之旅行證件，擬申請進入我國之簽證區分為下列數種：

一、免簽證

「免簽證」（visa free）是基於平等、互惠原則，外交部對特定國家國民，或因特殊需要，得給予免簽證待遇或准予抵我國時經入出國機場或港口查驗單位查無不良紀錄後申請簽證。就美國而言，「免簽證計畫」

（Visa Waiver Program, VWP）允許特定國家的公民出於旅遊或商務的需要前往美國境內旅行最多九十天而無需事先申請簽證。就我國而言，除了日本護照效期應有三個月以上，其他適用免簽證的國家所持護照效期須在六個月以上（含普通、外交、公務護照），且持有訂妥回（續）程的有效機（船）票，可以免簽證入境停留臺灣三十日。截至2021年7月20日，外籍人士來臺免簽證適用國家名單計有：澳大利亞（Australia）、奧地利（Austria）、安道爾（Andorra）、比利時（Belgium）、貝里斯（Belize）、汶萊（Brunei）、保加利亞（Bulgaria）、加拿大（Canada）、智利（Chile）、克羅埃西亞（Croatia）、賽普勒斯（Cyprus）、捷克（Czech Republic）、丹麥（Denmark）、多明尼加（Dominican Republic）、史瓦帝尼（Eswatini）、愛沙尼亞（Estonia）、芬蘭（Finland）、法國（France）、德國（Germany）、希臘（Greece）、瓜地馬拉（Guatemala）、海地（Haiti）、宏都拉斯（Honduras）、匈牙利（Hungary）、冰島（Iceland）、愛爾蘭（Ireland）、以色列（Israel）、義大利（Italy）、日本（Japan）、韓國（Republic of Korea）、拉脫維亞（Latvia）、列支敦斯登（Liechtenstein）、立陶宛（Lithuania）、盧森堡（Luxembourg）、馬來西亞（Malaysia）、馬爾他（Malta）、馬紹爾群島（Marshall Islands）、摩納哥（Monaco）、諾魯（Nauru）、荷蘭（Netherlands）、紐西蘭（New Zealand）、尼加拉瓜（Nicaragua）、北馬其頓（North Macedonia）、挪威（Norway）、帛琉（Palau）、巴拉圭（Paraguay）、菲律賓（Philippines）、波蘭（Poland）、葡萄牙（Portugal）、羅馬尼亞（Romania）、俄羅斯（Russia）、聖克里斯多福（St. Kitts and Nevis）、聖露西亞（Saint Lucia）、聖文森國（Saint Vincent and the Grenadines）、聖馬利諾（San Marino）、新加坡（Singapore）、斯洛伐克（Slovakia）、斯洛維尼亞（Slovenia）、西班牙（Spain）、瑞典（Sweden）、瑞士（Switzerland）、泰國（Thailand）、吐瓦魯（Tuvalu）、英國（U.K.）、美國（U.S.A.）、梵蒂岡城國（Vatican City

State）等六十六國旅客可以申請免簽證入境停留。

持有美國、加拿大、英國、日本、澳洲、紐西蘭、韓國、歐盟申根等國核發之下列證件其中之一者即可：(1)有效居留或永久居留證（權）；(2)有效簽證（包含電子簽證）；(3)效期逾期十年以內居留證或簽證。自2019年8月1日起，符合下列要件（均要符合）之印度、越南、印尼、緬甸、柬埔寨及寮國等國人民：(1)所持護照效期尚有六個月以上（係指真正入境臺灣時，而非上網申請之時）；(2)持有回程機、船票，或附下一目的地之機、船票；(3)未曾在臺受僱從事藍領外勞工作者。符合前揭條件者申請免簽證入國，須先經由網際網路向內政部入出國及移民署專為本案建置之「東南亞國家人民來臺先行上網查核作業系統」登錄證照及個人基本資料，取得憑證後方能據以辦理登機及移民證照查驗手續；入境查驗時未能出示指定先進國家有效簽證或永久居留證者，將不予許可入國。然而，各國簽證及移民法規時有變動，旅客出發前應向有關國家駐海外使領館或代表機構確認，相關入境規定仍以入境國政府最新公布者為準。該系統亦以各種語言版本從事宣導，為防範重大動物傳染病（如非洲豬瘟）入侵，請勿攜帶肉類產品或動物產品入境臺灣，如經查獲將予重罰。

「免簽證」持有人的停留期限分為14天、21天、30天或90天，自入境翌日起算，最遲須於期滿當日離境。期滿不得延期及改換其他停留期限之停留簽證或居留簽證。但因罹患急性重病、遭遇天災等重大不可抗力事故，致無法如期搭機離境，或於入境後於停留期限內取得工作許可之白領專業人士及與其同時入境並同時改辦之配偶、未滿20歲子女，經外交部領事事務局或外交部中部、南部、東部及雲嘉南辦事處專案同意改辦停留簽證者不在此限（以上述白領應聘事由提出停留簽證申請者，申請人須於停留期限屆滿前七個工作天提出簽證申請）。除了觀光、探親、社會訪問、商務、參展、考察、國際交流等無須申請許可之活動外，以免簽證方式入境者倘擬從事依國內其他機關法令須經許可之活動，仍須取得許可；倘擬從事傳教弘法等須經資格審查之活動，請事先向中華民國駐外館

處申請適當之來臺簽證。依據《役男出境處理辦法》第14條規定：「在臺原有戶籍兼有雙重國籍之役男，應持中華民國護照入出境；其持外國護照入境，依法仍應徵兵處理者，應限制其出境至履行兵役義務時止。」

二、一般簽證

(一)簽證類別

中華民國的簽證依申請人的入境目的及身分可分為四類：

1.停留簽證（visitor visa）：係屬短期簽證，在臺停留期間在180天以內。
2.居留簽證（resident visa）：係屬於長期簽證，在臺停留期間為180天以上。
3.外交簽證（diplomatic visa）。
4.禮遇簽證（courtesy visa）。

(二)入境限期（簽證上VALID UNTIL或ENTER BEFORE欄）

係指簽證持有人使用該簽證之期限。例如VALID UNTIL（或ENTER BEFORE）APRIL 8, 2020，即2020年4月8日後該簽證即失效，不得繼續使用。

(三)停留期限（duration of stay）

指簽證持有人使用該簽證後，自入境之翌日（次日）零時起算，可在臺停留之期限。

【說明】
1.簽證停留期一般有14天、30天、60天、90天等種類。持停留期限60天以上未加註限制之簽證者倘須延長在臺停留期限，須於停留期限屆滿前，檢具有關文件向停留地之內政部移民署服務站申請延期。

2.居留簽證不加停留期限：應於入境次日起15日內或在臺申獲改發
居留簽證簽發日起15日內，向居留地所屬之內政部移民署服務站申
請「外僑居留證」（Alien Resident Certificate）及「重入國許可」
（Re-Entry Permit），居留期限則依所持外僑居留證所載效期。

(四)入境次數（entries）

分為單次（single）及多次（multiple）兩種。

(五)簽證號碼（visa number）

旅客於入境應於「旅客入出國登記表」（Embarkation/
Disembarkation Card，簡稱E/D卡）填寫簽證號碼。

(六)註記

係指簽證申請人申請來臺事由或身分之代碼，持證人應從事與許可
目的相符之活動。

三、簽證核發的型式

(一)外交簽證

適用於持外交護照或其他旅行證件的下列人士：

1.外國元首、副元首、總理、副總理、外交部長及其眷屬。
2.外國政府派駐我國之人員及其眷屬、隨從。
3.外國政府派遣來我國執行短期外交任務之官員及其眷屬。
4.政府間國際組織之外國籍行政首長、副首長等高級職員因公來我國
者及其眷屬。
5.外國政府所派之外交信差。對於以上人士，得視實際需要，核發一
年以下之一次或多次之外交簽證。

(二)禮遇簽證

適用於持外交護照、公務護照、普通護照或其他旅行證件的下列人士：

1. 外國卸任元首、副元首、總理、副總理、外交部長及其眷屬。
2. 外國政府派遣來我國執行公務之人員及其眷屬、隨從。
3. 外交簽證第四款所定高級職員以外之其他外國籍職員因公來我國者及其眷屬。
4. 政府間國際組織之外國籍職員應我國政府邀請來訪者及其眷屬。
5. 應我國政府邀請或對我國有貢獻之外國人士及其眷屬。

對於以上人士，得視實際需要，核發效期及停留期間各一年以下之一次或多次之禮遇簽證。外交簽證及禮遇簽證，免收費用。其他簽證，除條約、協定另有規定或依互惠原則或因公務需要經外交部核准減免者外，均應徵收費用；其收費基準，由外交部定之。

(三)停留簽證（stop-over visa）

適用於持六個月以上效期之外國護照或外國政府所發之旅行證件，擬在我國境內每次作不超過六個月之短期停留，從事過境、觀光、探親、訪問、考察、參加國際會議、商務、研習、聘僱、傳教弘法（短期）及其他經外交部核准之活動。以在我國境內從事須經許可、營利或勞務活動為目的，申請前項所定簽證者，應檢附中央目的事業主管機關或其授權機關核發之許可從事簽證目的活動之文件。

(四)居留簽證（residence visa）

適用於持六個月以上效期之外國護照或外國政府所發之旅行證件，擬在我國境內作超過六個月之居留者。駐外館處簽發之居留簽證一律為單次入境，其簽證效期不得超過六個月；持證人入境後，應依法申請外僑居留證。在我國境內核發之居留簽證，僅供持憑申請外僑居留證，不得持

憑入境。申請居留簽證目的，包括依親、就學、應聘、受僱、投資、傳教弘法（長期）、執行公務、國際交流及經外交部核准或其他相關中央目的事業主管機關許可之活動。申請前項所定簽證，應檢附中央目的事業主管機關或其授權機關核發之許可從事簽證目的活動之文件。但不須經許可者，不在此限。適用居留簽證申請目的包含下列人士：

◆ 依親

　　來臺依親生活之配偶或直系親屬，需檢具相關證明者。例如出生證明、結婚證書、戶籍謄本或外僑居留證等。若為大陸地區來臺團聚、居留或定居者，必須依照《大陸地區人民申請進入臺灣地區面談管理辦法》第3條規定申請面談。必要時，其臺灣地區配偶或親屬亦應接受訪談，通過面談後，申請人方可入境。

◆ 來臺留學或研習中文

　　在教育主管機關立案之學校或大學附設之國語文中心就學之人員。經教育部或其他相關機關核准，在我國進行研習、受訓之人員。申請人需檢具教育部承認其學籍之大專校院以上學校所發之學生證，或在教育部核可之語言中心，已就讀四個月，並另繳三個月學費之註冊或在學證明書。

◆ 應聘

　　需主管機關核准公文，且必須是下列情況：(1)專門性或技術性人員；(2)由中華民國政府核准之華僑或外籍人士所投資或設立事業中的幹部、經理人或主管；(3)學校教師；(4)依補教法設立之立案短期補習班中的全職外語教師；(5)體育教練與運動員；(6)於立案公私立學院或大學就讀的外籍留學生、僑生與其他華裔外籍學生；(7)宗教、藝術與娛樂事業工作者。

◆ 長期住院就醫

　　因病重需長期住院者，應提供中華民國醫學中心、準醫學中心或區域醫院出具之證明文件。

◆投資設廠

指經目的事業主管機關依法核准在我國投資之外國投資人或外國法人投資人之代表人。需主管機關核准公文。

◆傳教

需指經合法立案之宗教團體邀請來臺宣揚教義者;需有傳教學經歷證件、在華教會邀請函及其外籍教士名單。

1. 外籍宗教人士來臺傳教弘法:外籍宗教人士須具有神職身分:例如基督教之牧師或傳道人(須具備聖經知識;且持神學院或聖經學院學位或證書,或為合法設立之教會所按立之傳道人)、天主教之神父、修士或修女、佛教之僧尼、回教之阿訇等;如依宗教之傳統,神職人員無授證名稱,得由外籍宗教人士服務教區之該宗教統理機構或所屬宗教團體出具證明。
2. 藏傳佛教外籍僧侶來臺弘法:由外籍僧侶所屬藏傳佛教之傳承法座出具並親簽,其內容應包含:外籍僧侶之姓名、國籍、所屬之教派、何時出家及迄至本次申請簽證時,是否仍具僧侶身分。

◆工作簽證

臺灣雇主必須向行政院勞工委員會的職業訓練局申請許可後才能正式聘用外籍人士。雇主和其準備聘用的人員都必須符合某些特定條件才能核准僱用。涵蓋:外籍勞工、家庭幫傭、監護工(藍領聘僱)。

◆度假打工(青年交流)簽證

特定國家之外國青年入境度假,有意同時藉由打工減輕度假期間之生活負擔並體驗異國生活文化,得以檢具停留臺灣期間醫療及全額住院保險證明及其他應備文件,向我駐地之館處提出申請。

◆APEC商務旅行卡

亞洲太平洋經濟合作會(Asia-Pacific Economic Cooperation)所發行的「亞太經濟合作商務旅行卡」(APEC Business Travel Card, ABTC),

是供商務人士所持用，能夠在會員體間通關入出境的一種許可證。亦即，以商務旅行卡取代傳統簽證型態，使持有該卡之商務人士得持憑有效護照享有五年效期、多次入境每次停留最長三個月之簽證待遇（各會員體核定時間長短不同）；前往APEC國家時，欲享有該國通關禮遇與免簽證禮遇，該國國名需明確登錄於卡片上，方可獲得該國的通關禮遇與免簽證禮遇，且通關時，可經由APEC專用通關道，節省商務人士辦理簽證及通關時間。倘若前往APEC國家，但是欲出入境國卻未登錄在ABTC中持卡人可以前往之會員體（VALID FOR TRAVEL TO）欄位，不能享有該國通關禮遇與免簽證禮遇，須依該國簽證規定辦理適當的簽證，方可成行。目前APEC會員體有十九個，分別是澳大利亞、智利、大韓民國、印尼、馬來西亞、紐西蘭、菲律賓、汶萊、秘魯、泰國、香港、中華人民共和國、日本、新加坡、巴布亞紐幾內亞、越南、墨西哥、俄羅斯及我國。然而，囿於現階段我國、中華人民共和國及香港的政策因素，尚未適用ABTC辦法。

特別提醒的是，外國人入出中華民國國境及在境內居留或停留，依據《外國人入出國境及居留停留規則》第22條，必須注意如有下列情形之一，內政部得限令其出境：(1)經撤銷簽證者；(2)從事與原簽證目的不符之活動者；(3)犯罪經我國法院判決確定並執行完畢或經赦免者；(4)在我國境內無力維持生活者；(5)有妨害公共秩序或善良風俗之虞者；(6)犯罪經外國政府或國際組織請求協助查緝者；(7)其行為有違反我國法令之虞者。

四、健康證明

近年來傳染病疫情時有發生，各國對於出入境人員的傳染病監測都有嚴格規定。為了落實檢疫作業，以防範傳染病境外移入，危及國內防疫安全，均在港口、機場以及陸地邊境和國界江河的口岸設置檢疫單位（quarantine inspection）。除了對於入境、出境的交通工具進行衛生監督和技術指導，部分國家會針對即將進入流行疾病疫區，或來自屬於疫區

範圍之特定國家或地區之船舶、航空器及其所載人員要求提供行前已完成疫苗接種，並取得特定預防接種證明。以我國為例，如果沒有提供經過認可之「國際預防接種證明書」（International Certificate of Vaccination or Prophylaxis），中國譯為「疫苗接種或預防措施國際證書」，簡稱「黃皮書」（Yellow Book）的證件，檢疫人員可以採取強制檢疫、隔離等措施，甚至拒絕旅客入境。黃皮書所揭內容與格式係由各國的衛生主管官署依照世界衛生組織（World Health Organization, WHO）的規定及格式核發，內容主要是涵蓋黃熱病（Yellow Fever Vaccine）、流行性腦脊髓膜炎（Epidemic Meningitis）、霍亂（Cholera）、鼠疫（Plague）、天花（Smallpox）等疫苗的接種紀錄。然而，根據不同時期、不同地區和疫情的分布情況，各國對預防接種與傳染病監測的要求也有所不同。

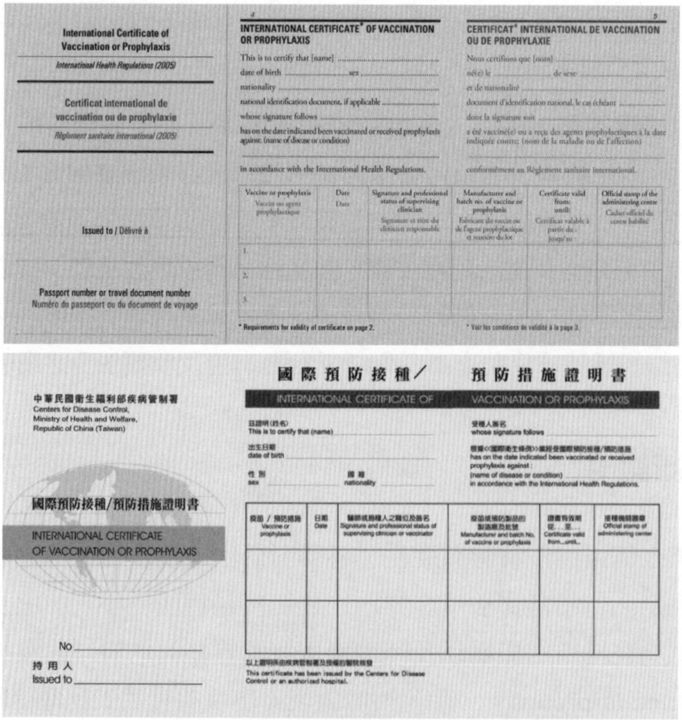

圖2-1　世界衛生組織及我國國際預防接種證明書格式

另外,中華人民共和國政府規定赴境外留學六個月以上的中國公民、經批准出國勞務、探親、定居及其他除出境留學以外的中國公民、在境外居住一年以上回國的中國公民、國際通行交通工具上工作的中國籍員工(包括食品和飲用水從業人員)、中國國家留學基金委員會有體檢要求的公派人員。前揭人員在出境前均須到當地國際旅行衛生保健中心接受健康體檢,通過後由衛生部頒發,封面為深紅色,同時以簡體中文和英文印有「國際旅行健康檢查證明書」(Certificate of Health Examination for International Traveller)和「出入境檢驗檢疫」(entry-exit inspection and quarantine)之簡稱「紅皮書」或「小紅本」的健康證明證件,出境接受聯檢時連同旅行證件一起交給檢查人員查驗。「小紅本」的主要內容包括:血壓、脈搏、發育狀況、營養情況、皮膚、淋巴結、視力、矯正視力、辨色力、耳鼻喉、甲狀腺、肺部、心臟、腹部、脊柱、四肢、泌尿生殖系統、肛門、神經系統、心電圖、胸部X光檢查、化驗室檢查等檢查項目及簽證日期,用以證明持證者未發現患有可能對公共衛生造成重大危害的傳染病。

至於在國外居住三個月以上之中國公民,回國前應到所在國家或地區的有關檢疫機關和醫院進行體檢,請檢查單位在其本人的「國際旅行健康檢查證明書」上填寫有關內容和簽字蓋章。14歲以下少年兒童不予健康檢查,憑其本人「計畫免疫接種證」簽發「國際旅行接種證書」;在國外居住三個月以上的歸國人員;核准在中國居住或工作的華僑、港澳臺胞、外籍人員,入境後一個月內須到當地國際旅行衛生保健中心進行健康檢查。患有麻風病、精神病、開放性肺結核者禁止出入境。

五、機票或適量之金錢

各國政府為了降低外籍人士入境後,延滯不歸所帶來的社會問題及治安風險,通常會要求入境的外籍人士持有回程機(船)票或次一目的地之機(船)票及有效簽證。其機(船)票應訂妥離境日期班(航)次之機

（船）位，抑或證明其具有足夠之金錢或能力足以返回其原出發地或其他國家，否則將保留其入境該國的權利。

綜合本節對數種旅行證件的介紹，值得一提的是航空公司雖有權要求旅客出示其旅行證件，但航空公司對於旅客所持旅行文件真偽並不需要負擔法律責任。雖然，航空公司在運務作業上會要求旅客出示其旅行證件的程序，係根據旅遊目的國政府之要求，且大部分國家之政府多以罰款要求航空公司遵守其規範。但是，持有不堪適用之旅行證件者係屬個人行為，旅客應對其旅遊證件之適法性負有責任，航空公司並非入境國移民局，並無法知悉旅客是否可以順利進入該國。以長榮航空公司之機票運送條款規定為例，該公司強調旅客應持用有效的旅行證件，並且符合旅遊目的國所有法條、規定、命令及要求而負責。依據該公司的政策，審核旅客之旅行證件乃是為了使其順利完成整段的行程，而得以保有拒絕搭載為持有有效護照及簽證旅客的權利。當核發機票或行前預訂，旅客會被告知有關護照、簽證、健康狀況及疫苗接種等各項證明，其目的亦是為了使旅客能完成整段的行程，免遭旅遊目的國當地拘留或遣返的困擾。

第三節　港、澳、大陸地區居民來臺作業規範

臺灣的旅遊資源豐富，複雜奇特的地貌景觀、變化多端的氣候和種類繁多的動植物，從清代以來便有「八景十二勝」之說。近半世紀以來，許多主題公園和樂園相繼被開發出來，更增添了可遊性。

大陸地區與臺灣雖僅一水之隔，緊相毗鄰，在歷史淵源、文化與血緣上亦有緊密的聯繫。然而，囿於政治因素，海峽兩岸長期隔絕，曾經數十年互不往來，不同的政治體制和社會制度讓臺灣蒙上了一層神祕的色彩。隨著大陸的改革開放，兩岸關係的緩和，使得大陸居民急於掀開這層神祕的面紗。赴臺旅遊的不易，更會激起人們一探究竟的願望，這本身就是赴臺旅遊的最大賣點。世界觀光組織在「旅遊業2020宏願」（Tourism 2020 Vision）預測，至2020年時，中國的出境旅遊總人次將有一億人次之

多，並將成為世界第四大旅遊客源輸出國，顯見中國已成為國際旅遊業眼中奪目的亮點。尤其，對臺灣來說，島內旅遊市場長年來一直面臨尖離峰需求差距過大、觀光勞務市場嚴重逆差的窘境。因而，業者對於引入大陸客源來活絡第三產業抱持正面看法，甚至部分業者已紛紛在各熱門旅遊景點斥資闢建觀光休閒飯店、規劃整建特產購物、遊憩與度假中心等硬體設施，試圖擴大寶島整體旅遊資源的縱深與接待能力。兩岸四地因中華歷史文化與經濟發展等方面背景相似，形成中外旅客探索中華新興文化的魅力旅遊圈。因應目前兩岸四地往來頻繁，茲就入境簽證問題，本節分別就港、澳及大陸地區居民來臺作業規範說明如下：

一、港澳居民來臺入境作業

因應兩岸關係和緩，以及直航班機擴展，2001年8月8日內政部開放港、澳居民來臺落地簽證作業辦法，凡曾經來過臺灣的港澳居民，在抵達臺灣桃園機場或高雄機場後，可以免費申請時效為十四天（自入境之翌日起十四日內）落地簽證。申請落地簽證，應該具備的文件，包括申請書（落地時再填）、三個月內的照片二張（持有有效入出境證件者，免附照片）、有效入出境證件或曾經進入臺灣的證明文件、有效期間六個月以上的香港或澳門護照或永久性居民身分證正本（驗畢退還）、訂妥機位並在十四日內離境的回程或離境機票。自2017年10月2日起於內政部移民署派駐移民秘書之二十七個駐外館處，實施港澳居民得於「境外人士申請系統」網路申請多次入出境許可證，將可吸引港澳居民多次來臺觀光之意願。內政部警政署入出境管理局並於2007年修訂《香港澳門居民申請臨時入境停留簡要說明》（編碼0403），規則如下：

(一)臨時入境停留

香港或澳門居民有下列情形之一者，得申請臨時入境停留：

1.持有有效單次入出境許可或逐次加簽許可或多次入出境許可證件（以下簡稱有效入出境證件）者。

2.曾經許可進入臺灣地區者（係指曾經許可以香港或澳門居民身分，且進入臺灣地區者）。

3.在香港或澳門出生者。

　　其中，對於香港澳門居民的定義是指具有香港或澳門永久居留資格的港市居民，且未持有外國護照（不含British National Overseas, BNO），或雖持有葡萄牙護照但係於葡萄牙結束治理前於澳門取得者。機場實務常見的港澳人士來臺時遭遇拒絕入境的原因，大致可歸類如下：(1)護照不足六個月；(2)未持有三十日內確認訂位的離境回（續）程機（船）票；(3)未持有效入出境證件或曾經許可進入臺灣地區之證明文件；(4)持用的香港或澳門護照上出生地欄登載不是香港或澳門。

(二)短期停留

　　居住在香港或澳門的居民：可向我國行政院設立、指定機構或委託的民間團體（如香港中華旅行社、澳門臺北經濟文化中心）申請短期停留許可，相關承辦單位核轉內政部入出國及移民署辦理後簽發單次入出境許可或逐次加簽許可：單次入出境許可，自核發之翌日起六個月內為許可證的有效期間，在效期內可入出境一次，因故未能於有效期間內入境者，可於有效期間屆滿前，向入出國及移民署申請延期一次，停留期間自入境之翌日起算最長停留期限三個月，並得申請延期一次，期間不得逾三個月；須經常來臺者，得核發逐次加簽許可，有效期間可分為一年多次入境許可或三年多次入境許可兩種，依許可證證效期自核發之翌日起算一年或三年有效，入出境臺灣必須在許可證效期內另外辦理逐次加簽，每一次加簽後可於加簽的翌日起六個月內可入出境臺灣。

(三)延期停留

香港、澳門居民經許可進入臺灣地區，持用三個月效期的停留許可，自入境之翌日起未逾三個月，可以申請延期一次，再次停留期間以三個月為限；或是已經申請延長停留但期間屆滿，有特殊事故，申請再延長停留期間者，稱為「延期停留」。所謂的特殊事故以下列所述為主：

1. 懷胎七個月以上或生產、流產後兩個月未滿者：每次不得逾兩個月。
2. 罹患疾病而強制其出境有生命危險之虞者：每次不得逾兩個月。
3. 在臺灣地區設有戶籍之配偶、直系血親、三親等內之旁系血親、二親等內之姻親在臺灣地區患重病或受重傷而住院或死亡者：自事由發生之日起不得逾兩個月。
4. 遭遇天災或其他不可避免之事變者：不得逾一個月。
5. 跨國（境）人口販運之被害人，有繼續停留臺灣地區協助偵查或審理之必要，經檢察官或法官認定其作證有助於案件之偵查或審理者。

值得強調的是，若曾經來臺後，有逾期停留的紀錄，或是從事與申請許可時所陳述的目的不符之活動等情形，其再次申請來臺，將可能不予核發入境許可。

二、大陸居民來臺

海峽兩岸的旅遊互動規範起源於政府基於人道與親情考量，自1992年7月31日頒布《臺灣地區與大陸地區人民關係條例》迄今，隨著時空背景改變而多次修正條文，其目的是為確保臺灣地區安全與民眾福祉，規範臺灣地區與大陸地區人民之往來，並處理衍生之法律事件所制定。1993年2月8日內政部制定《大陸地區人民進入臺灣地區許可辦法》，規範大陸居

民來臺探親團聚的法源依據；2002年9月11日修訂《大陸地區人民進入臺灣地區許可辦法》，開放大陸地區三等親內的血親或配偶可來臺探親，並同意年逾60歲在臺灣地區無子女，且傷病未癒或行動困難乏人照料者，進入臺灣地區探病之大陸地區人民可以申請延期在臺灣地區協助照料。1998年6月29日《大陸地區專業人士來臺從事專業活動許可辦法》，開放大陸地區大眾傳播人士申請來臺參觀訪問、採訪、拍片或製作節目；傑出民族藝術及民俗技藝人士申請來臺傳習、大陸地區科技人士申請來臺參與科技研究與大陸地區專業人士申請來臺在公立學校講學者。1999年4月13日公告《邀請大陸地區專業人士來臺從事活動須知》，其中規定邀請大陸地區專業人士來臺參訪單位，須經許後核給旅行證，旅行證有效期間自發證之日起算為三個月，停留期間，自入境之翌日起算，例如：許可停留期間十日，其在3月1日入境，應於3月11日前出境，兩岸關係正式邁向新的潮流。

　　大陸居民來臺的原因可略分為：(1)大陸親屬來臺依親與團聚；(2)大陸親屬來臺探親、探病、奔喪；(3)文化、學術交流；(4)投資與商務考察；(5)觀光旅遊。然而，兩岸人蛇集團、情色業者與人力仲介卻利用此一管道以「假結婚」、「假探親」名義進行不法行為，2004年3月1日制定《大陸地區人民申請進入臺灣地區面談管理辦法》，並於2009年8月20日修定施行，由內政部入出國及移民署受理大陸地區人民申請進入臺灣地區團聚、居留或定居案件時，對申請人實施面談。申請人如有臺灣地區配偶或親屬者；必要時，其臺灣地區配偶或親屬亦應接受訪談。其中第11條規定：實施面談時，經受面談者同意，可於夜間進行面談，但是必須在晚上十點截止受理。但航空公司在班機到站時刻表定時間內且未逾晚上十點抵達者，入出國及移民署仍應實施面談。須於機場實施面談，受面談者因故無法接受夜間面談，必須由入出國及移民署安排住宿處所住宿，等候翌日面談；航空公司搭載須於機場接受面談者，抵達機場、已逾晚上十點，由入出國及移民署通知航空公司安排住宿處所住宿，並由航空公司負責照護，等候翌日接受面談，但相關費用由受面談者自行支付。2009年12月1

日修訂的《大陸地區人民來臺從事觀光活動許可辦法》，適用對象為：(1)在大陸地區有固定正當職業或學生；(2)有等值新臺幣二十萬元以上之存款，並備有大陸地區金融機構出具之證明者；(3)赴國外留學、旅居國外取得當地永久居留權或旅居國外一年以上且領有工作證明者及其隨行之旅居國外配偶或直系血親；(4)赴香港、澳門留學、旅居香港、澳門取得當地永久居留權或旅居香港、澳門一年以上且領有工作證明者及其隨行之旅居香港、澳門配偶或直系血親；(5)其他經大陸地區機關出具之證明文件者，可申辦入臺許可證，來臺觀光旅遊。

2016年2月1日起，因兩岸中轉協議，同意中國三口岸南昌、昆明、重慶三市飛往臺灣桃園國際機場，轉機前往第三地。對於來臺的中國遊客中轉作業，將採取「不入境、不查驗、不蓋章」措施，提供中轉服務。其他城市來臺轉機中國旅客須備有入臺許可證方可藉以轉機。大陸居民出國使用證件繁雜，有「護照」、「港澳通行證」、「臺灣旅行證」、「船員證」，但入出境臺灣皆必須持用「臺灣入出境許可證」，且須注意其使用規定，例如：團體旅遊必須注意附註欄是否規定「團體進出、不可脫隊」的警示；如是依親或團聚，需注意「需備妥有效回程機票」。另外來臺團聚或依親的大陸居民若持用單次入臺許可證停留逾期，須至各縣市「入出國及移民署專勤大隊」辦理手續，取得出境許可方可離境；使用逐次加簽居留許可證的大陸居民須完成出境加簽方可離境，若不慎漏查，而旅客無法出境，往往會因為旅客取消登機作業與行李卸載作業導致航班延遲起飛，不可不慎。

第四節　申根簽證

1950年，由比利時、法國、德國、義大利、盧森堡、荷蘭等六個創始國在歐洲進行亦被稱為「舒曼計畫」的「歐洲煤鋼共同聯營」計畫（European Coal and Steel Community, ECSC），進行歐洲相關國家政治實體的政經整合。1957年，《羅馬條約》（*Treaty of Rome*）創立了「歐洲

經濟共同體」（European Economic Community, EEC）或稱為「歐洲共同市場」。1965年通過的《布魯塞爾條約》成立「歐洲共同體」（European Communities），也就是歐盟建立的前身。1973年1月1日，丹麥、愛爾蘭及英國加入歐洲共同體，使會員國總數增加到九個國家。1981年，希臘成為第十個會員國，1986年，西班牙和葡萄牙陸續加入，使得歐洲共同體的會員國增加到十二國。為解決歐洲無國界的自由貿易的問題，從而建立了所謂的「單一市場」，因此在1987年簽署「歐洲單一法案」，這個法案的條款制定了一個重大的六年計畫。1993年，《馬斯垂克條約》（*Maastricht Treaty*）的簽定確認了「歐洲聯盟（歐盟）」（European Union, EU）的成立，讓商品、服務、勞力和資金流動「四種自由化」帶動下，「歐洲單一市場」更為具體了（註：英國已於2020年2月1日正式脫離歐盟）。

　　同時，為了使會員國彼此均取消邊境管制，持有任一成員國有效身分證或簽證的人可以在所有成員國境內自由進出，於1985年6月14日由五個歐洲國家（西德、法國、荷蘭、比利時、盧森堡）在盧森堡的一個小城市申根簽署《申根公約》（*Schengen Agreement*）。該公約於1995年7月正式全面生效，加入的會員國亦稱「申根國家」或者「申根成員國」，成員國的整體又稱「申根區」。值得注意的是申根國家並非均為歐盟國家。例如：愛爾蘭雖是歐洲聯盟成員國家，但並非申根協定成員國，並對申根國家繼續執行系統性的邊境管制。

　　根據該協定，旅遊者如果持有其中一國的旅遊簽證即可合法地到所有其他申根國家。截至2021年4月為止，申根成員國包括：奧地利、比利時、捷克、丹麥（除格陵蘭島和法羅群島）、愛沙尼亞、芬蘭、法國、德國、希臘、匈牙利、冰島、義大利、拉脫維亞、列支敦斯登、立陶宛、盧森堡、馬爾他、荷蘭（除阿魯巴、庫拉索、荷屬聖馬丁和荷蘭加勒比區）、挪威（除斯瓦爾巴群島）、波蘭、葡萄牙、斯洛伐克、斯洛維尼亞、西班牙（除休達和梅利利亞）、瑞典、瑞士等二十六個國家。目前申根公約實施範圍僅及於三個月以下之一般人士旅遊簽證，原則上，凡條

件符合者，可持「申根簽證」（Schengen visa）依協定通行相關國家或地區，但亦非毫無限制，一體適用。各當事國政府仍得視特殊情況保留若干行政裁量權。申根簽證共有五種型式，分別是：

1.Type A：機場轉機簽證（不得入境申根國），分為一次轉機或兩次轉機（依申根簽證相關規定），從非申根地區進入申根地區轉機赴其他非申根地區，如會在申根地區轉機經過兩點（含）以上的申根國，雖不入境申根地區，仍須申請Type A簽證。

2.Type B：為過境簽證（可入境申根國），一次或兩次（多次須另外申請特許），停留期限為五天。

3.Type C：短期停留簽證（可適用多個申根國），一次或多次，簽證有效期間，總停留期限為九十天。

4.Type D：為單一國家長期停留簽證（僅可使用於單一國家），一次或多次，簽證效期三個月至一年不等，入境後須申請當地國之居留證，並可持居留證前往其他申根國家短期停留（不限天數，惟不得超過居留證效期）。未取得當地居留證前，不可赴其他申根國家，持單次入境之Type D簽證，出境後擬再入境，須重新申辦簽證。

5.Type D+C：合併長期單一國家簽證（D）與短期多國簽證（C），惟短期多國申根簽證（C）之效期至多九十天，期滿後僅長期單一國家簽證（D）有效。

航空公司派駐於國際機場的運務人員在進行申根簽證檢查時，務必逐一檢查前往歐洲之旅客所持簽證的各個欄位，並注意：(1)適用國家（全部申根國或部分或單一國家）；(2)簽證類別是否與出國目的相符；(3)單次或多次入境；(4)停留總天數（與有效期限並非一致）；(5)簽證有效日期的起訖。另外，赴申根國家旅遊，如果行程中會前往非申根公約國後，繼而再進入申根公約國，則必須申請「多次進出」的申根簽證（Type C簽證）。

實務上，由於申根多次入境簽證費用較單次為高，偶爾會有極少

數不肖旅行社或個別旅客為了節省費用，僅申辦「單次入境」簽證赴歐旅遊。但是，這些旅客在旅途中離開申根國家後，便無法再入境申根國家，在資訊不足的情況下常會誤解為航空公司誤失而讓公司遭致抱怨；也曾有旅客在申根簽證效期尚未生效前抵達申根國家國際機場，而遭拒絕入境。此外，旅客尚須確認所持申根簽證，是否由「最先入境國」或「入境最長國」所核發，以法國與荷蘭為例，入境時，移民局官員會詢問旅客的旅遊目的與行程，並查詢機票行程，若不符合會拒絕該名旅客入境，而發生困擾。因此，擔任機場櫃檯工作之運務人員應該熟悉各項簽證規定與辨識，並協助旅客確認持用之簽證是否與入境目的相符。

第五節　偽造證件的辨識

　　放眼全球之國境安全管理工作，自從911恐怖分子攻擊美國世貿大樓之後，在兼顧通關服務品質下，對於防範人口販運、恐怖攻擊、跨國犯罪與非法移民的相關議題，已經成為國安體系之國土安全及國境安全管理嚴峻的考驗與挑戰。依據美國紐約移民局估計，目前全球每年偷渡市場約可淨賺獲利之市值約美金一百億元左右，經過分析後發現偷渡人員主要來源國大致為：中國大陸、斯里蘭卡、巴基斯坦、印度、孟加拉、中南美洲、非洲及蘇聯解體後的新興國家（如烏克蘭、克羅埃西亞、烏茲別克等）。各國政府為了邊境管理的安全，不斷地以外交手段要求其他國家改善護照的防偽功能，否則將給予入境的管制限制，比如取消免簽證互惠，並要求承載航空公司負擔查驗旅客的責任。因此，航空公司運務人員更需瞭解基本的護照防偽辨識技術。

一、護照防偽辨識重點

　　相關辨識重點略述如下：

1. 橡皮圖章印及鋼印（wet seals and dry seals）：即一般的橡皮圖章印及鋼印，利用印章的圖像內容及所蓋的位置來防偽。

2. 特殊的背景圖樣（background printing）：在各頁面上以文字、圖像及不同色彩，設計成特定的背景圖樣。

3. 浮水印（water mark）：利用紙張厚薄對透光性會產生差異的原理，在紙張製造時即用模具使紙張本身部分結構於成型時即有厚、薄之分，從而在透光環境會形成某種特定的影像或反應。

4. 偏光膠膜（laminate）：利用偏光原理製成特殊膠膜，此種膠膜在正常肉眼下看起來是透明的，但當透過偏光鏡觀看時，則會變成不透明，並產生某種特殊圖像，利用將此膠膜覆蓋於證件的重要資料頁，以達到防偽的功能。

5. 隱藏圖像（latent image）：利用特殊印刷技術，使某種文字或圖像在正常視覺角度下無法顯現，但在一般光源下，該文字或圖像與觀察者之眼睛大約成一直線時，便可清楚看見該文字或圖像。

6. 紫外線感光技術（U.V. light fluorescing）：利用特殊材料吸收紫外線光源後會變色的原理，在證件上製作特殊的文字或圖像。此化學藥劑在一般可見光下不會感光，不會顯現出文字或圖像，但在紫光燈照射下，則會感光並顯現出文字或圖像。

7. 微縮印刷（micro printing）：利用微縮印刷技術將文字或數字縮小至肉眼無法辨識的大小來印刷，完成後之文字或數字在肉眼下看起來將如同一般線條，且字體極小，很難加以複製。

8. 纖維（fiber）：在紙張製作時，即在紙漿內加入特殊形狀之纖維，此種纖維在紫光燈照射下會產生特定的色彩。

9. 刀模線（die cut）：證件內部所貼的持有者照片四角或證件本身各頁周邊的切角，利用特殊儀器切割，使其產生極為平滑之圓角。

10. 凹版印刷（intaglio printing）：利用特殊的印刷技術，使所印出之文字或圖像在肉眼觀察下與一般之印刷物無異，但當用指尖加以觸摸時，則可明顯感到該印刷部分有粗糙之立體感。

11.疊影（kin gram）：利用多重影像重疊技術，使某種圖像在不同角度光源下觀察時，會產生不同顏色的變化，進而使該圖像顯現出立體或運動的效果。

12.光學油墨（optical variable ink）：利用特殊油墨印刷成特殊文字或圖像，此種油墨在不同角度的光源下觀察時，產生不同的特定顏色。

13.鬼影（ghost image）：除證件持有者原有所貼之照片外，另以特殊印刷技術在原照片之同一頁面列印一隱藏的影像，此影像與持有者原貼之照片完全一樣，惟該影像在正常視覺角度及光源下無法顯現，僅有在紫光燈照射，或一般直射光源由背面照射下，才會顯現。

14.虹彩印刷術（rainbow printing）：利用特殊印刷技術，使證件背景各種不同顏色之轉換為漸進式的，讓各不同顏色之區塊彼此之間看不出明顯之界限。

15.索扭印刷術（guilloche）：以複雜的線條形成特殊之圖像或文字，並使其跨越於證件上之照片內外，以防偷換照片。

16.以光學機器判讀數位檢查碼（machine readable zone digit check）：以特定的計算公式，對證件持有人之出生年月日計算以得出固定之檢查碼。

17.特殊之縫線裝訂（stitching and binding）：以特殊之縫線及方法裝訂整本證件，通常此種縫線對紫光燈會有特殊的顏色反應。

18.雷射雋刻（emboss printing）：以雷射雋刻方式將證件持有人之照片、個人資料及其他特殊影像，刻於卡片式證件的背面，此種圖像在正常視角下無法看見，而必須將光源、圖像及眼睛大約成一直線時，始可看到內容。

19.穿孔（perforation）：利用雷射對整本證件之全部或部分頁數進行穿孔，所穿洞之各孔均應平整並且一致。

20.編碼與解碼（encode/ decode）：利用偏光原理，將證件持有人之

部分資料，或特定之文字、圖像，以亂碼將全部或部分印於證件之像片上，此種亂碼在正常肉眼下會顯現出不同的圖樣或者產生透明狀，但當用特定的解碼片置於其上時，則可用肉眼看到正確的內容。

21.晶片（chip）：護照內植入非接觸式晶片，儲存持照人基本資料及生物特徵（臉部影像、指紋、虹膜），藉無線射頻技術（Radio Frequency Identification, RFID）讀取或儲存晶片資料，並利用電子憑證機制驗證護照之真偽。

二、國際機場偷渡手法

實務上常見之國際機場偷渡手法，大約有六種，分別是：

1.換貼照片（photo substitute）：將合法護照上之相片以切割或使用化學藥劑除去，然後再換貼或印上偷渡者的照片；或將偷渡者影像列印於偽造的膠膜上，再將此膠膜貼於「個人資料頁」上，將新的偷渡者影像蓋住原持有者之照片。整本護照除了照片部分外，其餘部分均仍為真品。

2.將護照上之「個人資料頁」整頁切換（bio-page substitute）：製作一含偷渡者照片及符合其個人資料之「個人資料頁」，然後將合法護照上之「個人資料頁」整頁予以切換。此種護照除了「個人資料頁」外，其餘部分均仍為真品。

3.偽造整本護照（totally counterfeit document）：整本護照包括「個人資料頁」及內頁均為偽造。此種方式技術門檻較高，較容易防範。

4.製造並使用「夢幻文件」（fantasy document）：除了夢幻護照（fantasy passport）外，持用者通常會搭配使用其他夢幻身分證（fantasy ID card）或夢幻駕照（fantasy driver license）以取信他

人，或試圖傳達某種主張（註：「夢幻文件」並非一般認知之獲得國際公認的合法政治實體、國家或組織所發行的旅行文件。在極端狀況下，這種文件非僅不是偽造證件，其發證機構甚至是一個具體存在、明確的實體組織，或是已經不存在的國家。「夢幻文件」的目的僅是作為某種政治聲明或強調持證者是該組織中的成員）。

5. 使用遺失之空白護照（stolen blank passport）：許多國家均曾有失竊空白護照的紀錄。這些護照均為真品，偷渡集團僅須貼上偷渡者之照片並印上其個人資料即可使用，因此，除非偷渡者使用此護照進入該護照國，否則實難以辨認其真假，這也是最難防範之偷渡方式。

6. 冒名頂替（impostor）：偷渡人員直接冒充與其長相近似人員，並使用其合法之護照，此種方式常是冒用者與被冒用者具有近親關係，由於偷渡人員的相貌與護照中之照片神似，實務上不易防範。

為了賡續落實國境安全管理，機場運務人員必須藉由先期查核作為，有效過濾阻絕非法入出境者於國境線外。在面對可能使用假證件的旅客，有必要瞭解防範與應對技巧，以避免影響班機準時起飛。在值勤時，運務人員應該盡力於第一線報到櫃檯詳細檢查旅客證件，並於登機門處再次進行登機複查，不要盲目地隨機選擇部分旅客來做檢查，以免遭致乘客質疑「歧視」的客訴。在執行檢查時的心態上並需建立務實的態度，在執行中發現可疑的目標，可協調移民署官員再次進行較深入的檢驗工作。有時，有效的詢問方式也可找出持用偽照造護照旅客的破綻：首先查看旅客機票上之行程，注意是否有不合理或與實際行程不符合之處；其次就所知之事項明知故問，例如：旅客的行程、護照上的基本資料，以旅客所持證件國家之語言問話，而不要僅以旅客的外表來判斷其為哪一國人民，尤其當遇到類似東方臉孔，但持用美國、加拿大、澳洲等英語系國家之護照時，則可使用英語與旅客對話。然而，為了避免被旅客認為隱私遭到侵犯，而遭到反彈，運務人員在人際應對、肢體語言與溝通技巧上務必

婉轉，讓旅客感覺我們是在關心他，而非質問。對於查獲持用假護照的旅客，須立即通報公司內負責安全事務的主管與航空警察局處理，卸載旅客的託運行李（offload）。必要時，在請示線上主管意見後，可請安檢官員再次進行航機的安全檢查，以避免產生飛安隱憂，影響飛航安全。

第六節　旅遊資訊手冊

　　《旅遊資訊手冊》（*Travel Information Manual*, TIM）係蒐集各國有關出入境、海關、檢疫規定程序等必要資訊，由「國際航空運輸協會」（International Air Transport Association, IATA）每月定期出版，整合全世界航空暨旅遊業者所需之旅遊資訊。數以萬計的旅客透過它去尋找從出發站到目的地站的相關注意事項與必須備妥的旅遊文件說明。由於旅遊資訊會隨著國際間的政經情勢改變而有所更迭，因此內容的修訂是沒有終止的。在國際機場擔任運務工作的從業人員，為作業上的便利，除了紙本的TIM手冊，IATA亦推出數位版本的TIM，建置於檢核跨境旅客文件要求的資料庫「旅遊資訊自動查驗系統」（Timatic Solutions）內，裨益航空公司運務人員可以從事線上查驗旅客行程所需檢驗的護照及旅遊文件，是否有效且完備。若旅客於櫃檯報到時被發現其旅行證件不符Timatic資料庫顯示的規範條件，是可以拒絕其報到的。

　　運務人員對於旅客簽證、檢疫資料與護照規定在作業上若有疑問，應透過該系統進行查詢與審慎確認，以免觸犯不必要的誤失而導致航空公司遭到處份或罰款，抑或引發旅客抱怨。

一、TIM相關規定與法則

　　在TIM中，條列超過二百一十六國的相關規定與法則，其中包括了下列事項的規定：

1. 護照規定（passports）：規範可入境的旅客國籍、對於雙重國籍旅客的接受與否、可接受的護照種類、居留證的規定、其他的旅遊證明文件、持用護照的效期規定、難民或無國籍者、飛航機組人員與船員的各國作業規定。

2. 簽證規定（visa）：包括簽證的要求與辦理規定、年幼旅客的簽證規定、過境免簽證的作業規則、效期、再入境許可與出境許可的相關事項。

3. 健康規定（health）：包括預防注射檢查、疾病管制地區的說明、國際疫情狀況與圖表、各國檢疫檢查對入境與過境旅客檢疫與防疫的具體作法、對於傳染性疾病的解釋說明等。

4. 機場稅（airport tax）：對各國是否徵收機場稅與金額說明，包含是涵蓋在機票中隨票附徵或機場當局自行徵收的詳細資訊。

5. 海關（customs）：包括一般旅客入（出）境的法規、行李提領的規定、活生動物的攜帶與野生動物保護規定、動植物的輸入規定，與國外貨幣的攜帶規定、免稅額度的申報與違禁品的檢查。

6. 貨幣（currency）：各國可使用的貨幣，或同一區域的共同使用貨幣，如歐盟間使用歐元。

「TIM」的閱讀能力是航空公司運務人員必須具備的專業要求。機場運務人員應熟悉常用的國家名稱簡碼與城市名稱簡碼（**表2-1**）。由於紙本TIM手冊翻閱較不便利，因此各航空公司均建立Timatic Solutions系統或連結相關的資料庫以協助運務人員在報到櫃檯服務時，得以藉由系統中的「報到服務系統」（Customer Management, CM）進行資料查詢或確認。操作上，該系統係採用視窗式架構，下拉式表單，選擇欲查詢國家國碼後與旅客護照資訊，選擇要查詢的問題，如簽證問題、過境問題、轉機問題、海關問題與健康管理問題，系統會顯示如**圖2-2**之畫面。

表2-1　常用的國家名稱簡碼與城市名稱簡碼（機場簡碼）

國家 Country	國碼 ICAO	國碼 ISO	城市 City	機場碼 Airport Code	城市碼 City Code
Taiwan	TWN	TW	Taipei	TPE（臺灣桃園） TSA（臺北松山）	TPE
			Taichung	RMQ	TXG
			Kaohsiung	KHH	KHH
China	CHN	CN	Beijing	PEK（北京首都） PKX（北京大興）	BJS
			Shanghai	PVG（浦東） SHA（虹橋）	SHA
			Hong Kong	HKG	HKG
			Macau	MFM	MFM
United Arab Emirates	ARE	AE	Abu Dhabi	AUH	AUH
			Dubai	DXB	DXB
Argentina	ARG	AR	Buenos Aires	EZE	BUE
Australia	AUS	AU	Sydney	SYD	SYD
Austria	AUT	AT	Viena	VIE	VIE
Brazil	BRA	BR	San Paulo	GRU	SAO
Canada	CAN	CA	Vancouver	YVR	YVR
France	FRA	FR	Paris	CDG	PAR
Germany	DEU	DE	Frankfurt	FRA	FRA
India	IND	IN	Deli	DEL	DEL
Indonesia	IDN	ID	Jakarta	CGK	JKT
Japan	JPN	JP	Tokyo	NRT（成田） HND（羽田）	TYO
Korea Republic	KOR	KR	Seoul	ICN	SEL
Malaysia	MYS	MY	Kuala Lumpur	KUL	KUL
Netherland	NLD	NL	Amster-dam	AMS	AMS
Italy	ITA	IT	Rome	FCO	ROM
Philippine	PHL	PH	Manila	MNL	MNL
Singapore	SGP	SG	Singapore	SIN	SIN

（續）表2-1　常用的國家名稱簡碼與城市名稱簡碼（機場簡碼）

國家 Country	國碼 ICAO	國碼 ISO	城市 City	機場碼 Airport Code	城市碼 City Code
Switzerland	CHE	CH	Zurich	ZRH	ZRH
United Kingdom	GBR	GB	London	LHR（希斯洛 / London Heathrow） LGW（蓋威克/ London Gatwick） LCY（倫敦城/ London City）	LON
Vietnam	VNM	VN	Ho Chi Minh	SGN	SGN
U.S.A	USA	US	New York	JFK（紐約甘迺迪/ John F. Kennedy）	NYC

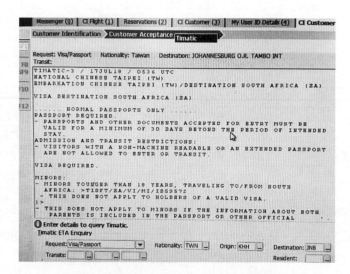

圖2-2　Timatic Solutions的查詢範例

二、TIM資料查詢系統

茲以實務上較常查詢的事項說明如下：

(一)Passport：Passport Required（備妥護照）

1.Passport Exemptions：Holders of …，表示入境該國需要護照，以及特例，比如使用居留證，船員證或特別的身分證明等。

2.Document Validity：文件的停留最短效期，如旅客適用免簽證進臺灣，護照效期需從入境日起算至少六個月有效。

3.Admission and Transit Restriction：許可過境限制規定，如某些國家對特定國籍旅客過境時，會給予限制，或對於持用外交護照、公務護照或一般護照時，有不同的規範，例如澳洲就不同意臺灣公務護照的持用人在澳洲過境。

4.Crew Members：組員執行飛航任務期間必須配帶航員證與護照，並持用航班機組員名單（General Declaration Form, GD）方可被允許入出境。

5.Military：軍隊入出境規則，例如軍隊搭乘軍機入出境時不需護照，但必須取得外交豁免證明；若搭乘民航客機入出境時必須視同一般旅客作業。

6.Additional Information：其他規定事項，例如：不受歡迎的國家；船員的入境護照或船員證適用性規則。

(二) Visa：Visa Required（備妥簽證）

1.Visa Exemption：簽證除外的解釋，是指在一定的停留期間內可以免簽證入境的國家，抑或是已經辦理電子簽證（Electric Visa, E-Visa）或已申請並取得入境許可保證信的旅客。

2.TWOV（Transit Without Visa）：過境免簽證。有些國家過境需要辦理過境簽證，過境時必須在一定時間內完成，方可免簽證過境。

例如美國不同意旅客在美國國土內進行免簽證過境。

3.Merchant Seamen：國際商船船員簽證規定，例如航空班機轉商船必須持有效船員證與商船停駁保證信、簽證或免簽證方可入境接船；商船轉航空班班機時，必須持確認訂位的有效機票，持簽證或免簽證方式才可入境轉機。

4.Crew Member：對於民航客機航機組員與私人包機（專機）航機組員的入境規定有時不同，以香港為例，民航客機航機組員入境時，因任務停留可免簽證停留七日；私人包機（專機）航機組員入境時，因任務停留時，視為一般旅客的簽證規定方式辦理入境。

5.Additional Information：若遇到該國辦理大型國際賽事或會議時，如奧林匹克運動會、東亞運動會或APEC亞太經濟合作會議，在比賽或會議期間會有不同的入境特例，需加以留意。

(三) Customs：Import（進口）

1.Duty Free：免稅品規定，攜帶免稅菸酒的限額。

2.Prohibited：禁止攜帶物品，如藥物、種子、活生動物、生鮮食物、肉製品等。

3.Pets：寵物的載運規定與入、出境申報作業規則。

4.Crew Members：組員可攜帶的免稅物品規定或禁止攜帶免稅物品。

5.Baggage Clearance：行李提領規定，專機行李可否直接寄運到最終目的地，或只能託運到「入國」的第一站（Gateway）。

6.Currency Import：攜帶外幣與本國貨幣的限額與申報規定。

Chapter

3

運務與航空站運作

傳統觀念中，航空運務是在機場提供乘客搭乘服務，使乘客能夠順利完成飛行旅程。一般而言，航空運務可以略分為國內航線與國際航線兩種壁壘分明的服務模式，第一線運務人員所接觸到的客源與航空站各部門的接觸面亦大不相同。為了協助讀者瞭解地勤服務階段的處理概況，本章將引導讀者初探航空公司運務部門與航空站內各單位的工作梗概。

第一節　航空運務概述

機場運務人員是航空公司和乘客直接接觸的單位，一般人稱他們為「地勤人員」，其主要職司是協助乘客進行登機前的各項服務。以長榮航空為例，在桃園國際機場的機場本部，旗下設有客務部，客務部又分「旅客服務課」及「裝載作業課」，其中旅客服務課又再細分為櫃檯組、出入境組、行李組、貴賓室等多種組別。在機場第一線服務乘客的工作人員統稱為「運務人員」（traffic and customer service staffs），也有航空公司將其稱為「業務人員」（sales staffs），或統稱為「地勤人員」（front-line ground staffs/ ground service operators）。在職務屬性上，機場運務人員可分為正職員工與「非典型聘僱者」（atypical employees），也就是俗稱的全職與時薪運務人員。不論是何種稱呼方式，其主要的工作可定義為「服務暨協助乘客搭乘各種飛行器為運輸工具，將人或行李透過航空運輸方式，從甲地運送到乙地」。依航線的性質、客源、市場規模與競爭力，航空公司會將所擁有的機隊做最大的經濟效益的安排，也就是說會儘量壓縮航機在地面停留的時間。因此，臨時的惡劣天氣或突發的航機意外事件，往往造成運務人員服務乘客的莫大挑戰。此外，地勤首要任務是讓航空器準時、順利的起飛。為了確保班機正常起飛，運務人員必須在短時間內承受龐大的工作量，非僅要隨時注意服務熱忱、應對進退，亦要處理非預期的機場突發狀況、安撫乘客情緒及問題解決，這些均是運務人員必須面對的課題。

一般來說，運務工作內容是在機場櫃檯辦理乘客報到（check-in）、

證件查驗、行李託運、劃位或現場開票，在候機室內引導乘客通關候機，登機時並作廣播服務，提醒乘客登機或廣播尋找已報到未登機的乘客及貴賓服務工作。另外，運務人員還須與空中廚房聯繫預訂餐點與加訂餐點、協助乘客失物尋查、乘客申訴。運務工作最大挑戰是處理班機延誤事件，協助處理乘客轉機、住宿、機上餐飲、旅客抱怨解釋、安撫等。尤其，國際班機一旦延誤，因乘客人數眾多，且國籍不同，國情相異，溝通不易，對機場運務是一種很沉重的負擔。

一、運務工作的特性

航空公司運務人員與乘客接觸時，已經是乘客即將使用航空公司產品——「機位」的最後一關。服裝儀態與服務的流暢、態度的親和與專業謹慎展現，一舉一動都將影響顧客對航空公司的觀感。然而，因為航空交通的不確定性較地面運輸高，航空票價亦較其他交通工具運費高，乘客相對會對航空公司所提供的服務品質有較高的期待，航班的延遲或取消往往容易激化乘客不滿的情緒。況且，人的情緒是多變的，在服務過程中難免會面對難纏旅客，運務人員必須謹慎行事，良好的情緒智商與不慍不火的談吐，展現抗壓性與專業性。此外，本國籍航空公司集團皆經營國內航線與國際航線，兩者有著截然不同的服務特性。相較於國內航線的單純性（乘客報到、機票與證件檢查、登機、離站），國際航線複雜的票務規則與各國的簽證規定，續程航班銜接是否適當，以及乘客身心是否適合長程飛行，均是運務工作的極大考驗。要成為一位優秀的運務人員，必須要有「時常為顧客著想」的服務理念，靈活的應對技巧，對各航線與機型的熟悉度，專業豐富的機票閱讀能力與各國入境規定的掌握，才能提供乘客安全、舒適與便利的服務。

二、運務工作的概述

　　運務工作大致可分為六個大區塊：(1)離境服務；(2)候機室服務；(3)貴賓室服務；(4)機坪聯絡作業；(5)過境與轉機服務；(6)到站服務。相關職掌的工作內涵分述如下：

1. 離境服務：乘客證件查驗、機票收售與報到劃位作業、行李託運與超重行李收費，以及提供乘客諮詢服務與乘客臨櫃訂位購票服務。
2. 候機室服務：航班動態掌控、班機準時率維持、乘客動態掌握、登機前的手提行李安全檢查、登機作業安全與秩序維持、飛航文件傳遞以及錯失班機乘客的後續服務。
3. 貴賓室服務：提供購買機票費率較高之頭等艙、商務艙以及參加航空公司常客優惠方案（Frequent Flier Program, FFP）的「高艙等」乘客，或是與信用卡發行公司簽訂服務契約的適用乘客，在搭機前有一個候機時可以安心的休息睡覺、上網、充電，甚至淋浴（若適用）。貴賓室內備妥書報雜誌、餐飲、免費Wi-Fi網路及高級沙發休息區，讓乘客在候機時備感尊榮與舒適。
4. 機坪聯絡作業：地面安全作業戒護與統籌管理航班的機坪作業，例如：班機加油、空廚上餐、空地勤工作協調。
5. 過境與轉機服務：乘客的轉機報到作業、過境乘客的引領與掌控、延誤到站班機後續行程安排、STPC非自願轉機乘客的隔日轉機住宿安排（stopover paid by carrier或lay over at carrier cost，簡稱STPC）以及過境乘客的諮詢服務。
6. 到站服務：迎接乘客到站、接送身心障礙乘客與特別服務需求乘客、到站文件遞送、協助乘客提領託運行李與行李異常事件處置。

三、機場運務工作的執掌及權責

(一)機場經理及副理（Station Manager/ Deputy Station Manager）

　　Station Manager是航空公司在機場配置的最高行政長官，主要是負責乘客出、入境相關業務及航機簽放業務，協調各部門運作的順遂、特殊貴賓的送往迎來與站務的管理規劃。對於此職銜，各家航空公司的稱謂並不一致。中華航空是在地勤服務處設置副總經理，長榮航空在機場本部設置副總經理，以高階經理人位階統籌綜理前揭業務，並掌理制訂地勤服務作業標準、發展地服作業系統、全線地服訓練計畫與執行、督導及提供各站機場地勤服務、地勤代理合約等業務。部分航空係將Station Manager與Deputy Station Manager分別稱為主任及副主任、站長及副站長、機場經理及機場副理等。頭銜雖然不同，但工作內容大同小異，一般工作範疇如下：

　　1.站務櫃檯作業流程之規劃、改進及推行。

　　2.注意各項人安、事安、地安、物安並回報總公司。

　　3.與公司、各友航、機場當局相關部門作業之聯絡與配合。

　　4.緊急或意外事故發生之應變與處置。

　　5.特殊貴賓的送往迎來與接待。

　　6.站上人員調派、人員考核、獎懲與建議。

　　7.上級其他臨時交辦事宜與公文處理。

　　8.妥善掌控正職員工與「非典型聘僱者」在服務能量展現的互補性，兼顧成本與服務品質。

(二)值班督導（Officer in Command, OIC; Counter in Command, CIC）

　　機場值班督導採輪班制。在值勤期間，如遇到乘客申訴或臨時事故要找負責人時，督導往往必須控制全局。若干大型航空公司尚且會在督導底下設置副督導、組長等職司協助相關業務之順遂。有關督導的工作範圍如下：

1.班機櫃檯作業之控制與執行，決定關櫃並通知各單位關櫃人數，刷出班機資料文件交予機場運務人員分送各單位。

2.當天乘客人數與班機起飛、抵達時間之掌控。

3.因應班機狀況，規劃及調度人力。

4.提供貴賓之接待及服務，並通報上級。

5.遇班機延誤時，班機延誤通告之張貼與解說。

6.班機異常之協調處理與回報。

7.開票、訂位、劃位之監督與支援。

8.上級交辦事項之執行。

9.票款之存放。

10.機票（登機證）點收。

11.站上人員調派，排定輪值班表。

(三)運務員／時薪運務員

「運務員」（通常是正職員工）與「時薪運務員」（通常是航空公司約聘或地勤代理業務機構派遣的非典型聘僱者，或因大學依其發展特色規劃課程，有開設實習課程之需要，得依《大學法施行細則》第24條、《勞動基準法》第64條至69條，及《專科以上學校產學合作實施辦法》規定，以學習技能為目的，由航空公司與公私立技專校院簽訂書面契約，接受雇主訓練之參加校外實習課程，且從事機場航空地勤服務的「技術生」）是航空公司或地勤代理業務機構設置在機場陸側與乘客面對面接觸的基層工作人員。他們和乘客之間產生交流的關鍵時刻（moments of truth），往往是乘客評價航空公司服務品質良窳的重要指標。其工作範圍如下：

1.國內線櫃檯於班機起飛前一小時開櫃，接受乘客臨櫃劃位作業，在班機載重平衡安全原則下，親切詢問或確認乘客喜好之座位。國際線櫃檯的開櫃時間端視各航空公司依航線屬性另行規定，通常是在班機起飛前二至三小時開始辦理劃位手續，且必須於起飛前一小時

完成報到，以便預留充裕的時間讓乘客完成安全檢查、證照查驗、海關手續。

2.協助處理「特殊旅客」之需求。特殊旅客包含但不限於重要嘉賓（VIP/CIP services）、未有父母或18歲以上監護人同行之5歲至12歲的獨行孩童（Unaccompanied Minor, UM）及獨行青少年（Young Passenger, YP）、領有身心障礙證明或手冊的身心障礙者、需要協助之年長旅客、孕產婦、嬰兒、視障旅客、聾啞旅客、警方押送之犯人及犯罪嫌疑人、客艙占位行李（Cabin Baggage, CBBG）、擔架旅客、需要乘機協助的傷病旅客，在飛行途中使用可攜式呼吸輔助設備的「吸氧旅客」，以及其他可能需要特殊服務的旅客。

3.若遇國內航線班機訂位客滿，乘客可於機場櫃檯辦理候補登記。訂位旅客須於班機起飛前三十分鐘完成辦理購票／劃位手續，未於規定時間內報到者，機位將開放現場候補旅客。公司會進行廣播，告知候補開放訊息，唱名三次未在現場者，視同棄權，已棄權旅客如欲繼續後補，需重新填寫名單。

4.政府各部會首長、一般外國貴賓、軍方上將級主管、情治單位首長之隨從人員及軍、警、情治人員因公攜帶槍彈在國內搭機。機場運務人員參照《臺灣地區民航機場安全檢查作業規定》，由軍、警、情治人員應由所屬單位主管（上校或薦任八職等或警察分局長以上身分人員）出具證明文件，向機場航空警察單位辦理查驗。前述人員及航空警察單位應會同航空公司辦理槍彈代管手續後，發給代管收據。航空警察單位及航空公司之專責人員（通常是機場運務人員），將代管之槍彈密封並妥善包裝後送至搭乘之航機，親交機長或機長指定之人員簽收保管。航空警察單位及航空公司應於航機起飛後，迅速通報目的地相關單位，準備到站時發還作業。運務人員於公司同意載送後，負責與安檢單位協調辦理槍彈代管作業事宜。

5.於班機異常時，協助簽轉乘客、乘客情緒安撫、班機異常且可歸責於航空公司過失之必要性的安排乘客食宿。

6. 維持櫃檯秩序，指引乘客售票／劃位櫃檯位置，並疏導已進入候機室乘客等候登機（outside counter）。

7. 於關櫃後，製作航前旅客所需資料並上傳機場各相關單位，並將班機文件送至機上交予客艙經理（inflight service manager）／事務長（chief purser/senior purser）／座艙長（cabin chief）／座艙督導（cabin supervisor，縮寫為CSV），於班機結束時，點算班機之票數，檢查是否為有效票。

8. 各航班到、離站之後接機與送機，聯絡公司相關單位本班機之特殊事件（若符合）。

9. 出入境登機口接送機作業。各班次到站、離站之接機與送機，並指引到站旅客出口處。於登機門值勤者，需防止乘客攜帶大件行李及寵物、氣球、兒童充氣玩具等闖關上機，並適時予以攔下，交勤務人員放置貨艙。

10. 負責機場服務檯（information desk）接受旅客航班諮詢、提供航班資訊等服務，如不能給予有效幫助，在條件允許的情況下，協助指引旅客至相關服務櫃檯或位置。

11. 班機結束後，製作相關業務報表，並送繳相關單位。

12. 執行機場售票作業、自助報到服務專屬櫃檯作業。

13. 支援行李提領處者，需協助乘客行李異常查詢及申訴事宜。

14. 負責機場貴賓室的接待服務及貴賓室資源管理。

15. 對於有提供機上即時電視新聞的航班，要適時地將電視臺送來的新聞影像載體由登機門繳給該班次的客艙組員，俾便乘客於空中旅行時觀賞。

16. 若有需要透過航空運輸方式從事人體器官、組織、細胞的輸入或輸出，應依我國《人體器官組織細胞輸入輸出管理辦法》，用途以人體移植、教學、研究、保存及其他經中央衛生主管機關核准者為限，來源應以無償捐贈方式取得，不應有商業行為，以杜絕器官、組織、細胞的買賣。機場運務作業流程是由人體器官獲取

組織（Organ Procurement Organization, OPO）或申請機構（醫療機構、公司、教學研究機構、衛生財團法人、其他），依據中華民國衛生福利部規定填寫「人體器官、組織及細胞輸入輸出申請表」（註：中華人民共和國則是依據國務院第491號令《人體器官移植條例》及其他相關法律法規，填寫《移植中心器官接收確認書》），海峽兩岸相關表格大致是註明所運輸器官的合法來源、用途、聯絡人姓名及聯絡人電話，並檢附：(1)申請單位同意試驗之文件、計畫摘要（教學課程計畫書）；(2)輸出國主管機關同意輸出文件或足以證明輸出國未管制輸出文件；(3)輸入貨品之檢驗證明文件或無汙染證明文件；(4)來源單位合法設立證明文件；(5)來源單位證明捐者同意捐贈之文件；(6)與貨品輸入（出）單位合作之相關證明文件；(7)衛生署核發之藥品臨床試驗許可函（如進行藥物臨床試驗者必備）；(8)捐贈者年齡、器官、組織或細胞摘取時間等資料（進口眼角膜得於輸入後一個月內補正），並在裝有人體捐贈器官的運輸容器顯著位置張貼「人體器官運輸專用」（human organ for transplant）標識，如容器體積超過航空公司對於手提行李的尺寸要求，運送人體捐獻器官的人員必須提前辦理客艙占位行李服務；帶入客艙的運輸專用容器，在運輸過程中由其自行照管。容器內含有保存人體捐獻器官所必需的液態物品的，不受液態物品航空運輸條件的限制，但應滿足運輸安全要求。運務人員在公司對該航線允許載送且確認相關表格已獲得政府相關官署核章之後，得就所攜帶的人體捐獻器官類型、包裝尺寸、涉及的危險品等資訊從事辨識與確認，協助運送者以手提行李運輸或使用客艙占位行李方式運輸，實現人體捐獻器官轉運的快速通關與優先承運，盡全力保障綠色通道的安全、有效、便捷、暢通。

17.代理各航空公司國際航班地面作業。

四、運務工作所面對的挑戰

隨著產業趨勢的變化輪轉，航空公司運務工作不再只提供自家的運務服務，亦在業務拓展下，成為其他國際航空公司的地勤代理（ground handling agency）。運務人員不僅要熟悉自家的作業系統，也必須融會貫通代理公司的作業系統以符合市場的需求。其次，乘客對於本身權益的關注，消費者尋求協助的管道增加，往往運用大眾傳播媒體或網際網路快速散播，服務瑕疵或服務失敗案件往往被放大檢視，讓運務工作充滿挑戰，第一線服務人員在長期處於「顧客永遠是對的」的金科玉律下，必須冷靜地面對顧客的情緒，方是專業展現的準則。

國際航空運輸協會（IATA）第60屆年會呼籲所屬會員航空公司應致力推展科技基礎服務以簡化成本支出，其攸關機場報到程序的特別議案包括網上訂位、網上購票、預辦登機服務、自助報到亭及共用自助報到服務。在微利時代下，航空產業的經營環境更加嚴峻，在大張旗鼓的推動自助化服務的同時，第一線服務人員卻往往未被教育相關服務作業的流程，面對旅客諮詢時無法提供詳細解說而遭到專業性不足的質疑。在進行縮減庶務經費與人事成本與訓練經費的必要之惡時，員工必須嘗試挖掘學習必要的服務技能與專業知識，無法僅靠公司單向提供的訓練，以勝任環境的變遷。

航空公司置身於競爭環境中，只有能留住顧客的企業才能存活，「五感行銷」（brand sense）運用服務環境的氛圍營造，讓乘客搭機過程充滿愉悅的感受，熟悉航空公司的品牌價值。隨著M型化社會、多元價值觀和生活型態的差異，空運乘客具有「混種消費」（consumix）的特性，每一位乘客可能身兼多種身分（粉領族、月光族、頂客族、SOHO族）接受服務的要求，已經不同於航空公司過去所獲得的顧客經驗。現在約有65～70%乘客購買機票時仍維持向傳統通路旅行社購票，乘客開始接受運務服務時，也就是他正式評價所搭乘航空公司服務的開始。如何讓乘客願意再次搭乘一直都是航空公司經營關注的焦點，口碑行銷已經是刻不容緩的

課題，建立良好的顧客關係讓乘客滿意繼而持續搭乘，航空公司必須積極進行目標管理或蒐集關鍵績效指標，強化維護顧客關係利益，並在運務服務過程中注重相關環節，降低服務疏失，期能持續增加顧客滿意度。

圖3-1　運務人員首要工作原則是確保班機能夠準時起飛

資料來源：楊政樺攝於香港赤鱲角國際機場

圖3-2　航機後推之後就是這趟飛行旅程的開始

資料來源：王穎駿攝於香港赤鱲角國際機場

第二節　聯檢作業

　　聯檢（C.I.Q.）是「海關」（Customs）、「移民」（Immigrations）及「檢疫」（Quarantine）的簡稱，綜理相對應的業務官署分別是財政部關務署（簡稱關務署）、內政部移民署（簡稱移民署），以及行政院農業委員會動植物防疫檢疫局（簡稱動植物防疫檢疫局、防檢局），茲分述如下：

一、海關作業

　　海關是一國在沿海、邊境或內陸口岸負責管制進出口貨物通關與出入境乘客行李通關，從事徵收及保護關卡的國家機關。入境乘客必須自行決定應該使用綠線檯或紅線檯通關，其中綠線檯是被視為未攜帶任何須申報物品。入境乘客所攜行李內容如無須向海關申報事項，可持護照選擇綠線（免申報）檯通關，檢查關員視情況予以免驗放行或予以抽驗。經抽驗之行李如發現有應稅品或不得進口或禁止輸入之物品，則予以稅放、留件處理或扣押。行李內容如有應向海關申報事項，則須填寫「中華民國海關申報單」經由紅線檯（應申報檯）通關，得享有免稅寬減額及優惠稅率。乘客攜帶進口隨身及不隨身行李物品合計超出免稅物品之範圍及數量者，均應課徵稅捐。

　　為了節省乘客驗關時間，乘客在所搭乘的班機上，可由客艙組員供應的表單事先填妥，俟飛抵目的地時，將可直接接受檢驗。原則上，乘客必須就攜帶入境的貨幣、個人所有物（非商業用途）、黃金、白銀等向海關申報。為了防止境外移入植物病蟲害，對入境時所攜帶的水果或食品種類也會有限制。毒品、槍械、彈藥、保育類野生動物及其產製品，禁止攜帶入出境，違反規定經查獲者，將依《毒品危害防制條例》、《槍砲彈藥刀械管制條例》、《野生動物保育法》、《海關緝私條例》等相關規定懲處。

圖3-3　海關大堂

資料來源：楊政樺攝於香港赤鱲角國際機場

圖3-4　紅線通關櫃檯

資料來源：曾通潔攝於高雄國際機場

有關我國海關對入出境乘客所攜帶的違禁及管制品詳細規範如下：

(一)紅線通關

入境乘客的行李中，若攜帶管制或限制輸入的物品，或是有下列應進行申報物項，要填寫「海關申報單」向海關申報，並使用「應申報檯」（即紅線申報檯）通關。

1. 攜帶行李物品總價值逾免稅限額新臺幣二萬元或菸、酒逾免稅限量（捲菸200支或雪茄25支或菸絲1磅、酒類1公升）。年滿20歲（含）以上的成年人才能攜帶菸、酒入境。

2. 超過一萬美元或等值之其他外幣應報明海關登記。攜帶超額未申報者，超過部分會沒收。

3. 每人攜帶現金以新臺幣十萬元為限，如攜帶超過限額時，應在入境前先向中央銀行申請核准，持憑查驗放行，未經查驗不得攜入。若未申報，超過新臺幣十萬元部分沒收；申報不實者，超過申報部分沒收。

4. 乘客攜帶黃金出入境皆應向海關登記，若攜帶黃金價值超過二萬美元，應先向經濟部國際貿易局（電話：02-23510271）申請輸入許可證，並向海關辦理報關驗放手續。未申報或申報不實者，處以相當於未申報或申報不實之黃金價額之罰鍰。

5. 每人攜帶現金人民幣以二萬元為限，超過限額，應自動向海關申報，並自行封存於海關，出境時准予攜出。如申報不實，超過部分沒收。

6. 攜帶水產品或動植物及其產品者：(1)農畜水產品類，食米、熟花生、熟蒜頭、乾金針、乾香菇、茶葉各不得超過1公斤；(2)大陸地區之干貝、鮑魚乾、燕窩、魚翅各限量1.2公斤，罐頭限量各六罐；(3)活動物及其產品禁止攜帶。但符合《動物傳染病防治條例》規定之犬、貓、兔及動物產品，以及經乾燥、加工調製之水產品，

不在此限。其中符合《動物傳染病防治條例》規定之犬、貓、兔，不受限量6公斤之限制；(4)活植物及其生鮮產品禁止攜帶。但符合《植物防疫檢疫法》規定者，不在此限。另外，只要是新鮮未經過處理的植物、蔬果等一律禁止攜帶入境，包含鑲嵌新鮮藍莓或草莓的蛋糕、草莓大福（ichigo daifuku/ strawberry daifuku）。

7. 有「不隨身行李」（unaccompanied baggage）或稱「後送行李」者。入境乘客如有行李不隨所搭乘之運輸工具載運入境，應於入境時在「中華民國海關申報單」上報明行李件數及主要品目，以便於行李運抵時報關之用，如未申報者，按一般進口貨物處理，不適用入境乘客攜帶行李物品報驗稅放辦法之免稅、免證規定。不隨身行李應自入境之翌日起六個月內進口，並應於裝載行李物品之航空器、船舶進口日之翌日起十五日內報關，逾限未報關者將按日加徵滯報費新臺幣二百元。如報運之不隨身行李物品含有酒品，應於報單詳實申報，並應注意其限量規定。違反上述進口期限或入境時未報明有後送行李者，除有正當理由（例如船期延誤）經海關核可者外，其進口通關按一般進口貨物處理。

8. 攜出及攜入有價證券（指無記名之旅行支票、其他支票、本票、匯票或得由持有人在本國或外國行使權利之其他有價證券）總面額達等值一萬美元者，應向海關申報。未依規定申報或申報不實者，課以相當於未申報或申報不實有價證券價額之罰鍰。

9. 其他有洗錢之虞之物品：攜帶總價值逾等值新臺幣五十萬元，且超越自用目的之鑽石、寶石及白金者，應向海關申報。未申報或申報不實者，處以相當於未申報或申報不實之物品價額之罰鍰。若總價值逾美幣二萬元者，應向經濟部國際貿易局申請輸入許可證，並向海關辦理報關驗放手續。

10. 有其他不符合免稅規定或須申報事項或依規定不得免驗通關者。

圖3-5　綠線通關櫃檯
資料來源：曾通潔攝於高雄國際機場

(二)綠線通關

　　未有上述情形之乘客，持憑護照選擇「免申報檯」（即綠線檯）通關。

(三)禁止攜帶入境之物品

1. 《毒品危害防制條例》所列毒品（如海洛因、嗎啡、鴉片、古柯鹼、大麻、安非他命等）。
2. 《槍砲彈藥刀械管制條例》所列槍砲（如獵槍、空氣槍、魚槍等）、彈藥（如砲彈、子彈、炸彈、爆裂物等）及刀械。
3. 野生動物之活體及保育類野生動植物及其產製品，未經行政院農業委員會之許可，不得進口。屬於《瀕臨絕種野生動植物國際貿易公約》（*Convention on International Trade in Endangered Species of*

Wild Fauna and Flora, CITES）列管者，並需檢附CITES許可證，向海關申報查驗。

4.侵害專利權、商標權及著作權之物品。

5.偽造或變造之貨幣、有價證券及印製偽幣印模。

6.所有非醫師處方或非醫療性之管制物品及藥物。

7.其他法律規定不得進口或禁止輸入之物品。

　　另外，為防範非洲豬瘟，保護臺灣豬隻健康，乘客違規攜帶肉製品（含真空包裝）入境，無論是肉鬆、肉乾，甚至是內含豬肉片的速食麵（方便麵、即食麵、泡麵）都在違禁品行列。依據《動物傳染病防治條例》第45之1條修正案（2019年1月4日修正）規定，「乘客或服務於車、船、航空器人員未依第三十四條第二項規定申請檢疫者，處新臺幣一萬元以上一百萬元以下罰鍰。」

(四)乘客入境免驗商品金額數量

　　乘客入境免驗商品金額數量如下所列：

1.玩具類（包含扭蛋、模型玩具）：同款商品金額在美金一千元以下且數量未逾五件，或超過美金一千元且數量為一件。

2.防護頭盔類：同款商品金額在美金一千元以下且數量未逾四頂。

3.文具類：同款商品金額在美金一千元以下且數量未逾十件。

4.兒童自行車：同款商品金額在美金一千元以下且數量未逾兩件，或超過美金一千元且數量為一件。

5.腳架和自拍棒（臺灣出境專用）：自拍棒及攝影（像）機腳架等被視為「棍棒、工具及農具類」之物品，管徑1公分以上、可伸縮且其收合後高度超過60公分以上者，禁止攜入航空器，超過者必須以託運行李方式辦理。簡單來說，只要腳架、自拍棒的「收合高度」、「管徑」符合規範，就會被允許以隨身行李方式攜入航空器。

6. 零食：依據《食品安全衛生管理法》第30條第三項規定，輸入同法第30條第一項產品非供販賣，且其金額、數量符合中央主管機關公告或經中央主管機關專案核准者，得免申請查驗。另依據衛生福利部2015年11月5日部授食字第1041303340號公告，輸入食品及相關產品（不含錠狀、膠囊狀食品）供個人自用，價值在一千美元以下，且重量在6公斤以內者，得免申請輸入查驗。依據上開衛生福利部公告，進口貨物及入境乘客輸入前開物品，係以單一零食品項（非總重量）6公斤為上限；倘超過上述限額，應向主管機關衛生福利部食品藥物管理署申請輸入許可。

(五)關稅課徵

乘客攜帶進口隨身及不隨身行李物品合計如已超出免稅物品之範圍及數量者，均應課徵稅捐。應稅物品之限值與限量如下：

1. 入境乘客攜帶進口隨身及不隨身行李物品（包括視同行李物品之貨樣、機器零件、原料、物料、儀器、工具等貨物），其中應稅部分之完稅價格總和以不超過每人美幣二萬元為限。

2. 入境乘客隨身攜帶之單件自用行李，如屬於准許進口類者，雖超過上列限值，仍得免辦輸入許可證。

3. 乘客攜帶菸酒超過免稅數量，未依規定向海關申報者，超過免稅數量之菸酒由海關沒入，並由海關分別按每條捲菸處新臺幣五百元、每磅菸絲處新臺幣三千元、每二十五支雪茄處新臺幣四千元或每公升酒處新臺幣二千元罰鍰。如超過財政部關務署限量規定，該次攜帶入境之菸酒產品，應檢附菸酒進口業許可執照，以廠商名義辦理報關進口，或就超逾部分辦理退運。

4. 明顯帶貨營利行為或經常出入境（係指於三十日內入出境兩次以上或半年內入出境六次以上）且有違規紀錄之乘客，其所攜行李物品之數量及價值，得依規定折半計算。

5.以過境方式入境之乘客，除因旅行必須隨身攜帶之自用衣物及其他日常生活用品得免稅攜帶外，其餘所攜帶之行李物品依前述「4.」規定辦理稅放。

6.入境乘客攜帶之行李物品，超過上列限值及限量者，如已據實申報，應自入境之翌日起兩個月內繳驗輸入許可證或將超逾限制範圍部分辦理退運或以書面聲明放棄，必要時得申請延長一個月，屆期不繳驗輸入許可證或辦理退運或聲明放棄者，依《關稅法》第96條規定處理。

(六)藥品

1.乘客或隨交通工具服務人員攜帶自用之藥物，不得供非自用之用途。藥品成分含保育類物種者，應先取得主管機關（農委會）同意始可攜帶入境。我國以處方藥管理之藥品，如國外係以非處方藥管理者適用非處方藥之限量規定。

2.乘客或隨交通工具服務人員攜帶之管制藥品，須憑醫療院所之醫師處方箋（或出具之證明文件），並以治療其本人疾病者為限，其攜帶量不得超過該醫師處方箋（或出具之證明文件），且以六個月用量為限。

3.西藥：非處方藥，每種至多十二瓶（盒、罐、條、支），合計以不超過三十六瓶（盒、罐、條、支）為限。未攜帶醫師處方箋（或證明文件），以兩個月用量為限。處方藥攜帶醫師處方箋（或證明文件）者，不得超過處方箋（或證明文件）開立之合理用量，且以六個月用量為限。針劑產品須攜帶醫師處方箋（或證明文件）。前揭所定之產品種類、瓶（盒、罐、條、支、包、袋）等均以「原包裝」為限。

4.中藥材及中藥製劑：中藥材每種至多1公斤，合計不得超過十二種。中藥製劑（藥品）每種至多十二瓶（盒），合計以不超過三十六瓶（盒）為限。於前述限量外攜帶入境之中藥材及中藥製劑

（藥品），應檢附醫療證明文件（如醫師診斷證明），且不逾三個月用量為限。

5.錠狀、膠囊狀食品：每種至多十二瓶（盒、罐、包、袋），合計以不超過三十六瓶（盒、罐、包、袋）為限。

(七)隱形眼鏡

角膜放大片、隱形眼鏡單一度數最高限量為六十片，每人以單一品牌及兩種不同度數為限。

(八)特定用途化粧品

1.依據《化粧品衛生安全管理法》第5條第三項及衛生福利部公告之「輸入特定用途化粧品供個人自用免申請查驗登記之限量」規定，乘客以供個人自用目的攜帶經中央主管機關指定公告之特定用途化粧品（具有防曬、染髮、燙髮、止汗制臭、牙齒美白或其他用途之化粧品，原稱含藥化粧品）者，每種至多十二瓶（盒、罐、包、袋，以原包裝為限），合計不得超過三十六瓶（盒、罐、包、袋，以原包裝為限）。

2.依據衛生福利部食品藥物管理署2016年6月8日FDA器字第1051605118號公告，玻璃安瓶AMPOULE容器者，不得作為化粧品容器使用。倘化粧品包裝為玻璃安瓶容器者，則不得以化粧品進口（包含乘客自行攜帶入境）。前揭玻璃安瓶包裝，係指「一體成形」、「折斷式」之「玻璃密封」容器。惟考量部分民眾因個人自用之需求，乘客自行攜帶或自國外寄送（郵包、快遞）輸入該類化粧品，得填具「化粧品貨品進口同意申請書」及併附相關資料向衛生福利部食品藥物管理署申請專案輸入，惟該類化粧品限供自用不得販售（所謂「化粧品」，係依據《化粧品衛生安全管理法》第3條規定，係指施於人體外部、牙齒或口腔黏膜，用以潤澤髮膚、刺激嗅覺、改善體味、修飾容貌或清潔身體之製劑）。

　　綜而言之，如果乘客對某一項物品應否申報無法確定時，應在申報單上報明，海關會協助判定。如本人無填寫申報書能力，可在海關開始檢查之前以口頭申報，以免因觸犯法令規定而受罰。乘客行李之品目、數量及價值，除了項目、數量必須是在個人使用與饋贈親友的合理數量，不可以為了出售圖利或受僱取得酬勞而替人帶貨。

二、入出國境及移民事務

　　內政部移民署（National Immigration Agency, MOI），簡稱「移民署」，初無專責機關，最早是由臺灣警備總司令部及臺灣省政府警務處採取入出分管、軍民分管，而且分地辦公。2007年1月2日，由內政部警政署入出境管理局整合僑務委員會、內政部戶政司、內政部警政署（外事組、外事警官隊、航空警察局及各港務警察局查驗隊，各縣市警察局外事

圖3-6　入出國移民署服務櫃檯

資料來源：曾通潔攝於高雄國際機場

課、陸務課業務，保安警察第一、四、五總隊）等業務，成立內政部入出國及移民署。2015年1月2日，更名為內政部移民署。該署設有入出國事務組、移民事務組、國際及執法事務組、移民資訊組四個組，秘書室、人事室、主計室及政風室四個室，北區事務、中區事務、南區事務及國境事務大隊四個大隊，負責實際工作之執行。主要掌理下列事項如下：

1. 入出國、移民及人口販運防制政策、法規之擬（訂）定、協調及執行。
2. 大陸地區人民、香港或澳門居民及臺灣地區無戶籍國民入國（境）之審理。
3. 入出國（境）證照查驗、鑑識、許可及調查之處理。
4. 停留、居留及定居之審理、許可。
5. 違反入出國及移民相關規定之查察、收容、強制出國（境）及驅逐出國（境）。
6. 促進與各國入出國及移民業務之合作聯繫。
7. 移民輔導之協調、執行及移民人權之保障。
8. 外籍及大陸配偶家庭服務之規劃、協調及督導。
9. 難民認定、庇護及安置管理。
10. 入出國（境）安全與移民資料之蒐集及事證之調查。
11. 入出國（境）及移民業務資訊之整合規劃、管理。
12. 其他有關入出國（境）及移民事項。

內政部移民署在全國二十五縣市設有服務站，為民眾辦理入出國手續，並在桃園和高雄國際機場、基隆港、臺中港、高雄港、金門、馬祖設有入出境旅客服務站；且為服務海外僑民，該署在海外設有二十七個工作組，辦理入出境諮詢、服務事項。就職司我國各機場、港口旅客入出國境之安全管理工作的「國境事務大隊」而言，依據《內政部移民署處務規程》第14條規定，掌管事項包括：(1)入出國（境）證照之查驗、鑑識及許可；(2)國境線入出國安全管制及面談之執行；(3)國境線證照之核發及

生物特徵資料之建檔；(4)國境線違反入出國及移民相關法規之調查、過境監護、逮捕、暫予收容、移送及遣送戒護；(5)證照鑑識及查驗之教育訓練；(6)其他有關國境事項。負責把關出入境旅客的身分確認，以維護國境安全。

　　另外，北區、中區、南區事務大隊掌理事項涵蓋：(1)臺灣地區人民入出國（境）及進入大陸地區許可之審理；(2)臺灣地區無戶籍國民之入出國（境）、停留或居留許可之審理；(3)大陸地區人民、香港或澳門居民之入出境、停留或居留許可之審理；(4)外國人之停留延期、居留或重入國許可之審理；(5)大陸地區人民定居、專案許可長期居留、香港或澳門居民與臺灣地區無戶籍國民定居及外國人永久居留之審理；(6)移民輔導之執行；(7)移民業務機構管理、聯繫、查核、督考及違法經營查處；跨國（境）婚姻媒合業務檢查及違法媒合案件查處等事項之執行；(8)外來人口訪查與查察勤務之協調、聯繫及執行；(9)國境內面談、違反入出國及移民相關法規之調查、逮捕、收容、移送、兩岸共同打擊犯罪、強制出國（境）及驅逐出國（境）勤務之督導、執行；(10)其他有關入出國（境）與移民服務、訪查、查察及收容勤務事項。

三、動植物防疫檢疫

(一)動植物檢疫

　　行政院農業委員會動植物防疫檢疫局（Bureau of Animal and Plant Health Inspection and Quarantine），簡稱「動植物防疫檢疫局」或「防檢局」，職司全國動植物防疫、檢疫相關政策、法規之擬定與業務之督導、推動，任務在有效防止動植物疫病蟲害的發生與遏阻已發生者之蔓延，以將疫病蟲害可能導致之損失減至最低，戮力健全防疫檢疫制度，維護國人健康及保健自然生態環境。該局設有六個業務組（動物防疫組、動物檢疫組、植物防疫組、植物檢疫組、企劃組、肉品檢查組）與四個行政

單位（秘書室、主計室、人事室、政風室）。其中，動物防疫組分設四科
（獸醫行政科、家畜防疫科、家禽及水生動物防疫科、藥品管理科）。
動物檢疫組分設三科（動物檢疫行政科、動物檢疫技術科、動物產品檢
疫科）。植物防疫組分設三科（植物防疫科、病蟲害管理科、緊急防疫
科）。植物檢疫組分設三科（植物檢疫行政科、植物檢疫技術科、農產品
檢疫科）。企劃組分設三科（綜合企劃科、計畫及資訊管理科、國際事務
科）。肉品檢查組分設三科（肉品檢查行政科、肉品檢查技術科、肉品
查核取締科）。因檢疫業務有分工需求，該局並設有：動物防疫檢疫諮
議委員會、植物防疫檢疫諮議委員會及動物用藥品技術審議委員會。為了
在國際機場、港口執行檢疫作業，該局分別設有四個分局：基隆分局、新
竹分局、臺中分局及高雄分局執行邊境管制措施，防範違法動植物產品闖
入。近年來由於電子商務興起，民眾透過網路購買國外植物檢疫物郵寄
輸入的案件日益增加，致有害生物隨而傳入臺灣的風險提高。為避免國
外有害生物隨未經植物檢疫之郵包傳入，自2019年6月20日起，可郵寄輸
入的植物檢疫物，收件人須依《經郵寄方式輸出入植物檢疫物檢疫作業
辦法》事先至防檢局「郵包與旅客檢疫案件作業系統」申請郵寄輸入許
可，並於郵包輸入時向防檢局申請檢疫並依據《動植物檢疫規費收費實施
辦法》繳納檢疫費〔輸入檢疫物完稅價格（包括貨品價格與運費）之千分
之一〕、臨場費（每案新臺幣五百元）及其他檢疫規費，以避免收件人因
不闇規定導致郵包遭退運、銷毀或是遭受裁罰。

　　綜而言之，動植物檢疫是在國際機場、港口或國境交通要道上，為
防止境外動（植）物疫病入侵，以杜絕外來動物傳染病病原與植物病蟲害
之經由交通運輸侵入國內，並保護國內農畜生產之安全，增進我國畜牧業
與農產品之發展與維護公共衛生等。再者，亦可避免我國的動（植）物疫
病傳播國外，確保國際信譽，避免遭遇國際貿易損失。

　　就民眾攜帶寵物搭機（限馴養的狗、貓、兔）而言，由於各航空公
司對於攜帶寵物的規定各不相同，搭機前應事先查詢航空公司的相關規
定。一般而言，除了合乎規定之身心障礙者所需之「功能型犬隻」（如導

圖3-7　經過特殊訓練、用於偵測入境乘客行李中攜帶之農畜產品的檢疫犬

資料來源：曾通潔攝於高雄國際機場

盲犬、導聾犬）可免費攜帶，有條件的隨主人進入客艙且不需關在籠內之外（但仍須受目的地國家之法例所限制），其他寵物（連同其籠子、食物）一律不接受以「客艙行李」方式攜入客艙，僅能以「託運」或「貨運」處理，且不得計入免費託運行李之重量／件數（需視為超重行李）。

　　然而，由於各國對動物的輸出入規定不同，就民眾攜帶寵物搭機而言，多數目的地國家同意寵物得以和主人隨行，但限制以「託運」方式置於行李艙內運送。但是，澳洲、紐西蘭、夏威夷、香港及牙買加等地，僅允許以「貨運」處理（未必和主人同機）。就輔助身心障礙者的「功能型寵物」而言，澳洲政府同意以「客艙行李」方式輸出及輸入；英國政府只允許以「託運行李」方式輸出。乘客應於出發前洽詢航空公司以瞭解其規定，以便遵守旅遊當地的法例，並持有目的地國家要求的所有文件。若未

依循有關法例，可能導致抵達時被拒絕入境、冗長的檢疫期、甚至動物遭到毀滅等情況出現。

由於有不少乘客投訴，航空公司開放長程國際航線攜帶寵物進入客艙，讓部分患有過敏症的乘客無法搭機旅遊，自2007年1月1日起，國籍航空公司已經停止接受寵物以客艙行李方式運送。寵物必須辦理託運，但同一航班會有隻數限制，安置寵物的航空旅行寵物籠（俗稱「登機籠」）必須以符合IATA規範之纖維玻璃或硬質塑膠材質製成，堅硬牢靠，不允許使用木質、金屬條或焊接鐵絲網寵物籠。底部必須鋪設吸水襯墊防漏且確實關好（不允許使用稻草鋪墊），寵物籠的輪子必須能夠拆卸，如為伸縮式輪子，則必須縮回或用膠帶固定。僅有一個寵物門供寵物進出及防止脫逃、寵爪外露功能，三邊籠壁必須具備通風口。寵物籠的空間大小必須足夠寵物完全站立而不觸碰到頂部，能夠供寵物靈活自然地轉身和躺臥。籠內附加盛裝備妥飲水、食物的容器，籠身四周可以再用行李束帶加強。整體而言，航空公司在受理寵物運送時，多會要求託運人提供：(1)寵物健康證明；(2)寵物裝在合適的箱籠中（託運人自備且規格應經航空公司認可）；(3)寵物和箱籠上都要有名牌，註明畜主的姓名、地址、電話及寵物名；(4)寵物與籠子的總重量不可超過32公斤（70磅）以便運送；(5)至少在起飛前一小時確保已事先將注射疫苗、攸關託運活生動物作業之各類申辦表單和其他重要事項安排妥當（實際狀況應視各航空公司規定）。

(二)人員檢疫

◆邊境檢疫工作概述

近年來，諸多席捲全球並快速蔓延的烈性瘟疫造成各國的經濟損失及人民生命受到威脅，以及人類文明史上慘痛的記憶。年代稍遠者有：天花（Smallpox）、鼠疫（Plague）、脊髓灰質炎（Poliomyelitis）又稱「小兒痲痺症」；年代稍近者有：茲卡病毒感染症（Zika virus infection）、屈公病（Chikungunya fever）、西尼羅熱（West Nile fever）、中東呼吸

症候群冠狀病毒感染症（Middle East Respiratory Syndrome Coronavirus, MERS）、麻疹（Measles）、嚴重急性呼吸道症候群（Severe Acute Respiratory Syndrome, SARS），以及嚴重特殊傳染性肺炎（Coronavirus disease 2019/ COVID-19），簡稱新型冠狀病毒肺炎。誠如南宋理學家呂祖謙所言：「天下之事，勝於懼而敗於忽。懼者福之原，忽者禍之門也。」（《東萊博議‧鄭伯侵陳》）。這些國際傳染病病例大多是透過境外移入，導致防堵或阻斷疫情自國境邊界侵入的邊境檢疫工作、公共安全防護能量、預警與應變能力更顯重要。

為配合世界衛生組織（WHO）揭櫫之《國際衛生條例》（*International Health Regulations*, IHR）規定，防範傳染病藉由船舶、航空器等交通工具境外移入，2013年6月19日，依據總統令，制定公布《衛生福利部疾病管制署組織法》，2013年7月23日由「行政院衛生署疾病管制局」併入原「行政院衛生署慢性病防治局」調整升格之「衛生福利部疾病管制署」（Taiwan Centers for Disease Control, CDC），簡稱「疾管署」，負責因應傳染病型態變遷、整合防疫資源、建構防疫體系。該署依照《傳染病防治法》第59條第三項規定特公告修訂《港埠檢疫規則》，由所屬檢疫單位對入境船舶、航空器及其所載人員、貨物執行必要的檢疫措施，以維護國內防疫安全及保障國民健康，並落實WHO「世界一體、防疫一體」（One World, One Health）之主張。

依據WHO發布之疫情概況及我國與鄰國境外移入個案資訊，疾管署會在持續具流行疫情或可能朝向本土傳播的防疫期間，在機場與港口設置「紅外線熱影像儀」，透過溫度設定影像及聲響警告，對於大量入境旅客實施原發性發燒篩查以利快速判讀並警示。旅客依循動線行進至發燒篩檢站，如在一般時期係以高於或等於38℃為發燒標準。遭逢特殊疫情時期，如2020年篩選檢測2019新型冠狀病毒（2019-nCoV）疾病的疑似症狀係採取高於或等於37.5℃為標準，或疑似傳染病症狀的旅客，會被要求填具旅遊史和聯絡資訊的問卷調查表。其後檢疫人員藉由旅客症狀及其旅遊史、接觸史、曝露史等對其進行健康評估，判斷其感染傳染病之風險且進

行衛教宣導，必要時於邊境進行檢體採集及現場執行快速篩檢，或將疑似個案旅客後送合約醫療院所隔離或收治就醫，裨益為後續病毒致病機理、病毒溯源等研究提供重要依據。所有被攔檢之旅客資料皆由檢疫站工作人員鍵入資訊系統，以利縣市政府之防疫單位對其進行後續健康追蹤及關懷，裨益強化邊境檢疫及境外防疫。

◆ 檢疫犬在邊境檢疫工作的關鍵角色

在全面提升國境防疫層級之際，除了仰賴值勤的海關人員和檢疫人員從事檢疫工作之外，檢疫犬亦扮演輔助角色。我國是亞洲第一個引進檢疫犬的國家，於2002年時從美國引進檢疫犬制度，在國內各機場、港口旅客入境處、國際快遞貨物倉儲區、國際郵件處理中心，率先將檢疫犬投入入境旅客行李、郵包或快遞貨物的巡檢工作。藉由檢疫犬的靈敏嗅覺，偵測並辨識水果、蔬菜、活植株、種子、活鳥、蛋類、生鮮肉類及肉類加工製品等標的物（這些產品附著有危險性疫病害蟲之風險），以有效攔截禽流感、口蹄疫、非洲豬瘟等不同疫情。我國檢疫犬的主要來源係由行政院農業委員會動植物防疫檢疫局委託民間團體專責檢疫犬種、挑選、培育、訓練等事宜，其多選拔九個月到4歲內之米格魯犬為訓練犬，接受約六個月之訓練課程，並通過評量者，始為檢疫犬，另執勤犬持續進行進階效能訓練，以維持檢疫犬之工作效能。此外，亦有少量拉不拉多犬，以及部分從無法勝任的緝毒犬轉任或從流浪狗訓練而成。

擔任檢疫犬的犬隻必須精力充沛、乖巧溫馴、容易和人類親近（不怕陌生人）、具備較高的行動力、對事物有好奇心、嗜吃或好玩且沒有攻擊性。至於為什麼挑選米格魯犬及拉不拉多犬為檢疫犬的目標犬種？主要是米格魯犬具備愛吃的天性，再加上查緝動植物對牠們就像是玩遊戲，願意從玩樂中找到食物，因此適合被訓練為檢疫犬。就拉不拉多犬而言，愛玩的拉不拉犬多較容易被訓練成緝毒犬，愛吃的則較容易被訓練成檢疫犬。

檢疫犬是屬於《政府部門執勤犬照護管理規則》第2條第一項所列的

執勤犬之一（執勤犬：指政府部門所有，經訓練或測驗合格之檢疫犬、緝毒犬、警犬、搜救犬及國防軍犬）。為規範執勤犬執勤每星期工時、每次工時限制、例外規定，依據該規則第3條規定，政府部門運用執勤犬執勤之工作時間，每星期不得超過四十小時，每次不得連續執勤超過四小時，執勤期間應提供適當休息。但遇作戰任務、演訓、搜救或其他緊急情況者，不在此限。實務上，檢疫犬組執行偵測勤務標準作業程序，規定每次執勤時間除了前揭說明，結束後應給予犬隻至少十分鐘之休息時間，並配合航班時刻機動性支援執勤或加強訓練工作。一名領犬員照顧一至兩隻狗，一年兩次健檢（包含但不限於抽血、驗尿、X光、超音波影像檢查、糞便檢查）、吃喝都有專人照料，還有專屬犬舍（和其他檢疫犬同住而非其他狗隻）住在一起。領犬員每日尚且幫牠們量體重，帶牠們做運動，有些犬舍甚至有跑步機，避免過重而影響健康。

另外，檢疫犬亦適用《政府部門執勤犬照護管理規則》第4條規定：「執勤犬服務年限為四年，政府部門得視其健康情形及執勤屬性予以延長，最長不得超過七年。前項服務年限自執勤犬依政府部門所定有關派勤作業基準規定，可開始執勤時起算。」

第三節　航空站基本認識

一、航空站系統的綜覽

航空站（airport或aerodrome），俗稱機場，日本語為「空港」，係指劃定之水陸區域（包括各種建築物、裝備設施）其全部或部分用於航空器起降和地面活動的區域，是航空運輸的終點（terminal），亦是客貨裝卸轉運場所。依據《民用航空法》第2條第二項：「航空站，指具備供航空器載卸客貨之設施與裝備及用於航空器起降活動之區域。」第2條第五項：「飛行場，指用於航空器起降活動之水陸區域。」航空站是專供航空器起降活動之飛行場。除了跑道之外，機場通常還設有航站大廈、塔

臺、停機坪、維修廠等設施,並提供航空管制等服務。此外,在機場內除了免稅商店、過境旅館及商務中心之外,亦提供各項服務設施,例如:休憩區、無線網路、藝文區、哺乳室、吸菸室、祈禱室。以英國為基地且於國際民航界頗負盛名的民航服務調查及諮詢評鑑機構Skytrax,對於衡量國際機場服務品質的良窳是以航空站總評(summary ranking)、運輸(transportation)、到離站(arrivals/ departures)、通關檢疫及航空保安(security/ immigration/ customs)、航空站舒適度(terminal comfort)、商業服務(business facilities)、購物設施(shopping facilities)、餐飲服務(food & beverage)八大項為主要評比標準。

　　一般而言,各國航空站的分類標準依所在位置區分,有幹線航空站與支線航空站兩類。因臺灣缺乏可供興建機場的土地,依服務對象區分,有民用航空站與軍民合用航空站兩類。其中軍民合用航空站其中又細分為下列兩種:(1)民管軍防機場:指民航單位管理機場、部分區域為軍

圖3-8　國泰航空公司頭等艙報到櫃檯區

資料來源:楊政樺拍攝於香港赤鱲角國際機場

方航空基地者。目前有臺北松山、恆春、澎湖、金門等四座；(2)民用軍管機場：指軍方管理機場、部分區域開放民用者。目前有臺中、嘉義、臺南、花蓮等四座。依業務範圍區分，有國際航空站與國內航空站兩類，前者配置有海關、移民署、檢疫等機構，經政府指定供國際航空器起降營運的航空站，臺灣目前有四座國際機場，包含臺灣桃園國際機場、臺北國際機場、高雄國際機場、臺中國際機場。而後者則為專供國內航線起降營運而大多沒有海關和邊檢設施之航空站，因此無法處理與其他國家之間的航班，但臺灣也有少數的國內機場有國際定期航班，如臺南航空站。

另一方面，航空站作業，係為以航空器的活動為核心的作業活動，必須滿足航機到離場作業之各項需求。其作業方式主要可以區分為「到場」及「離場」兩類，依其動線流程可以區分為：(1)航空器起降，包括：跑道、滑行道、停機坪等航機勤務作業；(2)旅客活動，包括：出入境、行李提領、旅客動線及其他諮詢服務作業；(3)地面交通，包括：公共及個人運輸系統、上下車及停車場等作業；(4)貨物倉儲，包括：海關檢疫、裝卸倉儲等作業。其他作業相關單位包括：行政管理單位、駐場政府單位、塔臺、貨運站、航空公司、地勤公司，以及其他空側、陸側勤務單位。航空站系統的主要設施包含但不限於：

(一)空側設施（airside facilities）

1. 跑道（runways）：地面上提供航空器起飛與降落之長方形區域，地面以瀝青、混凝土、草皮、泥或者碎石鋪設。

2. 滑行道（taxiways）：是航空站內連接跑道到停機坪、航空器修護棚廠（亦稱「機庫」，英文為hangar）、航站大廈等設施，供航空器滑行以進入或離開跑道之通道。

3. 等待區（holding bays或holding pad）：一般設於起飛跑道頭，提供航空器起飛前進行暖機、最後檢查或等候空域清除的區域或位置。

4. 停機坪（ramp或aprons）：在陸地機場提供航空器上下乘客、裝卸貨物或郵件、加油、停放或維修之區域。

(二)陸側設施（landside facilities）

1.航站大廈（terminal buildings）：提供出入境乘客辦理機位確認、行李託運、通關查驗、候機接送等作業之空間。

2.貨運站（cargo buildings）：提供裝卸、處理空運貨物之作業空間。

3.勤務區域（serving areas）：包含航空器例行檢查保養之修護棚廠，加油充電等勤務設備。

4.停車場（parking lots）：提供接送出入境客貨之車輛一個長期或臨時停車的場地。

5.通路界面系統（access interface system）：連接航空場站與一般陸面運輸系統之設施，包括聯絡道路系統、大眾運輸與捷運系統（mass rapid transit，簡稱MRT）等。

(三)機場管制塔臺（control tower）

依據《飛航規則》第2條第七項：「機場管制塔臺：簡稱塔臺，指為機場交通提供飛航管制服務而設置之單位。」機場管制塔臺負責機場臨近區域之空中交通管制工作，其位置應能廣視各跑道兩端、滑行道及停機坪等航空器活動之區域，裨益本站活動區內所有航空器起飛、降落及滑行移動均能符合安全、有序、效率化。除了維護航空器地面停置或滑行中的安全，也管制操作區、停機坪及管制區域內所有空側活動區之各單位地面裝備、車輛及工作人員之引導與駕駛行車秩序。

(四)助導航設施（navigation aids）

助導航設施均布置於機場周邊或航路必經地區以提供航空器起飛、降落及飛航時儀器導航使用，相關設施包含但不限於：儀器降落系統左右定位臺或微波降落系統方位臺、儀器降落系統滑降臺或微波降落系統仰角臺、多向導航臺、機場搜索雷達、助航燈光設施等攸關通信、氣象、電子、機場助航燈光等引導航空器安全飛航之設備。為構成臺北飛航情報區（Taipei Flight Information Region，簡稱Taipei FIR）內之各航路，

交通部民用航空局飛航服務總臺於Taipei FIR各適當地點設置助航臺，其中以特高頻多向導航臺（VHF Omni-directional Range, VOR）、測距儀（Distance Measuring Equipment, DME）為主，歸航臺（Non Directional Beacon, NDB）為輔；另於各機場配備儀降系統（Instrument Landing System, ILS），以提供航空器對準跑道中心線，並以適當滑降角度降落於跑道上。另外，軍方使用太康儀（TACtical Air Navigational System, TACAN）之測距儀也可供民用航空器使用，一般與VOR同址者，稱為VOR/ TACAN。經由這些助導航設施的正常運作，裨益在空中運行的航空器能夠安全有序的載送旅客抵達目的地。

(五)航管雷達系統

航管雷達系統主要提供航機距離、方位、高度、呼號等偵測信號，以提供飛航管制人員引導航機使用。依據涵蓋需求可區分為長程與終端雷達（long range radar and terminal radar）兩種。長程雷達用於航路管制使用，其涵蓋距離為250浬，每分鐘轉速為5轉，航空器資料約十二秒更新一次；終端雷達用於終端管制使用，其涵蓋距離為60浬或80浬，每分鐘轉速為12轉，航空器資料約五秒更新一次。航管雷達依功能又可細分為初級雷達（Primary Surveillance Radar, PSR）和次級雷達（Secondary Surveillance Radar, SSR）兩種。

(六)氣象設備

包含但不限於跑道視程儀（Runway Visual Range Transmissometer, RVR）、雲冪儀（laser ceilometer）、自動天氣觀測系統（Automated Weather Observing System, AWOS）、低空風切系統（low level windshear alert system），以及都卜勒氣象雷達（Doppler meteorological radar）等。

(七)機場助航燈光

包含但不限於順序閃光燈（sequential flushing light）、進場燈系統

（approach lighting system）、跑道頭／末端燈（runway threshold/ end light）、跑／滑道邊燈（runway/ taxiway edge light）、黃底黑字的資訊指示牌（information signs）與紅底白字的強制指示牌（mandatory instruction signs）以及精確目視滑降燈（precision approach path indicator）等。

(八)其他公用設施（public facilities）

　　包含消防急救、空中廚房、汙水處理、檢疫隔離、郵件處理、油料運輸／中轉／儲油及加油設施、國際博覽館、多功能會議展覽中心等公用設施。就我國的航站組織體系而言，依據《交通部民用航空局所屬航空站組織通則》之規定，國內航空站依航線種類、航空器起降架次、客貨運量等之多寡，分為特等航空站、甲等航空站、乙等航空站、丙等航空站與丁等航空站等五級。民航局目前共設有十六個航空站經營管理機場業務，包括高雄、臺北松山、花蓮、澎湖、臺南、臺東、金門、臺中、嘉義、北竿、南竿、望安、七美、綠島、蘭嶼及恆春等。其設立、等級，由本局報請交通部核轉行政院核定。前項各航空站冠以所在地地名或紀念性專屬名稱。有關各航空站之等級區分標準係參照旅次與航空器運輸架次，分為下列等級（表3-1）：

表3-1　交通部民用航空局所屬航空站等級區分標準表

等級	區分標準
特等航空站	經營國際航線之航站，年出入旅客達1,000萬人次以上或航機起降架次達50,000架次以上者。目前僅臺灣桃園國際機場達到此標準。
甲等航空站	經營國際航線或國內航線之航站，年出入旅客達400萬人次以上，未滿1,000萬人次或航機起降架次達40,000架次以上，未滿50,000架次者。目前有臺北國際航空站和高雄國際航空站達到此標準。
乙等航空站	經營國內航線或經交通部指定得經營國際航線或國際包機之航站，年出入旅客達150萬人次以上，未滿400萬人次或航機起降架次達30,000架次以上，未滿40,000架次者。
丙等航空站	經營國內航線或經交通部指定得經營國際航線或國際包機之航站，年出入旅客達75萬人次以上，未滿150萬人次或航機起降架次達20,000架次以上，未滿30,000架次者。
丁等航空站	經營國內航線之航站，年出入旅客未滿75萬人次或航機起降架次未滿20,000架次者。

二、航空站系統的組成

就機場在實務上的營運情境而言，還能再細分為「國際航線」、「國內航線」及「國內機場飛航國際包機」等三類。茲說明如下：

1. 國際航線：目前計有桃園、臺北（松山）、臺中、臺南、高雄、花蓮等航空站經營國際航線。
2. 國內航線：民航局所轄十八個航空站中，僅有臺灣桃園國際機場未提供國內航線服務，其餘航空站經營國內離島航線與東部航線。
3. 國內機場飛航國際包機：臺東、花蓮、馬公、金門、臺中、臺南等國內航空站，亦奉行政院同意開放飛航國際包機業務。

航空站系統的組成，主要可分為「空側」（air side）、「陸側」（land side）兩部分，登機門為兩者的介面。「空側」包括停機坪及登機門地區（apron-gate area）、滑行道系統、等待區、跑道及航空站空域（terminal airspace）等。「陸側」則包括航站大廈及航空站通路界面系統。茲就機場配置、登機門的指派、乘客及貨物動線規劃、機場其他設施等四個面向說明如下：

(一)機場配置

影響機場配置因素包括土地取得、跑道數目、座落方位、地形與地貌、導航與助航設備的安置，與航站大廈與跑道間的相對位置關係。其中跑道（runway）的方向會受到機場所在地之風向、風速與機場發展可供使用地區大小及適用機型、機場周邊土地使用、機場空域限制等因素所影響。在機場配置中，跑道系統關係著整個機場的最大運作效率，跑道的長度與強度以及抗滑程度可以決定提供起降的機種與架次。跑道係設置在起降地帶中央，提供航空器起降之用，不同的機型有不同的風速承受限制，由於航空器對側風或異常的氣流在起飛與降落時較敏感，因此當風向與風速丕變時，往往必須更換跑道方向。亞洲地區由於土地取得不易，多

跑道設計時多採用平行設計，歐美國家土地取得較易，多跑道設計時多採用「X」或「V」形設計，以減低氣候變化影響航機起降的關聯性，讓跑道能維持正常起降。當風向改變或單位小時起降架次超過小時／架次時，將影響跑道正常起降，而影響跑道使用效率。因此，一般專業的國際機場都會有兩條以上的跑道來維持運能。機場跑道的長度設計，主要考量三個因素：(1)航空器引擎可正常操作時，跑道須有足夠的長度符合航空器升空時的各種要求；(2)當引擎失效時，跑道仍有足夠的長度讓航空器繼續起飛或煞停；(3)有足夠的跑道長度讓航空器降落或重飛等動作，跑道的名稱依照其所對應的向量角度來命名，例如：高雄國際機場RCKH跑道稱為09／27跑道；臺灣桃園國際機場RCTP跑道稱為05／23與06／24跑道。

　　而滑行道（taxiway）的主要功能係用以連接停機坪、跑道、修護棚場提供航空器起降前後地面滑行時的中間鋪面。一般依航空器之駛進駛出方向，可細分為「入口滑行道」（entrance taxiway）及「出口滑行道」（exit taxiway）。交通部民用航空局頒布之《交通技術標準規範空運類——民用機場設計暨運作規範》（2019年4月30日）第5.4.3.35節及第5.4.3.36節的規範，滑行道之命名原則如下：(1)一個字母；(2)數個字母；(3)一個或幾個字母與一個數字之組合；該規範亦指出應避免使用「I」、「O」、「X」等字母，因其容易與數字「1」、「0」及符號「╳」混淆，亦建議避免使用如inner及outer等文字。我國部分機場之滑行道常以兩個英文字母命名，原因並非滑行道過多，單一英文字母不敷使用，而係第一個字母含有方位的意涵，例如：桃園機場北側之數個滑行道，第一個字母為N，南側則為S。每個滑行道會依排列的順序以英文字母A－Z的方式命名。在比較繁忙的機場，通常會再設置一條平行跑道之快速滑行道（parallel taxiway），此滑行道可雙向運行，以使航機盡可能快速進入或脫離該跑道。

　　至於等待區（holding bays或holding pad）係設置於跑道進口端的側邊。其功能為提供航管人員再次確認即將進場與剛離場航機間的距離可容

許航空器起飛,待許可起飛航機的等候區域,待許可起飛航機做最後的駕駛艙起飛前檢查,直到與塔臺取得起飛許可後,方可進入跑道使引擎轉速提升到起飛前所需的推力。此外,跑道所設立「儀降系統」(Instrument Landing System, ILS)、定位系統(localizer, LOC)、跑道燈、滑行道燈、停機坪停機線指示,所有助航設施都必須符合CAST/ICAO(The Commercial Aviation Safety Team and the International Civil Aviation Organization)的安全規範與驗證,以維護飛行安全。

(二)登機門的指派

登機門(boarding gate)是機場運輸系統中,陸側與空側的連結介面。有關航站大廈與登機門之配置問題,通常會考慮到下列因素:(1)乘客步行距離較短;(2)樓層轉換較少;(3)避免動線交叉;(4)擴充發展性;(5)民眾使用適應性;(6)班機銜接的順暢性;(7)航線目的地等因素。以臺灣桃園國際機場為例,自「911襲擊事件」(September 11 attacks)起,舉凡飛往美國、加拿大、日本、紐澳航線等需要另行於登機門再次進行安

圖3-9　停機坪作業都是相當忙碌

資料來源:曾通潔攝於阿姆斯特丹史基浦機場
(Amsterdam Airport Schiphol)

檢的班機,在實務上盡可能安排於登機門設有安檢設備的第二航廈登機(註:即便日本航線已經不需要進行登機門再次安檢,但安排於第二航廈已成習慣)。

　　登機門是依航空器機型及班機時刻表進行登機門配置,惟實務上易受天候因素影響、班機延誤、演習或其他事件,導致登機門需重新分派,而不盡然全依原先配置登機門登機。就機場運務作業而言,在班機異常時施以適切的乘客通知與引導,並尋找其他更佳解決方案,方能降低顧客的不滿率和投訴率。

(三)乘客及貨物動線規劃

　　乘客從進入航站大廈開始至登機門之間的動線設計,將會影響機場運作效率。特別是機場容量接近飽和時,流暢的旅客動線更是提高效率及服務品質的關鍵因素。旅客從聯外交通工具下車後進入航廈,至服務櫃檯購票劃位,通過聯檢到候機室候機,逛免稅商店購物或辦理退稅,直到進行登機等程序,若能依實際運量設計並考慮旅客方便性,適當的川堂面積與空間,提供完善的諮詢服務,加上清楚易懂的標示,相信對機場使用效率的提升必有助益。

　　為了增加國際機場登機空間,擴展停機坪與登機門數量,以提高服務運能,通常會在機場內興建數個航廈,藉由穿梭於地底接駁運輸以連結各航廈。大型國際機場採用此種建築設計,以減少地面旅客接駁車頻繁往來而影響航機移動的速度與增加旅客等候時間。因此,航空站在規劃旅客過境與入境服務時,要將搭乘航廈連結電車的候車時間,航廈之間的往來時間,與列車乘載的旅客人數,與下車與上車的旅客動線要仔細規劃,使轉運的運能發揮最大的效用,避免人潮衝撞產生的地面安全隱憂。

　　在貨物運送動線方面,若能考慮貨機停機坪與航空貨運站的距離,以及工作車輛的運行路線與航機的行進動線的妥善安排,減少交錯等候,將可提高貨物通關速度,落實快速通關作業,大幅提高貨運業者及貨運站之經營效率。

　　以地處歐洲大陸中心，客貨營運量龐大的德國法蘭克福機場（Frankfurt International Airport, FRA）為例，為了應付乘客的成長，該機場於1994年起在原先第一航站東側啟用第二航站，設置行李運送系統與自動導引運輸系統，俾便乘客來往於第一、第二航站之間。這個設在屋頂的自動導引運輸系統可以縮短乘客至登機門的步行距離、增加航廈的整體運輸功能，並提高對乘客的服務品質。至於轉機乘客，不論是國際站或國內站，只需在航廈各層樓間垂直的移轉即可滿足大部分的轉機需求。而對於機場內外的運輸系統，自1972年法蘭克福機場通勤鐵路車站（S-Bahn）開放以後，航空與「城市快鐵」整合的模式成為各國機場建設的標竿對象。機場鐵路車站就設在第一航站的地下層，流暢的動線設計更使機場的使用效率發揮到淋漓盡致。另外，德國鐵路公司（Deutsche Bahn AG，簡稱DB，德鐵）在第一航站亦提供乘客前往德國境內更便捷的服務，可經由機場的德鐵車站，立即轉搭高速鐵路列車前往德國內陸七個城市，包括漢堡、漢諾瓦、斯徒加特、杜塞道夫、科隆、紐倫堡與慕尼黑，赴德旅行將更為便捷。

　　另外，位於日本大阪府，以填海造陸興建的關西國際機場（Kansai International Airport, KIX）為例，其旅客航站區係採線型布設，可容納年旅客量3,000萬人次，主航廈長300公尺，兩側之登機廊則各長700公尺，即全長達1,700公尺。現其航站為四層樓建物，而有關各樓層之使用大致為：地面層為國際線入境層，設有八個行李轉盤及入境迎客大廳；二樓則專供國內線出入境使用；三樓為國際線出境證照查驗、航空公司貴賓室及轉機大廳等設施；四樓是國際線出境大廳，設有航空公司之報到櫃檯。而該航站設有自動導引運輸系統（AGT System），稱為Wing Shuttle，俾便乘客往來於國內線及國際線兩航廈之間，期縮短國際線乘客至登機門之步行距離，增加航廈之整體運輸功能，並提高對乘客之服務品質。至於轉機乘客，不論是國際線或國際與國內的接駁航線，只需在航廈內各樓層之間垂直移動即可滿足其轉機需求。從關西機場到大阪市區的距離大約有50公里，乘客可以搭乘巴士或自行駕車前往，亦有西日本旅客鐵道（JR西日

本）與南海電鐵提供軌道運輸連結周邊市鎮，以及高速船等途徑前往，交通方式豐富而多樣。

(四)機場其他設施

為了提供乘客享有良好的服務，給予乘客充滿安全、快樂、便利的旅遊經驗，讓他們置身機場時能擁有完善的周邊設備，機場設施尚包含下列項目：

1. 顯示班機抵達與起飛時間的螢幕：為俾便乘客查詢搭乘班機抵達與起飛時間、登機門號碼等訊息，機場多會在內、外候機室設置顯示螢幕，以供查詢之便。航空公司在班機異常時必須立刻通知機場中央控制室修正螢幕資訊，提供乘客正確訊息。

2. 銀行及兌換外幣處：為了俾便機場內往來旅客外幣匯兌之便，銀行多會設置機場服務處或兌換亭，且設立公告匯率牌價，提供自助提款機，並需具有國際信用卡的提款功能。

圖3-10　班機動態顯示

資料來源：楊政樺攝於香港赤鱲角國際機場

3. 電話設施與無線網路服務：遍布於整個機場，可分為投幣式、插卡
   式及信用卡付費的電話；並供應無線網路服務，以及該國的在地觀
   光資訊查詢。

4. 免稅商店：無論是各個機場的入口或內候機室、登機門附近，多設
   有免稅商店（duty free shop），消費者可在候機時於該處消磨等候
   時間及購物。若干機場的免稅商店甚至提供消費者在登機前四十五
   分鐘前購買並付款後，會由專人將所購商品送至乘客所搭乘之班機
   的登機門門口之服務。

5. 吸菸室：全球大部分的國際機場都是禁菸的，我國《菸害防制法》
   第15條第五項規定大眾運輸工具、計程車、遊覽車、捷運系統、車
   站及旅客等候室全面禁止吸菸，目前僅有部分國家為了提供癮君子
   方便，而在內候機室或行李提領處附近設置吸菸室。

6. 藝術品展覽：國際機場為國家直接呈現於國際往來旅客面前的形
   象，重視文化行銷的國家通常會在機場的視覺藝術上耗費心思。國
   際機場候機室多設有具備該國藝術色彩或文化圖騰的作品在此展
   出，提供候機乘客鑑賞，並從事文化宣傳。例如：臺灣桃園國際機
   場二期航站在入出境大廳設有大型室內雕塑、中華庭園造景之外，
   另與國立歷史博物館合作，設置臺灣藝文館、文化走廊，展現臺灣
   多元化的藝術風貌。

7. 登機箱手推車及寄物箱：若干國際機場會在航站大廈的行進通道附
   近提供免費或付費式的登機箱手推車讓乘客裝載沉重的行李，並至
   航站外候車處旁歸還。各航站的出境大廳（通過海關檢查口）亦設
   置投幣式的寄物箱讓乘客暫存行李。

8. 機場至市中心的接駁運輸：機場航站大廈外多設有公車、機場聯絡
   軌道系統或計程車招攬處的運輸接駁系統，或是與鐵道運輸和船舶
   運輸結合，形成完整的大眾運輸路網架構，便捷與快速地將乘客由
   機場迅速接駁至市中心。

第四節　空運專業用語

在執行機場運務工作中，經常會遇到許多專業術語的運用，要融入運務與航空站作業的職業場域，應悉心記誦，茲簡略說明如下：

1. 國際民航組織（International Civil Aviation Organization, ICAO）：該組織由各國政府派代表組成，為聯合國屬下專責管理和發展國際民航事務的官方機構，其總部設於加拿大的蒙特婁，並在全球各地共設有八個地區辦事處，包含：(1)亞洲及太平洋地區辦事處設在泰國曼谷；(2)亞洲及太平洋地區分區辦事處設在中華人民共和國北京市；(3)中東設在阿拉伯埃及共和國開羅市；(4)中美洲、北美洲和加勒比海地區設在墨西哥合眾國墨西哥市；(5)東部非洲和南部非洲設在肯亞共和國奈洛比市；(6)歐洲和北大西洋地區設在法蘭西共和國巴黎市；(7)中部非洲和西部非洲地區設在塞內加爾共和國達喀爾市；(8)南美洲地區設在秘魯共和國利馬市。該組織是聯合國屬下專責管理和發展國際民航事務的機構，職責包括：發展航空導航的規則和技術；預測和規劃國際航空運輸的發展以保證航空安全和有序發展。ICAO還是國際範圍內制定各種航空標準以及程序的機構，以保證各地民航運作的一致性。

2. 國際航空運輸協會（International Air Transportation Association, IATA）：簡稱「航協」，是全球航空公司的同業公會，也是非政府組織。二百九十家航空公司成員分別來自近一百二十個國家，總部設在加拿大的蒙特婁，並在瑞士日內瓦設有行政辦公室。IATA規範航空公司活動，並提供制定產業政策和作業標準，管理在民航運輸中出現的諸如票價、危險品運輸等課題，改善旅客體驗，便捷旅行，確保安全，避免惡性競爭，確保消費者利益。大部分的國際航空公司都是國際航空運輸協會的成員，以便和其他航空公司共享連程中轉的票價、機票發行等等標準。但是，仍有許多地區性航空公司或平價航空公司並非IATA成員。

3. 美國聯邦航空管理局（Federal Aviation Administration, FAA）：FAA是美國運輸部轄下，專門負責民用航空管理的機構。其主要任務是負責管制空中安全、飛航管制設施之營運、促進商用航空之發展、負責考驗並檢核飛行員、導航員、維修技工之證照工作，以及設立有關航空器製造、營運及維修等方面之安全規定。此外，ICAO將美國附近國際水域的管理下發給FAA管理。FAA與歐洲航空安全局（European Aviation Safety Agency, EASA）同為全球主要的航空器適航檢定及認證的頒發者。

4. 航權：當一國之民航機經營定期之國際航空業務，載運旅客、貨物、郵件等，需降落或進出其他國家，必先取得該國之同意或許可，簡稱為「航權」（traffic right）。

5. 航線（airway）：為民航機關（在我國為交通部民航局）指定之適於航空器飛行之通路。

6. 時間帶（time slot）：所謂「時間帶」就是「某一航班在某機場從降落到起飛使用該航站設施的這段期間」。換言之，一航空器從降落到起飛，使用包括飛航情報區、航空管制以及機場等設施及資源的這一段時間均涵蓋在時間帶的定義中。

7. 額度：所謂「機場航空器起降額度」（簡稱「額度」），依據《國內機場航空器起降額度管理辦法》第2條第二項之定義，「機場航空器起降額度：係指航空器於同一國內機場之一起一降之額度。」額度和時間帶是相對的觀念。

8. 歷史優先權（grandfather right）：亦稱為「祖父條款」，在空運領域的產業管理，非常重視所謂的歷史優先權，某特定航空公司現行被賦予的航空站陸側與空側的相關設施、機場起降時間帶、機場航空器起降額度。若非其自行放棄，否則在一般狀況下，該航空公司將被「市場潛規則」默許得以在舊有建制下保有其既存權利，包含基於營運常態事務下的原公共資源分配。

9. 準點率（on time performance）：為航空公司在一特定時段內（國

內航線遲延十五分鐘以內、區域與國際航線遲延三十分鐘以內者為我國《民用航空乘客與航空器運送人運送糾紛調處辦法》中對於班機延誤時的容忍範圍），航機準時到達次數與總班次的比例。

10. 飛行時間（flight time）：航空器從起飛到落地的時間稱之。

11. 輪檔時間（block time）：航空器從出發航空站撤去輪檔（wheel chocks）算起，至抵達航空站重新安置輪檔時為止的這一整段時間為「輪檔時間」。其中包括航空器於機坪等待與滑行時間，以及起飛、爬升、巡航、下降、盤旋等待、著陸，並滑離跑道到達停機坪機位的時間總計。

12. 飛航情報區（Flight Information Region, FIR）：乃提供飛航資料服務及執行飛航管制業務所劃定之空域。ICAO將全球的空域劃分為一塊一塊若干數量相互銜接的飛航情報區，每一個飛航情報區都被ICAO責成特定國家或地區在該區提供航空管制及航空情報服務。在全球三百多個飛航情報區中，若干飛航情報區會包含相當廣大且少有航空器飛行的洋面空域，諸如日本的東京飛航情報區、那霸飛航情報區、美國的奧克蘭飛航情報區等。

13. 飛航管制（Air Traffic Control, ATC）：飛航管制，指為求增進飛航安全，加速飛航流量與促使飛航有序，所提供之服務。航空器起飛後，便無時不在「管制」之中。所謂「管制」，大致包括航路、高度、次序等方面的管制。管制機構指定航空器飛航不同之航路，以維持航空器間之左右間隔，又指定航空器之飛航高度，以維航空器之上下間隔，並指示飛航次序，規定在某些情況下，何者有權先飛，何者需予避讓，以確保航空器不致有碰撞之虞。

14. 區域管制（area control）：旨在提供某區域內及航路上的航空器之飛航管制服務。其權責範圍或管轄地區，通常包括數千平方浬上空的空域。

15. 終端管制（terminal approach control）：終端管制又稱為離到場管制，此一單位多位於其所服務的主要機場，其管制空域在機場半

徑60浬範圍，高度約20,000呎或24,000呎以下的空域，其目的旨在提供其責任區內航空器爬升及下降之進場及離場管制服務。

16.機場管制（tower control）：機場管制又稱為「塔臺管制」，旨在對機場的空中航線及其附近，以機場參考點為中心，半徑5～10浬半徑為平面範圍，再以垂直範圍3,000呎以下空域包含機場上空及地面操作區空域之航空器，執行單位為設於各機場內的塔臺，管制員以目視的方式，掌握機場內及機場附近的航空器動態，並以無線電提供提供航空器起飛、降落、滑行等導引及管制服務。

17.助航設備（navigation aids）：乃指一切輔助飛航之設備，包括通信、氣象、電子與目視助航設備及其他用以引導航空器飛航之設備。就《使用國營航空站助航設備及相關設施收費標準》第3條規範使用中華民國國營航空站、助航設備及相關設施而收取之「助航設備服務費」，係指過境航路服務費、航空通信費及飛航服務費。

18.儀器飛航規則（Instrument Flight Rules, IFR）：當氣象條件不能達到「目視氣象狀態」（Visual Meteorological Condition, VMC）許可下，無法進行目視飛行，則採用「儀表飛行狀態」（Instrument Meteorological Condition, IMC）並取得航管許可（clearance）所從事的飛行規則。簡言之，IFR係指藉由航空器儀表接受在地面的航空管制員以無線電發送指令從事協調和指導，從而確保航空器在地面或者空中避開其他航空器，運作暢順，並達到安全、效率。

19.目視飛航規則（Visual Flight Rules, VFR）：航空器駕駛員在「目視氣象狀態」許可的前提下，依據「看見並避讓」（see and avoid）原則，由駕駛員自主判斷並選擇理想的飛行高度，與其他航空器保持安全隔離，聽取航管單位之指示，並依規定從事位置通報之飛行操縱規則。以天氣標準為例，臺北飛航情報區規定管制空域內目視能見度8公里，雲幕高1,500呎。

20.航空器簽派員（flight dispatchers或aircraft dispatchers，簡稱

OD）：我國對於「航空器簽派員」的職業分類，等同於中華人民共和國所稱之「飛行簽派員」。簽派員隸屬於航空公司「聯合管制中心」或稱「運行控制中心」，置身於航空公司各項飛航相關資料彙集的核心樞紐從事運行計畫、組織、指揮、協調、監控的初級管理人員。除了擬定飛航計畫，並於每架航空器起飛前與該航班的航空器駕駛員協調溝通，雙方確立計畫書內容無誤，航空器方得以順利放行。簡言之，**OD**就是為航空公司從事航機派遣、製作航機載重平衡表及飛行計畫擬訂之專業人員。

21. 航空站（airport）：依照《民用航空法》第2條第二項，「航空站：指具備供航空器載卸客貨之設施與裝備及用於航空器起降活動之區域。」亦即航空站泛指全部載卸客貨之設施與裝備，以及用於航空器起降活動之區域，包含飛行場、停機坪及航站大廈等設施。

22. 管制塔臺（control tower）：依據《飛航規則》第2條第七項，所謂「機場管制塔臺」，簡稱塔臺，指為機場交通提供飛航管制服務而設置之單位。即空中交通之指揮塔臺，為出入航機之精神樞紐，其位置應能廣視各跑道兩端及滑行道、停機坪等航機活動之地區，裨益指揮與管制以維飛航安全。塔臺的工作是協調航空器的起降及跑道的運用，所有飛航器起飛及降落前必須獲得塔臺管制的許可。另外，所有需滑行橫過跑道的航機及車輛也必須要塔臺的許可。

23. 航站大廈（passenger terminal building）：係供出入境乘客辦理查驗、通關及行李託運等作業空間之建築。

24. 航空貨運站（air cargo building）：為處理航空貨物之作業空間，其設計以能容納預測之年貨物處理量為原則，並設置貨櫃場及停車場等附屬設施。

25. 航空器（aircraft）：指飛機、飛艇、氣球及其他任何藉空氣之反作用力，得以飛航於大氣中之器物。

26.飛機（airplane）：指用螺旋槳或高速噴射發動機推進和藉空氣升力支持的各種重於空氣、有固定機翼之航空器。

27.飛行場（airfield）：依照《民用航空法》第2條第五項，「飛行場：指用於航空器起降活動之水陸區域。」簡言之，飛行場係指航空器起降活動的水陸區域，並不具備有裝卸客貨運輸之設施裝備。

28.跑道（runway）：設置在起降地帶之中央，係供航機直接起飛或降落之用。

29.滑行道（taxiway）：為連接跑道與停機坪或修護機坪供航機滑行之用者。

30.停機坪（apron）：係供停放航空器以便客貨上下及航空器加油或檢修之用。

31.GDS：係指「全球機位配售系統」（Global Distribution System）。簡言之，GDS系統供應商提供一個網路平台，由旅遊產品供應業者透過後端設定產品銷售，讓全球的旅遊代理商、旅遊銷售單位（旅行社、旅遊網站）或散客可以直接利用此平台進行交易。透過GDS，可將航空公司、飯店、汽車租賃等旅遊周邊產業的發布價格和供應目錄，在電子渠道上即時提供服務旅遊代理商或散客，以達行銷路國際化及資訊化之目標。

32.RMS：係指「營收管理系統」（Revenue Management System），是運用作業研究科技與電腦資訊，將有限的機位，根據以往的訂位紀錄及機位使用率，預測未來的市場需求，決定機位配置數量，以達營收最大之目標。

33.shipper load：又稱為Bulk Unit Program（BUP），指航空公司提供空盤、空櫃給航空貨物承攬業者，由其自行打盤裝櫃，並以盤、櫃為計價方式。

34.聯運（interlining）：兩航空公司間互相承認彼此之機票，同意對方在其機票上開立己身之航段，為航空公司間最基本之合作方

式。藉由雙方航空公司簽訂聯運合約及拆帳協定，乘客可持用任一方航空公司機票，搭乘另一航空公司班機。

35.機位購買（block seat）：在特定航線上，保留一定數額之機位或艙位，供對方航空公司使用，以便彼此合作開發市場。機位購買在性質上，可分為賣斷及寄賣兩種。

36.機位交換（seat exchange）：在雙方皆營運的相同航線上，互換座位，使雙方提供班次數增加，提供乘客更便利的服務。

37.共掛班號（code sharing）：在雙方皆有航權（航線證書）之情況下，兩家航空公司將其班機號碼（code）共掛於同一班機上。參與共掛班號的航空公司透過協議向實際飛行的航空公司預訂機上部分座位，且參與共掛班號的兩家公司各自銷售自身的座位。簡單來說，參與該協議的不同航空公司會共用一架航空器從事旅客輸運，但卻以各自的班機代號從事票務與運務作業。班號共用可以讓各航空公司之間達成同業合作，對於甲航空公司而言，可由乙航空公司在甲航空公司未設據點的地方販售機票，而甲航空公司無需再花費人力物力增設據點。對於乙航空公司而言，可以不用實際派遣航空器及機組員，以減少營運成本。實務上，通常會搭配SPA（Special Prorate Agreement）、Seat Exchange、Block Seats、Pooling及常客優惠方案等協定，以落實合作內容。

38.共享營收（revenue pool）：同一航線之營運者，將營收提出後依比例或公式分配。分配公式有依營運之座位數比例分配、依營運機型之大小係數點分配或採固定之分配比例等方式。

39.共攤成本（cost pool）：營運雙方可視合作之規模及深度，考慮對費用提出重分配。共攤成本之費用項目，必定包含航線上的直接成本，但對航空器備品等間接成本，亦不可忽略，如航線上雙方之班次不均等，涉及機會成本時尤須注意。

40.股權持有（equity sharing）：為降低營運成本、增加營收，航空公司併購或買進另一航空公司的股票，為航空公司之間最深層的關

係。透過股權持有方式，凝聚兩家公司管理階層之共識，達成業內合作的目的。

41. 常客優惠方案（frequent flier program）：航空公司對於加入其會員的忠實顧客，賦予其可以累積相關之飛行里程及加入合作聯盟的里程，裨益作為日後兌獎依據而設計的里程酬賓計畫，累積足夠的里程／積分可以選擇兌換項目包含但不限於：酬賓機票（ticket awards）、座艙升等（upgrade awards）、旺季兌換（seasonality chart）、酬賓獎項轉讓（award transfer）、兌換貴賓室（VIP lounge redemption）、超額行李費（excess baggage redemption）、精選商品兌換（in-flight duty free discount）、體驗模擬飛行課程（simulator experience course）等。此外，除了累計搭機里程數，還有多元化合作夥伴提供的里程累計，例如：夥伴旅館、特選租車公司租貸汽車、指定網路訂房及夥伴信用卡消費等。藉由常客優惠方案，以便於在競爭激烈之航空市場，非僅減少或避免客源流失或轉移到其他競爭者，亦期望能夠提升顧客贏取率（customer acquisition）、顧客保留率（customer retention）、顧客忠誠度（customer loyalty）與顧客獲利率（customer profitability）。

第五節　場站聯絡及通訊作業

一、電話

電話為運輸場站之間最方便的通聯方式。各場站除了訂位電話及業務往來電話外，需保留一線作為場站間通告飛航情報專線。以下為機場運務諮詢人員或航空公司訂位中心服務人員接聽電話之禮儀：

1. 無論內線或外線，接起電話時均需告知：「XX航空您好，敝姓X」。

2.如果須轉給他人時，請先說「請稍候」之後，務必先按「HOLD」
鍵。如電話無此功能時，則請摀住電話聽筒再轉接，勿讓對方聽到
大聲喊叫之情況。

3.如需請乘客等候稍久時，則請其留下姓名及電話號碼，再回電話。

4.電話結束要按「切話」鍵或輕聲放下聽筒。

二、傳真機

各場站作為傳送緊急文件資料之工具。一般文件仍需以「COMAIL」
作為傳遞方式（註：航空公司常利用來往於各航站的班機遞送公司內
各部門及各外站之間交流的文件及包裹，稱為Company's Mail，簡稱
COMAIL）。

三、電傳通訊

在航空領域中，因航空公司除了與公司內各部門從事協調、通知的
事務非常繁瑣，每日發送與接受的電傳，也相當頻繁。而航空公司與周邊
產業之間的相關配合作業，也有賴於可以迅速傳遞資訊的電傳通訊。

所謂「電傳通訊」（Telegraph Exchange，簡稱Telex）是航空從業人
員於例行執行勤務時與相關部門通訊的方式之一。電傳通訊是一種經由事
先申請裝設的電傳打字發報機（teletypewriter）作為相互通信的方式，因
其具有便捷性、效率性、可靠性、安全性及較不拘形式的寫作要求，而逐
漸取代傳統的商務書信往來。電傳通訊可以利用下列幾種不同的網路系統
從事輸送：

(一)商用通訊網路（private telecommunication network）

民間有許多私人企業營運的電傳網路公司，可提供專屬網路從事自
家傳訊之用。

(二)航空固定通訊網（Aeronautical Fixed Telecommunication Network, AFTN）

「航空固定通訊網」（AFTN）是全球民航界使用的「航空固定電路系統」，為「航空固定服務」（Aeronautical Fixed Service, AFS）之一部分，於相同或具相容通信特性之航空固定站臺之間，提供電報及（或）數據資料交換。AFTN處理的各類電報包含：(1)遇險電報；(2)緊急電報；(3)飛航安全電報；(4)氣象電報；(5)飛航例行電報；(6)飛航諮詢服務電報；(7)航空行政電報；(8)業務公電。依據國際民航組織（ICAO）所頒布之《國際民用航空公約》第十號附約「航空通信」第二冊，其規範所列之標準與建議措施，以電腦為基架，建立主系統與終端用戶間之轉報網路。國際民航組織將全球劃分為二十二個轉報路由區（臺灣被劃分在R區），轉報路由區之劃分不以政治管轄權為依據，而是以電報之轉報便利為考量。臺北飛航情報區以AFTN在國內外用戶間傳送、交換各類航空電報，例如：飛航計畫、飛航公告、航空氣象及飛航情報區間設施資料通訊（ATS Inter-facility Data Communications, AIDC）電報等。航空公司的「聯合管制中心」或航務部門經常利用AFTN的通訊便利來蒐集航機簽派、製作飛行計畫（flight plan）的相關資料。

(三)國際航空電訊協會網路（SITA TELIX）

國際航空電訊協會，簡稱SITA（Société Internationale de Télécommunications Aéronautiques），於1949年由十一家航空公司成立，提供會員處理電訊傳送事宜，是一家跨國信息技術公司，專門從事向航空業提供信息技術和電信服務（包含但不限於機場營運、行李處理、乘客處理、國境管理、商業智能、平台服務、數據服務、駕駛艙通信和飛機運作、客艙通訊及貨運業務）。

SITA亦是屬於國際航空運輸協會成員之一，營運模式為國際性非營利事業組織，所屬的資訊服務對象以全球性國際航空相關產業的會員所

專屬，包括民用航空運輸業、飛機引擎製造業、旅行票務業、各國出入境管理當局、飛機場管理當局等運輸服務行業。初期成立時總部（head quarter）設在法國巴黎，改制後遷移至日內瓦。發展迄今，SITA擁有六百名成員和一千八百多個客戶，已成為全球最大的私有國際航空通訊網路組織，它網羅了國際民航組織（ICAO）主辦的航空固定通訊網（AFTN）通訊業務，亦代理機場地面作業系統代理。目前印尼、馬來西亞、中國大陸、泰國、日本多個機場以及臺灣桃園國際機場與高雄國際機場均使用SITA Queue System進行乘客報到與登機作業。SITA FARE更整合國際開票作業系統，提供航空公司與旅行社從事開票作業，服務領域橫跨航空通訊與地勤代理。包括：證券業、航空公司、貨運商、機場與全球機位配售系統（GDS），其中90％的會員與全球航空產業有關，其產值在1998年時，已超過美金一百二十億。有關SITA更詳細的介紹，讀者可逕赴其網站查詢（http://www.sita.com）。

對於航空運務工作來說，各個航空場站通常皆會設置專門收發SITA TELIX電報之電報機，並以專屬之「SITA CODE」為「ADDRESS」，來傳送電報作為通訊訊息之工具，且各場站均必須設置專人整理電報並予公告。航空公司租用SITA TELIX所需支付的電傳費用，除了基本固定支出的費用（包含發報機月租費、數據機費用、系統維護費、各地電信線路費、SITA TELIX卡片租用費）之外，還包含依實際傳遞輸送量計價之電訊傳輸費。由於傳輸量是以實際傳送的「字元」數計算（亦即每一個英文字母、數字符號、空白鍵及換行鍵，都被視為一個字元），因此航空從業人員傳遞電報時，其電報內容必須簡短易懂，儘量避免使用冗長繁瑣的詞句。

為了規範SITA TELIX電報的撰寫格式能有一致性的標準，特別發展出其特殊的文體與規則。其主要原則包含：使用簡扼語及專業代碼、使用引述簡句以避免重述來文內容、使用來電文號、使用簡化英文字、使用簡化句型（避免使用冠詞、代名詞、介詞、連結詞、連綴動詞、助動詞等）。

有關SITA TELIX航空電報常用縮寫字及簡碼，援舉數例如下：

- AAA：Agent Assembly Area
- AACT：Airport Association Council International
- ABT：About
- ABV：Above
- ACPT or ACC：Accept or accepted
- ACFT：Aircraft
- ADC：Additional collection (reservations and ticket ADC codes）
- BBG：Baggage
- CAA：Civil Aviation Authority of Taiwan
- CHNT：Change Name to (reservations code）
- CLFI：Close File
- DEP：Departure airport
- DEPO：Deportee
- ETOPS：Extended-range twin-engine operations－aircraft extended-range operations (ICAO）
- FCOM：Flight Crew Operating Manual
- GD：General Declaration
- INCP：Incapacitated passenger
- TBC：To be confirmed
- TBD：To be defined or determined
- VIC：Very important cargo

有關SITA TELIX簡單的電文編寫流程如下：

◆收電人（address）

格式：「KHH XX YY」，「KHH」為地名；「XX」為收電人公司的內部部門代碼；「YY」為收電人航空公司代碼（依據IATA航空公司代

碼為準）

> 【範例】「KHHODAE」（注意：地名、收電人公司的內部部門代碼、收電人航空公司代碼之間無須間隔）表示收電人為華信航空公司（Mandarin Airlines）高雄站的航務簽派部門。「KHH」是高雄的代碼、「OD」是華信內部規範的簽派部門代碼、「AE」是華信的IATA航空公司代碼。

◆ 發電人（sender）

撰寫格式比照收電人，惟必須注意前面加一個句點「·」。

> 【範例】「·TPEODCI」表示發電人為中華航空公司桃園國際機場的航務簽派部門。「TPE」是臺灣桃園國際機場的代碼、「OD」是華航內部規範的簽派部門代碼、「CI」是華航的IATA航空公司代碼。

◆ 電文文號（reference indicator）

電文文號是發電人發文的日期及時間，由六個阿拉伯數字組成，稱為「日期時間組」（Date Time Group, DTG），放在發電人右側，其中以一個空白鍵區隔。所列的時間採取英國格林威治標準時間（Greenwich Mean Time, GMT），而非發電人所處場站的「當地時間」（Local Time, LCT）。若您使用的是SITA TELIX發報系統拍發電報，系統將會自動產生一組電文文號（reference indicator）。

SITA TELIX 電文處理的優先等級（priority levels）：(1)Level 1: SS and QS = highest priority（highest priority, life and death emergency situations）；(2)Level 2: QU and QX = urgent（operationally urgent messages）；(3)Level 3: QN = normal（normal messages）；(4)Level 4: QD =deferred（deferred, delivered after all other messages cleared）。

> 【範例】「·TPEODCI 281930」表示中華航空公司桃園國際機場的航務簽派部門於當月28日的格林威治標準時間PM 19:30發出的電報。

有關格林威治標準時間的由來係在1492年，經哥倫布航海探險，發現地球是圓的，只要您繞海洋一圈就能回到原來出發的地方。每個國家或地區均位於地球上不同的地方因為地球繞日的原因，在同一個時空裡，太陽直射地球的區域，永遠是面對太陽的一面，但是由於地球會自轉，所以太陽照射到的地區變成白晝；相對於同一時間太陽照射不到的區域，就變成夜晚。

有鑑於世界上各地皆有其本身的當地時間（local time），而各國之當地時間又有標準時（standard time）與夏令時間（daylight saving time）之區別。為方便文化及經濟交流，有必要統一規定地區之時差及標準時間。於是，在1884年國際上公認以英國倫敦附近的格林威治市為為零度經線的起點（亦稱為本初子午線），來規定各地間的時差。所謂「格林威治標準時間」（Greenwich Mean Time, GMT）亦稱為「協和標準時間」（Universal Coordinated Time, UTC），是以位於英國倫敦郊區的皇家格林威治天文臺為起點，並以地球由西向東每二十四小時自轉一周360°，訂定每隔經度15°，時差一小時。而每15°的經線則稱為該時區的中央經線，將全球劃分為二十四個時區（東西各分為十二個時區），其中包含二十三個整時區及180°經線左右兩側的兩個半時區。這兩個半時區緊臨國際換日線兩旁，造成此原因是地球並非真正的「圓形」所致。就全球的時間來看，東經的時間比西經要早，也就是如果格林威治時間是中午十二時，則中央經線15°E的時區為下午一時，中央經線30°E時區的時間為下午二時；反之，中央經線15°W的時區時間為上午十一時，中央經線30°W時區的時間為上午十時。

機場運務人員於拍發SITA TELIX前，若不知所處場站的格林威治標準時間GMT與當地時間的換算公式為GMT＝（當地時間）－（當地與GMT的時差）。其流程如下：

1.瞭解當地時間與「國際標準時間表」（international standard time chart）之間的關係是「＋」號或「－」號。例如：「東京+9」，「新

德里+6」，兩地時差為三小時。

2.若兩地與國際標準時差關係均為正或均為負時，則將兩正號數目或兩負號數目相減，得出的就是兩地間的時差。例如：「溫哥華−8」，「芝加哥−6」，兩地時差為兩小時。

3.若兩地時差與國際標準時間的關係，一地為「＋」號，一地為「−」號；此時的計算方式是，正負號撇開不管，將其餘兩數字加起來，得出的數字就是兩地的時差。例如：「臺北+8」，「紐約−5」，兩地時差為十三小時。

【範例】臺灣位於東經119度與112度之間，比格林威治時間早八小時。以「＋8」代表其時差。若臺北11月24日上午10:00，換算成GMT則：10:00−（＋08:00）＝02:00，亦即GMT為同日之凌晨02:00。

【範例】美國洛杉磯，比格林威治時間晚七小時。以「−7」代表其時差。若洛杉磯11月24日上午06:30，換算成GMT則：06:30−（−07:00）＝13:30，亦即GMT為當日下午13:30。

(四)特定發電人（from）

前述有關發電人的發文立場係以部門為單位（如華航桃園國際機場站航務簽派部門），若您希望除了部門名稱外，係以特定人為發文單位時，則只要在電文文號（reference indicator）後面加上特定發電人的姓名或代碼。

【範例】「．TPEODCI 281930 Edward Yang」表示華航桃園國際機場航務簽派部門的Edward Yang於當月28日的格林威治標準時間下午19:30發出的電報。

如受電人要回應上述Edward Yang的電文時，不必冗長的引述原電報內文，僅需引述電文文號即可指定回應電文的特定收電人。

> 【範例】「YT 281930 Edward Yang」，YT表示「您的電傳」（Your Telix）。

(五)特定收電人（inside address）

所謂特定收電人是在電文開頭指定其特定收電對象，有如商用電傳之「ATTENTION」（ATTN），其SITA TELIX格式如同特定發電人的撰寫格式，若受文者不只一位，可以「CPY」代替傳統商用電傳的「副本受文者」（如CC KHHODBR/John Ko）。

> 【範例】「KHHODBR/John Ko」為主要受電者，「KHHODBR/Steven Wang」為副本受電者，可寫為「KHHODBR/John Ko CPY Steven Wang」。「CPY」為「Copy」之意，對於副本受電人無須回電，僅供參考。

此外，值得一提的是，若特定發電者或特定收電者是航空公司相當職位的部門最高主管，則通常有其專屬的SITA CODE，就不必再勞神寫上其姓名及職稱了。

(六)電文主旨（subject of the telix）

電文主旨通常以「YTDTG」為代碼，「YT」是「Your Telix」。「YT」加上電文文號「日期時間組」（Date Time Group, DTG），「DTG」就可以當主旨，如「YT281930」。必要的話，再加上一句簡單的事由即可。

(七)問候語（honorific）及感謝詞

SITA TELIX的電文撰寫雖可直接以命令句陳述發電人的發文動機而不需繁文縟節地客套，且收費方式係採逐字元收費，因此盡可能長話短說。但必要的話，只需在電文結尾加上「BRGDS」（best regards）或「TKS」（thanks）等感謝詞。有關詳細的SITA TELIX內容介紹及撰寫編

輯技巧，可以參見高聰明先生撰寫的專書《航空電訊用語》（長榮航空訓練中心叢書）。

【範例】班機起飛電報

QN MFMROXX MFMRSXX MFMRCXX MFMHHXX KHHTTYY
MFMKPXX MFMOLXX MFMOWXX MFMOOXX MFMELXX MFMFFXX
．MFMKKXX 161343 16 JAN 10
MVT
XX560/16JAN.BMBX.MFM
AD1315/1330 EA1440 KHH
PAX0/33

【說明】

1.報頭的編碼MFM是地名「澳門」（葡萄牙文：Aeroporto Internacional de Macau, IATA機場代碼MFM），其後的RO、RS、RC代表訂位、營業與控位部門代碼；TT、KP代表運務部門；OL、OW、OO代表駕駛艙組員與客艙組員派遣部門與航務部門。EL、FF代表貨運部門與RC（Ramp Coordinator）部門，最後的XX代表航空公司的代碼。

2.「．MFMKKXX」代表XX航空公司澳門機場的KK單位發報。「161343 16JAN10」代表2010年1月16日之「格林威治標準時間／協和標準時間」PM 13:43發出的電報。由於澳門與臺北是相同時區（UTC＋8），因此換算為澳門當地時間是PM 21:43。

3.MVT意指「班機運動狀態」（Flight Movement）。

4.XX560代表XX航空的560班機，出發日期是16JAN，航空器編號是BMBX，出發地是MFM。

5.AD（Actual Departure）係指「實際離站時間」。「AD1315/1330」意指班機「後推時間」PM 13:15，「離地時間」PM 13:30，亦即航空器的地面滑行與等候時間共花費了十五分鐘。EA（Estimate Arrival）係指預計抵達目的地KHH（Kaohsiung International

Airport；IATA代碼：KHH）的「格林威治標準時間／協和標準時間」是PM 14:40，也就是高雄當地的PM 22:40。

6.「PAX0/33」：「PAX（或PSGR）」是SITA TELIX航空客運電訊代碼Passengers的縮寫。「PAX0/33」意指商務艙乘客人數為0位，經濟艙乘客人數為33位。

【範例】班機到站電報
QD KHHKKYY KHHLDYY KHHMMYY KHHODYY KHHSMPP KHHTTYY
TPECCYY TPECJYY TPEELYY TPEFFYY TPEJCYY TPEKLYY
TPELDYY
．TPEOWYY 161345/ALCS
MVT
YY208/16.B1865.TPE
AA1339/1343
SI FB 7900

【說明】
1.報頭的編碼KHH是地名「高雄」，其後的 CC、CJ、SM、RB、RR 代表訂位、營業與控位部門代碼，TT、KK代表運務部門，OD、JC、EL代表航務部門、聯管部門與駕駛艙組員與客艙組員派遣部門，FF代表貨運部門與LD代表裝載管制部門，XJ代表資管部門，最後的YY、PP代表航空公司的代碼。共有YY、PP兩家航空公司。

2.「．TPEOWYY」，「TPE」（Taiwan Taoyuan International Airport, IATA代碼：TPE）代表臺灣桃園國際機場的YY航空公司航務部門之OW單位發報。「161345」代表2010年1月16日之「格林威治標準時間／協和標準時間」PM 13:45發出的電報。由於臺灣的時區UTC＋8，因此換算為「TPE」當地時間是PM 21:45。「ALCS」（Airline Link Control System）是指該電文的發報系統。

3.MVT意指「班機運動狀態」（Flight Movement）。

4.YY208代表YY航空的208班機，出發日期是16JAN，航空器編號是

B1865，出發地是TPE。

5.AA（Actual Arrival）係指「實際到站時間」，觸地時間PM 13:39，輪檔煞車時間PM 13:43，表示航空器的地面滑行與等候時間共花費了四分鐘。

6.「SI」係指「補充欄」（Service Information, SI）的說明。「FB Fuel Remaining 7900」係指該班機的殘油剩下7900磅。

四、平面無線對講機

機場運務人員時常利用平面無線對講機（walkie talkie）從事登機門與運務櫃檯、機坪勤務人員之間的協調與聯繫。運務人員亦常透過平面無線對講機掌握機艙內之勤務人員完成清潔客艙的時間、VIP/CIP貴賓登機通知、聯絡安排獨行孩童或需要專人輪椅協助者的資源調派等工作。利用便攜且雙向溝通的「平面無線對講機」（或稱「無線步話機」，英譯為walkie-talkie）在機場協調與聯絡公務，通話必須使用標準術語，用字簡潔：咬字清晰且簡短扼要，慎勿進行私人聊天。

圖3-11　平面無線對講機

資料來源：楊政樺攝於臺灣桃園國際機場

五、無線電通訊標準通話術語

(一)英文字母報讀法

字母	發音	字母	發音
A	ALFA	N	NOVEMBER
B	BRAVO	O	OSCAR
C	CHARLIE	P	PAPA
D	DELTA	Q	QUEBEC
E	ECHO	R	ROMEO
F	FOXTROT	S	SIERRA
G	GOLF	T	TANGO
H	HOTEL	U	UNIFORM
I	INDIA	V	VICTOR
J	JULIET	W	WHISKEY
K	KILO	X	X-RAY
L	LIMA	Y	YANKEE
M	MIKE	Z	ZULU

(二)數字報讀法

數字	發音	中文讀法
0	ZERO	洞
1	ONE	么
2	TWO	兩
3	THREE	三
4	FOUR	四
5	FIVE	五
6	SIX	六
7	SEVEN	拐
8	EIGHT	八
9	NINE	勾

【範例】星宇航空（STARLUX Airlines）首架客機A321-200neo，編號「B-58201」的班機應唸成「B五八兩洞么」。

(三)時間報讀法

運務人員使用平面無線對講機從事相關單位的協調溝通時，對於時間報讀的方法應依照二十四小時制與數字報讀法從事報讀。

【範例】12:15
（英文）ONE－TWO－ONE－FIVE
（中文）么兩么五

Chapter

4

航空公司的組織、
營收與成本

第一節　航空公司的組織運作

　　航空公司的發展，可略分為國內航線與國際航線，因經營的方式與服務流程不同而產生不同的組織生態。相較於操作較為單純的國內航線，國際航線顯得較為複雜，可再細分為區域航線與越洋航線。其中，航線的特性與航約、航權的關係，服務對象特質（旅客的國情、文化、語言），都將影響航空公司的服務模式與經營規模。

　　對旅客來說，搭乘航空器飛到某地，似乎是再簡單不過的事情了。他可以透過電話訂位，或是直接到機場買票上機。整個搭飛機的過程就是買票、登機、等候起飛、飛行、降落等。但對航空公司來說，賣給旅客一張機票，讓他從報到劃位開始一直到抵達目的地，整個過程必須在目標管理下，歷經安全監理、營運配置、機場運務服務、空中運輸服務、航務規劃、機務維修排程、人事成本控制、行銷廣宣推展、財務營收規劃等的專業分工方能達成。因為，有良好飛安績效的航空公司才能吸引客放心搭乘。方便與合適的營業處所、便捷的購票、退票、訂位服務才能讓旅客與旅遊服務業樂於與之接觸。禮貌、迅速、正確的運務服務方能使旅客感受搭機前的愉悅。技術精熟的飛行機師才能提供安心的空中航行。專業友善的客艙服務員才能提供必要的緊急飛安措施與空中服務。另外，除了天候因素或臨時的意外事故，飛機要能妥善派遣完成飛行航次的準點率，端賴於專業的機務維修人員，進行檢修、維護保養及檢查。而航線的開關規劃、機隊規劃、中長期的策略發展，需要企劃人員的擘劃運籌。整體財務運作、資金調配，有賴於財會人員的競競業業。關於攸關「選、訓、考、用」，需要人力資源部門進行管理。鑒此，吾人可以窺見，從一架飛機的順利起飛，不難發現其中包含多少從業人員的心力與時間投注。

　　航空公司一般之職掌歸屬主要分為行政管理、業務管理、財務管理、規劃管理、機務管理、飛安管理、品質管理、運務管理、航務管理。其彼此之間關係如**圖4-2**所示。

圖4-1　澳洲航空的A380機隊

資料來源：曾通潔攝於倫敦希斯洛機場

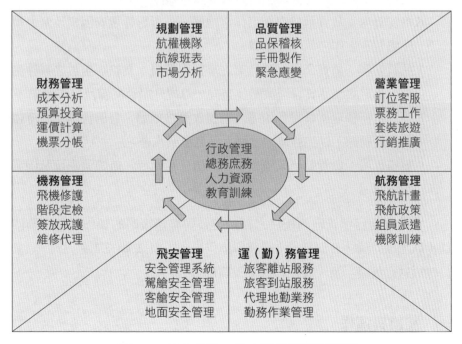

圖4-2　航空公司一般之職掌歸屬關係圖

資料來源：楊政樺（2001）。《航空地勤服務管理》。新北：揚智文化。

1. 行政管理：負責人力資源規劃、員工教育訓練、員工獎懲與異動，總務與庶務管理業務。

2. 客運管理：制訂國內外客運運價政策，執行票務與訂位客服管理，稽核旅行社代理商售票信用與開發套裝旅遊，進行行銷與業務推廣。

3. 財務管理：負責公司全盤預算編列、執行、控制與審核，操作外匯與期貨以增益營收，營業收入與成本會計科目審定、飛航運價及成本分析與預估，國際票務分帳執行與稽核。

4. 規劃管理：負責公司政策之規劃研擬事宜，一般有航權取得、機隊規劃、航線規劃、班表規劃、市場分析及成本效益分析等大方向計畫之研究與擬定。

5. 機務管理：負責執行飛機全盤修護與各階段之定檢，飛機維護裝備及特勤車輛之修理機具配造與維修資料儲存。

6. 飛安管理：負責飛航安全工作之推展，分析影響飛安因素及緊急事件處置等工作之執行與督導。

7. 品質管理：負責公司服務品質之掌控與監督，及旅客申訴之案件處理，制定服務品質管理策略及方向，以提升服務品質及公司形象。

8. 運／勤務管理：負責各項運／勤務政策之推動、督導管理及執行相關教育訓練，以加強運／勤務人員之專業水準。

9. 航務管理：負責航務政策推動、飛航任務執行、航線策劃及航機派遣任務。

本節依照目標管理的程序，循航空公司整體策略的製作脈絡分為四個步驟加以討論，分別是：「組織與運作」、「組織運作彈性」、「經營目標與執行策略」及「責任的確定與執行」。

一、組織與運作

民用航空運輸業是屬於國家特許事業。所謂「特許事業」，係指經

營權原保留於國家，在特定情形下，國家將其經營權之全部或一部，授予私人經營之事業。因此，民用航空運輸業的企業特性的寡占狀況與政府的制規息息相關。

在目前經濟發展呈現國際化、自由化、全球化的趨勢下，航空運輸已逐漸成為世界貿易的主流。自從美國國會於1978年通過《解除航空公司管制條例》及1979年的《國際航空運輸競爭條例》，舉凡航線、票價、班次等等均紛紛放寬了約束，甚至解除管制（deregulation）。繼美國之後，澳大利亞、加拿大、智利等國家也宣布解除航空管制。以我國而言，自1987年11月及1989年1月分別開放國內航線及國際航線航空公司申請設立，在俗稱「開放天空」的「民航空運自由化」正式起跑後，臺灣天空百家爭鳴，為求在激烈的拚鬥中出線，迫使民航業者在營運政策、行銷方式、收購股權、航機售租策略……乃至服務品質等方面產生諸多改變以謀永續經營，期能區隔市場，確認各市場區隔下顧客的「需求」（needs）和「需要」（wants），以爭取顧客的忠誠度及市場占有率，提升市場上的競爭優勢。

在最終產品——「運輸服務」提供顧客來消費的背後，事實上是一連串專業的精密分工所呈現的共同成果，茲將構成航空公司的組織單元介紹於後：

(一)總經理室

對《民用航空法》的規範來說，民用航空運輸業應為法人組織，若以「股份有限公司」的型態經營。一般而言，航空公司的董事會成員包含董事、監察人數人，而由董事會設董事長一人，由董事互選產生。董事長下會在總公司設立總經理或最高執行長（Chief Executive Officer, CEO）一人，副總經理數名及稽核室等單位。總經理、副總經理下設總經理室。總經理室的編制設有公共關係、法務保險、商情資訊、飛航安全諮詢等子單元，但實際上，其組織型態各有不同。此外，國際規模的航空公司還會在全球各地的營業所或分公司設立地區總經理。

(二)業務及行銷部門

業務及行銷部門亦有業者細分為客運及貨運兩部門。但一般而言，業務及行銷部門是航空公司執行「開源」以創造生存機會，尋求更多客源的重要單位。本部門的職掌包括營運計畫之策訂、監控及評估航線營運績效、規劃空／地勤及貨運各項產品及服務、飛航班次計畫之擬訂及協調、擬定價格策略並制定市場價格、票務管理、與旅行社從事套裝旅遊的銷售、規劃行銷通路與管理機位配銷、處理旅客申訴事宜、研擬廣告推廣方針、電子商務等事宜。

(三)運務部門

機場運務是航空公司與旅客面對面接觸的第一線單位，也就是俗稱的「地勤」。地勤的工作是與時間賽跑，讓飛機準時且順利起飛是其工作的首要任務。如果要界定「運務」的工作範圍，大抵來說，是「從旅客到機場櫃檯報到劃位開始，到旅客登機完畢前的一切相關事務，都屬於機場運務工作的範圍」。

一般而言，航空客運之運務部門乃是設於航空站內直接負責處理旅客出入境的事宜，除了協助旅客通過檢疫、海關、移民局的查驗外，尚需辦理提供飛機在機坪上應用的一切地面裝備服務及聯絡。運務狹義解釋是為顧客服務的一切作為，就IATA解釋，可包括航空公司之一切商業活動。若廣義解釋，則其涵蓋貨運，實務上，運務或貨運有各自獨立，亦有隸屬於業務部門者。

(四)企劃部門

「企劃」（planning）是為組織設定未來目標，並建立達成目標方法的過程。因此，具豐富策略與規劃思考的企劃團隊以研擬出完美且可行的「Corporate Plan」成為企業達成永續經營的關鍵因素。以長榮航空公司而言，企劃部門（該公司稱為企劃室）為公司政策與計畫執行的火車頭，且公司的短、中、長期經營方向與目標及策略的規劃與制定，皆在企劃室完

成並推動執行，而長榮集團總裁亦相當重視該部門執行的成果與策略規劃的完善，所以非常重視該部門主管人員的遴選，並授予相當程度之倚重權限。

有關機隊發展規劃、新增航線規劃、企業轉投資評估、公司發展計畫之策訂、市場資料及商情分析、企業整合及締約聯盟評估、專案計畫的協調與管理等，都是企劃部門的職掌。

(五)人力資源管理部門

人力資源管理部門負責人力需求規劃、政策規章制定、勞資關係處理、人員招募、任用、晉升、遷調、考勤、績效、獎懲、離職、人員訓練、員工福利業務之規劃、出國證照之辦理等業務（若干航空公司將人力資源管理部門、行政部門合併以「資源管理處」統籌）。

(六)行政部門

對於航空公司的行政部門（亦有稱為總務部門）係負責各部門的後勤支援，包含：收／發文等之文書處理；公司辦公場所及房舍之規劃、設計、發包、施工、膳勤、車輛、清潔、宿舍、福利社、文具物品及總機等行政庶務之處理。

(七)財務會計部門

航空公司的財務會計部門的業務範圍包括籌措中、長期資金，提供財務報表供管理者研參、規劃年度預算方案並控制預算之執行、規劃並執行稅務作業、執行會計及財務相關業務、管理機票及折價券、分析營運成本結構、審核及管理各部門的帳務，籌辦股東會及董事會等。

(八)機務維修部門

確保飛機與地面設備能在安全及適航狀態下營運，包含：飛機、各型發動機、通信電子設備之日常及定期等各項維修工作；修護相關之標

準施工方式與作業程序；適航指令及修護通報；各類飛航器材、修護工具、裝備等之補給採購；修護人員各種專業訓練業務之規劃、執行等事項。

(九)安全衛生部門

安衛部門除了配置捍衛公司門禁、人員及軟硬體安全的警衛班之外，尚有安全衛生及安全防護等功能。其業務包含：公司全盤警衛、安全調查、安全訓練、勞工安全衛生及安全情況反映處理業務。

(十)航務部門

主要業務包含：執行飛航任務、調配飛行任務、航機簽派及載重平衡計算（weight & balance）、航機旅客、貨、郵件的裝載計畫（load plan）、航機動態掌握、向機場飛航服務臺填寫飛行計畫（flight plan）、提供執勤機師飛航天氣資料（meteorological information）、班機異動處理、航務性能分析等工作。

(十一)品管部門

為落實飛安，避免「球員兼裁判」，品管部門在航空公司的組織編制中，往往獨立於機務部門，但亦有隸屬於機務部門的一個子單位內，不管其編制的狀況為何，其業務至少包含：各型飛機、發動機、附件及非破壞性之檢驗；特許飛行之適航簽放（試飛、飛渡）；修護合約之審查；技術人員資格審核，相關訓練證照之核發；維護計畫之審核及修訂；推動所有修護品質保證業務等。

(十二)飛安部門

飛安工作在航空公司的組織編制裡，較「理想化」的狀況是能直屬於總經理管轄，且能獨立於航／機務部門之外，較能具備「超然立場」發揮其功能，不過民航局對飛安部門的組織定位並無強制性的規範。有關該

部門的業務職掌，除了常態性的機長報告處理外，至少包含：飛安政策釐訂、飛安督導、消弭外物損害管制、飛安教育訓練、飛安刊物之彙編、飛航違規事件之處理、失事調查等事項。

(十三)空服部門

有些航空公司將空服部門隸屬於航務部門的組織編制之下，但通常若干中、大型航空公司基於專業分工的考量及對服務品質的重視，而將其獨立為一級單位。空服部門的業務至少包含：空服作業標準之擬訂與執行、空中旅客侍應品及空服用品規劃、旅客投訴意見處理、空服作業手冊之編纂及管理、客艙組員年度訓練計畫、空勤組員調派管理、空中精品業務開發等事項。

(十四)訂位中心

航空公司的訂位中心為處理包含旅客個人訂位、旅行社團體訂位及機位管制（space control）的相關業務。經營國內線的航空公司訂位中心業務性質較為單純，通常會把票務（ticketing）和訂位（reservation）放在同一個部門。而大部分國際線的航空公司則由於業務項目及專業分工較細，因此採取分組方式，將票務與訂位明確劃分。目前我國國籍航空公司所使用的電腦訂位系統（Computer Reservation System, CRS）如**表4-1**所示。

表4-1　國籍航空公司所使用的電腦訂位系統

航空公司	服務系統
中華航空	Amadeus
華信航空	Amadeus
長榮航空	Amadeus
立榮航空	Amadeus
臺灣虎航	Skyport (Scoot)

二、組織運作彈性

面對瞬息萬變的航空產業特性及相關業務拓展，乃至於經營需求，航空公司在人員及組織結構上常必須從事適時的彈性調整，以確保組織能在各種環境與經營需求下有效的運作，符合「效率」（efficiency）及「效能」（effectiveness）。茲分別就彈性的應用方式討論如下：

為配合不同任務與環境需求，航空公司設有多項委員會或任務編組，依其性質可分為「常態性組織」及「機動性組織」。

(一)常態性組織

為配合長期性、循環性的例行性計畫及營運需求，航空公司常以跨部門運作的「矩陣式專案管理」組織方式成立專案委員會或專案小組。

> 【範例】飛安諮詢委員會：由飛安、航務、機務、運務、空服等直接與飛航安全相關的部門共同組成。

(二)機動性組織

為配合臨時性、非循環性的專案計畫或特殊營運需求，如同常態性組織原則，航空公司常以橫向整合、跨部門運作的「矩陣式專案管理」組織方式成立專案小組，有效管理人力及相關資源的運用，並減少部門本位，促進通暢之溝通。

> 【範例】
> ◎防颱計畫
> 為預防及減低颱風所造成之災害及使各單位間能協調一致，俾於行動時有所遵循，並能在各種情況下，集中人力機具靈活運用，期能達成即時搶救裝備器材，防止並處理災害，儘速恢復民航之正常作業。當任一航空站發布W24警報，除了交通部民用航空局將組成防颱應變小組（即風災災害應變小組）掌握全盤狀況外，各航空公司亦將依據內部標準作業手冊作業程序，由各相關部門主管組成，依計畫責任編組職掌執行辦理各項防範與救災措施。

◎租／購機計畫

面對租／購機需求時，由航空公司公司內部各相關單位組成。負責處理相關主管官署及國外廠商的協商、採購、運渡等事宜，並從事適當之計畫控管。

◎專機計畫

為有效完成特殊專案飛行計畫，協調各部門完成會勘設計與機組調度以及機隊、航線與地勤代理安排，有效完成保安安全、預算控管與任務達成。

三、經營目標與執行策略

有關航空公司在策訂企業目標及執行各部門的營運時，常必須經由一個龐大的評估邏輯系統從事「生產」。「謀定而後動」是理性的航空公司管理人運籌帷幄、決戰千里之外的邏輯，在繁複的機隊規劃、航線開發、轉投資相關事業，或是人力的需求規劃之前，必須要有明確的「政策定位」，在公司政策的大方向下，從事長、中、短期經營計畫及目標的制訂。

至於航空公司決定企業經營目標的過程與方法，事實上與一般企業的管理思維相較，並無太大的偏頗。首先是政策方針的「經營策略」制訂。在公司經營目標（如爭取某航線市場占有率第一或該航線市場獲利率最高）下，以「可衡量的指標」進行現狀分析（包含：內外在環境分析、市場分析及成本效益分析），及對問題的辨認發展可行方案與提供備案，經由科學工具對各可行方案的效益評估選擇最適方案。根據最適方案以「目標訂定」的方式訂定相關執行單位的權責，並藉此從事人力資源需求規劃及機隊規劃、新航線開發、轉投資事業等附屬方案，以樹狀結構的邏輯思維從事企業目標的執行，實施「目標管理」制度，以使管理階層目標與政策能貫徹到各部門。有關航空公司「目標管理」制度自計畫至修正階段之流程如**圖**4-3至**圖**4-6。

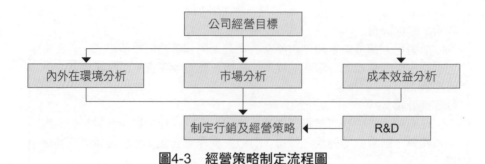

圖4-3　經營策略制定流程圖

目標訂定流程	管理階層	幕僚單位	業務單位
中長期目標　參考過去營業狀況	○	○	○
公司經營目標擬定	○	○	○
檢討、審核	○	○	○
公司經營目標確定	○	○	○

圖4-4　目標訂定權責流程

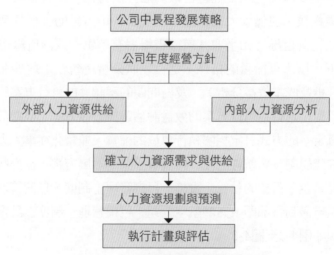

圖4-5　人力資源規劃作業流程圖

資料來源：楊政樺（2001）。《航空地勤服務管理》。新北：揚智文化。

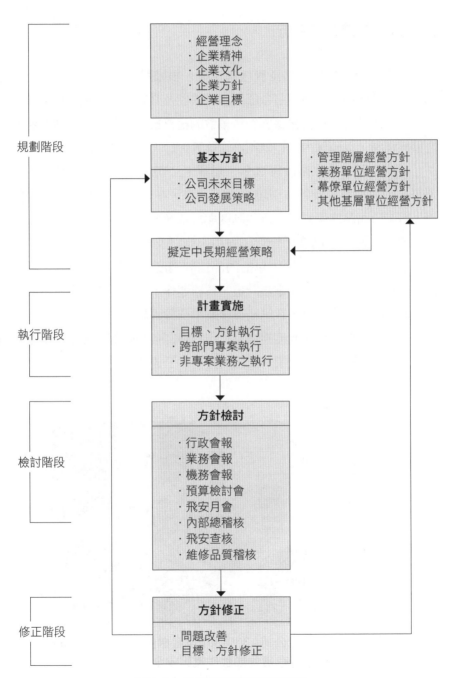

圖4-6　目標管理制定流程圖

資料來源：楊政樺（2001）。《航空地勤服務管理》。新北：揚智文化。

四、責任的確定與執行

經過上游的目標策略及責任確定後，根據民航局要求，在各公司內部的公司整體運作手冊明訂各部門組織機能及其職掌，並隨時依組織的調整修訂。由航空公司直接隸屬於董事會的稽核部門，負責全公司整體運作之稽核作業，以確保內部控制制度之落實。

航空公司並會依循政府法令、規章、公司經營理念、方針指示、營運需求、員工需求及社會環境變遷等因素，在合法、合理、合情的原則下，訂定公司制度與規章。這些制度與規章涵蓋全公司行政管理系統所需之業務，為使規章制度、施行、適用、修訂及廢止有所依循，對各種組織均訂有相關之作業手冊，包括內部控制制度、內部稽核制度、維護手冊、航務作業手冊、飛安維護計畫、票務運作手冊、運務手冊、危險品管理手冊、場站作業手冊、客艙組員作業手冊等百餘種。

以這些手冊訂定的制度規章及工作程序為各相關部門運作的標準，藉由公司教育訓練、內部會議、簡訊、月刊、公告或其他內部通告管道加以

圖4-7　中華航空公司A330-300型客機停靠機坪，勤務人員從事行李貨物卸載作業與安全監督

資料來源：曾通潔攝於高雄國際機場

宣導、辦理執行。為了確使各項制度與規則能夠落實執行，稽核、品管、飛安、財務及人力資源等單位均會派員定期或不定期進行各項查核工作，以確保所有員工都能在「一致化」的標準下完成航空運輸服務的運作。

 第二節　航空公司營運收入簡介

航空公司收入之種類，除了客運收入、貨運收入外，尚包括郵運收入、機上販賣免稅品收入、旅遊券販售收入、超重行李收入及其他營業收入（諸如設備租賃收入、代訓收入、維修友航飛機的維護收入、機上雜誌之廣告收入等）。

茲就國際線航空公司及國內線航空公司在營運收入分類上的差異做一比較，分別以某國籍經營國際航線之甲航空公司及經營國內線之乙航空公司為例，其營運收入的分類及項目架構如**表4-2**及**表4-3**所示。有關各項收入之內容，如下所述：

表4-2　甲航空公司營業收入分類表

營運收入分類	營運收入項目	
客運收入	班機客運收入 聯航客運收入 No Show規費	包機客運收入 退票改票手續費 超重行李費收入
貨運收入	班機貨運收入	
機上販賣免稅品收入	機上販賣收入	
超重行李收入	超重行李收入	
旅遊券收入	旅館住宿收入 其他雜項收入	
其他營業收入	模擬機租賃收入 貨到處理收入 維修收入 機上雜誌廣告費收入 航空公司LOGO商品	模擬艙租賃收入 到付貨運服務費收入 地勤代理收入 材料銷售收入

表4-3　乙航空公司營業收入分類表

營運收入分類	營運收入項目
客運收入	班機客票收入 行李寄運費收入 餐飲購買收入 座位預選費收入 包機客運收入 聯航客運收入 什項客運收入——退／換票手續費收入
貨運收入	班機貨運收入
郵運收入	郵運收入
其他營業收入	代理收入

一、客運收入

　　因承載旅客而得之機票收入。依國際民航組織（ICAO）規定，若航空公司透過旅行社（travel agent）售票予消費者，須支付票面價9%折讓價金予旅行社作為佣金，一般稱為正常佣金（Normal Commission，簡稱為N/C）。若航空公司於自有櫃檯直接售票予消費者，須依國際航空運輸協會（IATA）所訂定之票面價格收費，以保障旅行社之生存。

　　依IATA規定，航空公司每張售票收入至少為票面價91%。但由於航空市場競爭日益激烈，航空公司通常提供遠低於IATA票面價之售價給旅行社，再依各旅行社之配合度，提供不同等級的現金折扣。近年在經濟面不景氣與低成本航空公司帶來嚴峻的市場競爭，演變至今，部分國家或地區之航空公司不再支付票面價9%之正常佣金，且航空公司之實際所得，通常遠低於票面價91%，甚至研議取消團體機票十五人外加一名CG00的領隊免費票，來減輕營收壓力。

二、貨運收入

　　因承載貨物（不含旅客超重行李）而得之營運收入。根據IATA之規

定：若航空公司透過貨運承攬代理商（forwarder）承攬貨物，須支付票面價5%予貨運承攬代理商作為佣金，一般稱為正常佣金；若航空公司直接承攬貨物，則必須按IATA所訂定之運價收費，此規定係為保障貨運承攬代理商之生存。

如同客運的實務經營模式，航空公司通常提供遠低於IATA運價之價格給代理商，再依其配合度，提供不同等級的折扣。

三、空中免稅品收入與送貨到府預購服務

航空公司於其國際航線班機上提供某些物品，供乘客依需要購買所得之收入。主要販賣物品為酒精類飲料、有公司圖騰的紀念物（如模型機）、化粧品、護膚品、手飾、飾物、香菸、珠寶、玩具等項目。並異業合作，選擇目的地當地國家優質廠商，提供機上販售預購與宅配商品，向廠商收取服務費與廣告費。

圖4-8　中華航空公司空中巴士A330型客機正在卸下貨櫃
資料來源：曾通潔攝於高雄國際機場

四、超重行李收入

因旅客行李超重而收取之行李超重收入。目前，實務上區分為計重制及計件制兩種。前者依旅客購買艙等機票之不同，航空公司提供不同重量額度之免計費行李限重，超過限重部分即向旅客依照收費區間的費率計費，收取超重行李費用。由各航空公司依航程區域設定區域與跨區域收費標準計算費率，超重部分之每公斤乘上費率計算超重費用。後者計件制依各航空提供免費託運行李，是以件數與材積規範旅客可託運的免費行李，超過計件行李免費攜帶之限度，依超過行李件數、超過材積限制、與特殊物品與運動器材，計算超額運費收費。

五、旅遊券收入

旅客使用套裝旅遊行程時產生之收入（不含機票收入，因機票收入已併入客運收入）。所謂套裝旅遊行程，即結合機票＋飯店住宿＋接送機＋導遊之全套旅遊行程。主要為旅館住宿收入及其他雜項收入，屬於代收代付性質，公司無實際收入發生。

六、其他營運收入

無法歸屬於以上項目之營運收入，此項收入包括全飛行模擬機租賃收入、CST客艙服務訓練艙租賃收入、退換票手續費收入、貨到處理收入、到付貨運服務費收入、維修收入、地勤代理收入、機上雜誌廣告費收入、材料銷售收入、由現職資深客艙組員（如空服教師、客艙經理等）擔任培訓講師，為學校、企業、公務機關或團體等提供空服體驗營或客製化代訓講座（如國際禮儀、接待禮儀、餐飲服務）等收入項目。

由以上**表4-2**及**表4-3**可知，國際線航空公司營運收入項目比國內線航空公司來得多，主要原因為其營運規模及運作特性不同，例如國內線航空

**圖4-9　長榮航空向美國Rockwell Collins公司採購的
　　　　 A320-200全飛行模擬機**

資料來源：楊政樺攝於長榮航空股份有限公司

圖4-10　客艙組員水上迫降逃生訓練場域

資料來源：楊政樺攝於中華航空集團企業總部航訓大樓

圖4-11　華航園區組員中心訓練場域

資料來源：楊政樺攝於中華航空集團企業總部航訓大樓

圖4-12　國際級航空公司的業務包含代理其他同業的地勤
　　　　業務

資料來源：國立高雄餐旅大學航空暨運輸服務管理系國泰航空實
　　　　習生提供

公司因飛航時間大都在一小時內，因此，大部分均無機上販賣免稅品收入、機上雜誌廣告費收入。另外，國內線與國際線商務、旅遊旅客所占比例不同，國內線大部分為商務旅客，國際線大部分航線商務及旅遊旅客所占比例相差無幾，甚至旅遊旅客占大多數，因此，國內線航空公司在營運收入方面則少有超重行李收入及旅遊券收入。

 第三節　營運成本與結構分析

　　航空公司成本架構可分為固定成本與變動成本兩大類，以下分別以前述經營國際航線之甲航空公司及經營國內線之乙航空公司為例，這兩家航空公司之固定成本與變動成本架構如**表4-4**及**表4-5**所示。

表4-4　甲航空公司固定成本變動成本分類表

固定成本	變動成本
直接固定成本： 保險費用 利息費用 折舊費用 租機費用	油料費用 維修費用 機上服務費用、販售成本 艙勤服務費 機場使用費 佣金費用
間接固定成本： 廣告費用 管銷費用 建物折舊及攤銷 場站租金	飛行組員費用 飛越費用 旅遊券成本 訂位系統費用 內陸轉運費 地勤費用 雜項費用

表4-5 乙航空公司固定成本與變動成本分類表

固定成本	變動成本
機務維修費用（人事）	油料費用
航空器駕駛員費用	機務維修費用（材料）
客艙組員費用	機上服務費
保險費用	艙勤服務費
利息費用	機場使用費
折舊費用	佣金支出
租金費用	地勤費用
運勤務費用	訂位系統費用
行政費用	客艙組員委外代訓費
場站租金	航空器駕駛員委外代訓費

此外，我們將針對經營國際航線及國內航線之航空公司的一般化固定成本及變動成本予以說明：

一、固定成本

航空公司對固定成本的支出，大致可分為機務維修費用（人事）、航空器駕駛員費用、客艙組員費用、保險費用、利息費用、折舊費用、租金費用、運／勤務費用及行政費用等項目。其中對於飛行員費用的計算方式和一般幕僚單位及維修單位的員工薪資不同，因為飛行員每月均有固定之保證時數，以保障其基本薪資。若實際飛行時數未達保證時數，仍以保證時數計薪，若有超過，則除了有保證薪資外，另有超時加班費。茲分述如下：

1.客艙組員費用：客艙組員如同航空器駕駛員其每月均有固定之保證時數，以保障其基本薪資。在實際飛行時數方面若未達保證時數，仍以保證時數計薪，若有超過，則除了有保證薪資外，另有超時加班費。

2.保險費用：包含飛機機體險、兵險（飛航國際航線對可能遭受戰

爭攻擊所加入的保險）、旅客責任險等費用，其分攤基礎為元／架次。

3.利息費用：由於航空公司購機之機價款除了自備款（一般為30％）外，餘款通常以貸款方式取得，因而產生利息支出費用。

4.折舊費用：包含飛機及備品折舊，視飛機之折舊年限而定，每年折舊費用再依飛行架次作攤提。

5.租金費用：指飛機租賃費用，當航空公司考慮折舊、利息及營運資金調度問題，不以購機方式取得，而採租機方式因而產生租金費用。

6.運／勤務費用：指航空站各項成本費用，如運／勤務人員及各項設備折舊費用等。

7.行政費用：泛指管銷費用，包括總公司行政人員的薪資費用、水電費、電話費用、文具用品、印刷費用等。

8.公關及公益活動費用：航空公司為求相關營運業務之順遂，必要時會以微妙的人際脈絡及高度的公關手腕從事穿針引線、打通關節脈絡，是商業活動在檯面上或檯面下不可或缺的策略行為，此相關成本的支出即為「公關費用」。此外，航空公司的收益來自社會大眾的支持與愛用，基於「取之於社會，用之於社會」的飲水思源回饋原則，航空公司常會捐贈教育機構諸多資源（如設備的捐贈或添購、經費挹注）、舉辦社會公益活動、拯濟及關懷社會弱勢團體，相關活動的支出則可歸類為「公益活動費用」。

二、變動成本

變動成本項目的特性包括：

(一)油料費用

油料費用包括汽油費用及滑油費用，為航空公司花費比例較大之成

本支出項目之一，平均約占航空公司成本開銷的20%。因此，油價變動對航空公司的營運成本影響甚鉅。計算基礎可採用飛行小時（flight hour）或輪檔時間（block hour）再乘以油價。

(二)機務維修費用（材料）

材料費用會隨著飛機機齡的增加而增加。維修材料包括飛機上所有零件，主要有引擎、航電器材、起落架、鼻輪等項目，其分攤基礎為元／飛行小時。

(三)機上服務費

包含侍應品（餐點）、書報、雜誌、清潔品等費用，其分攤基礎為元／架次。

(四)艙勤服務費

主要是提供侍應品的人力費用，分攤基礎為元／架次。

圖4-13　航空公司的燃油成本耗費甚鉅

資料來源：曾通潔攝於高雄國際機場

(五)地勤代理費用

於國內外機場委託地勤代理作業而發生之費用。地勤代理作業之內容，依標準「機場地坪作業」，包括以下十三大項：

1. 代理航空公司支付有關於機場、海關、航警及其他有關費用，提供辦公室之使用設施。
2. 裝載管制及通訊。
3. 單一載具控管（unit load device control）。
4. 安排、照應旅客及處理行李，協助完成出入境程序，成立旅客服務中心。
5. 貨物裝載及郵件分配、運送處理。
6. 機坪作業：飛機引導、停泊、起動、移動作業，執行機坪與飛機間之通訊、安全處置作業。
7. 飛機清潔服務：內部及外部清潔作業，包括廁所處理、用水處理、冷卻器與加熱器之提供及操作、除雪及除冰、客艙設備之重新布置。
8. 燃油及油類之補給：與燃油公司聯繫、油品訂購作業、監督裝卸燃油作業。
9. 飛機維修：例行服務、非例行服務、材料處理、停機及機棚之安排。
10. 飛機運航及機員管理：出發站之飛行準備、出發站以外地點之飛航準備、機上協助、飛機啟航後之作業、飛航中再簽派機員管理。
11. 地面接駁運輸。
12. 餐勤服務之安排：與餐飲供應商之聯繫與管理、機坪餐飲之處理、物品儲存、餐具清潔安排。
13. 監督及管理飛航前、後之作業。

圖4-14　地勤代理公司進行餐勤作業

資料來源：曾通潔攝於高雄國際機場

圖4-15　地勤代理公司正準備為澳門航空裝載旅客行李

資料來源：曾通潔攝於澳門航空空中巴士A319客機

圖4-16　地勤代理公司人員正在從事行李卸載作業

資料來源：曾通潔攝於中華航空公司波音B737-800客機停機坪

(六)旅客服務系統費用

　　部分航空公司未自行開發旅客服務系統，而以租用其他航空公司或信息網絡股份有限公司之訂位系統，所必須支付的訂位費用。以中國民航信息集團有限公司（China TravelSky Holding Company）的旅客服務系統（Passenger Service System, PSS）為例，涵蓋航班控制系統（Inventory Control System, ICS）和電腦訂位系統（Computer Reservation System, CRS）、離港／離境管制系統（Departure Control System, DCS）。其中，「ICS」即航空公司內部人員使用的航班控制系統。ICS是一個集中式、多航空公司的系統。每個航空公司享有自己獨立的資料庫、獨立的用戶群、獨立的控制和管理方式，各種操作均可以加以個性化，包括航班班期、座位控制、運價及收益管理、航空聯盟、銷售控制參數等信息和一整套完備的訂位功能引擎。「CRS」即提供自家或代理人使用的電腦訂位系統。CRS主要功能是為自家或代理人提供航班可利用情況查詢、航段銷

售、訂位紀錄、電子客票預訂、旅遊產品等服務。「DCS」即機場運務人員使用的離港／離境管制系統。DCS是為機場提供旅客值機、配載平衡、航班數據控制、登機控制聯程值機等信息服務，可以滿足值機控制、裝載控制、登機控制以及信息交換等機場旅客服務所需的全部功能。

(七)運航飛越費用

為飛機飛越他國領空，必須支付之飛越費用及導航費用。目前，美國、日本、新加坡等國並未收費，我國與菲律賓、越南及寮國則依每架次收費。

(八)機場使用費

使用國營航空站、助航設備及相關設施者，應依《使用國營航空站助航設備及相關設施收費標準》繳納場站使用費、助航設備服務費或噪音補償金等。

◆ 場站使用費

係指降落費、夜航費、停留費、滯留費、候機室設備服務費、地勤場地設備使用費、空橋或接駁車使用費、擴音設備服務費、航空站地勤業機坪使用費、空廚業機坪使用費、民用航空運輸業因業務需要自辦航空站地勤業務機坪使用費、輸油設備使用費、安全服務費、飛機供電設備使用費、機艙空調使用費及自動行李分揀輸送系統使用費。

◆ 助航設備服務費

係指過境航路服務費、航空通信費及飛航服務費。降落費、夜航費、停留費，依下列規定收取：

1. 民用航空器飛航國際航線，按國際航線收費費率收費。
2. 民用航空器飛航國內航線，按國內航線收費費率收費。
3. 外籍民用航空器飛航國際航線，入境後或出境前在國內一個以上之

飛行場、航空站起降時,其在國內之飛航視為國際之延長,仍按國際收費費率收費。前項各費之收取應按架次及機型計算,各民用航空器自降落至起飛為一架次。

◆停留費

民用航空器在場、站內露天或機坪停留者,應計收露天停留費或機棚停留費;其在露天停留未超過二小時者免收。

◆滯留費

民用航空器因損壞、報廢或修理改裝而在場/站內停留者,按下列規定收取滯留費:

1.損壞報廢之航空器,經民用航空局所轄航空站核准在指定之偏僻地點停留者,依機型按日收取滯留費,未滿一日者以一日計。但以六個月為限。逾期者,自逾期之日起按國內收費費率收取停留費。

2.修理及改裝之民用航空器,經民用航空局所轄航空站核准在指定地點停留者,依機型按日收取滯留費,未滿一日者以一日計。但以三個月為限。逾期者,除了另經核准延期外,自逾期之日起按國內收費費率收取停留費。

另外,有關《使用國營航空站助航設備及相關設施收費標準》之各項費用,除了另有規定外,依下列方式計收:(1)候機室設備服務費、地勤場地設備使用費,按航空器每架次最大起飛重量計收;(2)安全服務費,按航空器每架次最大起飛重量計收;(3)擴音設備服務費,按國內航線架次計收;(4)空橋或接駁車使用費,按航空器座位數及使用次數計收;(5)輸油設備使用費,按輸油數量計收;(6)飛機供電設備使用費、機艙空調機使用費,按使用性質及小時數計收;(7)自動行李分揀輸送系統使用費,按出境航空器架次計收;(8)過境航路服務費,按過境航空器使用次數計收;(9)航空通信費,按使用性質分別計收;(10)飛航服務費,按飛航國內航線或國際航線之航空器每架次最大起飛重量計收;(11)噪音補

償金，於直轄市、縣（市）政府公告航空噪音防制區之航空站，按航空器
每架次最大起飛重量、起飛音量計收。

圖4-17　空橋使用費是以雙橋或單橋為計收基礎

資料來源：楊政樺攝於馬來西亞・亞庇國際機場

Chapter

訂位與票務服務

第一節　訂位系統概述與機場訂位

一、訂位系統概述

　　航空公司比起其他產業在科技應用的發展脈絡，其中最特殊之機能是其多元化的預約訂位機制是引領風氣之先的前鋒。航空電腦訂位系統（CRS）係提供有關班機時刻表、票價、可售剩餘座位等航空運輸服務資訊，以及旅館訂房、租車等相關旅遊服務，並且授予旅遊代理人訂位與開立票證之權利之中央資料庫（central database）。

　　航空公司的預約訂位業務始於1919年的荷蘭皇家航空公司（KLM Royal Dutch Airlines）。剛開始，荷蘭航空是以人工作業進行訂位作業。1946年，美國航空公司（American Airlines, AA）安裝了第一套實驗性電機式自動訂位系統，隨後試用磁鼓式的電磁自動訂位系統。1953年，加拿大航空（Air Canada）的前身「環加拿大航空」（Trans-Canada Air Lines）投資開發一套配有終端機的電腦化系統。1959年，美國航空公司與IBM合作，成功開發出一套航空訂位系統（Airline Reservation System, ARS），1964年12月完成「半自動商業環境系統」（Semi-Automated Business Research Environment, SABRE）之網路架設，成為當時全球最大的非政府資料處理系統，惟此時之電腦訂位系統仍只是航空公司個別發展的內部訂位系統（Internal Reservation System, IRS），尚未給予旅行社業者使用之權利，是故旅行社業者之作業程序尚停留在查閱英國專門提供旅遊數據的「OAG Aviation Worldwide Limited」所發行《官方航空公司指南》（*Official Airline Guide*, OAG）所揭的全球航班時刻表數據庫，再以電話和航空公司確認機票價格及機位後，並為旅客訂位的原始階段。在此期間，旅行社業者曾經為此深感困擾而試圖創立一套旅行社業者能夠使用之CRS，命名為「旅遊代理人自動訂位系統」（Automatic Travel Agency Reservation System, ATARS），但因被認為會傷害商業環境，抵觸反壟斷的價值追求，而無法豁免於「反托拉斯法」（Anti-Trust Law）終告失

敗。1975年，美國聯合航空公司（United Airlines, UA）成為第一家將CRS安裝在旅行社的航空公司。後來，美國航空公司亦與近百家旅行社簽約使用。

藉由電腦資訊科技與網際網路的蓬勃發展，80年代初發展出獨立的機票銷售終端（dumb terminals），透過專用網路可與航空公司的航班庫存控制系統（Inventory Control System, ICS）連接，不僅有助於機位預定與客票銷售，尚能擴及旅遊相關互補性產品或服務之「全行業」（industry-wide）服務。一般而言，CRS的內容除了涵蓋各航空公司相關資訊、班機號碼、機票價格與訂位、訂特別餐、刷機票、發登機證外，亦可用於租車、預訂旅館和旅行遊程，是觀光餐旅及運輸服務產業的營運利器。我國航空公司、旅行社及旅遊周邊組織較常使用的CRS計有Sabre/Abacus、Galileo、AXESS及Amadeus等四種，茲分述如後：

(一)Sabre/Abacus（原Abacus）

原Abacus，現為Sabre/Abacus的IATA編碼為1B（Sabre的IATA編碼為1S），「Abacus」在1990年5月由新加坡航空、國泰航空所創，其主要合夥航空公司分別為：All Nippon Airways（全日空航空）、Cathay Pacific Airways（國泰航空）、China Airlines（中華航空）、EVA Airways（長榮航空）、Garuda Indonesia（嘉魯達印尼航空或稱印尼鷹航）、Cathay Dragon（國泰港龍航空）、Malaysia Airlines（馬來西亞航空）、Philippine Airlines（菲律賓航空）、Royal Brunei Airlines（皇家汶萊航空）、SilkAir（勝安航空）及Singapore Airlines（新加坡航空）。1998年，Abacus與Sabre集團簽署合作聯盟合約，成立Abacus International新公司，美國Sabre集團亦持有Abacus 35%股權，提供Sabre核心技術，提供航空公司GDS服務，2015年5月14日與Abacus International達成協議，由Sabre收購Abacus所有股權，並以Sabre商標為系統之新品牌。目前夏威夷航空與越南航空使用Sabre系統提供旅客訂位與GDS服務，並以Sabre商標為系統之新品牌，並以企業域名www.sabre.com/apac，與當地旅行社客戶

和供應商合作。

　　Sabre Corporation是一家總部位於德克薩斯州南湖市的旅遊科技公司，美國航空公司於1960年成立該公司，並於2000年分拆出來。該公司針對航空公司訂位資訊系統整合，擁有全球最早、最大旅遊網絡及資料庫，核心事業包含航空訂位、旅館訂房、租車、郵輪及保險等旅遊休閒相關產業。與Abacus整合後，Sabre主要是針對亞洲旅遊業者需求而設計，該集團擁有亞太地區最大的全球機位配售系統（GDS）及航空電腦訂位系統（CRS）市場占有率。使用此系統的旅行社可經由訂位系統切入取得數百家航空公司、旅館、租車公司等與旅運餐飲有關的資訊。該公司目前的產品包含但不限於：(1)處理計價、開票，更支援換票、作廢機票及開立「電子雜項收費券」（Electronic Miscellaneous Document, EMD）及航空票務佣金規則的自動開票系統——「TicketExpress開票機器人」系統；(2)可讓消費者在旅行社網站上搜尋有位低價機票，可線上直接訂位、付款，最後自動開票，讓旅行業者得以在網路上銷售機票的「Click Shop有位有價」系統；(3)結合人工智慧（Artificial Intelligence, AI）技術與Line即時通訊軟體綜合平台的「@TicketBot機票人訂機票」系統；(4)協助旅行業者掌握開票數據，將旅行業者每日開立機票張數、航空公司分析、總公司與分公司開票量、票源分析、各航開票張數庫存量等數據彙整後提供報表，幫助旅行業者掌握數據、洞悉商機的「開票儀表板」系統；(5)專為線上旅遊業（Online Travel Agencies, OTAs）量身打造的智慧型有位票價搜尋工具，俾便消費者可依預算、轉機點、航空公司等不同搜尋設定，快速回應航班與票價資訊，提高訂位效率與機票銷售成功率的「Bargain Finder Max」（BFM）系統。臺灣代理引進Sabre/Abacus的廠商為中華航空集團投資成立的先啟資訊系統股份有限公司，成立於1990年，在臺北、桃園、臺中、臺南、高雄設有營業據點。茲就Sabre/Abacus訂位的重要功能說明如下：

　　1.班機時刻表及空位查詢：系統涵蓋了全球百餘家航空公司時刻表的
　　　即時可售機位及選位預訂。

2.訂房／租車／旅遊：舉凡全球各地主要飯店資料，諸如剩餘房間數、地點、設施及房價，均可透過Sabre/Abacus查詢得知，並從事預約。除此之外，尚提供租車資訊及各項旅遊資訊，俾便旅遊者規劃行程所需。

3.BSP中性票：若旅客欲從事多航段且承載之航空公司為一家以上時，可以由旅行社或航空公司以IATA標準BSP中性票（Billing and Settlement Plan）的方式來開票，由於BSP中性票不須事先囤積各家航空公司機票，可為旅行社節省大量人力及物力成本。

4.票價系統：可透過票價系統即時提供所有國際航線（包含美、加地區）的票價資料。

5.委託開票功能：中小型旅行社可透過移轉訂位記錄，授權票務中心開票，且能確保不讓自家顧客資料曝光。

6.顧客資料存檔功能：可將顧客基本及持殊資料存檔。

7.行程表列印：提供旅客列印行程的功能，包括班機時刻、旅館確認、租車及其他特別安排。

8.旅遊資訊系統：提供全球各國的入境須知及該國的簽證、檢疫、健康證明、關稅等必備文件，以及該國的格林威治時間、國定假日等旅遊資訊。

9.參考資訊系統：各種訊息的最新消息。

10.信用卡檢查系統：可檢查顧客信用卡的信用。

(二) Galileo International（伽利略）

Galileo的IATA編碼為1G，成立於1987年，主力市場為歐洲及亞洲地區，其主要合夥航空公司分別為英國、荷蘭皇家、瑞士國際、奧地利、希臘奧林匹亞、比利時、葡萄牙、愛爾蘭等航空公司，總公司在美國芝加哥，在美國科羅拉多州的丹佛市設置系統中心，主要功能包含但不限於：航空公司的訂位、開票服務、訂房與全球GDS機位配銷系統服務。2001年，Galileo International（GLC）已經被TravelPort的母公司——美國

勝騰集團（Cendant Corporation）以現金和換股方式收購。

(三)AXESS（愛克森斯）

AXESS的IATA編碼為1J，是由「株式会社アクセス国際ネットワーク」（AXESS International Network, Inc.）提供專為日本旅遊業設計的GDS服務。AXESS訂位系統雖於1991年7月設立，但卻是源於1964年以來日本航空既有的JALCOM航空電腦訂位系統而來。AXESS設立之初，是由日本航空株式会社（Japan Airlines Corporation, JL）百分之百持股，提供日本旅行業者執行CRS/GDS訂位、預約、販售服務平台，傳遞旅遊資訊與商品整合開發。1995年，該公司與美國Sabre集團以75%：25%的比例共同投資與系統聯網之後，串聯日本與歐洲的系統用戶可以彼此預訂機票、飯店和租車，為日本的旅行社提供更廣泛的國際市場拓展能力。2012年4月23日，由Galileo、Worldspan等公司重新整合而成的英國旅遊產業技術解決方案供應商Travelport Worldwide Limited宣布與AXESS達成長期協議。根據新協議，AXESS將連同Travelport GDS旗下的Worldspan、Galileo和Apollo等品牌由Travelport設於亞特蘭大的數據中心託管。隨著網際網路時代的來臨，2019年3月20日，日本航空株式会社與Travelport再度宣布組建一家名為「Travelport Axess」的合資公司，該合資公司將承襲Travelport，集傳統和線上機位配售服務於一身，透過一個全球平台來協助航空公司、旅行服務供應商、旅行社、網站和各旅遊周邊企業提供訊息多元暢達的旅行選擇。

(四) Amadeus（亞瑪迪斯）

Amadeus的IATA編碼為1A。Amadeus成立於1987年，亦是全球旅遊觀光產業主要的交易處理商及先進科技解決方案供應商之一，該公司分別由法國航空（Air France, AF）、西班牙航空（Spanair, JK）、北歐航空（Scandinavian Airlines, SK）及德國漢莎航空（Lufthansa, LH）所創，在西班牙的馬德里（企業總部和行銷）、法國的尼斯（研發）和德國的愛爾

丁（營運—資料處理中心）等地設有核心據點，並在美國的邁阿密、阿根廷的布宜諾斯艾利斯、泰國的曼谷以及阿拉伯聯合大公國的杜拜設有區域辦公室，該系統的服務對象係以歐洲為主要目標市場。1995年Amadeus與美國大陸航空（Continental Airlines, CO）所開發的System One訂位系統合併，客戶群包括旅遊供應商（航空公司、旅館、鐵路、郵輪運營商等）、旅遊銷售商（旅行社和旅遊網站）以及旅遊產品購買者（企業客戶和旅遊管理公司）。臺灣亞瑪迪斯有限公司成立於1996年，目前設有臺北總公司、中壢、臺中、高雄四個服務據點。

　　Amadeus系統是以瀏覽器為基礎設計，是業界首創可以運用圖形介面操作的訂位系統。主要功能包含但不限於：訂位功能（包含航空、旅館、租車、軌道運輸、渡輪、郵輪等全方位的訂位服務）、資料查詢（旅遊工具的訂位資料查詢、涵蓋目的地、旅遊資料、簽證資料、查詢系統功能、資料庫查詢）、票券與文書開立（機票、發票、行程表、登機證及租車旅館的憑證）等滿足旅遊者旅行中包括交通、住宿、娛樂等服務的全方位需求的平台。中華航空集團、長榮航空集團、國泰航空集團、汶萊皇家航空、新加坡航空、美國西南航空以及全日本空輸（All Nippon Airways）均使用Amadeus系統，提供旅客訂位、票務、報到、裝載平衡作業與帳務管理。

二、訂位所需之基本資料

　　除了前述四大系統外，還包含中國民航信息網絡股份有限公司（TravelSky Technology Limited）推出的中航信系統eTerm、澳洲航線的Fantasia系統與Southern Cross系統、北美洲／歐洲的Worldspan系統（1990年，達美航空、美國西北航空、環球航空合資成立）、加拿大航線的Galileo Canada系統、東歐／南美洲／非洲的GETS系統、日本的Infini系統（1990年，日本全日空航空與Abacus合資成立）、韓國的Topas系統（1999年，大韓航空與Amadeus合資研發）、俄羅斯的Siren-Travel與

InteliSys Aviation Systems等。然而，無論是使用哪一套CRS，使用自助化前檯服務或人工前檯服務，進行旅客訂位時必須注意的基本資料需求，大致可以分為以下部分：

(一)行程資料

包括各航段所搭乘之航空公司名稱、班次號碼、艙等／票價代號、出發地點、目的地點、需要座位數目。

(二)旅客資料

包括旅客姓名（護照姓名及頭銜）、搭機者或聯絡人家裡電話號碼、公司電話號碼、旅行社名稱（包含電話及代號）、付款截止日期、付款方式。對航空公司的操作而言，已訂位旅客之姓名不得更換，班機客滿時，得拒絕與訂位名單姓名不符之旅客劃位，特別需要留意，全球為因應反恐攻擊，飛往某些國家，例如美加紐澳班機旅客，訂位時需要輸入護照號碼，提供該國國土安全局事前核查是否為疑似恐怖份子，未輸入護照資料系統不會被許可為有效訂位。依據美國政府規定，前往美國之旅客須於辦理登機時，提供在美詳細地址、護照等相關資料；為減少旅客辦理登機手續時的等待時間，訂位時應先行輸入旅客資料。但若旅客具有美國公民（US Citizen）、永久居留證持有者（Green Card Holder）及在美國轉機前往第三國者（Transit PSGR）除外。惟自2009年1月12日起，若為美國公民或持綠卡免簽證之旅客，需事先登入由美國國土安全部建置實施的「旅行授權電子系統」（Electronic System for Travel Authorization, ESTA），用來確定旅客有無資格以空路或海路方式前往美國。

美國於2012年10月2日宣布臺灣加入免簽證計畫（Visa Waiver Program, VWP），自2012年11月1日起，在臺灣設籍之中華民國國民，持中華民國普通晶片護照（需有身分證字號）從事觀光或商務並符合免簽證計畫停留九十天以內須辦理ESTA免美簽進入美國，並事先上網申請ESTA且取得授權許可者即可免除預先申請美國B1/B2簽證〔B-1/B-2訪客簽證

是提供給到美國短暫停留的商務客（B-1），或旅遊或就醫和個人活動（B-2）者使用〕遂行赴美。惟ESTA系統不提供「即時」批准，未能持有已核准的ESTA，可能導致被拒絕登機。赴美旅客應在預訂行程時申請，且至遲必須在旅行前七十二小時完成申請。

(三)特別餐飲

　　除了前揭對機位訂位的基本服務，因應不同之旅客基於宗教信仰、病理健康、旅客年齡、飲食節制等不同的理由，空中特別餐的預約也是航空公司的服務範圍。只要旅客在訂位時（或至少在搭機前）事先說明，航空公司將盡力為旅客從事安排。選擇航空運輸的旅客在一個旅次的75～90％時間所接觸到的是空中服務，因此空中服務是航空公司重視的焦點，而機上餐飲服務是空中服務的核心，更是焦點中的焦點。航空公司的菜單需要有變化，有規模的公司對菜單更換均加以系統化，每年製定數套循環菜單（menu cycles）定期輪換。一般分為月循環（monthly cycle）及季循環（quarterly cycle），在常客多的短程線上會使用週循環（weekly cycle）。每年更換新循環菜單時，可以全換或部分航線更換，或部分艙等更換。但某些乘客若是因宗教原因、病理原因、健康原因或是攜帶嬰幼兒，可以在訂位時向航空公司預訂特別餐點。特別餐種類繁多，其名稱、定義及訂餐代號（code）不一，經航空界長期協商後已趨於一致。國際航空運輸協會（IATA）針對特殊旅客之需求所提供的特別餐（special meal）統一製定相關餐型與訂位代碼項目如**表5-1**所示。

(四)特殊的服務需求

　　特殊的服務需求主要是針對老、弱、病、殘、孕、幼等特殊群體旅客所提供的關懷與服務機制。根據聯合國世界衛生組織（WHO）對於身心障礙者的定義：(1)損傷（impairment）：指生理上、心理上或人體結構上某種組織或功能之任何形式的喪失或不正常之情形；(2)身心障礙（disability）：由於損傷而缺乏作為一個正常人以正常姿態從事某種正常

表5-1 特別餐相關餐型與訂位代碼

種類	特別餐代碼	餐名	定義
年齡需求特別餐	BBML	嬰兒餐	適合0~2歲嬰兒,可要求嬰兒食品或奶粉,或易咬食/咀嚼的食品,任選一樣,亦可要求嬰兒尿片、奶粉。但相關選項僅能以航空公司所提供之品牌從事選擇。
	CHML	兒童餐	適合2~7歲幼兒選訂,比成人餐量少;易咬食/咀嚼且採用對孩子有吸引力的食物,若有食物過敏的幼兒,需加註對何種食物過敏,以利空廚做餐時避免使用該食材。
各式素食餐型	AVML	印度素食	適合印度國情的素食,不含各種肉類;含乳製品;印式烹調,會使用到咖哩與特殊的辛香料。
	VJML	耆那教徒餐	嚴謹印度素食,耆那教徒(Jainism)適用,不含各種肉類;無洋蔥、大蒜、薑、所有根菜類;印式烹調。
	VOML	東方素食餐	適合國人與佛教徒傳統素食習慣不含各種肉類、海鮮、蛋、乳製品;中式烹調。
	VGML	西方素食餐	不含各種肉類;不含乳製品;西式烹調。
	VLML	西方素食餐(奶蛋素)	不含各種肉類;含乳製品;西式烹調。
	RVML	生菜水果餐	只含水果和蔬菜。
疾病醫療特殊需求	BLML	軟質餐(無刺激性飲食)	主要為濃湯/絞肉/易消化食品(例如牛奶、優格、絞肉/細質肉類、燕麥/粥、蔬菜濃湯和水果)。
	DBML	糖尿病餐	不含糖;少鹽。
	GFML	無麵筋飲食	無任何的小麥、黑麥、大麥、燕麥。
	LCML	低卡路里餐	少脂肪、醬類、肉汁、炸食;少量糖調味食品。
	LFML	低脂餐	無動物脂肪但允許多元非飽和脂肪酸;無紅肉、蝦、家禽皮與油炸食品;無牛油、奶油、全脂乳酪;限用瘦肉與多不飽和脂肪液體菜蔬油。
	LSML	低鹽餐	無天然鹽味和添加鈉的加工食品(例如發粉、蘇打、味精);在製作過程中不加鹽。
	NLML	低乳糖餐	不使用含有牛奶、固體奶、乾乳酪、乳酪、奶油、牛油、乳糖和人造奶油的食品。
	SPML	因用藥需要之特別餐	需說明餐食的需求:例如無碳水化合物、適合潰瘍疾病的餐食、無刺激性食物、對特殊食材敏感。

（續）表5-1　特別餐相關餐型與訂位代碼

種類	特別餐代碼	餐名	定義
宗教因素	HNML	印度餐	各類肉食，除了牛肉、小牛肉、豬肉、燻魚和生魚之外。口味辛辣或加入咖哩。
	KSML	猶太餐	猶太餐對所使用食材的要求極為嚴格，甚至連餵食牲畜的飼料、屠宰的儀式至餐點製備完成。預先包裝和密封的食物；含肉類。 註：屠夫須以一刀割斷牲畜喉管，以減少動物死亡前的痛苦。而屠夫亦須信仰虔誠，守安息日，不但從技術，而是從信仰的基礎上知道不能讓動物受苦。事後亦要檢查屍身是否符合猶太律法之食用標準，然後再放血及挑出腳跟。
	MOML	回教餐	不含酒精、豬肉、火腿、燻肉。
特別飲食習慣	NBML	無牛肉餐	無牛肉、牛油、奶油、全脂乳酪。
	SFML	海鮮餐	只使用魚及其他海鮮類。
	FPML	水果餐	只供應新鮮水果。

圖5-1　中華航空商務艙餐點（中式）

資料來源：曾通潔攝於中華航空班機

圖5-2　中華航空商務艙餐點（日式）

資料來源：曾通潔攝於中華航空班機

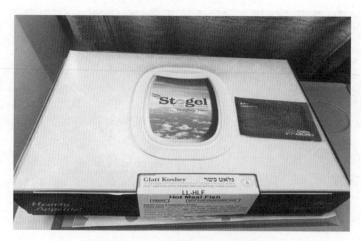

圖5-3　中華航空猶太餐點

資料來源：國立高雄餐旅大學學生潘敏文攝於中華航空班機

圖5-4　猶太餐點，必須由教徒自行開封，內附符合猶太教義調理說明

資料來源：國立高雄餐旅大學學生潘敏文攝於中華航空班機

圖5-5　中華航空印度式餐點

資料來源：國立高雄餐旅大學學生潘敏文攝於中華航空班機

活動的能力或具有任何限制；(3)障礙（handicap）：由於損傷或失能處於某種不利地位，以致限制或阻礙該人根據年齡、性別、社會與文化因素所應能發揮的正常作用。亦即，若某甲具有身體或心理方面的缺點或限制，一般會以醫學鑑定和病理診斷為範圍的「損傷」（impairment）來表示；而如果損傷會導致身體功能喪失或減少時，則以較為抽象的「身心障礙」（disability）代表某乙之日常生活相關的主要生活機能（major life activities）受到限制。無成人陪同之獨行孩童、孕（產）婦、身體殘障疾病、年長者或其他因旅客本身特殊需要者，於搭乘飛機前將要求航空公司從事預防或事先予以安排之需求，事先告知航空公司，航空公司會採取適當之措施。對於所有往返或經由美國轉機的身心障礙旅客，需依照美國《標題14第382部法案》（DOT's 14 CFR Part 382）「身心障礙者搭機反歧視準則」，規範航空公司對於生理或心理因素影響造成身心障礙但具有合格能力進行單獨旅行的旅客，必須開放其航空器、其他設施和服務。茲就國際機場運務端常見的特殊服務需求態樣臚列如下：

◆ 身體健康過濾預防

與醫療行為有關的運送服務（MEDA CASE），需要擔架服務的乘客（STCR）、客艙氧氣鋼瓶供應服務（AOXY）、移動式製氧機服務（POXY）均有相對應的規範。首先，MEDA CASE乘客須事先告知並提供由治療醫師填寫出發日7日內之註明「適合空中旅行」的「適航證明書」（MEDIF）、「診斷證明書」及病歷摘要（兩星期內若有住院或手術治療需檢附），經航空公司經過醫療評估同意後方可接受搭機。由於客艙環境先天上受到航空器設計的限制，與地面運輸工具環境存在若干差異，客艙內的環境，是醫師藉以診斷患者是否適合飛行旅行時之參考資料。評估指標包含但不限於：(1)氧氣較地面稀薄；(2)艙內氣壓較地面微低；(3)會輕度搖動及振動；(4)病患周圍有其他乘客。其他諸如高空低壓的影響（客艙內低壓造成的低氧及氣體壓力效應）、客艙環境屬性（艙內空氣品質、低濕度）、時差調適、暈機現象，以及長時間的飛行與有限的

客艙空間，均可能會對患者造成若干影響。航空公司空艙組員，雖然曾經接受基礎急救訓練，但依法不得為病患實施注射及藥物治療等行為，同時為避免降低服務品質，勢將無法為患病旅客提供特別照顧之服務。前揭要求患者搭機必須提供「適航證明書」是為了確保乘客的安全，也為了能讓航空公司做好緊急狀況的事前準備。所謂「適航證明書」（Medical Information for Fitness to Travel or Special Assistance, MEDIF）是由各航空公司提供給有申請需要的乘客在指定官網自行下載的健康診斷書。該診斷書不只適用孕婦，亦涵蓋有特殊疾病、體質（心臟病、糖尿病、氣喘）等旅客，為了確保飛行途中萬一疾病發作，第一時間該如何急救，以及責任歸屬的保障，也屬於適用於此份診斷書的對象。依據航空公司的不同，MEDIF在規定內容或提交程序上也有若干差異，以阿聯酋航空公司（Emirates）為例，MEDIF的內容涵蓋三個部分：第一部分由乘客自行填寫，或是由乘客授權他人代理填寫。第一部分提交後，第二部分將會寄到所提供的電子郵件地址交給乘客的醫生填寫。第二部分應由乘客的醫生填寫並提交。第二部分提交後，最終提交的部分將會寄到所提供的電子郵件地址給乘客。最終提交的部分必須由乘客本人進行檢閱，然後再提交給該公司進行查核。該公司並請乘客至遲必須確保在班機起飛四十八小時前完成提交第一部分及第二部分，裨益公司有足夠時間處理該乘客或其代理人的申請內容。擔架服務旅客必須至少由一位體能需求足夠的成人陪同（視需求為醫護人員）同行，由航空公司評估或由航空公司徵詢交通部民用航空局航空醫務中心（Civil Aviation Medical Center）意見之後權衡是否同意受理其搭機需求。對於具有肺部、心血管疾病或其他原因需要使用氧氣設備的患者而言，依據醫師審慎計算的氧氣劑量，持續給予氧氣治療，有助於處置低血氧、減少呼吸系統及心肌做功，並減少因低血氧引起的臨床症狀。一般常見的氧氣吸入裝置有「液態氧」（Liquid Oxygen）、「客艙氧氣鋼瓶」（Medical Oxygen）及「移動式製氧機」（Portable Oxygen Concentrator, POC）三種，分述如下：(1)裝置「液態氧」的特製超低溫容器而言，裡面的氧氣在-183℃為淡青色透明液體，在

空中運送途中，氧氣本身不可燃，但會助燃，因存在潛在危險性，係為禁止隨身攜帶或放置於託運或手提行李之危險物品之一；(2)就「客艙氧氣鋼瓶」而論，茲考慮醫用氧氣一般是使用高壓氣瓶保存，在航空運輸中屬於危險品管理範疇，多數航空公司不允許旅客自行攜帶氧氣瓶上機，或在機上使用自備氧氣鋼瓶。乘客若有客艙氧氣鋼瓶的醫療用品需求，應參照醫囑告知航空公司訂位人員其所需的氧氣流量（L/min）與預期總操作時間（持續時間），以利航空公司能夠依航程時間計算客艙氧氣鋼瓶需求數量與報價收費；(3)至於有「移動式製氧機」攜帶需求者，茲因該設備是透過「分子篩」（Molecular Sieve）技術將空氣中的氮氣移除，剩下分子較小的氧氣即可供應病患所需，不帶有壓力貯存部件，分配機構不帶有壓力，不自主產生氧氣，經美國聯邦航空管理局（The Federal Aviation Administration, FAA）認定POC不屬於危險品類別。有攜帶「移動式製氧機」需求者（Portable Oxygen Passenger Carried, POXY），至遲必須在班機起飛四十八小時前向航空公司確認航程時間，決定要帶的電池數量。受理訂位人員需於該乘客訂位時，確認辨識其使用時機與POC之尺寸是否符合公司規定，如有全程使用且尺寸大於座椅下方時，依各機型客艙占位行李座位安排置放及固定，或乘客另行訂購「客艙氧氣鋼瓶」於起飛降落階段使用。機場運務人員必須確認該乘客或其代理人必須持有醫師簽署之「因醫療需求需要使用可攜式製氧機」（Medical Certificate for Portable Oxygen Concentrator Use）的紙本醫療證明以便航空公司能夠評估其需求。乘客亦須確認該設備必須具有製造商闡明：「此裝置符合所有攜帶可攜式製氧機和在機上使用的適用FAA接受標準」之紅字標籤或核准證明文件，且充分認知該設備應先充妥電能，在航班時間、地面轉機時使用已充妥的電池，且要準備多於航班時間三個小時的電量，以備未能預料的航班延誤。最後，若患者有使用自行攜帶的其他可攜帶式醫療電子裝備（Medical Portable Electronic Device, M-PED）者，該項裝備並須注意：(1)該項設備是美國聯邦航空管理局（FAA）所核准，且符合美國航空無線電技術委員會（Radio Technical Commission for Aeronautics, RTCA）頒

布之「RTCA/DO-160, section 21, category M」審查和認可的標準，該項設備需附製造商標籤，確定經測試且符合各國規定；(2)該儀器尺寸、重量需符合各國客艙安全規定；(3)電池數量須符合各國規定，電池蓄電量至少為飛行時間的150%，至遲須於起飛前四十八小時向航空公司確定航程時間，決定要帶的電池數量；(4)需確認是否可以自行操作此項器材，若是無法自行操作須確認同行者是否可以協助；(5)航機於滑行、起飛、降落時不需要使用此項器材（注意：緊急逃生時禁止攜帶該項儀器）。

◆行動不便需求

　　如輪椅服務依乘客行動狀況預訂，航空公司訂位或客服人員將詢問行動不便需求者一些問題：(1)能否在沒有任何協助下自行走動？(2)能否在沒有任何協助下上下樓梯？(3)是否無法自行移動？以便安排運務端對於輪椅乘客的協助方式（WCHR/WCHS/WCHC）。WCHR代表從報到櫃檯到登機門（停機坪）需提供協助（協助乘客至停機坪後可自行上下階梯）；WCHS代表從報到櫃檯到客艙門邊需提供協助之需求（協助乘客上階梯後可自行走到機艙座位上）；WCHC代表從報到櫃檯到客艙內需提供協助之需求（乘客需由服務人員攙扶至客艙座位），最遲須於班機起飛前二十四小時，團體十人（含）以上則須於班機起飛前至少四十八小時聯絡航空公司訂位或客服人員，且至少需提前於國際航線班機起飛前兩小時（視航線差異調整）抵達機場櫃檯辦理劃位及輪椅託運事宜。乘客報到時可將所攜帶的輪椅交付運務櫃檯託運，運務櫃檯會協助安排勤務人員提供機場輪椅協助登機。如符合機場設施與相關規範，部分航空公司有條件允許行動不便乘客本人事先提出需求與輪椅樣式與規格以便航空公司確認該機場是否符合收受規範，若該機場的條件允許，乘客可使用自己的手動行動輔具（非電動輪椅）往來登機門。

　　乘客因行動不便，搭機旅行時需同行乘客協助時，亦可於訂位時一併告知訂位資料，航空公司會安排鄰座就近照顧。隨著科技發展，使用電池行動輔具的乘客也逐漸增加，這些輔助所使用的電池包含鉛酸電池

（lead-acid battery）與鋰電池（lithium battery）。

1. 使用鉛酸電池者，包含兩類：上蓋有填充孔，電解液可重複填充之「溢漏式電池」（spillable battery，簡稱WCBW）與「非溢漏式濕電池」（non-spillable battery，簡稱WCBD）。對於「溢漏式電池」的收受規範，行動輔具必須能於運送中全程維持直立狀態，且電池須牢固附於行動輔具上；電池之電極須加以保護避免短路，例如將電池裝於保護盒中且電路必須隔絕。受限於航機機型，有部分機型無法受理溢漏式電池行動輔具之運送。對於「非溢漏式濕電池」的收受規範，可區分為可拆式電池（不涉及電線處理且不須使用工具拆卸）及不可拆式電池（涉及電線處理或須使用工具拆卸）。對於「可拆式電池」，電池必須取出，行動輔具可當託運行李而不受限制；取出之電池必須裝在一個堅固的包裝中，並且放置於貨艙內；電池必須保護避免短路。對於「不可拆式電池」，電池須牢固附著於行動輔具上進行行李託運；電池之電極須加以保護避免短路，例如將電池裝於保護盒中；和電路已經被隔絕（例如拔除電線或將外露的電極以膠帶絕緣）。

2. 使用鋰電池行動輔具之收受規範，可區分為可拆卸式鋰電池及不可拆卸式鋰電池。對於「可拆卸式鋰電池」，此行動輔具之設計是在運送時必須將電池自輪椅上卸下來（如折疊型的電動輪椅）。無需使用工具即可將電池自輪椅上取下，如按鈕式或以魔鬼氈固定之。卸下來之電池必須放置於絕緣或電池保護袋（盒）裡並由乘客手提攜帶上機，輪椅以託運方式處理。除了由輪椅卸下之鋰電池除外，手提行李另可攜帶一顆$\leq$300Wh備用電池或兩顆$\leq$160Wh備用電池。對於鋰電池瓦特小時數大於300Wh行動輔具之運送，許多國際機場不予接受。電池自裝置移除，須依製造商或裝置所有人指示。對於「不可拆卸式鋰電池」，電池牢固附著於行動輔具上；電池之電極須加以保護避免短路，例如將電池裝於保護盒中；和電路必須

隔絕（例如拔除電線）。所使用的電池類型必須符合聯合國危險貨物運輸專家委員會編寫的《試驗和標準手冊》（*Manual of Tests and Criteria*）第III部分第38.3節，簡稱UN38.3（UN Manual of Tests and Criteria, Part III, section 38.3）之每項試驗要求，乘客必須提供出廠電池檢驗測試文件（可影本），方可攜帶使用。電池為非原廠設計或更改設計，其變更設計之鋰電池亦須符合前項要求並提供測試文件。

◆攜帶特別物品旅行

如託運行李運輸的寵物（AVIH）、過重與超尺寸託運行李、付費的客艙內行李（CBBG）、導盲（聽）犬、肢體輔助犬等必須由乘客事先完成訂位，航空公司並應告知乘客相關收費規定與運送事項。乘客若因特殊原因需要把犬隻或動物帶入客艙以協助其作為功能輔助、情緒支持、心靈撫慰功能的「服務性動物」（service animal）或心靈寵物（psychiatric animal），須提供相關證明文件，並符合國際航空運輸協會之《活生動物運送規則》（*Live Animals Regulations*），依目的地國家有關活生動物入出境動植物防疫檢疫規則，依法進行客艙隨機作業或是託運作業。舉例來說，依美國CFR382條款，停經與進出美國航線之航空公司不得拒運與服務性動物或心靈寵物同行乘客與動物，若其他乘客對於該項服務需求乘客提出抗議，航空公司亦不得拒運。根據中華人民共和國特定場站海關檢疫規定，旅客攜帶服務性動物或心靈寵物通關需裝籠。甚至，部分國家有特殊規定，寵物需以貨運方式辦理運送。各國對動物的輸出入規定不同，出發前乘客必須清楚瞭解其規定，並請準備好寵物的健康證明、檢疫證明並且獲得行程上出、入、過境國家的許可。如處置安排（包含動物的健康及安全）未能符合航空公司運送的標準，機場運務人員將保留拒絕運送的權利。

另外，對於航空公司人員在實務操作上應該建立的處理原則涵蓋：

1.就服務性動物而言，行動不便旅客可攜帶已受訓的服務性動物進入

機艙，如導盲（聽）犬。航程中必須將狗束以韁繩，全程留置旅客腳邊。旅客必須自行負責動物的出入境許可及檢疫證明文件。且乘客務必於班機起飛前四十八小時以前，聯絡航空公司做適當的安排。

2.心靈寵物：符合適航資格的特殊旅客可攜帶情緒支援型動物進入機艙，目前大多數航空公司僅接受狗為此類支援型動物，乘客並須準備下列資料：(1)該乘客主治醫師於一年內所開立的醫生證明，證明內需註明旅客心智上或心靈上之疾病且內容必須涵蓋飛航途中需要支援型動物陪伴；(2)主治醫生的醫師執照。根據安全規定，動物應該留在乘客的腳邊，不得阻礙機艙通道，禁止乘坐逃生出口座位。乘客必須確保備妥所有航程（包含過境與轉機點）所經過國家的動物檢疫證明。

◆幼齡乘客旅行之需求

　　如預訂適用於出生已滿14天至未滿6個月，且體重不超過10公斤／22磅，身長不超過75公分的嬰兒所需之機艙內嬰兒搖籃（BSCT）、未有父母或18歲以上監護人同行之5歲至12歲的獨行孩童（UM）或及12歲以上未滿18歲之單獨旅行青少年（YP）可視其需要，提出要求並支付費用，由公司提供機場通關協助須起飛前二十四小時完成訂位。嬰兒通常必須出生後滿14天方可搭機，需求UM服務乘客，需事先確認目的地站有接機人員，部分國家要求未滿18歲乘客須有家長保證書與授權書才同意獨行兒童與青少年前往，例如：越南／泰國，UM持用機票必須是全額票（茲考慮辦理兒童無陪護乘機，航空公司需專責協助安排照顧，因成本考慮不便給予兒童票的價格優惠）。甚至，因國際及區域航線，因境外各機場地面代理會對UM提供必要的注意與服務，存在成本支出，因而除了票價之外會額外收取「無人陪伴兒童服務費」。航空公司通常會為每位UM提供一個標誌牌掛袋，幫助UM得以保管所有的旅行證件以及登機牌等物品。機場運務作業會要求UM需持與購票時向航空公司提供的一致之有效旅行

證件、UM乘機申請書、標誌牌掛袋等資料，最遲於航班預計起飛時間前一百二十分鐘抵達機場特殊乘客服務櫃檯辦理check-in手續。為保證UM的搭機程序順遂，航空公司會安排機場運務人員協助UM辦理所有的CIQ聯檢程序、安全檢查以及行李託運等手續，並負責陪伴UM候機。登機後，機場運務人員會將相關資料及UM親自移交給該航班的客艙組員（座艙長）。如航班延誤，航空公司會有專人照顧UM，並會及時通知家長或監護人。如遇航班取消，家長或監護人亦會被聯繫通知接領孩子。航班到達目的地後，航空公司會安排抵達站的機場運務人員迎接該UM，並在確認接領人資訊無誤後，安全及時的與接領人辦理UM的交接手續。另外，對於YP的接送服務，除了全額票價以外尚需採取額外收費始能提供。

◆孕婦

易受到艙壓影響，而導致不利孕婦的意外情況發生，因此對於首次懷孕孕婦、單胎孕婦、多胞胎孕婦有不同的載運限制，乘客或旅行社必須主動告知航空公司妊娠情況，以利航空公司判斷是否承運，依IATA規定，單胎孕婦妊娠達三十五週，多胞胎孕婦妊娠達三十二週，航空公司得以孕婦健康與保安因素理由拒絕承運。到達之聯絡服務：乘客因語言溝通能力，或是對目的地（轉機站）不熟悉，若是希望航空公司可以提供接機或引導服務，航空公司可以利用當地之分公司，班機抵達時與乘客聯絡（Meet Arrival And Assist, MAAS）之服務，有些航空公司需額外付服務費用，或採用票價限定政策，才提供服務，有些航空公司給予免付費服務，須起飛前二十四小時完成訂位。

1.代訂服務：例如飯店、餐廳、交通、門票、租車服務。
2.其他需求：因個人舒適理由而要求另外購買額外座位（Extra Seat, EXST），或是乘客託運行李要求申報保值服務等。

就民用航空運輸業而言，傳統的國際航線報到手續，乘客至少需提前於國際航線班機起飛前兩小時（視航線差異調整）抵達機場櫃檯辦理

劃位。運務人員檢查乘客的旅行文件及確認機票後，發予乘客登機證及行李收據，乘客應於起飛前三十分鐘抵達指定登機門口。1994年美國聯合航空推出電子機票，繼而發展出專用或共同使用的機場自動化機器，涵蓋自助報到亭（Kiosk）與通用型自助報到亭（Common Use Self Service, CUSS）。網路報到服務（Online check-in service）則於2010年代中期推出。自那時起，大幅緩解乘客於機場櫃檯前排隊等候的報到（Kalakou et al., 2015）。Lovelock與Wright（1998）以及Srinivasan等人（2002）指出，自助服務技術已廣泛運用於航空業中，自助報到亭的優勢是讓旅客得以透過機器在機場辦理報到手續，可以選擇或更改座位後，領取本次航行的登機證，因應航行常客之需求，甚至可以取得進入貴賓室的邀請卡。旅客不需在尖峰時段，花費大量時間排隊等候報到及託運行李（Chang and Yang, 2008）。然而，2020年新冠肺炎疫情（COVID-19）肆虐全球，各國紛紛祭出防疫政策，試圖阻止疫情蔓延。新加坡樟宜國際機場（Singapore Changi Airport），為了因應「後疫情時代」做好準備，考量為減少旅客與機場運務人員的接觸及碰觸Kiosk/CUSS公共介面的機會，俾便降低病毒傳染的風險，遂推出無接觸懸空感應多點觸控式Kiosk/CUSS自助報到機。藉此，旅客無須碰觸螢幕就可以透過機器上的隔空觸覺反饋（mid-air haptics）感應追蹤手指動作，自行透過與機器的互動辦理報到、託運行李或取得所需的服務。Kiosk/CUSS螢幕上噴有長效的抗菌消毒塗層，降低病毒傳播風險。對於仍須使用一般報到櫃檯服務的旅客，運務櫃檯則設有壓克力隔板，最大程度保護「主客互動關係」的服務遞送者與服務接受者雙方。

國內航線訂位開放時間為班機起飛前六十天，訂位截止時間為班機起飛前七十分鐘（立榮航空公司為班機起飛前一小時）。在此期間之後，電腦系統即設定該班機於唯讀狀態，不能接受乘客訂位及修改。訂位乘客須於班機起飛前三十分鐘至機場劃位櫃檯報到劃位，逾時機位開放予現場候補乘客。國內航線乘客亦可於班機起飛前二十四小時至一小時於Kiosk、CUSS、Online check-in、二維條碼掃描報到（QR code check-in）

或透過行動載具APP自助報到（APP to mobile check-in）等多元途徑辦理報到，完成自助報到後仍須最遲於起飛前三十分鐘領取登機證。除此之外，航空公司於連續假日或旺季時，為確認機位，通常會要求訂位乘客先行購票，並於規定期限前，以所持機票號碼報予航空公司，航空公司接受乘客為訂位確認，並為其保留機位。

第二節　訂位作業實例

一、查詢班機時刻表與空位情況

```
【例如】指令輸入 A27JANTPEHND（以Abcus為例）
        27JAN  SAT  0001-0300 * TPETYO
01 TPEHND  27-1200  27-1555  YY220  F7 A5 U4 E 4 C7 D7 I7 O7  744
                                    Y7 B7 M7 Q7 T7 H7 K7 L7
                                    N7 X7 S0
                                    NON SMOKE FLIGHT
02 TPEHND  27-1425  27-1825  YY218  F7 A7 U7 E0 C7 D7 I7 O0  744
                                    Y7 B7 M7 Q7 T7 H7 K7 L7
                                    N7 X7 S2
                                    NON SMOKE FLIGHT
```

【說明】

表示27JAN這個行程有兩班飛機，第一班YY220桃園機場出發時間12:00，抵達羽田機場是15:55，由於航空公司採用同艙等多價別政策，頭等艙的訂位艙等有F、A、U、E；商務艙的訂位艙等有C、D、I、O；經濟艙的訂位艙等有Y、B、M、Q、T、H、K、L、N、X、S。744代表使用的飛機是波音747-400型客機，NON SMOKE FLIGHT代表全機禁菸。S0代表經濟客艙的S艙別已經沒有空位可訂，E4代表頭等艙的E艙別有四個空位。由於散客訂位，每一個PNR（Passenger Name Record）最多接受

七位乘客一起訂位，M7、Q7、T7、H7、K7、L7代表該艙別有多於七個人的空位。

二、依照旅客機票的艙等開始訂位

假設訂位艙等與機票艙等不一致，例如：經濟艙等低艙機票誤訂經濟艙等高艙機位，或經濟艙機票誤訂商務艙座位，航空公司會要求旅客補價差或重新購票。

【訂位指令】
輸入：0 YY100M27JANTPEHND NN1

【說明】
　　0指令　YY100航空公司班次　M機票艙等　TPE桃園　HND羽田
　　NN1訂一位要確認訂位的旅客
　　若將NN1改成LL1表示訂一位要後補訂位的旅客
　　回應結果：YY100M27JANTPEHND HS1 1200 1555 *5 # Y CABIN
　　說明：YY100　M艙，27JAN桃園到羽田訂位確認一位。1200出發，1555抵達。「HS1」代表訂位確認一位，「*5」代表星期五，「# Y CABIN」代表經濟艙。

三、輸入旅客姓名

必須與機票和旅客護照一致，若旅客護照與機票不一致，需確認旅客護照是否加註別名，或是雙重國籍有雙護照，由於機票是有價證券並關係到旅客的飛航保險理賠與保障，如果出現護照與機票姓名不一致的情況，必須請旅客改票或另購機票。
　　輸入：TSENG/AAABBB

回應結果：YY100M27JANTPEHND HS1 1200 1555 *5 # Y CABIN
　　　　　1 TSENG/AAABBB

四、輸入票號、聯絡電話、聯絡人

　　航空公司於年節或連續假期之前的交通尖峰需求期間，為確認機位，避免「No Show」所帶來機位閒置的營運損失，乃要求訂位的旅客先行購票，或於規定期限前以所持機票號碼通報予航空公司，俾便完成確認手續以保留其機位。輸入票號時依照機票是實體機票或電子機票而有不同的輸入方式。

　　1.電子機票
　　　輸入：71K9991234567890
　　　回應結果：YY100M27JANTPEHND HS1 1200 1555 *5 # Y CABIN
　　　1 TSENG/AAABBB
　　　71K9991234567890
　　2.實體機票
　　　輸入：7T/9991234567890
　　　回應結果：YY100M27JANTPEHND HS1 1200 1555 *5 # Y CABIN
　　　1 TSENG/AAABBB
　　　7T/9991234567890
　　3.訂位聯絡人
　　　輸入：6 MS TSENG/CCCDDD或6PAX
　　　回應結果：YY100M27JANTPEHND HS1 1200 1555 *5 # Y CABIN
　　　1 TSENG/AAABBB
　　　6 MS TSENG/CCCDDD OR 6PAX（旅客本人）
　　　7T/9991234567890

4.聯絡電話

  (1)市話

    輸入：國碼，例如臺灣886；區碼，例如高雄7；電話號碼

    9 8867XXXXXXX

  (2)行動電話

    輸入：國碼，例如臺灣886；電話號碼9XXXXXXXX

    9 8869XXXXXXXX

  回應結果：YY100M27JANTPEHND HS1 1200 1555 *5 # Y CABIN

  1 TSENG/AAABBB

  6 MS TSENG/CCCDDD OR 6PAX（旅客本人）

  7T/9991234567890

  9 8867XXXXXXX/8869XXXXXXXX

5.其他：開票期限、座位之預選、相關資料、攜帶特別物品旅行、幼
  齡旅客旅行之需求、行動不便需求、特別餐飲。

  輸入：3 SSR VOML YY NN1TPEHND100M27JAN-1

        3 SSRWCHR YY NN1TPEHND100M27JAN-1

  回應結果：YY100M27JANTPEHND HS1 1200 1555 *5 # Y CABIN

  1 TSENG/AAABBB

  6 MS TSENG/CCCDDD OR 6PAX（旅客本人）

  7T/9991234567890

  9 07-321----

  3 SSR VOML YY HK1TPEHND100M27JAN-1

  3 SSR WCHR YY NO1TPEHND100M27JAN-1

6.完成與訂位結束

  輸入：ER或ET

  回應結果：R/A34L45 --PNR 的代號

  YY100M27JANTPEHND HS1 1200 1555 *5 # Y CABIN

  1 TSENG/AAABBB

6 MS TSENG/CCCDDD OR 6PAX（旅客本人）

7T/9991234567890

9 07-321----

3 SSR VOML YY HK1TPEHND100M27JAN-1

（CI100/27 JAN桃園至羽田VOML東方素食訂餐確認）

3 SSR WCHR YY NO1TPEHND100M27JAN-1

（CI100/27JAN桃園至羽田WCHR輪椅服務需求未確認）

五、訂位時回應的縮碼意義

1.KK/HK：表示訂位確認。

2.PN：表示訂位需求正在要求中。

　　當訂位YY100M27JANTPEHND PN1 1200 1555 *5 # Y CABIN

　　一旦回覆為YY100M27JANTPEHND KK1 1200 1555 *5 # Y CABIN

　　KK表示OK要將其改成HK

3.UU/UN/UC：表示沒有空位。

　　當訂位YY100M27JANTPEHND PN1 1200 1555 *5 # Y CABIN

　　一旦回復為YY100M27JANTPEHND UC1 1200 1555 *5 # Y CABIN

　　表示班機已經客滿，不接受後補，改訂其他班次。

4.SC/WK：表示班機時刻異動。

　　當訂位YY100M27JANTPEHND SC1 1300 1655 *5 # Y CABIN

　　YY100M27JANTPEHND WK1 1200 1555 *5 # Y CABIN

　　表示原來的班次時間由12:00順延到13:00

5.HL/PB/PC：表示班機客滿，後補中。

【範例】請試試看如何解釋以下的PNR（Passenger Name Record）
1CHANG/AAABBB
01XY066B15JUN BKKTPE 0650 0915 HK1　　*7　　#Y CABIN
02AB019B15JUN TPEGUM 1130 1630 SC1　　*7　　#Y CABIN
03AB019B16JUN TPEGUM 1130 1630 WK1　　*1　　#Y CABIN
04AB024B20JUN GUMTPE 1800 2300 HL1　　*5　　#Y CABIN
6 MS LEE/TTTZZZ
71K9991234567890
9 0933-######
3 SSR CBBG XY NN1 BKKTPE066B15JUN-1BUDDHA STATUE
3 SSR SFML AB HK1TPEGUM019M16JUN-1
3 OSI AB OTHS SCHDEL CHG DUE TO TYPHOON
3 OSI AB INFM MS LEE CRFM FLT DELAY ONE DAY

【說明】

1. 1CHANG/AAABBB

   訂位CHANG/AAABBB旅客一位。

2. 01XY066B15JUN BKKTPE 0650 0915 HK1*7 #Y CABIN

   第一航段

   6月15日XY066班機B艙由曼谷到桃園，曼谷06:50出發，桃園09:15抵達，訂位確認HK1，*7星期日，#Y CABIN經濟艙。

3. 02AB019B15JUN TPEGUM 1130 1630 SC1*7 #Y CABIN

   第二航段

   6月15日AB019班機B艙由桃園到關島，桃園11:30出發，關島16:30抵達，時刻更改SC1，*7星期日，#Y CABIN經濟艙。

4. 03AB019B16JUN TPEGUM 1130 1630 WK1*1 #Y CABIN

   第三航段

   6月16日AB019班機B艙由桃園到關島，桃園11:30出發，關島16:30抵達，時刻更改確認 WK1，*1星期一，#Y CABIN經濟艙。

5. 04AB024B20JUN GUMTPE 1800 2300 HL1*5 #Y CABIN

第四航段

6月20日AB024班機B艙由關島到桃園，關島18:00出發，桃園23:00
抵達，候補中HL1，*5星期五，#Y CABIN經濟艙。

6. 6 MS LEE/TTTZZZ

　　LEE/TTTZZZ為聯絡人

7. 71K9991234567890

　　電子機票票號 9991234567890

8. 9 0933-######

　　旅客的聯絡電話。

9. 3 SSR CBBG XY NN1 BKKTPE066B15JUN-1BUDDHA STATUE

　　6月15日XY066班機B艙由曼谷到桃園，將有一件客艙行李佛像。

10. 3 SSR SFML AB HK1TPEGUM019M16JUN-1

　　6月16日AB019班機B艙由桃園到關島預訂一份特別餐海鮮餐。

11. OSI AB OTHS SCHDEL CHG DUE TO TYPHOON

　　註明班機時刻更改是受到颱風的影響。

12. OSI AB INFM MS LEE CRFM FLT DELAY ONE DAY

　　註明班機時刻更改已經通知旅客的聯絡人LEE小姐，飛機延誤一
天起飛。

第三節　售票作業

　　航空公司之主要收益源是來自於發售機票，其推銷機票業務的通路
策略，有直接的門市銷售、機場櫃檯出售、戶外推銷、網路機票販售，甚
至是時興的APP販售。間接的則有同業代售、代理代銷等。而與航空公司
關係最密切的則是旅行社，擔任代理推銷或開票的工作，航空公司則付予
其一定的佣金。然而，什麼是「機票」呢？機票（ticket）是搭機乘客與
航空公司之間的一種運送契約，亦即機票是當作航空公司與機票署名者間
運送條款的「表見證據」（prima facie evidence）。航空公司只載運持有

機票，或持有航空公司或其代理人所發出之證明已付清或支付部分票款的文件的旅客，否則航空公司不予搭載。

一、機票基本概念

　　航空公司主要售票通路為營業部門票務櫃檯、旅行社與企業官網，機場票務櫃檯功能，主要是開立旅客超重費用或其他雜項支出收費，販售機票服務僅是為了協助旅客購票失誤補救因應措施而提供的服務事項，國際線航空公司，在非基地場站，簽訂運務服務代理合約提供服務，故若該公司在機場是由地勤公司代理作業，或公司營業政策，機場端將無法提供機票販售服務，舉例而言，國泰港龍航空已公告機場服務不提供旅客訂位與購票服務。電子機票可供旅行社快速結報帳務結算營收、航空公司帳務記帳、向稅賦機關申報營業成本、報到櫃檯辦理報到手續及旅客自行留底與報帳之用。

　　運務人員不論是在機場售票或受理旅客報到劃位之前，都應該具備航空機票票務知識，依據國際票務規則辦理機票出售與改票作業。

　　關於機票，使用要點如下：

1. 電子機票審計報表存於票務系統，由處理人員執行每日結報。若旅客在機場辦理登機手續時，應將電子機票交給航空公司運務人員，倘使旅客是使用網路購票，為確保該筆交易為持卡人所同意，航空公司運務人員會進行信用卡購票同意查核，認證信用卡交易確實存在，避免持卡人信用卡遭到盜用。

2. 機票搭乘必須依照由出發地之順序使用，旅客在機場辦理登機手續時，應將電子機票收據交給航空公司查驗，否則航空公司有權拒載。

3. 機票不可轉讓他人使用，對於冒用所引發之死亡、受傷、行李遺失、損毀及延誤，或遭他人冒名退票等事，不管原持票人事先是否

知悉，航空公司有權不負責。

4.茲將旅客可能會被航空公司拒絕承運及限制承運的情況列舉於下：
(1)偽造的機票；(2)逾期的機票；(3)遺失搭乘存根聯；(4)未依機票形成順序使用；(5)未辦理預約訂位，飛機又在客滿的情形下；(6)折扣優待票限制內；(7)違反觀光法，以不當管道取得或非向航空公司或其授權旅行社所購買之機票；(8)已報遺失或作廢之機票；(9)出示機票的旅客無法證明機票上的姓名即為其本人時。

此外，電子機票通常會被印上十三碼電子機票號碼外加一碼檢查碼共十四個阿拉伯數字，前三碼為開票航空公司的數字代碼。以機票號碼297-4403 798463 2為例說明：297-航空公司代號，此代號為中華航空；4403-機票的來源／由哪一個票務中心開出；798463-機票的序號依出票先後順序編號以便票務處理人員有所憑藉，也藉此管制其流通；2為查核碼，依演算法核實，避免產生偽造票。另需印出運送條件及「契約條款」（記載於機票內的契約條款係摘錄於航空公司運送條款中之部分條文），告知旅客運送條件，比方說：報到時間限制、免費行李的重量條件。而運送條件則明白界定航空公司與旅客之間的權利義務。值得強調的是，若搭乘航線是包機性質，則機票之運送條款僅限於包機合約以及包機機票引用該運輸條款之情形下才適用。

電子機票與實體機票的差異，僅止於機票的形式改變，使用規則皆同，旅客直接透過航空公司、旅行社網站、APP平台或致電客服中心，以本人信用卡或網路銀行轉帳購票，或經由旅行社及逕至票務櫃檯付現或刷卡購買，訂位購票完成後，將原先登載在機票上的資料改儲存在航空公司的電腦系統資料內。電子機票開立後，旅客會收到電子機票收據以為憑證，至機場報到時，只要告知電子機票票號或出示收據即可取得登機證。另外，網路銷售過程要確保消費者隱私與交易內容保密，方能建立旅客信賴。然而，因偽卡集團違法行徑經常造成航空公司營業損失，對於非經過旅行社通路購票或臨櫃購票，而以電話或網路直接購票者，辦理報到

時應完成購票人之信用卡認證，俾便航空公司人員核對。若非搭機本人購票，須於報到櫃檯繳交付款同意書。對於機場航空公司的櫃檯報到工作來說，若旅客聲明其使用電子機票時，運務人員僅需請旅客提示付款信用卡和身分證明文件，資料與電腦紀錄相符即可為其辦理報到劃位，並給予其登機證。但是，以國際航線來說，持用電子機票的旅客，並不等同於訂位完成，仍有航空公司要求旅客要進行回程訂位確認，旅客仍然必須依照航空公司公布的旅客報到作業開始與結束時間辦理報到手續，逾時未辦理報到時仍會取消其訂位。同時若旅客行程牽涉兩家以上的航空公司，或旅遊目的係屬商務、觀光、探親，有些國家的入境規定要求旅客必須持有確認回程訂位的機票，政府當局的移民署並無法與航空公司機票系統連線，無法得知旅客是否持有有效之回程機票，旅客仍必須持有電子機票收據以備核驗。

二、機場售票

　　介紹完機票基本概念後，我們在本節要討論的是機場售票。機場售票的工作雖然不像專責的票務部門有龐大的工作量，但畢竟機場是離境前的「前線」，機場售票常會碰上形形色色的問題，人員配置也不多，加上有時間的壓力。因此，工作不見得會較票務部門輕鬆。然而，什麼是「機場售票」呢？航空公司於機場櫃檯設置專用櫃檯售票，接受現場旅客以現金或信用卡付款購票或預購機票，並於當日班機結束後結帳稱之。茲就機場售票於開櫃、關櫃的注意事項列舉之：

(一)開櫃注意事項

　　1.向值班督導（Officer in Command, OIC）或會計領取零用金，並清
　　　點交接金額是否正確及檢查零用金是否足夠。
　　2.向值班督導或會計領取紙本客票（雜項收支MCO及超重行李票
　　　EB），並填寫「機票領退簿」（sales report）（立榮航空稱之為

「領還票登記表」）。

3.開櫃前檢查刷卡機是否已結帳。

4.查看運務作業的電腦視窗，檢視有無上級交辦的注意事項或VIP/CIP等貴賓及訂位狀況，若有異常，應請督導確認應變的動作。

5.如遇班機異常，協助旅客簽轉，及提供旅客如何辦理退票相關說明。

6.售票並指引旅客前往劃位櫃檯劃位。

(二)關櫃注意事項

1.結帳時整理核對刷卡帳單並列印明細表。

2.結算並核對當日現金收入，並製作收款明細表，俟主管簽章後傳至公司的財務部門。

3.繳交當日應收現金並集中保存於保險櫃內。

4.繳交當日剩餘機票予督導或會計，並填寫「機票領退簿」。

(三)旅客問答應對技巧與開票注意事項

在機場售票，除了本家售票業務外，尚需協助代理他航公司售票，徵收超重運費與其他雜支費用，例如徵收機場稅與改票費用等，亦常必須接受旅客的詢問。對一位稱職的機場運務人員來說，應該具備完整的票務知識（包含公司各航線機票票價、促銷票價、與特殊票價旅客所需查核的證明文件）、公司相關作業程序、飛航班表所揭示的班機時刻資訊等。而對旅客詢問時，相關問答應對技巧如下：

1.旅客詢問時，應面露微笑，眼光正視對話旅客，以示尊重。

2.確認旅客的訂位需求，如行程、班次、旅客人數。

3.依照旅客行程的需求提供合理的票價，如機票效期14日、21日、1個月、3個月、6個月或年票，機票價格會隨停留天數不同而不同。

4.報價給旅客時，票價與稅金要分開報價。

5.明確表現旅客至上，對待旅客不因種族、性別、文化等不同而有差

異。

6.縮短自己說話的時間，少說多聽避免分心。

7.多觀察旅客的肢體語言及其陳述觀點，提供旅客最好的個人服務。

8.站在旅客立場，以同理心來看事情，以瞭解旅客所提出的問題及需求。

9.不可中途打斷旅客說話，應等旅客充分說明問題後再給予回覆。

10.旅客付款方式要加以確認，現金付費時要核對清楚金額，找錢時要與旅客確認清楚；信用卡付款時要確認旅客簽名，必要時要與護照上的簽名再核對一次。

11.旅客擁擠時，應注意動線的先後順序，並向旅客說聲：「對不起，請您稍候」。

12.旅客所欲搭乘的班次如遇客滿，應婉言解釋，並建議前後班次以供參考。

13.旅客每人一票，隨行的兒童及嬰兒仍須持有單獨的機票。

14.如果超重客票行程必須以兩本票開立，機票票號必須連續性，不可跳號。書寫手開票宜注意書寫力道，方能使機票每一聯都能清晰且工整。

15.機票欄位開錯時，電子機票須將機票狀態由OPEN該成VOID，重新開發新票。

16.機票票價依據公司印發之票價表或電腦自動開票系統的設定值收費報帳。

17.紙本客票（如超重行李票EB、雜項收支MCO）出票單位應在機票右上角之出票日期、地點欄內加蓋鋼印及簽名（手開票才必須簽名，若電腦自動開票，則會自動在機票上列印出票運務人員的序號）。

18.紙本客票交付旅客前，應將審計存根聯（Auditor's Coupon）、公司存根聯（Agent's Coupon），或任何加蓋「VOID」作廢聯撕下，按規定處理，不可交予旅客，以免徒增困擾。

19.客票審計存根聯為報帳依據，應妥善保管，不得遺失。如遺失，則依據遺失機票程序處理（實務上，若遺失原因可歸責於運務人員者，通常必須自掏腰包補差額銷帳）。

【案例】旅客要不要攜帶電子機票的收據呢？

據2007年5月19日《曼谷世界日報》報導稱：泰國臺灣商會聯合總會呼籲國人至泰時，倘若需要於機場辦理落地簽證入境泰國時，除了需遵循原有落地簽證相關規定外，並被要求需備有確認回程之機票及不少於泰幣二萬銖之等值貨幣，否則可能遭受原機遣返。某位臺商因持用電子機票而未帶電子機票收據欲辦理落地簽證，且身上未帶等值二萬泰銖之外幣，雖然身上持有多張信用卡白金卡，泰國移民署拒絕其辦理落地簽證，並以違規入境為由遣送回臺。

第四節　優待票作業

一般而言，可分為：優待票、酬賓升等券、公關折扣票、酬賓機票、ZED機票以及其他折扣機票，相關說明如下：

一、優待票

對於年長者、兒童及身心障礙者的搭機優待而言，參照國際航空運輸協會（IATA）制訂的 *Air Tariff*、*Passenger Air Tariff* 等航空票價書及《全球運價規則》（*Worldwide Rules*）。

(一)嬰兒票

未滿2歲之嬰兒乘客（Infant Fare），與父母或監護人，搭乘國內航線航空公司同一班機、同一艙等時，過去原本要支付全票票價10%之嬰兒機票，自2014年4月4日兒童節起，2歲以下有成人陪伴之不占位嬰兒（外籍嬰兒也適用）可以免費搭國內線班機。如果隨行陪伴的成人僅有一位且同

時攜帶兩位嬰兒以上時，兩名嬰兒中必須有一名達到6個月大，並使用嬰兒專用安全座椅且適用孩童票票價，家長或監護人應自備嬰兒專用安全座椅（嬰兒專用安全座椅由家長或監護人自備且必須符合安全座椅及設備規範與機型限制的要求）。另外一名嬰兒則必須以兒童專用安全設備固定於家長或監護人身上抱坐。值得注意的是，並非每個國家的航空公司均會給予未滿2歲之嬰兒享有「國內航線」全額客運票價免費優待，一般多為全票票價10%。國際／區域航線對於嬰兒票的優惠，0～2歲（不足）係以旅遊搭乘日為準，同一班機、同一艙等，每一成人可以同行一位嬰兒，購買成人票面價10%的嬰兒票，若旅遊日滿2足歲需補成孩童票；若有超出一位嬰兒同行，第二位以上的嬰兒須購買孩童票並由旅客自行準備檢驗合格的嬰兒安全座椅，並事先告知航空公司。

(二)孩童票

以實際搭乘日期為準，持有政府機關核發貼有照片之身分證明文件或戶口名簿以實際足歲認定年滿2歲（含）至未滿12歲之旅客，與父或母或監護人或18歲以上的乘客搭乘同一班機、同一艙等時，依據《兒童及少年福利與權益保障法》第33條：「國內大眾交通運輸、文教設施、風景區與康樂場所等公營、公辦民營及民營事業，應以年齡為標準，提供兒童優惠措施，並應提供未滿一定年齡之兒童免費優惠。前項兒童優惠措施之適用範圍及一定年齡，由各目的事業主管機關定之。」提供「國內航線」公告全額售價之75%（票價與國際航線相當）。兒童除了兒童票外，亦可選擇購買早鳥票或離峰票，但由於兒童票係年票性質，退票限制較少，相較於早鳥票或離峰票退票限制較為嚴格，旅客可視情況自行選擇適合的票種。至於搭乘國際與區域航線「全服務式航空公司」（Full Service Carriers, FSCs）班機的孩童票價（Child Fare），通常國際和地區航線（除了美加航線之外），按銷售全額售價之75%計算，美加航線按全額售價之75%計算，但實際狀況應視各航空公司對票價政策為準據。至於對「平價航空公司」（LCC）而言，滿2歲（含）以上的兒童必須在航程

中占用座位，且需支付全額機票價格，僅稅金部分可能有差異。

(三)敬老票／資深公民票（僅限國內航線）

依照我國《老人福利法》第25條：「老人搭乘國內公、民營水、陸、空大眾運輸工具、進入康樂場所及參觀文教設施，應予以半價優待。」提供年滿65歲以上者可享有國內航線公告全額售價之50%購票。

(四)身心障礙旅客優待機票（僅限國內航線）

依據《身心障礙者權益保障法》第58條：「身心障礙者搭乘國內大眾運輸工具，憑身心障礙證明，應予半價優待。身心障礙者經需求評估結果，認需人陪伴者，其必要陪伴者以一人為限，得享有前項之優待措施。」因此，經鑑定醫院鑑定合於障礙等級，持有中華民國主管機關核發之身心障礙手冊／證明者可享有國內航線公告全額售價之50%購票。該身心障礙者，可以被許可由一名陪同者以「愛心陪同票」享有半價優惠隨行。然而，依照航空公司公告之農曆春節及其他連續三天以上假期管制航線及期間，其機票使用規定皆以「限當日當班次使用、逾期作廢」認定，倘有退票最遲必須於所訂航班起飛前辦理。有關前揭各類優待票的說明，綜合彙整如**表5-2**所示。

二、酬賓升等券

通常適用於行銷活動、公關、旅客索賠等。另外，航空公司為因應電子化服務作業，亦開發「電子化酬賓券」，適合已參加航空公司常客飛行計畫的旅客使用。若旅客進行兌換酬賓里程，會將兌獎紀錄放在旅客的會員資料內或訂位紀錄，裨益運務櫃檯人員以此為據以便提供服務。此外，使用「免費票」（Free Of Charge, FOC）、「包機票」（Charter Flight Ticket）及「交換機票」（Barter Ticket）不能使用酬賓升等券進行升等作業。

表5-2　國際線（全服務式航空公司）優待票

票別	代碼	規則
孩童票	CH	2～12歲與父母或監護人同行之兒童，提供「國內航線」公告全額售價之75%。「區域及國際航線」則依據航空公司政策及航線差異，機票費率通常大約是成人票面價之75%。
嬰兒票	IN	「區域及國際航線」對於嬰兒票的優惠，0～2歲（不足）係以旅遊搭乘日為準，每一成人可同行一位嬰兒，購買成人票面價10%的嬰兒票，若旅遊日滿2足歲需補成孩童票；若有超出一位嬰兒同行，第二位以上的嬰兒須購買孩童票並由旅客自行準備檢驗合格的嬰兒安全座椅，並事先告知航空公司。國內航線，2歲以下有成人陪伴之不占位嬰兒（外籍嬰兒也適用）可以免費搭乘。
敬老票／資深公民票	CD	中華民國國籍旅客年滿65歲搭乘港澳航線與小三通可享有資深公民優待票。
學生票	SD	年滿12歲，未滿26歲持用有效期限內之國際學生證的在學學生。
船員票	SC	持用有效之船員證與旅遊證件且出示船商保證書。
外籍勞工優待票	DL	外籍人士在臺工作且持有合法工作簽證。
附註：實際售價、使用限制與開票規則仍需洽詢各航空公司		

三、公關折扣票

　　通常適用於公關活動、促銷活動、旅客索賠等。此類優待票以全額成人票為限制使用票種。折價程度依其票價面額給予五折優待（50% OFF）、1/4折價（75% OFF）或全額免費票，且必須至航空公司指定營業處票務櫃檯開立優待票，一般機場臨櫃不受理開立公關機票。

四、酬賓機票

　　適用於公關活動、公司行號大量購買套票致贈免費機票、飛行里程績分兌換、航空公司與信用卡公司合作之認同卡、累積紅利點數兌換等。酬賓機票為免費搭乘優待，分為商務艙酬賓機票和經濟艙酬賓機票兩種，且限於開立優待票之航空公司票務櫃檯開票。然而，12歲以下獨行孩

童（UM）並不適用於酬賓機票。另外，此類優待票適用條件為：「限空位搭乘」、「不得轉搭他航」及「不得折抵現金」等。

五、ZED機票（Zonal Employee Discount, ZED）

在國際航空運輸協會會員航空公司的架構下，針對各航空公司的員工，可依照同業之間彼此所簽訂的「ZED合約」（Interline Employee Travel Agreements to Zonal Employee Discount），申請串連同業之間的ZED聯航優待機票，符合使用資格者除了航空公司員工（現職或退休），配偶或伴侶，直系親屬（員工父母或子女），ZED聯航合約係採用平等與互惠精神簽訂。簽署ZED合約的航空公司，對於相同航段的機票，可以直接收受而不需背書轉讓。在票價計算上，則以任一班機起點至終點之間的「兩城市直接飛行里程數」（Ticketed Point Mileage, TPM）作為區隔收費標準。如**表5-3**，以美金計算票價，適用簽訂的ZED合約的航空公司員工與眷屬使用。ZED機票僅適用於經濟艙，且計價是以每一航段分別計算價格。ZM代表每一航段且於一般時段適用，ZH代表旺季時段，YR2代表

表5-3　ZED機票的收費標準

2016年12月1日起ZED機票的收費標準（幣別：USD）							
TPM	ZL/YR2	ZM/YR2	ZH/YR2	ZM/YR1	ZH/YR1	ZL/CR2	ZH/CR2
1-450	15	24	44	58	149	39	69
451-750	19	29	49	84	179	59	89
751-1600	29	39	59	114	244	64	109
1601-3200	39	59	99	184	389	119	269
3201-4080	49	69	109	214	454	129	294
4081-5000	59	79	119	244	504	134	314
5001-6100	69	89	129	314	659	214	454
6101-7100	79	109	159	414	834	264	654
7101-9999	99	129	179	494	1014	304	844

資料來源：www.flyzed.com

空位搭乘機票，YR1代表可訂位機票。ZED機票並規定2歲至12歲的孩童票，收取成人費用的67%，但嬰兒票不收取費用（除非有額外必須徵收的稅金與服務費用另當別論）。

六、其他折扣機票

若干其他折扣票的對象，大略包含航空公司員工、眷屬或合作之主要旅行同業從業人員，或其他航空公司同業人員、政府官員、民意代表、記者等，因公務或私人旅行需要，得申請折扣機票或免費機票。例如：

1. ID：Interline Discount或稱Industry Discount、Airline Staff Discounts、Offline Travel，亦即航空公司員工票，泛指航空公司的僱員、配偶、父母、受撫養子女和退休人員按照勞資間之協議與公司各項員工福利措施得以享受聯程旅行津貼者稱之。

2. AD：Travel Agent Discount或稱Travel Agent Rates，亦即旅行同業優待機票。

3. CG：Tour Conductor團體領隊。

4. DG：Government Official Discount政府官員、議員。

5. DM：Passenger Donation Ticket or Prize Winner記者、特殊民眾或國際獎項持有者，或航空公司授權之特定公司行號員工。

此外，優待機票使用運務作業另規定如下：

1. 可訂位的優待票旅客：因航空公司公務出差或持可訂位優待機票（如ID00S1）、公司提供公關用可訂位優待機票（如ID00N1/ID00B1），以及航空公司可訂位半價員工票（如ID50R1）；得於事前訂位搭乘，惟須配合航空訂定的禁運規則使用，年節旺季禁運期間，優待票折扣代碼為N1/B1/R2/N2，會被拒絕搭乘。

2. 空位搭乘：

(1)旅客持限空位搭乘機票者（如R2/N2），需於班機起飛前二十四小時，將其預計之行程先向航空公司登機空位需求，班機訂位將近客滿時，前往機場報到櫃檯辦理候補，於一般旅客報到時間內，不接受空位搭乘旅客。

(2)若班機有空位時，空位搭乘旅客可直接辦理報到，其航程、目的地得與一般旅客相同，但是託運行李額度不一定與持正常機票旅客相同，將依各航空公司規定給予免運費託運或付費託運服務。

第五節　機場常用英文代號與航空公司代碼

一、機場常用英文代號

1. ADULT：依照IATA運價協調大會制定之國際運價中有關「普通票價」的（normal fare）定義，Adult係指滿12足歲（含）以上適用全額票價之旅客（Adult, For Tariff purposes, a person who has reached his/her 12th birthday as of the date of commencement of travel, IATA Resolution 012, *Passenger Services Conference Resolutions Manual*）。

2. AIT（American Institute in Taiwan）：美國在臺協會，是美國國務院依據《臺灣關係法》（*Taiwan Relations Act*）及哥倫比亞特區法律所設置的民間非營利組織。此機構成立的背景是為了因應美國與臺灣治理當局外交關係終止以及美國政府的一個中國政策等因素。

3. AOG（Aircraft on Ground）：主要指無法起飛之班機。

4. ASTA（American Society of Travel Agents）：美洲旅遊協會。

5. ATA（AA）（Actual Time of Arrival）：確實到達時間。

6. ATD（AD）（Actual Time of Departure）：確實起飛時間。

7. AVI（Live Animal）：活生動物。

8. AVIH（Animal Ventilation In Hold）：動物裝載於航機貨艙內。

9. BAGGAGE（行李）：旅客在旅途中為了穿著、使用、方便與舒適所攜帶之物品，包括手提行李與託運行李。

10. BAGGAGE IDENTIFICATION TAG OR BAGGAGE TAG（行李掛牌）：此為航空公司對旅客已託運行李而開立之行李識別用掛牌，一般為一式兩聯，上聯掛在行李上，下聯交付旅客以作證明及收據。

11. BARTER：Barter Ticket稱為交換機票或廣告交換票，泛指不牽涉金錢交易的一種以物易物之航空客票票券交易方式。如航空公司以機票交換廣告公司、雜誌社等的廣告費用。

12. BITA（Bilateral Interline Traffic Agreement）：兩航空公司之間互相承認彼此之機票，同意對方在其機票上開立己身之航段，為航空公司間最基本之合作方式。雙方承認方式，可分為MITA及BITA兩種，如雙方均為IATA所屬的國際清算中心（International Cleaning House, ICH）會員，則可透過會內程序，互相承認，此稱為「多邊聯運協定」（Multilateral Interline Traffic Agreements, MITA）；若雙方之任一方不是IATA ICH會員，無法透過多邊關係進行，則雙方須另簽署合約，此稱為「雙邊聯運協定」（BITA）。

13. BSP（Billing and Settlement Plan）：銀行結帳計畫；若旅客欲從事多航段且承載之航空公司為一家以上時，可以由旅行社或航空公司以標準中性票的方式來開出機票，該項措施可以減去旅行社為了開特定航空公司機票所必須存在不同航空公司的資金。然而各機票系統供應者（含旅行社及航空公司）彼此間的帳務問題則透過銀行清帳計畫於每個月的約定日從事航空公司與旅行社之間機票的銷售、訂位、結帳、匯款等分配沖銷作業。

14. CAA（Civil Aeronautics Administration）：交通部民用航空局。

15. CHARTER FLIGHT（包機）：係個人或團體機關為特定的期間之

旅客或貨物運送需求，依法定程序向航空公司承租飛機。

16. CHECKED BAGGAGE（旅客託運之行李）：即登記行李由航空公司代為保管運送，並發予行李憑證及掛牌。

17. CHD（Child Passenger）：係指年齡滿2歲以上但不足12歲，付孩童票之旅客。

18. CLEAR FOR TAKE OFF：允許飛機起飛。

19. CONDITIONS OF CARRIAGE（運送約款）：航空公司與旅客間之權利義務條款，以作為航空公司作業之最高準則。

20. CONJUNCTION TICKET（聯票）：指一開立的機票與另一張機票的行程相關，而聯合成同一段行程之運送契約。

21. CONNECTING FLIGHT（銜接班機）：該班機可供旅客銜接（須轉機）至另一地或其目的地之班機。

22. CRS（Computer Reservation System）：航空電腦訂位系統。

23. DCS（Departure Control System）：機場離境管制系統，包括有Check-in/ Weight & Balance/ Load Control等功能。

24. DEPORTEE：被遣送出境者。

25. DIRECT FLIGHT：係指可不須換機即可將旅客或貨物送達目的地的班機。

26. ETA（EA）（Estimated Time of Arrival）：預定到達時間。

27. ETC（European Travel Commission）：歐洲旅遊協會。

28. ETD（ED）（Estimated Time of Departure）：預定起飛時間。

29. E/B（Excess Baggage）：超額行李，意指行李超過了免費標準限額（數量、尺寸或重量）。

30. FIT（Foreign Independent Tour）：目前通常與「個人旅遊」（Individual Travel）一詞交替使用。

31. FLIGHT DIVERSION：班機改降於非預定之降落場所。

32. GATEWAY：在某國家／地區第一個抵達或最後一個離境的航點。

33. GMT（Greenwich Mean Time）：格林威治標準時間。

34. GO SHOW：指旅客未事先訂位或未於啟程前取得確認機位，逕行前往機場報到櫃檯劃位者。

35. GSA（General Sales Agent）：航空公司之業務總代理。GSA係指受航空公司之委託，旅行社代理航空公司銷售機票或代理貨運業務。通常是航空公司與特定旅行社簽定合約，在一定的區域範圍內，讓旅行社依合約所訂的合作範圍來執行該航空公司的票務作業。當旅行社的銷售業績累積達到雙方明文規定的目標達成門檻數額後，航空公司將給予定額之「複核激勵（後退）佣金」或「超額佣金」（overriding commission）。

36. INAD（Inadmissible）：遭拒絕入境者。

37. INFANT：係指出生十四天以上，身體健康且不滿2歲之不占位嬰兒旅客可購買嬰兒票。茲考慮剛出生的新生兒肺部還沒有完全張開，毛細血管脆弱，身體對氣壓、重力等因素變化耐受力較弱，且初生嬰兒不會吞嚥動作，難以保持鼓膜壓力平衡，因此出生十四天以內者不接受乘機。惟部分航空公司同意健康的新生嬰兒於出生七天以後即可搭乘。值得注意的是航空公司各機型均有受理嬰兒額度的限制度（含「占位嬰兒」與「不占位嬰兒」）。公司基於飛航安全考量，有權拒絕超額嬰兒乘客登機。

38. INTERLINE CONNECTION：不同航空公司間之轉機或接駁行為。

39. LDM（Load Message）：航機裝載訊息，包含旅客人數、行李重量、貨物郵件重量等。

40. MAAS：「會面與協助」（Meet and Assist, MAAS），泛指需要特別照料之旅客。

41. MAYDAY：MAYDAY取自法文venez m'aider（速來援助），意旨船舶或航空器遭受嚴重及緊急威脅或發生機件故障，無法自救等情況，便會以無線電通話遇難求救訊號向鄰近機場或港埠求援。

發出訊號時必須連呼三次（「Mayday, Mayday, Mayday」）避免誤聽、混淆或噪音干擾等狀況產生，然後說出船舶／航空器代號，描述自身位置、遭遇險狀、船舶／航空器上的人數、將做何種打算，以及需要什麼形式的協助。

42. MCO（Miscellaneous Charge Order）：MCO中譯為「雜費支付書」、「雜項費用單」或「雜項交換券」，乃是航空公司對特定旅客所發行之憑證，主要用途係為發行機票以外的其他雜項服務費用，包含但不限於用來抵付或支付客票款及換票差額款、逾重行李票、座位等級差額等用途的憑證。

43. MCT（Minimum Connecting Time）：可容許之最短轉機時間。

44. MITA（Multilateral Interline Traffic Agreement）：兩航空公司間互相承認彼此之機票，同意對方在其機票上開立己身之航段，為航空公司間最基本之合作方式。雙方承認方式，可分為MITA及BITA兩種，如雙方均為IATA所屬的國際清算中心（ICH）會員，則可透過會內程序，互相承認，此稱為MITA。

45. MVT：MVT為MOVEMENT的縮寫，係指班機運動狀態。MVT能使航空公司各相關單位確定飛機目前之狀況，並提供離境班機抵達續程站之時間。

46. NO SHOW：指持有特定日期某航班確認機位之旅客，未通知航空公司取消機位且未依訂位時程辦理報到劃位者。

47. ON LINE CONNECTION：搭乘某一航空公司班機再轉接同一航空公司的其他班機。

48. OPEN TICKET：未指定搭乘日期之機票。

49. PETC（Pet/Animal in Cabin）：帶上客艙的寵物。

50. PNR（Passenger Name Record）：旅客航空電腦訂位紀錄。

51. POOL BAGGAGE：兩位或以上旅客以加總方式共同計算其行李重量。

52. PTA（Prepaid Ticket Advice）：「預付票款通知」，一般意謂航

空公司對旅客之代理人已在異地付款而授權旅客得在啟程地取票搭機之作業程序。一般而言，係指在甲地付款，在乙地取票者，以方便無法在啟程地付款之旅客，或遺失機票者，或贊助單位預先支付票款之謂。

53. RECONFIRM（再確認）：此為旅客向航空公司再次證實將搭乘其已訂妥之某一特定航班機位，以免機位可能被航空公司取消之一種行為及作業程序。

54. SITA（Societe Internationale de Telecommunications Aeronautiques）：國際航空電訊協會。該協會是專門從事向航空業提供信息技術和電信服務為報酬的一家跨國信息技術公司。

55. SOP（Standard Operating Procedure）：標準作業程序。

56. SPA（Special Prorate Agreement）：特別拆帳金額協定；當旅客持對方航空公司機票搭乘後，雙方航空公司須清帳以釐清財務關係，其拆帳方式一般可分為：一般清帳方式（Normal Prorate）及特別拆帳協定（Special Prorate Agreement），前者依票面價清帳，後者則依雙方議定之金額或百分比清帳。

57. STOPOVER：stopover有停留之意，意指在旅程中途點停留或滯留且不在到達當日離開，或到達後算起二十四小時內無銜接之班機。

58. STPC：為Stopover on Company's Account、Layover at Carrier's Cost、Stopover Paid by Carrier或Passenger Expense en Route之意。亦即非自願轉機旅客之費用招待。另外，非自願轉機團體旅客之食宿招待稱為「SOPK」（Stover on Package Tour）。

59. TIM（Travel Information Manual）：《旅遊資訊手冊》（*Travel Information Manual*, TIM）係收錄各國有關出入境、海關、檢疫規定程序等必要資訊，由「國際航空運輸協會」（IATA）每月定期出版之航空專業索引手刊。為作業上的便利，除了紙本的TIM手冊，IATA亦推出數位資料庫——「旅遊資訊自動查驗系統」

（Timatic Solutions），建置於國際機場各運務報到櫃檯，作為運務人員辦理旅客check-in時檢核跨其旅行證件是否符合規範。

60. TRANSFER與TRANSIT：國際航線之旅客於行程中因無直飛班機或該班機必須於中途點停留，而於某航點從事短暫停留之後再繼續其行程，此種旅客稱之為「停留旅客」（layover passengers）。停留旅客因其班機編號之變更與否又區分為「過境旅客」（transfer passengers）與「原機過境旅客」（transit passengers）。前者，所謂TRANSFER（過境），亦即一般所認知的「轉機／轉運」，指旅客因行程需要，必須於中途點作一短暫停留，爾後旅客持用下一航班的另外一張登機證，搭乘另一班機編號之航空器繼續其行程的行為，並不限於是否搭乘同一家航空公司的班機（未必是本家轉本家，亦有可能是本家轉外家）。後者，所謂TRANSIT（原機過境）係指航空公司使用同一班機編號的航空器進行「多航段班次」的營運方式，因某些需要（如加油、裝卸客貨）必須於某一中途點停留若干時間之後，讓乘客持用相同登機證，參照中途點當地運務人員是否發給TRANSIT CARD（過境卡）以及是否需要再接受安全檢查的指示，登上同一班機且通常是乘坐相同座位以繼續其行程的行為。

二、航空公司代碼（Airlines 2－Letter Code）

常用航空公司代碼彙整如**表5-4**。

航空地勤運務導論

210

表5-4 常用航空公司代碼

簡稱	航空公司	英文全稱	航空公司數字代碼
CI	中華航空	China Airlines	297
BR	長榮航空	Eva Airways	695
IT	臺灣虎航	Tigerair Taiwan	608
B7	立榮航空	Uni Air	525
AE	華信航空	Mandarin Airlines	803
JX	星宇航空	STARLUX Airlines	189
AA	美國航空	American Airlines	001
AI	印度航空	Air India	098
AR	阿根廷航空	Aerolineas Argentines	044
AZ	義大利航空	Alitalia	055
AK	亞洲航空	AirAsia Berhad	807
BA	英國亞洲航空	British Asia Airways	125
BI	汶萊皇家航空	Royal Brunei Airlines	672
3K	捷星亞洲航空	Jetstar Asia	375
HA	夏威夷航空	Hawaiian Airlines	173
AC	加拿大國際	Air Canada	014
SN	布魯塞爾航空	Brussels Airlines	082
CX	國泰航空	Cathay Pacific Airways	160
DL	達美航空	Delta Air Lines	006
JL	日本航空	Japan Airlines	131
EK	阿聯酋航空	Emirates	176
QR	卡達航空	Qatar Airways	157
GA	嘉魯達印尼航空	Garuda Indonesia Airlines	126
KE	大韓航空	Korean Air	180
KA	國泰港龍航空	Cathay Dragon	043
KL	荷蘭皇家航空	KLM	074
LA	智利南美航空	Lan Airlines	045
LH	漢莎航空	Lufthansa German Airlines	220
MS	埃及航空	Egypt Air	077
MH	馬來西亞航空	Malaysia Airlines	232
NX	澳門航空	Air Macau	675

（續）表5-4　常用航空公司代碼

簡稱	航空公司	英文全稱	航空公司數字代碼
NZ	紐西蘭航空	Air New Zealand	086
OA	奧林匹克航空	Olympic Airways	050
PR	菲律賓航空	Philippine Airlines	079
QF	澳洲航空	Qantas Airways	081
CM	巴拿馬航空	Copa Airlines	230
RJ	皇家約旦航空	Royal Jordanian Airlines	512
SA	南非航空	South African Airways	083
SK	北歐航空	Scandinavian Airlines	117
LX	瑞士國際航空	Swiss International Airlines	724
SQ	新加坡航空	Singapore Airlines	618
TG	泰國國際航空	Thai Airways	217
UA	聯合航空	United Airlines	016
UL	斯里蘭卡航空	Air Lanka	603
US	全美航空	US Airways	037
VN	越南航空	Vietnam Airlines	738
CA	中國國際航空	Air China	999
HO	吉祥航空	Juneyao Airlines	018
CZ	中國南方航空	China Southern	784
MU	中國東方航空	China Eastern Airlines	781
FM	上海航空	Shanghai Airlines	774
MF	廈門航空	Xiamen Airlines	731
3U	四川航空	Sichuan Air	876
HU	海南航空	Hainan Airlines	880
ZH	深圳航空	Shenzhen Airlines	479
SC	山東航空	Shandong Airlines	324
UO	香港快運航空	Hong Kong Express Airways	128

航空地勤運務導論

第六節　航空票務地理

在航空旅遊業，國際航空運輸協會（IATA）為能統一航空運輸與票務規章的制定，特地定義所謂的「地理概念」（IATA Geography），將全世界分隔為三個不同的運輸參考區域（IATA Traffic Conference Areas），與兩個海洋（太平洋與大西洋）。此外，IATA亦將全球劃分為兩個半球：(1)東半球（Eastern Hemisphere, EH），包括TC2和TC3；(2)西半球（Western Hemisphere, WH），包括TC1。

一、第一大區域（IATA Traffic Conference Area 1, TC1）

1.北美洲（North America）。

2.中美洲（Central America）。

3.南美洲（South America）。

4.與美洲相臨的島嶼：加勒比海島嶼（Caribbean Islands）、格陵蘭島

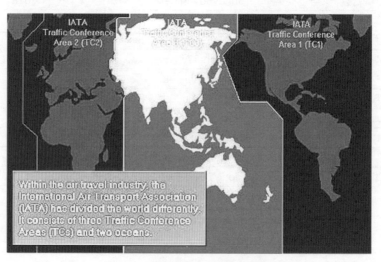

圖5-6　IATA三大區域分布圖

資料來源：IAIA TICKETING MANUAL, 2009.

（Greenland）、百慕達（群島）（Bermuda）、西印度群島（West Indies）、夏威夷群島（Hawaiian Islands）包括中途島（Midway Islands）與帕邁拉環礁（Palmyra Atoll）。

二、第二大區域（IATA Traffic Conference Area 2, TC2）

1.歐洲（Europe）與臨近的島嶼。
2.非洲（Africa）與臨近的島嶼。
3.英屬亞森欣島（Ascension Island）。
4.亞洲大陸烏拉山脈（Ural Mountains）以西，包括中東（Middle East）與伊朗。

三、第三大區域（IATA Traffic Conference Area 3, TC3）

1.東南亞（South East Asia）。
2.東北亞（North East Asia）。
3.南亞次大陸（South Asian Subcontinent）。
4.大洋洲（South West Pacific）。
5.太平洋上未被歸納在TC1的島嶼。

對於機場運務工作者而言，瞭解航空「地理概念」的重要性在於其與票價結構有相關密切的影響，也會影響到旅客超重行李費用區間費率（Zone Fare）收取的方式，倘若不熟悉相關的地理觀念，就有可能引起不必要的顧客抱怨。

第七節　機票判讀常識與注意事項

　　旅客持用電子機票，每一張機票都必須包括下列組合因素：(1)旅客姓名；(2)行程／日期；(3)艙等／訂位確認；(4)免費行李重量；(5)機票使用限制條款／使用效期；(6)票價計算方式；(7)稅金／機場稅；(8)付款方式；(9)開票地點與日期；(10)開票航空公司或代理商；(11)開票方式；(12)航空乘客運送定型化契約（旅客載運條款）。

　　航空公司與旅客間的關係，是機票上所載姓名的旅客與開立機票或承運的航空公司之間運送契約成立，藉由機票而產生，而航空公司僅載運持有有效機票的旅客。機票屬於發票航空公司之財產，航空公司與旅客契約的履行與變更行為均需載於機票內的運送條款契約條款。有鑑於國際機票均以國際共通語言（英文）開立，對於英文閱讀能力受限的旅客往往不得其義，且開票旅行社或航空公司售票時或者囿於某些原因未能詳細說明契約條款，旅客使用機票時造成行程不便導致不少消費者抱怨，因此行政院消費者保護委員會於2007年9月27日第150次委員會議審查通過，2014年4月9日第24次會議審查修正通過之《國內線航空乘客運送定型化契約》，詳述應記載及不得記載事項規範。

一、《國內線航空乘客運送定型化契約》應記載事項

　　為強化要求航空公司資訊揭露之約束力，以維護消費者權益，《國內線航空乘客運送定型化契約》的規範，非僅能讓業界也依照範本規則施行，也能讓旅客在實質上享有一致性的保障。

國內線航空乘客運送定型化契約範本

【 　】：航空公司得視實際營運狀況填寫

【○○】航空公司與機票或登機證上所列載之乘客同意遵守下列條款：

第1條

機票經開票後，其運送義務範圍自起運站，經載明之航線而至到達站。

第2條

機票自開票日起一年內有效，但機票上有特別規定者，依其約定。

乘客於機票有效期限及有效期限屆滿後一年內，均得憑票請求辦理退票還款，逾期未請求辦理退票還款，該機票作廢。

下列機票得報經民航主管機關同意後，訂定逾期作廢之退票限制：

一、三日（含）以上法定連續假期航班之機票。

二、應民航主管機關疏運旅客臨時加開班機之機票。

三、第七條優待票以外之其他經民航主管機關備查之優惠票，其價格未滿全額票價七折者。

第3條

機票上乘客姓名欄一經填寫，不得塗改，但開票人誤繕時，應重新開立機票。

機票持用人非票載乘客者，不得登機或行使其他權利。

第4條

乘客依第二條第二項規定辦理退票時，應至原售票單位辦理退票手續。原售票單位得酌收票面價（實際售價，以下同）百分之【 　】退票費用（退票費用最高不得超過票面價百分之十）。但第七條優待票以外之其他經民航主管機關備查之優惠票，於航班出發前辦理退票，原售票單位得酌收票面價百分之【 　】退票費用（退票費用最高不得超過票面價百分之二十五）；於航班出發後辦理退票，原售票單位得酌收票面價百分之【 　】退票費用（退票費用最高不得超過票面價百分之五十）。

乘客於機票有限期限內，除機票上有特別規定依其約定者外，得依下列方式更改航班搭乘日期及班次：

一、應至原售票單位或航空公司辦理改票手續。

二、第一次更改航班搭乘日期或班次時免收費用，自第二次改票起，原售票單位或航空公司得於改票時酌收票面價百分之【　】改票費用（改票費用最高不得超過票面價百分之十）。

前述所稱原售票單位，指下列單位：

一、向網站購票者，係指透過該網站出售機票之航空公司或旅行社。

二、向航空公司購票者，係指實際出售機票航空公司總公司、分公司、辦事處。

三、向旅行社購票者，係指實際出售機票旅行社總公司、分公司。

表定航班取消時，乘客得要求辦理退、改票，原售票單位不得收取任何費用。

前項表定航班之取消，如係可歸責於航空公司之事由，致旅客受有損害者，航空公司應負賠償責任。

第5條

乘客遺失機票時，應於機票有效期限內依規定向原售票單位辦理掛失。經航空公司查證該機票未使用時，乘客得請求另行開立或退費。但航空公司得酌收票面價百分之【　】為手續費（手續費最高不得超過票面價百分之十）。

第6條

機票於有效期限內，航空公司調整全額客運票價並經民航主管機關備查者，航空公司與乘客雙方均同意照調整前後機票票面價之差額多退少補。

前項全額客運票價係指國內航線經濟艙效期一年之無使用限制之票價。

持第七條之優待票者，如有第一項情形時，亦同。

第7條

乘客有下列情形之一者得享有搭乘國內線票價優待：

一、未滿二歲不占位之兒童享有票價免費優待。享免費優待之兒童應由成人陪伴，每位成人以陪伴一名不占位兒童為限。

二、未滿十二歲之占位兒童享有全額客運票價【 　 】折優待。

三、年滿六十五歲以上本國人享有全額客運票價五折優待。

四、本國籍身心障礙者及其必要陪伴者一人，享有全額客運票價五折優待。但應於購票及搭機時出示身心障礙證明。

五、設籍離島地區居民依「民用航空法」、「離島建設條例」及「離島地區居民航空票價補貼辦法」享有優待票價。

前項優待僅能擇一，不能享有二重以上優待。

第8條

乘客搭機時應攜帶政府機關核發貼有照片之身分證明文件，以備接受檢查核對。

未滿十四歲之兒童，未持有政府機關核發貼有照片之身分證明文件者，得以戶口名簿影本或健保卡（兒童手冊）等能證明身分之文件代替之。

第9條

航空公司於班機表定起飛時間前【 　 】分鐘開始受理乘客報到作業，乘客應於班機表定起飛時間前三十分鐘辦妥報到手續。

乘客未於前項時間內完成報到手續者，航空公司得取消其訂位。

第10條

乘客隨身攜帶行李以不超過【 　 】件為原則，合計不超過【 　 】公斤，每件長寬高不得超過【 　 】公分，超過上述限制者，應改以託運方式運送。

第11條

經濟艙乘客之免費託運行李額度為【 　 】公斤（除享有票價免費優待者外，不得少於十公斤），商務艙乘客之免費託運行李額度為【 　 】公

斤（除享有票價免費優待者外，不得少於二十公斤），超過時航空公司得另外收費。

第12條

託運行李包裝不完整於運送過程中有損壞之虞者，航空公司得拒絕載運該行李。

第13條

下列物品禁止手提攜帶或託運上機：（詳情請洽航空公司）

一、壓縮氣體（無論是否低溫、易燃或有毒）：如罐裝瓦斯、純氧、液態氮、潛水用氧氣瓶。

二、腐蝕性物質：如強酸、強鹼、水銀、濕電池等。

三、爆炸性物質：各類槍械彈藥、煙火、爆竹、照明彈等。

四、易燃性物質：如汽柴油等燃料油、火柴、油漆、稀釋劑、點火器等。

五、放射性物質。

六、以安全目的設計的手提箱（內含鋰電池或煙火材料等危險物品）、錢箱等。

七、氧化物質：如漂白劑（水、粉）、雙氧水等。

八、毒性及傳染性物質：如殺蟲劑、除草劑、活性濾過性病毒等。

九、其他危險物品：如磁化物（如磁鐵）及刺激性物品（如防身噴霧器）等及其他經民航主管機關公告影響飛航安全之物品。

第14條

下列物品如有攜帶必要，應以託運方式處理。

一、刀劍棍棒類。

二、髮膠、定型液、醫用含酒精之液態瓶裝物、防蚊液、酒類、非刺激性噴霧器及其他不影響飛航安全之物品。

但經安檢人員同意者，得置於隨身行李隨身攜帶（詳情請洽航空公司）。

第15條

為維護飛航安全,乘客不得攜帶或放置武器及危險物品於行李中,違者禁止登機。但負有特殊任務必須攜帶武器之軍警人員,應依規定由所屬單位主管出具證明文件,並由攜帶人自動請求查驗,經核符後將所攜帶武器交由航空公司服務人員處理。

第16條

乘客在客艙內,禁止使用任何干擾飛航安全之通訊器材及電子用品(如:行動電話、個人無線電收發報機、各類遙控器、CD唱盤、調頻收音機等),並應遵守相關安全規定及與機上服務人員合作。(詳情請洽航空公司)

第17條

班機時刻表所列之航班時間與航線不得任意變更。如有變更或增減航班時,航空公司應以顯著方式公告。班機時刻表所定之起飛時間是乘客登機後,飛機艙門關閉之時間,而非班機實際起飛時間。

各航空公司之「班機異常處理機制」,應於各航空公司網站及航站售票櫃檯等顯著處所揭露。

航空公司應依民用航空運輸業管理規則第三十五條之五第二項準用第一項第五款規定揭露勞資爭議進程及消費者權益保護措施。

第18條

乘客因航空公司之運送遲到而致損害者,航空公司應負賠償之責。但航空公司能證明其遲到係因天候變化、屬非可歸責於航空公司之機件故障、民航主管機關命令約束或其他必要情況者,除另有交易習慣者外,以乘客因遲到而增加支出之必要費用為限。

航空公司於確定航空器無法依表定時間起飛,致遲延十五分鐘以上或變更航線、起降地點、取消該班機,致影響乘客權益者,應立即向乘客詳實說明原因及處理方式,並應斟酌乘客需要,適時免費提供下列服務:

一、必要之通訊。

二、必要之飲食或膳宿。

三、必要之禦寒或醫藥急救之物品。

四、必要之轉機或其他交通工具。

航空公司如受限於當地實際情況，無法提供前項服務時，應即向乘客詳實說明原因並提供合理妥善之照顧。

第19條

航空公司與乘客雙方發生運送糾紛無法立即解決時，雙方得申請航空站公務主管人員協助調處，並由雙方填寫民用航空乘客離機協議見證表，乘客不得延遲下機，以避免影響後續班機乘客之權益。

前項調處係依據「民用航空乘客與航空器運送人運送糾紛調處辦法」之相關規定辦理。

第20條

依中華民國「民用航空法」與「航空客貨損害賠償辦法」規定，航空公司就乘客於航空器中或於上下航空器時，因不可抗力或意外事故致死亡或傷害者，航空器使用人或運送人應負賠償之責。但因可歸責於乘客之故意或過失事由而發生者，得免除或減輕賠償。

乘客能證明其受有更大損害得就其損害請求賠償外，航空公司對每一乘客應負之損害賠償金額，依下列標準辦理：

一、死亡者：新臺幣三百萬元整。

二、重傷者：新臺幣一百五十萬元整。（所稱重傷，依刑法第十條第四項規定）

乘客非死亡或重傷者，其賠償金額依實際損害計算，但最高不得超過新臺幣一百五十萬元整。但第一項之法令，或其他法規關於前一項賠償金額之規定有變動時，依該規定之變動比例調整之。

乘客之死亡或傷害賠償額，有特別書面契約者，依其契約，無特別契約者，依前二項之賠償標準。

第21條

乘客行李之損害,航空器使用人或運送人應負賠償之責。但因可歸責於乘客之故意或過失事由而發生者,得免除或減輕賠償。

乘客能證明其受有更大損害得就其損害請求賠償外,航空公司對每一乘客行李應負之損害賠償金額,依下列標準辦理:

一、隨身行李:按實際損害計算,但每一乘客最高不超過新臺幣二萬元整。

二、託運行李:按實際損害計算,但每公斤最高不得超過新臺幣一千元整。

乘客行李損害之賠償額,有特別書面契約者,依其契約,無特別契約者,依前項之賠償標準。前條第三項但書之規定,於第二項之賠償標準亦適用之。

第22條

乘客如於託運行李中放入錢幣、珠寶、銀器、可轉讓之有價證券、公債、股票、貴重物品、樣品或商業文件等物品於運送途中遭遺失或毀損,航空公司僅能依第二十一條第二項第二款負賠償責任。但航空公司有故意、重大過失,或接受乘客以報值行李方式辦理託運者,不在此限。

第23條

運送途中如因託運行李中之易碎、易腐等物品所致行李之全部或部分毀損,航空公司不負賠償責任。但乘客能證明航空公司有故意或過失者,不在此限。

第24條

航空公司對運送之行李,僅負交付與持(行李)票人之責任,乘客應憑航空公司發給之行李票提領託運行李。

行李票如有遺失,除有急迫情形經乘客提出切結書及確實之證明,航空公司得同意乘客先行提領外,乘客應待【 】日後(不得逾七日)

且無其他乘客提出異議，始可請求交付。

對於被他人領走之任何行李，除航空公司能證明其有核對行李票外，應負賠償責任。但乘客必須於當日提出請求。

第25條

航空公司基於飛航安全考量，僅得依報經民航主管機關備查備查之規定，限制下列乘客之搭乘：（詳情請洽航空公司）

一、身心障礙及傷病旅客。

二、需特別照顧之孕婦及高齡者。

三、同行嬰兒、獨行小孩。

四、被押解之罪犯（含嫌疑犯）。

五、酗酒者（含吸食麻藥、藥品所致者）。

六、可能影響乘客、機組員及飛航之安全者。

第26條

乘客不滿意航空公司提供之服務時，可利用航空公司之申訴服務專線反映，航空公司應立即視實際情形迅速妥適處理。

航空公司申訴服務專線及網址：【　　　】

第27條

本契約如有未盡事宜，依相關法令、習慣及平等互惠與誠實信用原則公平解決之。

二、國際機票交易重要須知

　　為使國際線旅客瞭解國際機票之重要使用規定，行政院消費者保護委員會2006年3月23日第133次委員會議審查通過；並自2007年7月1日起實施。行政院消費者保護會2012年7月11日第五次會議審查修正通過及交通部2012年8月22日交航字第10181001401號公告；並自2012年10月1日起實施之《國際機票交易重要須知範本》（詳細內容如下），俾航空公司填列後，提供旅客作為使用機票之參考。

國際機票交易重要須知範本

一、感謝您完成此次機票交易（機票號碼：　　　），由於機票使用規定繁多，謹擷取其中最重要者說明如下：

1.使用期限

□單程機票：本機票只適用於　年　月　日至　年　月　日間出發

□非單程機票：本機票應於　年　月　日至　年　月　日間出發，並應於　年　月　日機票期限屆滿前使用

2.停留天數

□不超過＿＿＿＿＿＿天（以出發日計算）

□不短於＿＿＿＿＿＿天（以□出發日□抵達日□折返日計算）

3.搭乘航班說明（可複選）

□全程限搭機票上顯示之特定航空公司之特定航班

□全程限搭機票上顯示之同一航空公司同航段之各航班

□出發航段限搭＿＿（時）：＿＿（分）前（後）起飛之航班

□回程航段限搭＿＿（時）：＿＿（分）前（後）起飛之航班

□＿＿＿＿＿＿＿＿航段限搭機票上顯示之航班（其餘可換乘同一航空公司同航段之各航班）

□其他＿＿＿＿＿＿＿＿（售票單位依需求填列或以選項方式表達）

4.機票更改說明（可複選）

□不可更改□日期

□行程

□航班

□艙等

□可更改□日期，□不需付價差及手續費等任何費用

□僅應付價差

□僅應支付手續費等費用＿＿元

□除應支付手續費等費用＿＿元外，並應付價差

□行程，□不需付價差及手續費等任何費用

□僅應付價差

□僅應支付手續費等費用＿＿元

□除應支付手續費等費用＿＿元外，並應付價差

□航班，□不需付價差及手續費等任何費用

□僅應付價差

□僅應支付手續費等費用＿＿元

□除應支付手續費等費用＿＿元外，並應付價差

□艙等，□不需付價差及手續費等任何費用

□僅應付價差

□僅應支付手續費等費用＿＿元

□除應支付手續費等費用＿＿元外，並應付價差

□其他＿＿＿＿＿＿＿＿

相關機票更改資訊應於航空公司網站或原售票單位明顯處公告揭露。

5.退票說明（可複選）

□不可退票

□可退票，有下列情形之一者，得辦理退票，其手續費收取與否事宜，請向＿＿＿＿＿＿＿＿＿（原售票單位）洽詢辦理：

□完全未使用之機票

□部分未使用之機票

□共用班號之機票

□其他＿＿＿＿＿＿＿＿

相關退票資訊應於航空公司網站或原售票單位明顯處公告揭露。

6.退票作業時間不得超過三個月（包括航空公司及旅行社作業時間），但如有事實認有必要原因者得予延長，最長不得超過三個月。

上述延長之原因及期間，原售票單位應即時告知旅客。

7.託運行李

　□免費託運行李額度如下：

　□限重＿＿＿＿公斤

　□限＿＿＿件，每件＿＿＿公斤

　□購買共用班號之機票及聯程票者，請洽原開票航空公司瞭解

　□其他＿＿＿＿＿＿＿＿＿＿

8.其他

　＿＿＿＿＿＿＿＿＿＿（售票單位依需求填列或以選項方式表達，例如：兒童機票之使用規定、優惠折扣機票等特殊使用規定）。

二、以上僅為簡要說明，其他詳細說明請依照機票上所載事項，如有任何疑問，請洽詢售票單位：＿＿＿＿＿＿＿＿（註明售票單位或航空公司名稱及聯絡方式）。

如機票記載事項與本須知不同者，應為有利於消費者之解釋。

三、機場運務端對於機票的使用規則

1.機票需依照使用順序使用，並於搭機時出示機票，否則航空有權拒認與拒載。

2.機票為航空公司履約憑證，姓名必須與旅遊證件「護照」一致，若有錯誤必須改票更正，並支付相關費用。機票為有價證券，不得轉讓，若冒用導致死亡、受傷、行李遺失或遭冒名退票，不論原始持票人知悉與否，航空公司概不負責。

四、航空公司實務作業之電子機票的閱讀範例

A：NAME: LIN/AAABBBMR TKT0002463 451502 1 REF: K43NBN

B：ISI: SITI TOUR CODE: USAY6MR/OLB

C：C/N CR FLT CL DATE BRD OFF TIME ST FARE BASIS BGA
   RMK

D：1. QQ5 T 15AUG19 LAX TPE 1555 OK KHXS6M PC AVBL

E：2. X RR619 T 16AUG19 TPE HKG 2130 OK KHXS6M PC AVBL

F：3. RR642 T 30AUG19 HKG TPE 1950 OK KHXS6M PC AVBL

G：4. X QQ8 T 30AUG19 TPE LAX 2250 OK KHXS6M PC AVBL

H：NVB NVA

I：1/ 15FEB20

J：2/ 15FEB20

K：3/ 20AUG19 15FEB20

L：4/ 20AUG19 15FEB20

M：FR: USD 1189.00 TX: XY 7.00 TX: YC 5.00 TX: XT 137.55

N：EQ:

O：TL: USD 1338.55

P：FARE CALCULATION

LAXQQ X/TPE RR HKG592.50RR X/TPE Q4.24QQLAX592.
50NUC1189.24END ROE1.000000 XT 2.50AY 28.20US
4.95XA15.40HK 82.00YQ 4.50XFLAX4.5 (a)

Q：FOP: VI1234567890123452 APC: 123456 PRESENT CREDIT
   CARD

R：END: NON-ENDORSABLE/NON-REROUTABLE/REFUND/
   CHNG OUTBOUND, REISSUE SUBJ TO USD100

S：05993072/21JUL19/AABB AIRLINES LOS ANGELES-US/
   LAX99QQ

【說明】

A：NAME: LIN/AAABBBMR是指此票是屬於LIN/AAABBB先生

TKT0002463 451502 1是電子機票票號

REF: K43NBN旅客訂位代號K43NBN

B：ISI: SITI是指機票銷售方式，此票是本地銷售開票SITI Sale in Ticket in

TOUR CODE: USAY6MR/OLB本票使用販促代碼，也是指該票的NET，給旅行社的底價代碼USAY6MR/OLB

C：C/N CR FLT CL DATE BRD OFF TIME ST FARE BASIS BGA RMK

機票的行程欄的標題C/N是CONTINUOUS NUMBER的縮寫，下列1、2、3、4代表航段；CR FLT是CARRIER FLIGHT的縮寫，會依照訂位所需求的航空公司班次號碼表列其下；CL是CLASS的縮寫，是訂位艙等；DATE是該航段當地的出發日；BRD OFF是BOARDING OFF的縮寫，BRD代表離站地OFF代表到站地；TIME是該航段班機起飛的當地時間；ST是STATUS的縮寫，代表訂位狀態，OK代表確認，RQ代表候補；FARE BASIS代表此票使用的票價基礎；BGA是BAGGAGE ALLOWANCE的縮寫，代表此票允許的免費託運行李；RMK是REMARK的縮寫，用來說明此航段機票的使用情況：

-AVBL-：機票可以使用

-VOID-：機票已被作廢

-EXCH-：機票已被換票

-RFND-：機票已退票

-CKIN-：機票已劃位

-RVKD-：機票被暫時停用

-FIMD-：機票已被轉讓

-FLOWN-：機票已使用完畢

D：1. QQ5 T 15AUG19 LAX TPE 1555 OK KHXS6M PC AVBL

　　「1」第一個航段；班機號碼是「QQ5」意思是QQ航空的5號班機，訂位艙等「T」艙；出發日「15AUG2019」；「LAX」離站與「TPE」到站；LAX當地班機起飛時間「15:55」；訂位狀態「OK」；票價基礎「KHXS6M」六個月效期旺季非假日機票；免費託運行李「PC」採記件制；「AVBL」機票可以使用。

E：2. X RR619 T　16AUG19 TPE HKG 2130 OK KHXS6MPC AVBL

　　「2」第二個航段；「X」代表此票在TPE為過境，班機號碼是「RR619」意思是RR航空的619號班機，訂位艙等「T」艙；出發日「16AUG2019」；「TPE」離站與「HKG」到站；TPE當地班機起飛時間「21:30」；訂位狀態「OK」；票價基礎「KHXS6M」六個月效期旺季非假日機票；免費託運行李「PC」採記件制；「AVBL」機票可以使用。

F：3. RR642 T　30AUG19　HKG TPE 1950 OK　KHXS6M　PC　AVBL

　　「3」第三個航段；班機號碼是「RR642」意思是RR航空的642號班機，訂位艙等「T」艙；出發日「30AUG2019」；「HKG」離站與「TPE」到站；HKG當地班機起飛時間「19:50」；訂位狀態「OK」；票價基礎「KHXS6M」六個月效期旺季非假日機票；免費託運行李「PC」採記件制；「AVBL」機票可以使用。

G：4. X QQ8 T 30AUG19　TPE LAX 2250 OK　KHXS6M　PC　AVBL

　　「4」第四個航段；「X」代表此票在TPE為過境，班機號碼是「QQ8」意思是QQ航空的8號班機，訂位艙等「T」艙；出發日「30AUG2019」；「TPE」離站與「LAX」到站；TPE當地班機起飛時間「22:50」；訂位狀態「OK」；票價基礎「KHXS6M」六個月效期旺季非假日機票；免費託運行李「PC」採記件制；「AVBL」機票可以使用。

H：NVB是NOT VALID BEFORE的縮寫，意思是機票由何日起生效；NVA是NOT VALID AFTER的縮寫，意思是機票由何日起失

效，說明機票該航段的有效時段，依票種計價方式而有所不同，詳細的區隔須詳查IATA票務規定，就運務作業而言，完全是依照機票上所開立的實際情況來判斷該票可用與否，對於有爭議的問題，須由票務組來進行澄清。

I：1/ 15FEB20

第一航段出發日任一日皆可，但不可超過15FEB2020，一般機票開立後一年內有效，如有其他的限制條款但書，如本票票價基礎「KHXS6M」六個月效期旺季非假日機票，則從其條款但書，不可超過15FEB2020。

J：2/ 15FEB20

第二航段出發日任一日皆可，但不可超過15FEB2020，一般機票開立後一年內有效，如有其他的限制條款但書，如本票票價基礎「KHXS6M」六個月效期旺季非假日機票，則從其條款但書，不可超過15FEB2020。

K：3/ 20AUG19 15FEB20

第三航段出發日在20AUG19後方可使用，但不可超過15FEB2020，如第一航段出發日順延，則第三與四航段的NVB/NVA須依票價規則重新計算效期。

L：4/ 20AUG19 15FEB20

第四航段出發日在20AUG19後方可使用，但不可超過15FEB2020，如第一航段出發日順延，則第三與四航段的NVB/NVA須依票價規則重新計算效期。

M：FR: USD 1189.00 TX: XY 7.00 TX: YC 5.00 TX: XT 137.55

票價Fare：USD 1189；稅金，USD 7XY，USD 5YC，USD 137.55XT

稅金欄最多填入三項，超出三項稅金則以XT小計無法列入的稅金，並將未列入的稅金改列在FC Fare Calculation內XT 2.50AY 28.20US 4.95XA15.40HK 82.00YQ 4.50XFLAX4.5 (a)

N：EQ: EQUIV. FARE等值的外幣

O：TL: USD 1338.55

總價＝票價＋稅金＝USD1338.55

P：FARE CALCULATION

LAXQQ X/TPE RR HKG592.50RR X/TPE Q4.24QQLAX592.50

NUC1189.24END ROE1.000000 XT 2.50AY 28.20US 4.95XA15.40

HK 82.00YQ 4.50XFLAX4.5 (a)

此票的計價方式，運務作業不需詳細核對票價結構，這是屬於開
票單位的責任，如有錯誤，航空公司會直接開立開票異常通知書
向開票單位請求補足價差。

Q：FOP: VI1234567890123452　APC: 123456　PRESENT CREDIT
CARD

常見的付款方式有：

• TP：Universal Air Travel Plan (UATP）

• AX：AMERICAN EXPRESS CARD

• DC：DINER CLUB　INTERNATIONAL CARD（因無銀行承接
相關業務，臺灣境內已不接受）

• VI：VISA CARD

• CA：MASTER CARD

• JB：JCB　CARD

• UP：China UnionPay/CUP銀聯卡

• CASH：現金

• CHECK：支票

本票使用VISA信用卡支付，卡號1234567890123452，APC
Approve Code123456，出現PRESENT CREDIT CARD表示報到櫃
檯須查核旅客的信用卡，避免有旅客使用偽卡，搭機後拒認，造
成公司的損失。

R：END: NON-ENDORSABLE/NON-REROUTABLE/REFUND/

CHNG OUTBOUND, REISSUE SUBJ TO USD100

ENDORSEMENT BOX，也就是機票使用限制後但書加註的位置，轉讓與限制說明：NON-ENDORSABLE不可轉讓／NON-REROUTABLE不可更改行程／REFUND退票／CHNG OUTBOUND更改出發日期，REISSUE SUBJ TO USD100改票手續費USD100。

S：05993072/21JUL19/AABB AIRLINES LOS ANGELES-US/LAX99QQ

開票單位的資料：05993072是IATA AGENT CODE；21JUL19是開票日；AABB AIRLINES代表是航空公司開票，也可以是票務代理公司的名稱；LOS ANGELES-US開票地點是美國洛杉磯；LAX99QQ為此票開立的系統編號。

參考文獻

Chang, H. L. and Yang, C. H. (2008). "Do Airline Self-Service Check-in Kiosks Meet the Needs of Passengers?" *Tourism Management, Vol. 29*, No.5, pp. 980-993.

Kalakou, S. Psaraki-Kalouptsidi, V. and Moura, F. (2015). "Future airport terminals: New technologies promise capacity gains," *Journal of Air Transport Management, Vol. 42*, pp. 203-212.

Lovelock, C., and Wright, L. (1998). *Principles of Service Marketing and Management*. New Jersey: Prentice-Hall.

Srinivasan, S. S., Anderson, R., and Ponnavolu, K. (2002). "Customer Loyalty in E-commerce: An Exploration of its Antecedents and Consequences," *Journal of Retailing, Vol. 78*, No. 1, pp. 41-50.

Chapter

6

離、到站旅客處理作業

　　旅客辦理臨櫃報到劃位，國內線通常於起飛前六十分鐘開始，至起飛前十分鐘結束櫃檯作業，國際線則視各機場保安作業規定為起飛前四至二小時開櫃，而於起飛前一小時至四十分鐘關櫃（註：開櫃及關櫃的時間各航不一，端視國情、經營航線差異、各航空公司政策、時局環境決定），藉以確定該班機乘客人數，對有訂位而未到（no show）之旅客應即除名，如有後補旅客應即依序唱名遞補並發給旅客登機證，然後製印旅客名單提供機場管理當局及空勤組員使用。隨著入出國自動查驗通關系統e-Gate、自助行李託運系統與乘客自由選擇透過行動載具、電腦或機場的自助報到機（Kiosk/ CUSS/ Online check-in/ QR code check-in/ APP to mobile check-in）等多元途徑辦理報到系統的持續發展，異業結盟報到服務也正式開展。例如：前交通部陳建宇部長於2015年全力推動「桃園國際機場智慧化計畫」的布署，其中規劃機場捷運通車後，在臺北車站（A1站）設立市區預辦登機服務（In-Town Check-In, ITCI），除了人工櫃檯外，也設置首座智慧型自助報到系統（Common Use Self Service, CUSS）及六座自助行李託運系統（self-service bag drop off），作為解決機場壅塞問題的行動方案。旅客可以提早在臺北車站內託運行李、劃機位，同時取得登機證，希冀減緩機場報到櫃檯擁擠的壓力，亦可紓解機場航廈擴建或新建之前，出境大廳的旅客流量。緣此，市區預辦登機服務據點，可望扮演機場航廈之延伸，分散桃園機場過多人潮，為一有效的解決方案。2018年10月31日起，桃園國際機場股份有限公司與桃園大眾捷運股份有限公司合作，在捷運桃園機場線（簡稱「機捷」）的A1臺北車站B1層預辦登機區，提供旅客搭機報到服務，每日早上06:00～21:30（班機起飛前三小時手續停止辦理），提供旅客一次性的報到服務，旅客可選用人工報到或自助報到服務，中華航空人工櫃檯，營運時間為06:00～18:30；長榮航空（BR）及立榮航空（B7）人工報到櫃檯服務時間將調整為06:00～19:00；使用自動化設備進行報到服務時段則為06:00～21:30。旅客於機捷A1站託運行李後，與機場作業相同，需確認行李通過安檢後才能離開，以免延誤行程。藉由提供旅客更多的自助服務選擇方案，非僅減

緩機場運務櫃檯的運作負荷，亦有益於航空公司對於核心價值的傳遞、控制和評估。惟旅客仍須養成良好的搭機觀念，於登機前抵達登機門，以免因延遲抵達遭到航空公司拒絕登機。

講究服務品質標準化的航空公司通常會要求職員在執勤機場的劃位手續時要依循標準作業程序（Standard Operating Procedures, SOPs），如果運務櫃檯人員能夠依照作業程序的完成作業，不但可使旅客減少久候劃位的不耐，減緩可能的作業疏失，提高顧客滿意度，裨益創造「主客雙贏」的長遠利局。本章針對執行離境旅客處理作業所需具備的「知識」及「技術」深層內涵，於後續各節逐一析理敘明。

第一節　班機開放劃位前置作業

旅客向航空公司要求班機訂位時，航空公司或代理旅行社的訂位服務人員必須依據「訂位五大基本要素」，包含：(1)Name Field姓／名稱謂；(2)Itinerary行程；(3)Passenger Contacts電話；(4)Ticket Field票限／票號；(5)Received Field來電訂位者的原則，並在「必要」時搭配其他補充資訊，例如：給機場或他航資訊的FACE（AP Fax/GEN Fax）資料、SSR（Special Service Record）特殊服務需求、貯存在訂位紀錄之「備註資料」（Remarks Field），將這些資料輸入電腦後，系統將會產生該次訂位的一組旅客訂位紀錄，簡稱PNR（Passenger Name Record）〔作者按：(1)「備註資料」在航空電腦訂位系統內的功能是作為公司內部之間互通傳遞的訊息，但不會顯現於Q信箱（Queue Box/Q Sort）上；(2)「Q信箱」是航空公司、代理旅行社、飯店及租車公司交換訊息的管道，它提供傳送和接收彼此之間的最新訊息與回覆，並存放需要進一步處理的PNR，處理類別包含：來自航空公司或旅行社的通知訊息，無論是開票期限、航班時間異動、機位狀態變更或重複訂位、行程變動、確認原為候補的機位、特殊服務或選位回覆。綜言之，「Q信箱」可以略分為兩大類：傳送訊息的Message Queue和訂位紀錄有關的PNR Queue〕。

　　另一方面，所有的同一班機的訂位資料會被彙整成一筆紀錄，建檔完成之「整體」航班資料謂之「旅客訂位名單明細表」，簡稱「訂位艙單」或「PNL」（Passenger Name List, PNL），於班機報到前必須傳遞給「機場旅客控制中心」。部分航空公司將它稱為「Passengers Control Center, PCC」或稱為「Office Control Center, OCC」，讓航空公司機場運務人員藉以閱讀與檢查旅客訂位需求，確認與該公司「離場管制系統」（或稱「離港控制系統」）（Departure Control System, DCS）內所呈現的服務訊息是否一致。若有不一致的情況，負責班機報到系統編輯的運務人員要依照PNL提供的正常資料修正（作者按：PNR為個體資料、PNL為某特定班次的整體資料，敬請釐清）。

　　如果是國際或區域航線業務，對於PNL的處理必須考慮到機場辦理報到時，必須事先獲得旅客相關資料，因此，PNL一般均於班機離境之前四十八小時以SITA TELIX方式送抵航空公司本家或地勤代理公司的DCS系統中，以利後續處理（某些航空公司於班機離境二十四小時之前傳至機場）。PNL的內容大致包含：

1.日期／班次號碼／航段／座艙等。
2.機位已確認之旅客姓名、稱謂及相關備註資料。例如：接機訊息、特別服務需求（Special Service Requirement, SSR）、其他服務訊息（Other Service Information, OSI）。
3.轉機入境班機、續程轉機班機旅客名單。
4.已訂位確認之機關團體名稱、團體信息。
5.本班機各艙等的訂位旅客人數。
6.境內外聯程相關信息。

　　以下附上一則正式的PNL予以說明：____為該行說明

```
QD KHHODQQ KHHQQCI TPEKMQQ
.KULRCVV 130603 AQQ/SY/FFFF
PNL
VV075/14JUL KHH PART1
-BKI000F  BKI訂位F艙 0人
-BKI003C  BKI訂位C艙3人
1HUANG/MMR .R/TKNA 00017413693541 -1HUANG/MMR.L/J7KWBY
  MR HUANG/M機票號碼00017413693541 PNR J7WBY
1KEMP/JMR .R/NSSA HK12D
.R/OTHS TKNA000-6992063264-1KEMP/J MR
.R/OTHS TKNM000-6992063264-1KEMP/J MR
.R/TKNA 0006992063264 .R/TKNO-000-6992063264-1KEMP/J MR
.L/JI8DFD  MR KEMP/JMR預選座位12D
1WANG/K .R/FQTVVV 064039371-1WANG/K.R/TKNA 000174136
92631-1WANG/K.R/TKNA 00017413692642-1WANG/K.R/TKNO
0001741369263 N1
.1 S1 2 .L/J7L6XJ  WANG/K常客飛行計畫會員卡號VV 064039371
-BKI055Y  BKI經濟艙訂位人數55
1CHANG/CMR-AA18 .R/TCP21 T/W JVVUQY .L/JNB2HY
.C/KHH/AD/PR/LION/FIVE
  MR CHANG/C是LION 21人的團體領隊,這團有兩個PNR,JVVUQY與
  JNB2HY座位要安排在一起

1CHANG/LMS-AA18
1WU/CMR-AC3
1WU/CMS-AA18
1WU/CMS-AE20
 …
-KUL000F
-KUL000C
-KUL041Y  KUL經濟艙訂位人數41
1CALZETTA/E .O/VV101Y15EZE .R/NSST HK15C
.R/FQTV DL1234567-1CALZETTA/E  CALZETTA/E轉機15JULVV101去
EZE
.R/OTHS TKNM0003298611209 .L/JQ78JU
1CHEN/GMS-AF2 .O/VV1326Y15TGG .R/NSST HK17D
.R/TKNM00024436439185-1CHEN/G MS
.R/TKNM 0004436439186-1CHEN/J MSTR
 …
```

　　當PNL傳至機場後，後續如果旅客行程異動、增加或取消造成訂位
資料不正確，此時將由訂位系統中傳出所謂的「班機旅客增減名單」
（Addition Deletion List, ADL）至機場以利機場作業需求。PNL只傳送一
次，ADL可傳送很多次。一般而言，航空公司以班機起飛前十二小時對
受其委託的地勤代理公司的DCS系統的當班次旅客資訊會更新一次，期使
機場運務作業的資訊為最正確的。若是使用自家航空公司的系統則是即時
更新，其內容至少包括：(1)座艙變更；(2)增加名單；(3)減少名單；(4)變
更名單；(5)不同艙位旅客數目的變化。

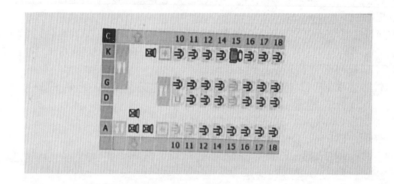

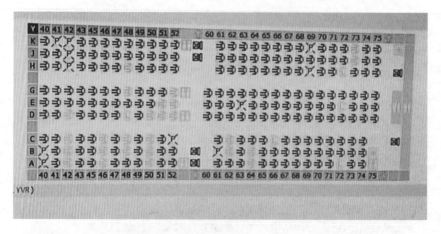

圖6-1　不同的機型有不同的機位配置，運務人員必須精準熟悉

第二節　旅客報到作業

一、執勤前的準備工作

「企業識別系統」（Corporate Identity System, CIS），是指當企業在經營上面對不同的階層人士，運用強而有力的符碼來傳達訊息，統合企業內部意志，增強向心力歸屬感，對外建立企業識別、產生社會認同等效用，是將企業的經營理念與企業文化運用整體的傳播系統，透過行為、商標、符號、色彩、圖案等之規劃設計傳達給社會大眾。

「服務形象」是來自於顧客的親身體驗，而顧客對於服務的感受，是透過與服務提供者從事「服務接觸」（service encounter）時的情境因素所形成。航空公司所呈現的制服樣式，各具特色又易於辨識，容易使旅客對航空公司產生一致的認同感和價值觀。航空公司員工的服儀規範，對內可凝聚專業歸屬感，對外可傳達一致的形象。機場運務櫃檯是航空公司的門面，除了合宜動線配置，讓旅客感受報到的便利，此外，值勤的運務人員必須儀容端莊，穿戴整齊公司制服是公司的企業形象的展現，必須時時注意保持制服的清潔及平整，值勤前要檢視制服鈕釦是否脫落、名牌及公司徽章正確置於公司規範的佩戴方式，例如左胸前或外套左領襟，保持口袋平整，機場管制區的通行證應按機場管理當局相關規定配掛。除此之外，禁止穿著便鞋、涼鞋。女性運務人員應以個人需要將頭髮挽起，並化淡妝（至少必須塗抹口紅），配戴飾品應適度，不宜過度華麗。男性運務人員頭髮宜梳洗整潔並繫領帶，皮鞋應保持清潔。在值勤前應將櫃檯及電腦保持整潔，提供旅客索取之班機時刻表應注意補齊，旅客至櫃檯詢問或購票時應抬頭微笑，主動招呼客人。作為第一線的前場服務人員，值勤時應保持精神抖擻，口香齒皓。

負責辦理櫃檯報到手續（包含劃位、檢收託運行李）工作的運務人員於開櫃執勤之前，為了俾便稍後的作業順遂及讓辦理check-in的旅客感到滿意、有效率，在「開櫃」之前，機場值班督導（Officer in Command,

圖6-2　廣州白雲國際機場「雲朵」智能問詢機器人

資料來源：國立高雄餐旅大學學生潘敏文同學提供

OIC; Counter in Command, CIC）應該對所轄運務人員進行任務重點提示：

1. 應注意所負責之本家航空公司或代理外家航空公司各個航線的各個班次於辦理旅客劃位之前，班次動態是否正常以及上級長官交辦與提示事項。
2. 查閱訂位艙單及公布欄中有無貴賓、團體旅遊及特殊服務需求乘客等。
3. 確認續程航班轉機時間是否充足。
4. 確認所負責航班的登機門號碼是否正確。
5. 確認旅客預訂特別餐有無異常。

6. 確認本班次有無特殊旅客,如遣返旅客、難纏旅客,或基於反恐、保安,遭致追責機制認定為「不文明」或「拒載」的國際黑名單旅遊者,以便控制客艙出現不穩定因素或造成秩序干擾問題。

7. 調整報到櫃檯上航班動態顯示字幕,如航班班次與目的地、報到受理時間,同時利用電腦顯示看板提供所負責航班的相關資訊,如保安規定、政令宣導事項、班機延誤動態、更改起飛時刻等。

二、報到櫃檯作業

有關機場運務櫃檯的劃位工作可以分為「人工劃位」及「電腦劃位」兩種,茲介紹如下:

首先,「人工劃位」顧名思義就是運務人員於臨時停電、電腦故障、年節及連續假日前的高尖峰交通需求時期(考慮報到櫃檯數量不足導致電腦作業的處理速度比人工填寫為慢)所採行的作業方式。對於實施人工劃位的航班,應顧及旅客可能因久候不耐煩,建議以大字報或櫃檯顯示字幕告知旅客使用人工劃位的原因,並安排「櫃外服務」向旅客婉轉說明。

同時,機場值班督導要立即瀏覽PNL與ADL中有沒有特殊服務需求的旅客或VIP/CIP貴賓,先將前排座位部分保留,以便處理必要的座位安排。值班督導負責指派座位,由運務人員以手寫的方式依旅客登機證號碼正確清晰填入座位表內,並依座位表之座號,將手寫座位在座位表與登機證上或將背貼式座位號碼摘下,黏貼至登機證正面座位號碼欄內,將登機證夾在機票內,證件放在機票正面交予旅客,並說聲「謝謝」,提醒旅客大件行李託運位置及登機門方向。人工劃位製作艙單(manifest)是很重要的,因為艙單係為飛機飛航時所應具備之基本文件,其內容包括班機所經路線、機型、機號、日期、時間、班次、機艙及客艙之組員、旅客名單以及貨運清單、裝載重量等資料,應按規定於離到場時送場站有關單位備查。所謂艙單,依功能屬性可再細分為組員艙單(General Declaration

Form, GD）、旅客艙單（Passengers Manifest, PM）、貨運艙單（Cargo Manifest, CM）。這些文件資料必須由起程站填寫分送離／到站相關單位備用，艙單係為個資保護法規範下的文件，不可隨意交給未經授權之外人查閱。茲考慮《民用航空運輸業管理規則》第28條敘明：「民用航空運輸業對其運輸中使用之下列文件或其電子檔，應自起飛之日起至少保存二年，以備民航局查核：一、乘客機票票根。二、乘客艙單。三、貨物提單、託運單、貨物艙單及有關運務文件。四、包機合約。」因此，前揭三種艙單保留期限至少兩年，以供主管機關勾稽查核。對於運務人員來說，艙單的填寫必須注意：

1.依旅客所持身分證件或機票填寫旅客載運艙單。
2.班機客滿時應查詢旅客是否有訂位代碼？或查詢電腦資料，有無訂位紀錄。
3.各類優待票／孩童票及嬰兒票應於艙單票別欄內註明以資識別。

另外，在介紹「電腦劃位」之前，我們有必要先認識所謂的「旅客服務系統」（Passenger Service Solution, PSS）。目前國際航空慣用的PSS品牌包含Amadeus、Sarbre、Angerline等業者所提供的系統，連同航空電腦訂位系統（Computer Reservation System, CRS）、貨運裝載管制系統、航班庫存控制系統（Inventory Control System, ICS）等支持模塊，共同融匯於離場管制系統（Departure Control System, DCS）內。DCS提供機場運務作業所需之涵蓋旅客報到至航機起飛的一系列作業流程，讓機場備妥供旅客報到作業相關資料及航機之操作有關的裝載計畫與裝載平衡。就機場運務的作業程序而論，從旅客登機作業到班機起飛，發送各相關電報予各個場站，整個系統運作過程大致可區分為六個階段：第一階段：初始化，系統起動，接收PNL；第二階段：班機作業資料庫建構，將機型的相關資訊模組化，包括組員人數、班機所需侍應品和航機基礎重量總合成的航機零油重量（Zero Fuel Weight, ZFW）、最大零油限重（Maximum Zero Fuel Weight, MZFW）、最大起飛限重（Maximum Take Off Weight,

MTOW）、最大降落限重（Maximum Landing Weight, MLGW）；第三階段，系統依照旅客訂位人數與貨運訂位狀況計算最適裝載配重建議，以利「Passengers Control Center, PCC」或「Office Control Center, OCC」班機編輯人設定座位表各座位區域（seat zone）之應安排旅客人數，進行班機的旅客資料編輯，並提供配重建議讓裝載管制員（load master）擬定貨艙裝載計畫；第四階段，航班開放旅客報到，旅客可以運用網路報到（Internet check-in）、自助報到亭報到（Kiosk check-in）與櫃檯報到（counter check-in）；第五階段，班機作業結束，登機門開始登機作業，印刷組員艙單、旅客服務資料表（Passenger Information List, PIL）、旅客座位表（seat chart）與旅客艙單。同時，裝載管制員並製作班機載重平衡表；第六階段，班機離站，發送相關電報給各場站，進行後續處理與備查，包括班機動態（Movement, MVT）、旅客艙單、旅客特別服務艙（Passengers Special Service Manifest, PSM）、旅客轉機艙單（Passengers Transit Manifest, PTM）、裝載分配艙單（Loading Distribution Manifest）與貨艙計畫艙單（Compartment Planning Manifest, CPM），並將完成報到旅客資訊與未完成報到旅客資訊傳送到訂位財會系統進行後續審計。

　　雖然各航空公司所使用的PSS軟體系統不一定相同，但習慣上至少在功能上應該包含兩種模式，分別是「Check-in Mode」及「Boarding Mode」，有關其功能說明如下：

　　1.Check-in Mode：專用於供旅客報到使用，並提供選位及查詢功能。
　　2.Boarding Mode：人數控管、登機作業控管、離境艙單製作。

　　DCS中的功能不僅只有PSS報到管理，機型選項、人數控管、登機作業控管、班機離境相關資料發送等功能，尚且涵蓋營收管理功能、計算與核銷超重行李費用與客艙選位費用，並可連結「旅遊資訊自動查驗系統」（Timatic Solutions）查詢目的國與轉機國有關旅客護照、簽證、海關、檢疫等資訊，裨益提供正確旅遊資訊。甚至，還牽涉到航務與裝載部門對班機載重平衡計算、平衡表製作及航務簽派的繁複運算。就機場運

務的「電腦劃位」作業來說，利用這套PSS辦理旅客劃位的工作，電腦會依「給位邏輯／選位邏輯」所設定機型自動選位：自靠窗位選起，由前至後，由兩旁向中間選擇，自動選位係依DCS計算後的最佳座位分配以確保裝載平衡恆定，運算出最適座位表，考量到旅客於座椅區位的舒適程度，盡量在機位有空間的狀況下，不要讓旅客「擠沙丁魚」、「夾三明治」似的前胸貼後背，負面影響服務品質。另外，劃位人員可依旅客需求，在考慮平衡安全之原則下同意更換座位。

負責處理旅客機場報到劃位的各項相關手續，國際航線與國內航線的報到櫃檯作業略有不同。另外，對於「高艙等」旅客與貴賓報到作業、緊急出口座位計畫亦有特別規範。茲分述如下：

(一)國際航線報到作業

1. 依各機場航空保安作業、安檢作業需求，航空公司與場站公告的開櫃檯時間，辦理該班機報到手續，最遲於航班時刻表起飛前一小時至四十分鐘關櫃。若旅客超過此限定時間未能完成報到及劃位手續，將取消旅客的登機權益，並將機位開放給已登記候補的旅客。實務上，依各國國情與國際間反恐情資的發布，不同的機場服務動線所需耗費的查驗時間不同亦有不同的規定。例如：韓國仁川國際機場（Incheon International Airport, ICN）的櫃檯報到時間為班機起飛前一百八十分鐘開始辦理該班機報到手續，最遲於航班時刻表起飛前六十分鐘至機場櫃檯辦妥報到手續；中華航空的臺灣桃園國際機場地勤服務處規定旅客最遲於班機表定起飛時間起飛前六十分鐘辦妥報到手續；澳門航空在澳門國際機場規定旅客最遲於班機表定起飛時間起飛前六十分鐘辦妥報到手續；以色列特拉維夫的「本·古里安國際機場」（Tel Aviv Ben Gurion International Airport, TLV）則規定班機起飛前二百四十分鐘開始辦理該班機報到手續，最遲需於班機表定起飛時間起飛前九十分鐘辦妥報到手續。

2. 運務人員應主動向出現在櫃檯前的旅客打招呼（greetings），審

慎控制音量、音調，並使用適當稱謂，收到旅客證件機票後，看到旅客姓氏後，經常稱呼旅客姓氏（frequent use of passenger's name），在人際接觸（person-to-person encounter）的互動中應詳細解說服務細節（attention to details）。

3. 確認旅客行程，然後詳細查驗旅行證件（護照、簽證、回程機票、詢問是否攜帶足夠現金與是否辦理保險等）。運務人員在檢查旅客護照與簽證時，倘若對旅客目的地國家入境規定不熟悉時，務必要使用《旅遊資訊手冊》（*Travel Information Manual*, TIM）資料庫查明相關規定，待確認旅客持用的旅行證件符合規定方可放行。

4. 確認旅客持用的電子機票（Electric Ticket, ET）是否依照使用順序使用，若訂位行程未連結好電子機票，須留意該機票是否有適用限制；若旅客向航空公司E化網頁直接購買電子機票，則需要再次核對旅客購票時所持用的信用卡，以免旅客事後拒認。

5. 依據美國運輸安全管理局（Transportation Security Administration, TSA）啟動安全飛行機制，要求各航空公司自2010年7月15日起出發赴美所有航班，須於班機起飛七十二小時前提供航班上所有進出及過境美國班機之旅客資料（包含美國公民、擁有美國永久居留權者）。資料內容包含旅客性別、出生日期、美國核發文件與護照姓名完全一致之旅客全名資料給予TSA審查，若查無旅客資料時，旅客將有可能無法順利取得登機證；若於班機起飛前七十二小時內之訂位則須立即在APIS（Advanced Passenger Information System）輸入此資料。APIS包含DOCA地址資料、DOCS護照資料、DOCO簽證資料，若系統上已輸入DOCS/APIS預報旅客相關資料則不需重複輸入。此外，TSA會隨機選取接受「二次安檢」（Secondary Security Screening Section, SSSS）的赴美航班旅客，這些旅客的登機證將會被顯示「SSSS」的註記，這些旅客的身分可能包含但不限於：依據美國《2015年改善免簽證計畫暨防範恐怖份子旅行法案》之曾赴高風險國家之免簽證計畫適用旅客、在飛行當日使用現金購

票者、購買單程機票或當日往返機票者、與受美國監視或關注的恐怖份子同名同姓者、註記「DT」（DELETE TRAVEL）不良入境紀錄者（如違反過境規定沒有前往第三國者、攜帶違禁品入境紀錄）等。

6. 辦理櫃檯報到手續時要留意該航班使用的飛機機型安排旅客座位，對於孕產婦、與嬰幼兒同行及身心障礙旅客（indi-capable passengers），搭機時要確認旅客的特別服務需求，提供正確的輪椅服務，確保旅客起程、過境與抵達目的地都能獲得所需的服務。機上座位安排時，避免安排旅客在上層客艙，減少旅客爬樓梯上下的不便，並選擇可移動座椅扶手靠走道邊的位子以利旅客就座與離席；安排未有父母或18歲以上監護人同行之5歲至12歲的獨行孩童（UM）及單獨旅行青少年（YP），以「前排座位」為優先，方便機組員照顧。由於女性旅客通常對於幼童較有耐心，運務人員應儘量安排UM與YP身旁為其他女性旅客為佳。各航空公司對UM與YP的運送有不同的限制，若旅客有後續轉機搭乘其他航空公司航班時，必須取得友航服務確認，方能接受旅客搭機。對於與嬰幼兒同行的旅客，注意選擇可提供設置機上嬰兒床（Bassinet, BSCT）的座位，若因故無法提供該座位時，在班機機位不滿時，可將他們身旁的座位空下，一方面可以讓旅客毋需全程抱著嬰兒，減低不舒適感，另可避免干擾到臨座旅客的安寧。在飛航安全考量下，每一位成人旅客僅可以與一位嬰兒同行，若一位成人旅客與兩位以上的嬰兒同行時，第二位（含以上）的旅客必須購買兒童票且自備符合國家認證安全標準的嬰幼兒安全座椅，並將該安全座椅固定於機上座椅後讓嬰兒乘坐，由於機上緊急設備與逃生需求因素，每架航機能接受的嬰兒數量有上限，切勿超收，以某國籍航空為例：機型為B747、B777、A350、A330嬰兒總數上限均為二十五位；機型為B737嬰兒總數上限十五位；機型為ERJ190嬰兒總數上限十二位。

7. 吸引力較低之座位應保留至最後方可售出，如看不到電影、靠艙壁

卻無窗戶之座位,或在緊急出口前排椅背傾倒的角度受限等此類座位。

8.務必遵守航空公司緊急出口計畫,安排乘坐在緊急出口的旅客。

9.辦理報到劃位前先確認該航班上的團體訂位資料。旅行團或家族旅行團,座位應視機型差異儘量安排在同個區域內。

10.辦理行李託運,確實過磅與記錄旅客行李重量,檢查旅客行李包裝是否完好,確認旅客託運行李內無貴重物品、易碎物與可能影響飛安的物品後方可接受其託運,請旅客掛上姓名掛牌,降低行李遭人誤領的機會。另依旅客的搭乘艙等與服務屬性差異,掛上不同的行李優先服務掛牌,並再次與旅客確認行程與目的地後吊掛行李牌。對於託運行李超出免費額度的旅客,徵收超重行李費。運務人員向旅客收取費用時要理直氣柔,盡力以耐心、善意和誠意詳細說明機票提供的免費託運額度與旅客實際超過的數量與重量,嘗試把衝突引向積極效能的處理。例如:建議旅客調整行李的重量或提供其他的託運方式,如採用郵寄或貨運的方式減少運費支出,就事論事,避免淪為意氣之爭,甚至導致其他旅客的抱怨。

11.完成劃位後,應將旅行證件(travel documents)、機票、會員卡等物品確認並整理允當,將刷印妥當的登機證恭置於最上方,向旅客提示登機門號碼(方向及相對位置)、登機時間,並將此兩項說明圈選起來。雙手奉還所有物品。

12.辭行問候(farewell):適時使用親切服務用語,感謝旅客的搭乘,並給予祝福的道別語。例如:「感謝您的搭乘,祝您一路順風」、「謝謝您,祝您旅途愉快」、「謝謝,祝您有愉快的假期」。

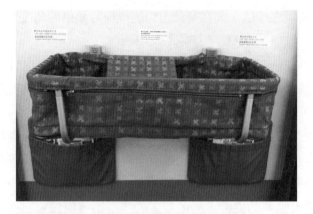

圖6-3　客艙嬰兒掛床（嬰兒搖籃）

資料來源：曾通潔攝於中華航空A330機型

圖6-4　客艙中的服務輪椅

資料來源：曾通潔攝於中華航空A330機型

(二)國內線報到櫃檯作業

1. 班機起飛前六十分鐘開始辦理該班機報到手續，訂位乘客最遲於班機表定起飛時間起飛前三十分鐘至機場櫃檯辦妥報到手續。若乘客超過此限定時間未能完成報到及劃位手續，將取消保留乘客的訂位，並將機位開放給已登記候補的旅客。候補乘客請將姓名填入航空公司所提供之當日候補名單內，每一格限填一人，年滿2歲以上之孩童需填寫一格（由監護人代行）；請以正楷填寫，如有塗改、換名、超出空格、自行劃格填寫及字跡潦草無法辨識者均屬無效。候補乘客應記住所填寫之候補名單頁次及序號，現場運務人員將在每班機起飛前三十分鐘左右，視現場航班及乘客劃位報到狀況、剩餘機位等資訊，開始於候補櫃檯唱號或唱名候補；經唱號或唱名未到者，視同自動放棄候補權益。如班機因故延誤或異動，航空公司將依現場實際狀況調整候補作業時間。

2. 運務人員應主動向出現在櫃檯前的旅客打招呼，並使用適當稱謂，收到旅客證件機票後，看到旅客姓氏後，則記得稱呼旅客姓氏。

3. 採獨立櫃檯作業，同時要執行旅客購票與劃位報到作業。櫃檯購票時，可以使用現金或信用卡付款，並販售國內航線各類法定優惠機票。如果旅客具有法定優惠身分，出示有效之身分證明文件（如敬老票／資深公民票、離島居民、身心障礙者），即可購買優惠機票。對於事先購票的旅客，為保護持卡人權益，凡是直接透過航空公司訂位中心或旅客自網際網路訂購電子機票，將於櫃檯報到時再次查驗購票時所登錄之信用卡，方可辦理劃位手續。若旅客持用的電子機票係親友代購，務必簽認「付款具結書」，交給機場櫃檯核對。由於航空公司基於促銷而售出特惠廉價機票，會對搭乘日期與班次做出限制，若在非特惠時段使用特惠機票，必須向旅客收取票價差額。

4. 查驗旅客之「有照身分證件」。「身分證件」的定義是指國內外政府機關或本國教育部認可之公私立各級學校所核發之有效期且具有

照片之身分證明文件正本,如身分證、駕照、護照、居留證等。未領有身分證者(未滿14歲之孩童)持戶口名簿正本或有照片之健保卡(兒童手冊)正本,亦視同身分證件。若場站航警單位另有規定,則依其規定辦理。乘客在機場櫃檯劃位及登機檢查時,均需出示證件以備查驗。未攜帶適當之證件及未能於時間內完成報到手續將導致乘客所預訂的機位被強制取消。

5.對於持用國際線聯程機票旅客,需依照「國際航線票務規則」收受機票。行李需至行李託運櫃檯辦理託運。

6.務必遵守航空公司緊急出口計畫,安排乘坐在緊急出口的旅客。

7.對於使用「金廈小三通」套票的旅客,需於報到櫃檯查驗護照與臺胞證,並給予兩張登機證,一張是前往金門的登機證,另一張登機證是抵達金門後用來兌換廈門五通碼頭或廈門東渡碼頭登船證,行李加掛「兩岸快易通」貼條,以利「地接公司」(旅遊地負責接待、服務的旅行社)確認轉船行李。

8.運務人員應感謝旅客搭乘,並說明託運行李與登機方向。

三、高艙等旅客與貴賓報到作業

(一)「頭等艙」或「商務艙」旅客報到

頭等艙、商務艙與豪華經濟艙旅客,以及航空公司所加入的航空聯盟高端會員,託運行李需加掛特別之行李識別掛牌,以利機場空側處理貨物裝卸的地面勤務作業人員以資識別。負責櫃檯劃位作業的運務人員必須於旅客登機證上正確標示「頭等艙」、「商務艙」與「豪華經濟艙」的符號或文字,且對於非自願升等/降等旅客,需特別標示為「非自願升等/降等」高艙等旅客,以利服務識別。

對於航空公司設有貴賓室的場站,運務人員於劃位完畢時,需給予「貴賓室邀請卡」(lounge invitation),並邀請旅客進入貴賓室休息,提供其更寧靜、舒適的休閒候機空間;無貴賓室的場站則視當地航站餐

飲設施發予旅客咖啡券及餐飲券以服務旅客（作者按：對於使用「Kiosk/
CUSS自助報到亭」及「網上預辦登機」等自助服務科技從事報到劃位
者，若符合航空公司貴賓室使用資格的旅客，系統會一併列印機場貴賓室
邀請卡或提供QR code等憑證）。

(二)貴賓禮遇作業

除了前述以票價為區隔的頭等艙或商務艙旅客之外，航空公司的
貴賓禮遇作業尚包含以旅客特殊身分為區隔的VIP及CIP。VIP是Very
Important Person的縮寫，航空公司提供一些職位顯著者最大的禮遇，一般
而言，VIP大多是針對政府高級官員。航空公司對VIP可再細分為TOP VIP
和SPECIAL VIP。其接受條件為：

◆TOP VIP

高階政府官員及國際組織官員：政治領導員、總統府要員、中央政
府機關之五院（行政／立法／司法／考試／監察等院）首長，以及十五部
首長（隸屬於行政院的內政／外交／國防／財政／教育／法務／經濟／交
通／衛生福利／文化／勞動／科技等部，以及非隸屬於行政院的三個政府
部門，包含：隸屬考試院的考選部、隸屬考試院的銓敘部、隸屬監察院的
審計部）、領導國際組織的高級官員、相當於以上所述職等者。

◆SPECIAL VIP

其他非常著名之政府官員：民意代表（立法委員／縣、市議員）、
縣市長、縣市政府官員、相當於以上所述職等者。

航空公司提供VIP的特別服務項目包括：座位之安排、劃位之協助、
專人快速代辦報到手續或在特定的櫃檯劃位、優先升等、專用聯檢通
道、使用貴賓室或聯檢前的休息室（方便同行人員送機）、專門的車輛送
至登機門。

至於CIP則是Commercial Important Person的縮寫，航空公司對一些影
響該公司營收或事務推動有影響的人士予以特別禮遇。如同VIP的分類，

航空公司對CIP可再細分為TOP CIP和SPECIAL CIP。其接受條件為：

◆TOP CIP

大抵包含經濟、商業事務的主要領導人，如友航之總裁或董事長或總經理、國際性或全國性聞名組織或機關團體的領導階層。

◆SPECIAL CIP

往來關係密切之旅客、適用於常客優惠方案（frequent flier program）的經常旅行者及有社會地位者，如較大公司／組織／團體之領導階層、運動家之領隊或新聞雜誌記者、知名的藝術家、演藝人員、電影及電視工作者。

航空公司對CIP所提供的特別服務項目涵蓋：座位之安排、劃位之協助、專人快速代辦報到手續或在特定的櫃檯劃位、優先升等、使用貴賓室。

四、緊急出口座位計畫

「飛機座位安排計畫」（seat plan或seat allocation）是機場櫃檯作業的重要工作。利用空中運輸從事各種旅次目的者，選擇飛機這種運具的關心焦點，除了飛航安全之外，班機準點性和座位舒適性亦是服務品質的關鍵評估指標。在班機座位容許及載重平衡的考量下，為避免旅客被迫坐在「不舒服的座位」（least desirable seats），在落實顧客至上的考量下，更應在細節上主動為消費者設想。

(一)旅客座位安排

直觀上，「座位安排」似乎頗為簡單。然而，面對消費者千般萬樣的習慣及偏好，要做到讓多數旅客滿意須深具技巧、經驗及藝術。實務上，航空公司為了避免無法滿足旅客的要求，或因機型變動而無法兌現旅客預約的座位，因而通常會在運送契約上規定：「航空公司雖然盡力試圖

符合旅客座位的要求和選擇，但即使接受旅客預約座位並經確認，並不表示保證。航空公司仍可因作業所需而變動其座位。」即便白紙黑字的運送契約規定如此，操作上基於服務品質及消費者滿意的考量，航空公司仍會儘量滿足旅客的要求。基於這樣的原則，機場運務人員受理旅客劃位之前，必須先對旅客座位的限制掌握適當的認識，方能確保飛航安全及提供旅客舒適的搭機環境。除了因旅客所付費用不同而提供不同的座位之外，旅客座位之數量乃是依據以下情況受到限制：

1. 該航班的航機座位數。
2. 航機逃生門數量及位置。
3. 航機客艙上的氧氣面罩數量。
4. 航機客艙上的救生衣數量。
5. 無自救能力之旅客人數或無效用之逃生門。
6. 因安全或舒適因素所必須有的限制。

圖6-5　波音B737-400機翼上緊急逃生出口

資料來源：曾通潔攝於馬來西亞航空班機

圖6-6　空中巴士A330-300緊急逃生出口與客艙組員座椅

資料來源：曾通潔攝於中華航空公司班機

圖6-7　波音B767-300緊急逃生口與客艙組員座位

資料來源：曾通潔攝於日本航空公司班機

(二)機組人員座位安排

在飛機上，折疊起跳式活動座椅（jump seat）可以位於前艙（駕駛艙）或後艙（客艙）中。就前艙而言，這種座椅又稱為「飛航組員休息座椅」（crew rest seat），用途是給予長程國際航線飛行時前後艙組員（含機師、飛航工程師及客艙組員）休息或政府官員（例如交通部民用航空局飛航管制員航路考察）過渡到另一個機場，以預備後續值班的機組人員使用，稱為「Deadheading/ Dead Head」，簡稱「DH」，但實務上仍應參照機種差異而訂，我國民航法規並未授權國籍航空公司允許旅客乘坐該座位。就前艙而言，這種座椅應稱為「客艙組員座椅」（flight attendant's seats）係為提供給客艙組員當做航空器起飛及降落時使用之座位，通常位於緊急逃生門前。

(三)緊急出口座位安排

緊急逃生門的設計是為了在飛航緊急情況或緊急撤離時，能夠根據美國聯邦航空法規（FAR）25.803規定，44人座以上飛機遭遇緊急情況必須撤離時，機上所有人必須在九十秒內，使用50%可運作之緊急逃生門，將所有人員從飛機撤離至地面。鑑此，在緊急逃生門前之座位安排對於旅客有資格上的限制。交通部民用航空局頒行的民航通告編號「AC 121-003B」之出口座位安排計畫（exit seating program）規定航空公司應訂定《緊急出口座位安排計畫符合陳述》，新增或修訂「緊急出口座位提示卡」及相關「機場資訊」，以符合法規需求。2018年7月13日修訂的《航空器飛航作業管理規則》第45條規定：「航空器使用人應於航空器起飛前確使所有乘客知悉下列事項：一、禁菸告知。二、電子用品使用限制之告知。三、座椅安全帶繫緊及鬆開之說明。四、緊急出口位置。五、救生背心位置及使用方法。六、氧氣面罩位置及使用方法。七、供乘客個別及共同使用之其他緊急裝備。對可能需要協助迅速移至緊急出口之乘客，客艙組員應個別說明遇緊急時，至適當緊急出口之路線與開始前往出口之時機並詢問乘客或其同伴最適當之協助方式。航空器使用人應於航空器內備

有印刷之緊急出口圖示及操作方法與其他緊急裝備使用需要之說明資料並置於乘客易於取用處。每一說明資料應僅適用於該型別及配置之航空器。」

　　航空器使用人應訂定出口座椅安排計畫，該計畫應包括定義各型別航空器之緊急出口、座位安排程序、機場資訊及出口座位乘客提示卡，以提供相關作業人員使用，以確保飛行安全。所謂「緊急出口座位」是指可直接通往緊急出口，且不需穿過走道或隔板之座位。日本國土交通省規定，由2009年4月1日起，為保障旅客的安全，緊急出口座位只會安排給符合條件的旅客使用，且旅客必須熟悉英語或日語。航機的緊急出口座位空間較大，許多旅客喜歡指定選擇這類座位，為維護客艙安全及遵守民航法規，運務人員在安排旅客此類座位時，必須瞭解適合安排在緊急出口座位旅客必須符合的選擇標準，並徵得旅客同意，協助處理當航機遭遇緊急狀況下，願意協助執行航空公司所交託的工作。

◆ 選擇標準

　　1.雙臂及雙腿有足夠體能、活動力及機動性足以執行交託之協助工作。必須可向上、向旁及向下觸及緊急出口，並操作緊急出口裝置；能抓、推、拉、轉或以其他方式操控機械裝置；能推撞或以其他方式開啟緊急出口；能將機翼逃生出口移至附近座椅上，或越過座椅上方移至鄰排座椅上；能迅速到達緊急出口；當移動阻礙物時，能維持平衡；能迅速撤離；能穩住充氣後之逃生滑梯；能協助他人脫離逃生滑梯。

　　2.年齡在15歲以上。

　　3.即使無隨行成人協助下可執行交託之協助工作。

　　4.可瞭解航空公司所提供之書面有關緊急撤離之說明或組員口頭指令。

　　5.無視力問題以致無法執行交託之協助工作。

　　6.無聽力問題以致無法執行交託之協助工作。

7.無任何可能妨礙執行交託之協助工作（如旅客需照顧小孩則不適合
　安排緊急出口座位）。

8.旅客執行交託之協助工作，不致遭致本身傷害。

◆ 旅客須協助交託之工作

1.就座於緊急出口座位。

2.能辨識緊急出口開啟之裝置。

3.能瞭解緊急出口開啟之說明。

4.能開啟緊急出口。

5.有能力評估開啟緊急出口後可能增加其他旅客風險。

6.可遵照組員口頭指示或手勢操作緊急出口。

7.可適切放置或須固定之緊急出口，且可不阻礙出口之使用。

8.可評估逃生滑梯狀況、啟動滑梯充氣、穩定充氣後之逃生滑梯以協
　助其他旅客逃生。

9.可迅速撤離。

10.可評估、選擇並依照安全的路線自緊急出口撤離。

【案例研討】

1998年8月20日，某國籍航空公司從臺北到花蓮的班機上，經座艙長（乘
務長、事務長）發現緊急逃生門（21排）的旅客係為無法以英文及中文溝
通的日籍乘客。後經該座艙長於公司例行性之飛安會議提出質疑，認為雖
運務手冊並未規定外籍旅客不得乘坐於逃生出口處，但可以援用：「不能
瞭解、看不懂緊急出口說明書的人」的規定，請運務人員不要給予鄰近緊
急出口的座位，以確保飛航安全（除非能確定該外籍旅客能瞭解、看得懂
緊急出口說明書）。

第三節　一般旅客的行李處理

　　旅客到機場櫃檯報到時，會很習慣的將過重或體積稍大的行李辦理
託運，以便拿到登機證後，可以安排個人其他事務或悠閒地逛逛免稅商店
再上飛機。但是，仍有部分旅客認為託運行李在班機抵達目的地時還得費
時到行李提領處取回是一件頗為麻煩的事，或者有其他個人考量，而選擇
將行李隨身帶上飛機。然而，即便一般市售旅行箱通常是針對飛機上的行
李櫃規格而設計，但在原本空間就不寬敞的客艙置放行李會讓人覺得侷促
且窘迫。除此之外，另一個潛在的問題是隨身的行李通常不過磅，如果超
重的行李放在行李櫃內，除了載重平衡估算的可能偏誤外，仍有可能在遭
遇亂流或極端狀況時掉落而發生意外傷害，致使航空公司必須擔負運送契
約所揭的客貨損害賠償責任。因此，就航空公司的立場而言，會希望旅客
將超重、體積大的行李辦理託運。本節即針對旅客於辦理報到登機時的行
李處理問題作系列性的論述。

一、非託運行李

　　行李係指旅客在其旅途中為了穿著、使用、方便、舒適而須攜帶
之物品，包括「非託運行李」（unchecked baggage）和「託運行李」
（checked baggage）。非託運行李所指為旅客自行攜帶上機且自行保管的
行李，包含「免費攜帶物品」（free carry on item）及「座艙行李」（手
提行李）（cabin baggage）。「免費攜帶物品」通常是旅客不放置於座艙
行李內，必須於旅途中使用的小型個人物品，免費攜帶物品以一件為原
則，內容包含但不限於手提袋、錢包、輕型相機或望遠鏡、適量之免稅
品、傘具、筆記型電腦或平板電腦（如iPad）、嬰兒於航程中所需之奶瓶
及食物等、航程中之閱讀物、於機上食用之食物等物品。

　　我國國籍航空公司（中華航空集團、長榮航空集團），以及平價航
空給予「座艙行李」的免費範圍是界定包括輪子、把手及側袋的行李體

積，長×寬×高不可超過56×36×23公分（22×14×9吋），直線長度總和不可以超過115公分（45吋），重量不可超過7公斤。日籍航空公司（日本航空、全日本空輸）給予的重量是限制在10公斤以內；美籍航空公司給予的重量限制在14公斤以內。攜帶至客艙的「座艙行李」必須「妥善放置」於座椅下方或行李置物櫃，以避免滑動或掉落，並不得阻礙緊急裝備之取用及撤離通道之順暢。前述「妥善放置」之定義包含：(1)置於座椅下方的座艙行李必須有前擋及側擋，以避免行李滑入通道；(2)座艙行李不可妨礙旅客在通道上的移動；(3)放置於上方置物箱內的座艙行李須符合安全原則，且客艙服務人員能輕易地關閉箱門；(4)當上方置物箱門開啟時，座艙行李不會由箱內掉落；(5)不得放置於旅客身上。另外，鑑於美國911事件發生後，全球對反恐極為重視，參照《國際民用航空公約》附件十七（Convention on International Civil Aviation Annex 17）的一系列保安規定，各機場均要求出入境旅客攜帶之所有銳利物品均需放入託運行李內，其中包括任何類型的剪刀、金屬製的指甲銼、剪刀、鑷子等。內政部警政署航空警察局修正《其他有影響飛航安全之虞不得攜帶進入航空器之物品名稱》執檢標準補充表揭示，自2019年9月16日起，開放泡棉或塑膠材質製作的玩具刀劍、由支點算起刀刃長度不超過六公分的剪刀、刨絲器（不含刨刀）、修眉刀等刀類可以手提或隨身攜帶。圓規、青春棒（粉刺棒）等尖銳物品類可以手提或隨身攜帶。各類扳手、鉗子、鑷子、起子，總長度15公分以下的工具類，可以手提或隨身攜帶上機。搭乘國際線航班之旅客，手提行李或隨身攜帶上機之液體、膠狀及噴霧類物品容器，不得超過100毫升，並須裝於一個不超過1公升（20×20公分）大小且可重複密封之透明塑膠夾鍊袋內，所有容器裝於塑膠夾鍊袋內時，塑膠夾鍊袋須可完全密封，且每位旅客限帶一個透明塑膠夾鍊袋，不符合前揭規定者，應放置於託運行李內。旅客攜帶旅行中所必要但未符合前述限量規定之嬰兒牛奶（食品）、藥物、糖尿病或其他醫療所需之液體、膠狀及噴霧類物品，應於機場安檢線向內政部警政署航空警察局安全檢查人員申報，並於獲得同意後，始得放於手提行李或隨身攜帶上機。部分國家

（如我國、美國、歐盟、印度或澳大利亞等）對搭乘該國航空公司班機之旅客所隨身攜帶、於免稅商店或機上所購置，或隨身攜帶入境之液體、膠態或噴霧類物品與其他國家有不同之規定，對於過境旅客的手提行李內與免稅品中液體、膠態或噴霧類物品單件的容量亦嚴格規定不得超過100毫升，詳細管制狀況旅客於出發前宜再與旅行業者或航空公司確認。

二、託運行李

(一)託運行李概述

至於所謂「託運行李」的定義是旅客交予航空公司置放於航器貨艙託運之行李，且旅客應使用合適、堅固的行李箱裝妥行李並確定在正常運載的時候不會破損或導致內容物受損。另外行李箱內勿放置易碎、貴重物品、重要文件、藥物、鑰匙等物品。航空公司對於某些物品的遺失、延遲、毀損及相關損失將不負賠償責任。一般而言，託運行李是較大、較重、不便於攜帶之行李。以我國國內線的商務艙免費託運行李額度為20公斤，經濟艙為10公斤，超重行李費用比照貨運運價計算，且應於班機起飛前三十分鐘完成託運手續。如有活生動物請於起飛前一小時完成託運手續（國內線活生動物載運，最大裝運寵物的容器或籠子之長×寬×高必須小於80×60×110公分）。舉凡特殊體積的託運行李，其體積不能超過每班班機之貨艙門的長度×寬度×貨艙迴轉半徑的限制，否則航空公司得以保留拒絕承運的權利。

而國際線的行李問題較為複雜，為避免航空公司違反各國有關反托拉斯條款，遭到巨額罰款，依IATA規範由航空公司自行決定託運行李政策。託運行李制度可分為「論重制度」（weight system）及「論件制度」（piece system）兩種，這兩種制度將依照旅客出發及抵達的目的地決定使用哪種計算方式，各航空公司須將此制度向民航局報備後施行。論重制度依據不同的票價產品類別及訂位艙級有不同的「免費託運行李限額」（free baggage allowance）。以中華航空公司為例，若非使用特定票價產

品時，依現行艙等區分之行李額度，經濟艙（economy class）為30公斤或66磅，豪華經濟艙（premium economy class）為35公斤或77磅，商務艙（business class）為40公斤或88磅，成人及2歲以上兒童之免費託運行李依艙等訂定可託運重量，詳情需查閱各航空公司官網說明。惟基於勞工安全政策，論重制度免費託運行李額度雖無件數限制，惟單件託運行李不得超過32公斤（70磅），否則必須分裝行李，以避免行李搬運人員職業傷害。尤其對於起飛及降落於澳洲、紐西蘭、南非、斯里蘭卡、阿拉伯聯合大公國及英國的旅客，這是根據當地職業安全法規而定。單件超過32公斤（70磅）以上或超尺寸的特殊物品，例如：醫療器材、寵物、樂器、運動器材、攝影器材及家居用品等，請旅客於出發二十四小時前與航空公司訂位人員聯絡（部分航空公司要求至少需於出發四十八小時前聯繫確認），獲得同意後始得接受託運。若有嬰兒旅客，則其免費託運行李限額為重量10公斤（22磅）以內之託運行李，以及一部摺疊式嬰兒車。前揭行李規範僅適用於搭乘固定一家航空公司班機或是整段行程中的最遠區段是以該航空公司為最主要的航空公司。當行程牽涉其他航空公司航班時，免費託運行李限額的規範應根據《國際航空運輸協會對於航空公司聯程間所制定的第302號（IATA Resolution 302 Related to Baggage Provision）》（簡稱「IATA 302 Resolution決議案」）辦理。

以「論件制度」，航空公司會依航線不同而給予不同額度，成人及2歲以上兒童之免費託運行李依艙等訂定可託運件數及單件行李允許的重量與體積，一般而言，託運行李尺寸每件長＋寬＋高總和為158公分（62吋）以內、兩件行李總和為273公分（107吋）以內。論件制度依據不同的票價產品類別及訂位艙級有不同的免費託運行李限額。以中華航空公司為例，若非使用特定票價產品時，依現行艙等區分之行李額度，經濟艙為兩件，每件23公斤，豪華經濟艙為兩件，每件28公斤，商務艙為兩件，每件32公斤。如旅客購買嬰兒票（2歲以下），其免費託運行李限額包含一件尺寸為長＋寬＋高總和115公分（45吋）、重量10公斤（22磅）以內之託運行李，以及一部摺疊式嬰兒車。

(二)託運行李在機場運務的處置規範

◆託運行李的常識

不論國內線或國際線，超過免費託運額度就必須徵收超重行李費。除此之外，託運行李的長＋寬＋高不得超過158公分（62吋）。若旅客託運之行李有包裝不完整或易破碎、易損害等，航空公司有權拒絕載運該行李。對於易燃物品類、高壓縮罐、腐蝕性物品、磁性物質、毒性物料及其他影響飛航安全之物品禁止手提或託運上機。有關託運行李及手提行李大小及重量之規定因航空公司而異，旅客於行前應先洽詢各航空公司。而旅客必須注意，若託運之行李中，有藝術（畫）作品、藝術品、古董、金錢、有價證券、可轉讓票據、光學製品、鐘錶、天然皮毛製品、珠寶首飾、稀有金屬（礦石）、銀器、收藏品、傳家寶、無法替代物品、其他貴重物品或商業性物品等貴重物品及個人重要物品，最好的方式是隨身攜帶，若要託運，除非旅客另行申辦「報值行李」（declare excess valuation），否則前述物品如於運送途中遭致遺失或毀損，航空公司除了依據相關法規，對於託運行李採取「通常事變責任主義」，對無託運行李採取「過失責任主義」，承擔「限額」的客貨損害賠償責任之外，得不負遺失、損壞或延遲送達之責。至於報值行李的限制、報值行李所需手續費，以及行李損失可獲理賠金額等細節，旅客仍應直接洽詢各航空公司。另如航空公司所能提供之報值行李服務未能符合需求，建議乘客事先另洽保險公司申購保險。

旅客於行前應該瞭解：對於若干物品如髮膠、定型液、醫用含酒精（75%以下）之液態瓶裝物、防蚊液、烈酒類、噴霧器、各式刀械、工具棍棒及各類彈藥武器等，原則上不得手提上機，需以託運方式處理，詳情應在行前先向航空公司查詢。對於易燃品類（如汽油、去漬油、煤油、罐裝瓦斯、噴漆、油漆、大量塑膠製簡易打火機、火柴、工業用溶劑及其他於常溫下易燃之物品等）、高壓縮罐（殺蟲劑、潤滑劑、瓦斯罐等高壓裝填之瓶罐類）、腐蝕性物品（王水、強酸強鹼、水銀、氟化物及其他具腐蝕作用之物品）、磁性物質（永久磁鐵等會產生高磁場之物質）、毒性物

料（各類具毒性之化學原料、毒氣、氰化物、除草劑、農藥及活性濾過性病毒等）、炸藥、強氧化劑（漂白水、漂白粉、濕電池、工業用雙氧水等易產生劇烈氧化作用物質）、放射性物質（如鈾、碘、銫、鈷、氚等本身游離輻射能量之物質、核種）、具防盜警鈴裝置之公事包及其他影響飛航安全之物品是禁止手提或託運上機的。

除此之外，對於下列「特殊物品」的託運，可以不依照長寬高總和必須受限於158公分的規定，但仍需顧及行李櫃是否可放入為判斷原則：

1.睡袋、鋪蓋。

2.背包（登山背包）。

3.滑雪用具一套（雪橇、滑雪桿、鞋）。

4.高爾夫球具。

5.帆布袋（軍用帆布袋）。

6.腳踏車（手把需側放，踏板拆掉）。

7.滑水板。

8.釣具一套（最多兩支釣竿，捲釣魚線，手網一套）。

9.運動用槍砲（來福槍、霰彈槍、手槍等運動用途，請參照各航空公司武器託運規定）。

10.樂器一件，但長度不能超過100公分。

◆託運行李在機場運務作業上的準備工作

1.依據經驗，負責託運行李作業的運務人員於值勤前必須準備下列物品：旅客託運行李艙單、各航程行李牌、易碎品標籤、旅客切結書、通知機長小型武器載運資料表、繩索及膠帶、美工刀、簽字筆、收據或統一發票……。

2.填妥託運行李艙單一式二份（可視需要增加），包含下列項目：託運行李起運站、託運行李到達站、載運航空器班次、載運日期及載運航空器註冊編號（aircraft registration）。

3.對於在運輸途中具有物品受損或破損可能性較高的託運行李，運務

人員有權要求旅客應裝在專用箱才可受理。

◆託運行李在機場運務作業上的處理程序

1.擔任機場櫃檯作業的運務人員先請旅客將託運行李放到航空站或航空公司使用之行李秤重磅秤上，與旅客確認其託運行李之長度以不超過磅秤黃點為原則。行李滾帶託運大小為高度40公分以下，寬度70公分以下，長度70公分以下。行李長寬高若超過前揭規範，依據放行附帶條件，應委請勤務人員以大件行李託運或是押運方式處理。屬於超大尺寸的物品，對此可收取超大尺寸物品手續費。

2.與旅客確認其託運行李之件數與重量，確認其託運行李已掛有名牌掛籤，確認其託運行李外觀，並提示旅客閱讀「行李基本須知」，倘若行李外觀厚重或非屬典型態樣，則應加掛標籤或註記。

3.運務人員應詢問旅客託運行李內是否有貴重品、易碎品與可能影響飛安的物品，若有請旅客重新包裝再託運。若旅客執意託運貴重品、易碎品，依據《民法》第631條：「運送物依其性質，對於人或財產有致損害之虞者，託運人於訂立契約前，應將其性質告知運送人，怠於告知者，對於因此所致之損害，應負賠償之責。」運務人員必須確定旅客知悉載運條款中有關行李託運的契約規則，並依據《民法》第649條：「運送人交與託運人之提單或其他文件上，有免除或限制運送人責任之記載者，除能證明託運人對於其責任之免除或限制明示同意外，不生效力。」的原則，要求旅客簽署免責同意書。若旅客有意將託運行李聲明價值（但行李的申報價值不得超過行李及其內容物本身的價值），則可協助旅客辦理「報值行李」作業。然而，並非所有航空公司皆有提供此一服務。即便有提供，亦僅有本家轉本家，而不涉及本家轉外家的報值行李服務。

4.檢查行李箱與包裝是否良好，是否張貼危險品標示。對於包裝不良的行李可依《民法》第635條規定：「運送物因包皮有易見之瑕疵而喪失或毀損時，運送人如於接收該物時，不為保留者，應負責任。」保留接受旅客託運的權力，請旅客重新包裝或將行李箱託運

時即有瑕疵的部分,標示在託運行李牌內的免責同意書內,請其簽名以示同意免責。對於張貼危險品標示的行李箱,與航警局安檢人員協同檢查,必要時可以請旅客打開行李受檢,確認安全無虞後,移除危險品標示,並請旅客重新包裝後接受旅客託運。

5. 請旅客出示登機證,確認行程目的地,詢問託運件數並進行磅重,如果超出免費託運重量時,稱為「逾重行李」,應當支付逾重行李費,並開立「超重行李票」(excess baggage ticket)。

6. 班機艙單上確實輸入或記載正確的旅客託運行李資料:旅客姓名(或填登機證號碼)、行李牌號碼、件數、重量(公斤)及行李目的地。

7. 依旅客的報到紀錄中的航程,印刷出所需要的「行李牌」(baggage claim tag或luggage tag),展示行李牌並與旅客再次確認件數與行李到達之目的地。

8. 撕下旅客行李收據存根、將行李牌確實黏貼於旅客行李之適當位置,務必要貼牢,且將行李收據存根黏貼於小截登機證背面。

9. 加掛合宜艙等優先「服務牌」掛牌的行李,如頭等艙、商務艙、單獨旅行幼童等,務必告知旅客並確實掛妥。將行李從磅秤上卸下並小心送上行李滾帶。

10. 將託運行李收據交還旅客,並請旅客收妥,行李收據是旅客發生行李異常事件的後續處理重要依據。部分航空公司的官網有提供下載行李推播通知的APP應用程式,旅客只要在起飛前一小時透過會員卡號或訂位代號登入行動載具APP的「行程管理/報到」,即可收到行李推播通知,讓旅客在登機前收到行李上機的推播訊息,抵達目的地機場後,走出客艙,理想狀況下也能獲得行李抵達訊息(行李遞送將依行李優先等級及放置位置而略有快慢之別)。

11. 請旅客至櫃檯後方確認行李通過機場聯檢人員安全檢查後再離開報到櫃檯區,以免因任何情境下的行李安全考量,旅客被要求從

候機室返回報到櫃檯再次查驗所造成的客訴與旅客不便。

12.依各航空公司規定之班機起飛前適當時間結束當班次作業,迅速統計件數及重量,通知行李集中區的地勤代理公司,核對件數以免發生行李漏送的異常事件。

◆託運行李在機場運務作業上的注意事項

1.託運行李的包裝:託運人交付運送之運送物,應備置約定或相當慣行之包裝。《瑞士債務法》第442條規定,若託運人未將運送物封裝完好,則運送人得拒絕受領,或請求修改包裝。我國《民法》第635條敘明:「運送物因包皮有易見之瑕疵而喪失或毀損時,運送人如於接收該物時,不為保留者,應負責任。」換言之,運送人(航空公司)對於有瑕疵的包裝,既得免除其責任,對於有易見之瑕疵者,亦得為之保留,是託運人對於託運物有包裝完好之義務可知。因此,機場運務人員若發現旅客託運之行李如有包裝欠妥者,應協助其重新包裝,以免受損。此外,由於行李箱主要在保護行李內容物,運送及搬運過程中仍無可避免會有正常使用損耗情形發生,因此應建議旅客於行李箱外加裹保護套或避免託運名貴之行李箱。

2.受理項目限制:

(1)旅客託運行李中,請勿放入可能洩出之液體、易碎(腐)物品、錢幣、珠寶、銀器、可轉讓之有價證券、公債、股票、物品、樣品或商業文件等,上項物品如在運送途中遭至遺失或毀損,國內航線除了依《航空客貨損害賠償辦法》、國際或區域航線依據《華沙公約》處理之外,不負其他任何賠償責任。另外依據《民法》第639條:「金錢、有價證券、珠寶或其他貴重物品,除託運人於託運時報明其性質及價值者外,運送人對於其喪失或毀損,不負責任。」價值經報明且支付規定的附加費者,運送人將於託運人日後萬一申報損害賠償時,可以按照申報的金額範圍內,依據「最終費用制度」負其責任。物

品的申報金額必須出具可證明其價值的依據，最高申報限額為二千五百美元。

(2)就國內航線來說，我國《航空客貨損害賠償辦法》之授權係依據《民用航空法》第93條規定：「乘客或航空器上工作人員之損害賠償額，有特別契約者，依其契約；特別契約中有不利於中華民國國民之差別待遇者，依特別契約中最有利之規定。無特別契約者，由交通部依照本法有關規定並參照國際間賠償額之標準訂定辦法，報請行政院核定之。」因此，《航空客貨損害賠償辦法》在法律位階上屬於授權命令，為行政院發布之命令。至於中國，為了維護國內航空運輸各方當事人的合法權益，則是依據國務院批准發布之《國內航空運輸承運人賠償責任限額規定》辦理。

(3)我國《航空客貨損害賠償辦法》對於死亡者賠償新臺幣三百萬，而對重傷者賠償新臺幣一百五十萬元。前項情形之非死亡或重傷者，其賠償額標準按實際損害計算。但最高不得超過新臺幣一百五十萬元。中華人民共和國《國內航空運輸承運人賠償責任限額規定》，對每名旅客的賠償責任限額為人民幣四十萬元。對每名旅客隨身攜帶物品的賠償責任限額為人民幣三千元；對旅客託運的行李和對運輸的貨物的賠償責任限額，為每公斤人民幣一百元。

(4)就國際航線（包括接駁的國內班機）的賠償標準而言，《華沙公約》、《海牙議定書》、《蒙特利爾議定書》及《蒙特利爾公約》是對旅客及行李賠償的主要國際公約。就《華沙公約》為例，在客運賠償標準上是將運送旅客之承運人對每一旅客的責任以十二萬五千普安卡雷法郎為限。在行李賠償標準上，託運行李以每公斤二百五十普安卡雷法郎為限。手提行李則規定每位旅客以五千普安卡雷法郎為限。

(5)易碎品請旅客自行攜帶保管。若是「客艙占位行李」，國內線

需請旅客支付全票價款並開統一發票（註明「行李運費」）；國際線則開「雜費支付書」（或稱「雜項交換券」）（The Miscellaneous Charge Order, MCO）並給予座位一個。

(6)易碎品之體積過大，無法手提，航空公司、機場地勤服務公司及地勤代理公司受理託運時，應請旅客填寫切結書一式二份。並於易碎品之正反面各黏貼易碎品「FRAGILE」標籤，同時在標籤上簽名。

(7)非能管控之輕微行李箱體損傷、未妥善包裝及行李本身異常或行李內裝有貴重品及個人重要物品，應婉拒旅客的行李託運，倘若旅客堅持運送，則需請旅客簽立免責行李託運掛牌（limited release），依民法第635條規定：「運送物因包皮有易見之瑕疵而喪失或毀損時，運送人如於接收該物時，不為保留者，應負責任。」換言之，運送人對於有瑕疵的包裝，既得免除其責任，對於有易見之瑕疵者，亦得為之保留，所以要求旅客簽訂免責同意，以保留航空公司抗辯權利。

(8)行李牌：每一班次使用之行李吊牌，應採用連號者，以便管理、尋找。

(9)單件行李超過23公斤時，需掛上過重（heavy）標示牌，以利搬運人員辨識，裨益其留意搬運技巧。每件寄艙的單件託運行李不得超過32公斤（70磅），否則需要分裝行李，以避免行李搬運人員職業傷害。

(10)行李檢查：《民用航空法》第47條第三款明定：「航空器載運之乘客、行李、貨物及郵件，未經航空警察局安全檢查者，不得進入航空器。」航空公司為了避免觸犯機場當地的法律規章及維護飛航安全，嚴禁公司內的工作人員及代理商代人關說，以走公務門或其他途徑企圖規避機場安檢單位從事行李檢查。而航空公司也會要求值勤的前後艙組員與機場地勤員工不得受託來路不明行李，以免受人利用，觸犯刑責。

三、有關客艙占位行李的概念引介

　　旅客有時會需要攜帶不適合託運之大型、貴重及易碎物品，在指定儲放位置（旅客座椅下方及上方置物箱）外，以付費及特別方式處理且固定放置於客艙座位上之行李稱之為「客艙占位行李」（CBBG），例如：藝術品、神像、雕塑、骨灰罈、樂器或貴重物品等。在這種情況下，旅客會自願或被航空公司要求為該行李購買一張機票，將行李安置於身旁的座位，以方便就近照顧，以免耗損，稱之「客艙占位行李」。一般而言，攜帶進入客艙之「客艙占位行李」在實務上多以「樂器類」（如大提琴、吉他等）和「裝箱類」（如神像、骨灰罈、人體器官、蘭花、高價物品、易碎物品等）為大宗。

　　以中華航空公司在運務作業上的規範為例，相關限制包含：(1)置於客艙地板之CBBG（如樂器）高度不可超過145公分、寬度不可超過42公分、厚度不可超過30公分及重量不超過75公斤（長榮航空則是要求不可超過70公斤）；(2)置於客艙座椅之CBBG（如神像、貴重或易碎物品）須裝在箱內（不能為玻璃材質），不可超過箱子尺寸限制（長寬高42公分×42公分×66公分及重量不超過75公斤）；(3)寬度若超過一座椅寬度，旅客可購買兩張座椅位置放一件占位行李（限經濟艙）；(4)CBBG於航機中不得更換座位，占位行李安全帶不得拆解、移動；(5)若旅客行李重量或尺寸超過限制，華航得拒絕運送。同時，針對客艙中的放置位置及機場運務作業的選位更要求：(1)「樂器類」須裝載於客艙區域最後一排靠窗座位；(2)「裝箱類」須裝載於客艙艙壁或艙隔板前、後之座位上。除此之外，旅客會被要求遵循或接受下列規範：(1)CBBG必須由旅客自行妥善密封裝箱，各面必須有堅固之包裝（如行李箱）或包裝於安全穩固的箱子（最好有把手以利安全帶綑綁），外包裝不得使用易破裂軟袋（如塑膠袋）或玻璃材質包裝，以利搬運置放並避免破損傷及乘客或座椅。前揭「堅固容器包裝」的定義是以機上安全帶綑綁占位行李時不會使外包裝受損或變形，內容物無損傷之虞。如果CBBG沒有適當的包裝、未符合相關

規定或旅客不同意處理方式，該行李將不以占位方式運送，基於安全理由，航空公司將改採託運處理或拒絕乘載；(2)若CBBG本身為不規則形狀（如神像或瓷器等）則需以裝箱處理。請注意神像身上之配件（含頭飾等）亦須涵蓋在箱內，不可露於箱外，且所有箱內物件於班機起飛／降落或遭遇亂流時，須防範箱內物品拋出誤傷乘客；(3)CBBG的旅客至少必須於班機起飛前四十八小時完成訂位並支付適用之票價，班機表定起飛前兩小時到達機場辦理報到手續，且必須於班機起飛前四十分鐘抵達登機門以利行李登機作業；(4)CBBG座位須安排於該旅客之鄰近座位，以利自行監管；(5)購買CBBG座位並無免費手提行李或託運行李之額度，旅客本身的免費行李額度則維持不變；(6)飛行途中旅客及CBBG的座位均不得任意更換，CBBG的放置不得阻礙任何影響旅客識別的「安全帶」、「禁止吸菸」或「出口」指示燈號，不得妨礙緊急裝備取用，不得影響客艙緊急出口，不得影響緊急撤離通道。

依據《航空器飛航作業管理規則》第48條規定：「航空器使用人應於營運規範內訂定乘客隨身行李計畫，該計畫應包括各航空器型別之隨身行李件數、重量、尺寸及相關控管作業，並報請民航局核准。」鑑此，航空公司必須依照機種機型訂定計畫，並指定可供使用的CBBG座位。一般而言，CBBG座位會設置於艙壁或隔板前或後的座位，且不能影響緊急疏散作業。因此，各航空公司會有不同的規定，旅客班機起飛前四十八小時需向航空公司完成訂位，且向航空公司客服中心或營業所聯繫且必須先獲得確認CBBG包裝後之尺寸與重量是否符合該航班的機型收受條件。

運務人員服務旅客時，報到時會先將CBBG掛上行李牌，並貼上「付費行李」標籤，以利客艙組員進行後續的服務，並注意旅客與該行李的座位是否相鄰？是否是相同的艙等？座位是否安排在乘客隨身行李計畫中指定的座位？其次，檢查該行李是否妥善裝箱，且箱子不得為玻璃材質，以免傷及其他乘客。尺寸大小是否合適？重量是否超過限制？旅客登機需自行攜帶CBBG上機，並交由客艙組員或機務人員執行固定付費占位行李作業程序。因此，運務人員會安排CBBG旅客最先登機及最晚下機（Fist In

Last Out, FILO），以確保班機的準時起飛。

四、轉機旅客的行李直掛處理

　　若旅客的行程計畫並無適當的直航班機，必須經由第三地到達迄點時，航空公司會依照與續程航空公司的機票載運合約來提供續程劃位與否的服務。若有提供續程劃位服務的航線，相關行程在同一張機票內，符合連續運送載運條款，就可以讓旅客在出發地辦理一次check-in，將行李直接託運至終點站，即可完成兩段航線的行李託運、劃位及核發登機證手續（一次給兩段行程的登機證），不必到轉機點時，還要重新辦一次登機手續。舉例來說，因為中華航空公司和中國東方航空公司已簽有協議，對於臺灣旅客想到上海旅行者，可由臺北或高雄搭乘中華航空公司的班機到香港再轉機到上海。旅客在臺北或高雄的中華航空機場運務櫃檯辦理check-in時，可隨即透過該公司的訂位系統一併check-in中國東方航空公司從香港飛往上海的航班。換言之，旅客從臺灣出發時，除了可以直接拿到「臺北或高雄到香港」的中華航空登機證，也能同時拿到「香港到上海」的中國東方航空登機證。讓旅客感到便利的是旅客將其行李在臺北或高雄直接交給中華航空的運務櫃檯行李託運處，到了香港轉機期間，他不需再領出沉重的行李重新到中國東方航空辦理第二段航程的託運，可以輕鬆地逛逛機場免稅店，或到候機室的coffee shop喝杯咖啡，等班機抵達上海後再行提領。

　　若無法提供續程劃位服務，倘若旅客由本家轉外家的兩家航空公司之間有簽訂被簡稱為「聯航協議」的聯航運送合約（Interline Agreement），行李亦可為旅客託運到目的地，但前提是須請旅客至下一站的航空公司過境櫃檯辦理報到手續。值得注意的是，如果旅客的續程航班與出發航班之行程未開立在同一張機票，或銜接航班為「平價航空公司」（LCC）的航班，因服務屬性不同，僅能將行李掛到次一站，必須請旅客到下一站提領行李，然後再到下一家航空公司或平價航空公司的報到

櫃檯重新辦理手續，此類轉機需求旅客，須留意旅客護照是否符合轉機國入境規範，否則旅客須持有該國有效簽證，方可放行。

五、超重／超額行李收費方式

有關現今國際線的託運行李處理議題，係根據2011年4月1日生效的「IATA 302 Resolution決議案」，不受限於以往對於「論重制度」及「論件制度」的兩種免費託運行李的規則，由各航空公司自行決定行李政策與收費方式。簡言之，302決議案推翻過去長期適用的超重／超件傳統託運行李規則，亦即300決議（Baggage Allowance Weight System）和301決議（Baggage Allowance Piece System），授權由各航空公司自行規劃行李規範，並將其行李規範提交ATPCO公司（Airline Tariff Publishing Company）彙整刊行。一言以蔽之，過去簡易定義託運行李準則和費率適用標準已經不再採行，尤其是涉及不同航空公司之間的聯合運送航程，原有的標準已於2011年3月31日到期，第6屆的IATA理事會已經通過新的「IATA 302 Resolution決議案」，亦被稱為「自動託運行李規則」（Automated Baggage Rules）所取代。「IATA 302 Resolution決議案」不再建構一個標準的免費託運行李的規則及條款，而是面對各家航空公司對於免費託運行李規則及收費條款差異，規範應該優先適用哪一家航空公司的免費託運行李政策。IATA並規範，倘若航空公司沒有將資料申報至ATPCO，系統將無法解讀行李資料，計價開票時可能行李欄位將出現空白。IATA藉由SITA、ATPCO系統所蒐集之各航空公司公布的各航線未受限制票價，藉由公式的計算及加值後得到的費率即為該航線的IATA Flex Fares。「IATA 302 Resolution決議案」對於不同航空公司之間的聯程究竟應該適用於哪家航空公司的免費託運行李政策有四個步驟：(1)假如參與聯程的不同航空公司之間的免費託運行李政策都一樣，那麼就都適用；(2)假如是不同航空公司的聯合運送，則採以「最主要航空公司」（Most Significant Carrier, MSC）的免費託運行李政策，如果是共用班號的航班，

則採用實際飛航的航空公司政策；(3)假如MSC本身並無公告免費託運行李政策，則採用辦理報到航空公司的政策；(4)假如辦理報到之航空公司亦無公告其本身的免費託運行李政策，則僅能採取一段一段，逐段適用實際飛航航空公司的政策。

在「IATA 302 Resolution決議案」中，將全球分為三大主區域（Tariff Conferences, TCs）界定為航空票務架構的計算基礎，這個觀念已在本書第五章第六節「航空票務地理」中敘明。各主區域又依地理位置分列子區域，依此分類，各航空公司可以建立各區域或區間的超重（額）費收費標準，並公告於航空公司官網。為了讓旅客能夠預先規劃超重（額）費用支付，航空公司亦推出超重（額）費預購服務，提供比臨櫃付行李超重（額）費用公告費率便宜15%的收費方式，裨益旅客選擇優惠付費選項。此外，對於高爾夫用具、釣魚器具、滑雪／雪地滑板用具、衝浪板／衝沙板／風箏衝浪板／寬板滑水板／風帆衝浪板、潛水裝備、保齡球設備及腳踏車等運動器材的託運是由各航空公司自行約定，若干航空公司可以允許計入其個人標準託運行李額度，超過行李額度則依一般行李超重費率計價。但是，計費規則會參照「論重制度」及「論件制度」適用的往返地區而有不同的規範。以中華航空為例，論重制度適用範圍：臺灣、日本、韓國、帛琉、香港、中國、菲律賓、泰國、馬來西亞、新加坡、印尼、越南、柬埔寨、緬甸、澳洲、紐西蘭、印度、歐洲、中東、非洲等地之間往返行程。論件制度則涵蓋所有往返美洲地區及美加屬地之旅遊行程。

依照國際航空公司聯運計畫，倘若進行多航段旅程的旅客（不同級別或代號共享航班）的行程為不同的航空公司共同聯合運送且有超重（額）費用的產生，通常是由第一家航空公司代為收取全航段的超重（額）行李費用，但是涉及不同航空公司的費率差異基準，應該如何收取超重（額）行李費呢？這在實務協調上產生作業的難題。因此，「IATA 302 Resolution決議案」評定採以「最主要航空公司」（Most Significant Carrier, MSC）的概念，作為定義旅客的「行李行程」所適用的行李規則。也就是說，以託運行李的飛行航程中，係界定以負責飛行旅程中最

主要和／或最長航段之航空公司為MSC，並規範該行程是以該MSC所規範的超重（額）行李費率為收費方式。至於MSC如何決定？IATA的界定準則如下：(1)若旅客的「行李行程」（Baggage Travel, BT）橫越國際航空運輸協會航空票務架構三大主區域任一主區域者，則首家橫越主區域的航空公司為該旅客行程中所適用的最主要航空公司；(2)若旅客的「行李行程」並無橫越國際航空運輸協會某特定主區域，但橫越該主區域的子區域，則首家橫越子區域的航空公司為該旅客行程中所適用的最主要航空公司；(3)若旅客的「行李行程」並無橫越國際航空運輸協會主區域或子區域，但橫越國境，則首家橫越國境的航空公司為該旅客行程中所適用的最主要航空公司。但若旅客的「行李行程」始於美國或加拿大，或前往美國或加拿大以作為最終目的地等情況則屬例外。

【案例A】

旅客行程為：**TPE CX X/HKG BA LHR**

桃園出發搭乘國泰航空到香港轉機，續接英國航空到倫敦希斯洛機場（LHR），超重／超件費用須採用英航TC3到TC2的費率來徵收超重（額）行李費，而非國泰航空TC3到TC2的費率。倘若航程無跨區，而在同一子區域，該如何收費？若未跨區，係以第一家承運航空公司超重（額）行李費率為收費方式。

【案例B】

旅客行程為：桃園到上海虹橋來回行程，航空公司採用「論重制度」。

旅客出發行程為：**TPE CI X/HKG FM SHA**

桃園出發搭乘中華航空到香港轉機，續接上海航空到上海國際機場（SHA），超重費用須採用中華航空費率來徵收超重（額）行李費。

旅客返程行程為：**SHA FM X/HKG CI TPE**

上海虹橋出發搭乘上海航空到香港轉機，續接中華航空到桃園國際機場（TPE），超重（額）費用須採用上海航空費率來徵收。因為兩家航空公司費率不相同，旅客必須理解在相同的超重情況，所支付的超重（額）費用將不相同。

【案例C】

旅客行程為：桃園到上海北京來回行程，兩家航空公司行李政策不同時：中華航空採「論重制度」（經濟艙免運費託運行李額度為30公斤）；中國國際航空採「論件制度」（經濟艙免運費託運行李額度為1件，重量23公斤為限）。

旅客出發行程為：TPE CI X/HKG CA PEK

桃園出發搭乘中華航空到香港轉機，續接中國國際航空到北京首都國際機場（PEK），託運3件行李，40公斤，必須採用中華航空費率來徵收10公斤的超重（額）行李費。

旅客返程行程為：PEK CA X/HKG CI TPE

北京出發搭乘中國國際航空到香港轉機，續接中華航空到桃園國際機場（TPE），託運3件行李，分別是23公斤、12公斤、5公斤，超重（額）費用須採用中國國際航空費率來徵收該兩件行李費。因為兩家航空公司費率與行李政策不相同，旅客必須理解在相同的行李超重情況，所支付的超重（額）費用將不相同。

【案例D】

就子區域間的航程而言，假設旅客行程為：曼谷到紐西蘭來回行程。

旅客出發行程為：BKK CX X/HKG NZ AKL

曼谷出發搭乘國泰航空到香港轉機，續接紐西蘭航空到奧克蘭機場（AKL），超重（額）費用須採用紐西蘭航空費率來徵收。

旅客返程行程為：AKL NZ X/HKG CX BKK

奧克蘭出發搭乘紐西蘭航空到香港轉機，續接國泰航空到曼谷蘇凡納布國際機場（BKK），超重（額）費用須採用紐西蘭航空費率來徵收。此航程中，紐西蘭航空為跨子區域的MSC，所以依其行李運費計算。

第四節　旅客報到突發狀況之處理

一、旅客候補問題

不管是人工劃位或電腦劃位完成後，若是國內航線，則在班機起飛

前三十分鐘清點未到之人數，統計已報到人數，並接受候補。候補時的順位依序為：(1)公司的公差員工；(2)VIP及CIP；(3)艙單漏列之已訂位完成的OK票旅客；(4)排隊候補的旅客。

國際航線在班機「關櫃」前一小時至四十分鐘，依據各航空公司的作業特性而不同，一般的候補順序是：(1)已開票但訂位因故被取消旅客；(2)該公司常客優惠方案的頂級會員，如華航的晶鑽卡、翡翠卡、金卡會員；長榮航空的鑽石卡、金卡、銀卡會員；國泰航空及國泰港龍航空的「馬可孛羅」（Marco Polo Club）會員與「亞洲萬里通」（Asia Miles Members）會員；(3)全票候補旅客；(4)空位搭乘旅客。在進行候補作業時，航空公司要妥善規劃旅客候補作業的動線，先請旅客填寫候補名單，每一個「候補格」限填入一位旅客姓名，約定候補唱名時間與候補規則，如長程航線的候補旅客較短程航線旅客優先；常客計畫的頂級會員較一般旅客優先；空位搭乘旅客依照服務年資與機票種類排列候補順序。一旦開始唱名，每位旅客姓名唱名三次，未到則視為放棄，對唱到名的旅客發送旅客候補卡，請其依卡至報到櫃檯辦理報到手續。如果情況允許，可告訴候補旅客可候補的空位數，若班機訂位旅客報到情形踴躍，候補時已經沒有空位，應立即向旅客致意。

二、超額訂位或訂位機票漏列

運輸行業商品皆是屬於一種不可儲存的服務，當服務一旦被提供出去時，未使用的空座位立即變得毫無價值，其中所花費的固定成本相當龐大。且雖然服務的供給是固定，但是需求卻是隨著尖離峰而有所變化，因此常存在著尖峰時段運輸需求大於供給，而離峰時段則有供給大於需求的現象。因此，航空公司若僅以實際座位去販賣機票，則時常會有旅客購票後未出現於機場或臨時取消訂位之情況，飛機就會有空位產生，而造成「空位起飛」。對於想訂位而不可得的旅客亦是航空公司的變相損失。因此，為填補不必要的空位浪費，增加航空公司營收，超額訂位策略將會是

重要因素。

　　航空公司於飛機起飛前的若干時間，就會開放其訂位系統供旅客訂位。然而，由於事先訂位的旅客並不需支付任何金錢成本。因此，往往會有旅客臨時取消訂位，或於登機前沒有至航空公司櫃檯報到，也沒有取消訂位（即所謂的no-show passenger），且旅客無須為這些行為支付任何金錢上的賠償。簡言之，對旅客而言，事先訂位並不需擔負任何金錢上的成本，然而站在航空公司的立場而言，由於運輸服務不可被儲存，若航空公司僅接受該航班座位容量的訂位數，則該航班於起飛時，可能會因為這些no show的個案，而發生飛機空位起飛的情形，並使航班的承載率與航空公司的收益均會減少（運輸系統容量沒有被妥善利用）。

　　為此，航空公司必須規劃妥當的「座位庫存管理策略」，善用各航班中飛機座位資源，分配及控制開放訂位期間各起迄不同票價產品間之銷售數，使航空公司能獲得最大之收益。操作上，航空公司通常會接受比座位容量更多的訂位要求，期能與取消訂位或起飛時未報到的旅客數目相抵，而能提高營收與利潤，減少起飛時的空位數目，即所謂的「超額訂位」（over booking）。然而，當航空公司採用超額訂位策略時，仍可能會在某幾個航班上發生旅客報到率高於預期，且超過該航班的座位容量。此時，某些已訂位確認之旅客可能無法順利搭上其所欲搭乘之班機。

　　通常航空公司實施超額訂位會擔心實際到機場報到的「已確認機位」旅客人數超過可接受的座位數，導致旅客抱怨及公司形象的受損。因此，航空公司通常會根據過去淡、旺季的營業經驗，合理精算其訂位數量的上限值，以避免上述情形發生。為有效處理超額訂位的問題，目前已有許多國內外的學者紛紛從事這方面的研究，但仍未找出能同時滿足航空公司與旅客的方法，而航空公司在實務上的做法是利用現場補位或是為「已確認機位」的旅客簽轉其他航空公司等方式來解決這種複雜的訂位問題。

　　除了超額訂位的問題，運務報到櫃檯也常碰到旅客已訂位確認機票

發生漏列的內部管理疏失。諸如旅客明明持著公司各售票單位或旅行社代售單位開出之「OK票」（表示訂位已完成機位確認），但實際上在作業時因某個環節疏失而漏列。逢此案例，櫃檯運務人員應先查詢電腦資料與訂位中心核對，除了瞭解實況以供爾後改進處理之參考外，並應視當時售票情形予以適當之處理。假設本案例在當班次不太擁擠之情況下，應優先予以劃位；如客滿擁擠情況或有團體時，應婉言向旅客致歉，並等報到作業結束前優先予以遞補。若逢年節或連續假日前高尖峰交通需求的「一位難求」尷尬場面，報到作業結束仍無法遞補時，報到櫃檯的現場運務人員必須以和藹誠懇之態度向旅客說明，或協助改搭其他班次或簽轉其他航空公司的班機，期能減少旅客之抱怨。若旅客因情緒不滿而起衝突，為避免在大庭廣眾下讓公司商譽受損，切忌在劃位櫃檯和旅客起爭執，若有紛爭應儘量將旅客請至站上辦公室，由主管進行溝通協調，尋求解決之道。

三、旅客拒付超重行李費用霸占櫃檯

遇到旅客之行李超重，應先告知旅客行李付費的必要性，與其可能需繳交的超重行李運費金額。在操作上，運務人員可先為旅客辦理劃位但不託運行李，請旅客到他處「整理行李」後再來託運。若旅客個人情緒因素霸占櫃檯，應請值班督導協助與旅客溝通，並向後方等候的旅客致歉。若旅客執意不走，就必須協助疏散旅客到其他的服務櫃檯辦理，或在另外的空閒櫃檯加開新櫃檯，辦理遭到影響的其他排隊旅客。必要時可以請航空警察局協助戒護櫃檯安全，並請機場管理當局協助全程錄影，作為事後的處理依據。

四、旅客登機證或旅遊證件遺失

若旅客遺失登機證，運務人員應詳查旅客身分進行核對後，確認無誤後補發新登機證給旅客，並在新發出的登機證上註明補發，通知登機門

作業同仁留意。若旅客旅行證件遺失而無法成行，必須通知行李室的服務同仁或飛機旁的裝載同仁「卸下」旅客託運行李（offload baggage），取消旅客行程，避免班機延誤。

第五節　內候機室作業

一、內候機室作業簡介

一般而言，內候機室作業主要可分為「護照查驗」、「班機異常時之處置」、「廣播登機及尋找旅客」、「處理拾獲遺失物品」、「傳遞新聞錄影數位儲存媒體至客艙」及「估算載運通報」等工作項目，茲分述如下：

(一)護照查驗

近年來，組織性逐漸龐大的「人蛇」集團（依《應用漢語詞典》定義，人蛇亦即國境線非法偷渡客）常利用偽造證件操控各國人蛇偷渡歐洲及美、加等國，造成這些國家在治安及管理上的諸多困擾。歐洲及美國、加拿大、日本、澳門、馬來西亞等國，為了防止「人蛇」非法入境，多會要求飛往該國的航空公司從嚴審查旅客的旅行相關文件，尤其是護照查驗（PPT CHK; passport check）。若有查獲航空公司載送至該國的旅客中有證件不齊者，將對該航空公司處以罰鍰。以美國為例，該國政府對於搭載每一名無適當旅遊文件旅客之航空公司罰鍰三千美元；而英國政府對於搭載每一名無適當旅遊文件旅客之航空公司罰鍰二千英鎊。航空公司為了避免經濟上的損失，也避免旅客因為護照、簽證、健康狀況及疫苗接種等各項證明不齊或無效，而遭到旅遊國當地拘留或遣返的困擾。因此，於特定航線安排運務人員於登機前一小時抵達登機門外，檢查旅客的登機證與護照姓名是否相同？相片、年齡、簽證等是否為旅客本人？必要時，可配合紫光燈、放大鏡詳細查驗，但執行此項工作的運務人員應該善

用情緒管理技巧及圓融的溝通技巧，以避免引起旅客抱怨。

(二)班機異常時之處置

班機異常時，依班機異常作業流程處理。於候機室內協助簽轉旅客或若逢誤餐時間，則參照公司政策與現場主管綜合判斷以決定是否發放餐盒飲料，並廣播原因及預計起飛時間。

(三)廣播登機及尋找旅客

接獲機坪作業協調人員（Ramp Coordinator, RC）通知可登機時，運務人員必須將班機編號、目的地、起飛時間及登機門等資料輸入候機室看板，並依標準廣播用詞廣播，指示旅客登機。並依機邊回報之人數協助尋找尚未登機的旅客。

(四)處理拾獲遺失物品

1.為維護公司誠信商譽及落實《民法》第803條（遺失物拾得人之揭示報告義務）：「拾得遺失物者，應通知其所有人。不知所有人或所有人所在不明者，應為招領之揭示，或報告警署或自治機關，報告時，應將其物一併交存。」舉凡航空公司的運務人員，無論在內、外候機室或飛機客艙等地，接獲旅客遺失物品時，應先繳交予公司的主管。若為客艙組員拾獲旅客的遺失物，因任務在身不得下機時，則可交由各站運務人員代為轉交公司的主管後，填具「旅客遺失物品登記表」及發給拾獲人收據乙紙，由各當地運務單位從事公開招領之揭示，以備遺失旅客的尋找。如遇特殊情況拾獲鉅款現金或貴重財務時，必須由運務主管（督導以上）親自登機交接清點，並由該主管再行指派專人繳交於相關警察單位招領。

2.為建立員工拾金不昧、廉潔不苟的觀念，進而培養員工守法重紀、愛護公司榮譽與誠實不欺的精神，多數航空公司會針對拾獲遺失物品者視情節呈報總公司人事部門予以獎勵。如在保管期間內失主前

來認領物品時（包含由警察單位協助保管及追查失主），經查證無誤由失主領回後，慣例上並通知拾獲人知照。

3.拾獲旅客之物品，經警察機關招領公告後逾期無人認領時，依據《民法》第807條（逾期未認領之遺失物之歸屬）：「遺失物自通知或最後招領之日起逾六個月，未經有受領權之人認領者，由拾得人取得其所有權，警察或自治機關並應通知其領取遺失物或賣得之價金；其不能通知者，應公告之。」因此由拾獲人自行前往相關警察單位依法令規定洽領拾獲物，或繳由任職機關公開拍賣，端視各航空公司規定而遵循之。

(五)傳遞新聞錄影數位儲存媒體至客艙

部分國籍航空公司傍晚17:00以後的班機為提供機上旅客觀看當日新聞的便利，會與特定電視股份有限公司簽訂提供當日即時新聞的數位儲存媒體，於內候機室值勤的運務人員必須確實將電視臺送來的新聞錄影帶交給該班機的客艙組員，俾便旅客於空中旅行時觀看。

(六)估算載運通報

負責晚班值勤內候機室的運務人員必須於當天末班次的航機到站後，預估隔天的入境旅客數及轉機人數，並將估算好的載運通報交給值班督導簽署後，視各機場作業程序繳交給內政部警政署航空警察局安全檢查大隊、內政部移民署、財政部關務署各機場分關、機場中央控制室等機構或單位，俾便基於空運便利之協調從事適當的作業準備、管理及資源規劃。

二、內候機室之操作程序

有關航空公司的內候機室之操作程序如下：

圖6-8　香港機場22號登機門，NH6665往約翰尼斯堡班機登機情形

資料來源：曾通潔攝於香港赤鱲角國際機場

(一)內候機室準備工作

1.執勤前應詳閱公布欄有無主管提示交辦事項。

2.依當日的班機派遣表瞭解班機動態及停機位置。

3.放妥登機服務告示板、登機順序說明、手提行李管制測試架、磅秤。

4.與運務櫃檯check-in人員瞭解旅客狀況，如協助尋找旅客或調整座位。

5.應隨時就位於登機門前，服務旅客查詢，如班機動態、補登會員酬賓里程。

6.巡視登機門旅客是否攜帶過大或過重的手提行李，若有則需協助旅客辦理行李託運。並留意是否有不適合搭機的旅客，如酒醉、身體不適。

(二)內候機室的作業簡介

基於航空保安規定，需執行登機門門禁控管作業，並協調監控各單位航前作業情況，當各相關單位完成起飛前的相關準備，進行航機清艙作業檢查，接獲機務、裝載管制員及客艙組員、機長的正面回應後，運務人員立即返回內候機室，向候機旅客做登機廣播。操作程序為：

1.登機前先做登機順序廣播與電子用品、行動電話的使用安全規範，與手提行李的管制說明、禁菸規定及證件再次查驗說明。優先次序大致為：身心障礙旅客、老弱婦孺（包含UM）、頭等艙及具有商務艙會員卡旅客、商務艙旅客、經濟艙依座位排數後段旅客、中段旅客、所有旅客進行登機。

2.若有警方押送帶手銬腳鐐的犯人及犯罪嫌疑人，須在所有旅客登機前，請示機組員準備妥當後請其先就座；付費託運客艙占位行李的旅客、申請擔架服務與機上氧氣瓶服務的旅客，亦須在其餘旅客登機前先安排妥當，以免影響走道通暢。

3.旅客登機時務必依照優先次序進行登機，以確保動線順暢及登機效率維持，若為雙通道登機時，務必區隔頭等艙商務艙、與經濟艙的登機通道。

4.依據航空保安作業要求，登機時再次核驗旅客護照與登機證姓名是否一致，注意禮貌與查驗動作一致性，避免旅客不明白產生誤解而發生衝突。

5.使用「登機管制系統」（Airport Boarding Controller, ABC）進行旅客登機控管，留意是否有加註「登機指令」（boarding comment）的旅客或登機異常旅客。

6.確認登機證與「登機管制系統」顯示的登機人數是否一致。

7.若班機異動，如更改起飛時間、更改登機時間，運務人員根據班機最新動態訊息輸入班次目的地登機顯示器，俾便旅客查詢。

8.依據航機停放位置（登機門號碼或外側機坪）指引旅客正確的登機

門、停機坪或接駁車搭車處,避免旅客登機錯誤。

9.列印旅客艙單、機組員艙單、旅客座次表與旅客服務資訊
(Passenger Information List, PIL),並與座艙長(乘務長、事務長)交接重要事項,如旅客證件、公司文件。

10.隨時尋找未登機旅客,並與機坪作業協調人員保持聯繫,準備取消未到旅客。檢視內候機室是否還有未登機之旅客遺忘物品。

11.若有機位重複劃位情形,或旅客臨時拒坐緊急逃生出口座位時,或客艙置物空間不足造成旅客合於安全規定的手提行李無處可放時,必須協助客艙組員調整旅客座位與行李託運。

12.班機關艙前與機組員確認所有飛行文件是否確實上機,並確認機坪勤務工作人員確實離機後方可關閉艙門。

(三)登機作業細則

1.核對與管制進入登機門、空橋與機上的工作人員與機組人員,是否配戴機場通行工作證(依據通行區域及適用人員有所區別)、各類通行工作證、員工證、空勤服務證以便從事身分確認。

2.依標準廣播用詞廣播(可視時間急迫性選擇人工廣播或利用電腦語音廣播),指示旅客登機,並依機邊回報之人數協尋未登機人員。

3.協助婦孺老弱或行動不便者先行登機,並應注意孩童安全。

4.獲准旅客登機時,於開啟班機動態資訊登機顯示後,應站立於候機室登機門口,請旅客出示登機證,以及注意使用行動電話與電子用品之旅客,委婉告知其配合客艙組員廣播關機以策安全。

5.管制與指揮旅客進入登機門的秩序,避免造成登機門口過於壅塞而顯得混亂。

6.應確實核對登機證上之班次及航程,注意孩童及嬰兒是否有登機證,嚴防無登機證者登機,或讓旅客登錯班機。

7.旅客開始登機後,如有人員因公必須登機時,應於所有旅客登機完畢後才能登機。因公獲准登機人員應洽公完畢後,立即下機,不可

無謂停留，以免影響班機正常起飛。

8.若有VIP或CIP貴賓搭機時，應於旅客登至半數後，請機場貴賓室通知其適時登機，並安排專人引導之。

9.使用接駁車接駁旅客，必須有運務人員在登車處與下車處引導照顧旅客。

10.運務人員應引導旅客，避免穿越機翼下方及從加油區通過，亦避免從停機坪地面畫有標線的管制空間通過，以免發生意外事件（因航空器機翼或機身上有突起之天線或探針，且因飛機油箱位於機翼內部，燃油公司添加燃油時多由機翼下方輸入，旅客穿越機翼下方通行很容易發生不可預期的危險，如**圖6-9**所示）。

圖6-9　若干航空器添加燃油時多由機翼下方輸入

資料來源：楊政樺攝於馬來西亞‧吉隆坡國際機場

圖6-10　所有的地面作業車輛載具均需依標示區域停放與作業

資料來源：楊政樺攝於香港赤鱲角國際機場

圖6-11　航空器滑行進入機坪時，停機引導員應依機型差異引導至特定區域

資料來源：楊政樺攝於馬來西亞‧亞庇國際機場

第六節　內候機室突發狀況之處理

一、獲知登機人數不符時

　　若運務人員於結束旅客登機作業後發現登機人數不符，為避免班機延遲起飛，應立即廣播催請旅客登機。並檢視登機門感應機器卡槽讀取的資訊或就內候機室旅客所持登機證之顏色判斷是否仍有旅客尚未登機。同時，持平面對講機與運務櫃檯人員聯絡是否有旅客仍在辦理託運行李或等待友人。與運務櫃檯聯繫後，迅速排出更新後的缺號登機證，並再與櫃檯人員核對缺號的旅客姓名，再廣播尋找客人。若旅客仍未登機，則通知勤務人員至飛機貨艙卸下其託運行李，並讓飛機放行。

二、班機發生延誤時

　　航空運輸事業因較其他運輸業面臨較多的不確定因素，延誤的情形時常可見。在當下的強勢經濟下，空中交通已達到幾乎飽和的地步。在旅遊旺季時，任何取消或延遲的班機都讓其他航空班次備感壓力。如何降低延誤的發生，或因應延誤的策略，便是航空業者在營運上一項重要的課題。班機延誤的原因，根據交通部民用航空局官網揭示之《民用航空統計》顯示，班機發生延誤的因素可類分為天候因素、機件故障、航管因素、來機晚到、班機調度及其他因素（如原廠臨時來臺檢修、演習、安全檢查、電腦當機、地勤作業、跑道場站設施等）。而各類延誤事件發生的次數，乃由各航空站塔臺人員記錄，並判斷班機延誤之主要原因。民航局對「班機準點率」（on-time performance）的定義為：「班機在特定時間內，依據班表時間準時起飛與起飛總班次之比值。」其中，「特定時間」的定義為：「國內航線誤差十五分鐘，國際航線誤差三十分鐘。」亦即，國際航線班機延誤三十分鐘以內者，國內航線班機關艙門時間不超過班表時間者稱為「準點」（說明：依據行政院消費者保護會於2014年4月

9日第24次會議審查修正通過之《國內線航空乘客運送定型化契約範本》第17條定義，班機時刻表定之離場時間是乘客登機後，飛機艙門關閉準備離場之時間，而非班機實際起飛時間）。以1999年我國各因素造成班機延誤比例為例，分別為天候因素13.5%、機械故障2.5%、來機晚到56.3%、班機調度5.8%、航管因素12.6%、其他因素6.1%。但事件的分類及責任歸屬往往判定準則不一，且延誤的發生常常並非單一事件所致，可能為航空公司本身或其他航空公司作業疏失、航管因素、天候因素、班機調度、機械故障等因素，甚至是軍方演習相互影響所造成，因此仍有責任歸屬上的爭議與模糊地帶。對於運務實作而言，基本上若遭遇班機延誤，應與班機前一出發站、航空公司航務部門等單位查明延誤原因，並迅即通報值日主管。同時，在內候機室廣播說明延誤原因及預計起飛時間。並通知運務櫃檯張貼公告，若達預計起飛時間卻又必須繼續延誤時，應予更換公告內容及廣播。必要時，可經主管指示，通知勤務人員準備點心或飲料致送旅客並婉言道歉。若有旅客要求退票，則應陪同協助辦理。

三、班機臨時合併時

由於飛機的營運成本相當昂貴，在飛航時間表確定後，如何有效利用最少架飛機巡航所有航線乃節省成本之重要課題。此外，飛機臨時事故的發生是無法預知的，可能發生於任何時點，致使飛航時間表受擾動時，如何以較少的飛機巡航於既定之各航段，而使旅客之總延滯時間最少，亦是航空公司在不得已而為之下的權衡期望。然而，飛航時間表受擾動對航空業者的經濟效益及運輸服務的品質兩方面均有不利的影響。當飛機因技術理由而無法執行勤務時，航空業者通常採取下列四種策略：(1)加飛班機；(2)變動既定的時間表，以較少架飛機巡航於既定的各航段；(3)取消該計畫班次，但不影響其他航段的班次；(4)取消該計畫班次，且使得其他航段的班次受延滯。對運務實作來說，當運務主管得悉上級的機隊調度指令後，必須通知運務人員有關班機臨時合併的正確航機及合併班

次號碼,並婉言對旅客說明合併班次的原因。於此同時,因班機臨時合併時,登機門前往往人潮雜沓,加上旅客久候不耐的情緒與混亂的秩序,甚至會產生失序情境。運務人員除了要親切和藹地安撫旅客外,於開放旅客進登機門時也應注意旅客所持登機證顏色、航線別、班次別是否正確,以免問題更趨複雜。若班機延誤或故障預計將達三十分鐘以上時,由各航站運務主管依時段安排點心或用膳。點心宜採用機上膳食侍應品,若超過用餐(午、晚餐)時間,則以供應餐盒為原則。如有特殊情況,通常航空公司的總公司會授權給各分公司最高主管(如機場經理、站長、主任)酌情處理,相關費用支出在事後檢據報銷並附該班次艙單。

四、班機臨時取消時

若班機確定臨時取消時,應向旅客廣播取消原因,除了婉言安撫旅客情緒外,並應注意該班次有無貴賓或特殊身分人員(若有,則通報值日主管)。繼而,引導旅客返回報到櫃檯辦理退票,並通知勤務人員將旅客託運行李發還旅客。

五、班機回航時

雖然相較於其他交通工具,航空器的安全性及穩定性較高,但有時即便班機放行、起飛之後,仍有可能在尚未飛抵目的地時便中途折返原出發站。其原因很多,諸如組員失能、機件故障(如發動機異常、自動油門出現電子假訊號等)、旅客因素(如旅客需要醫療急救、旅客客艙暴力行為、已被控制的劫機事件等)、駕客艙起火等,甚至飛機已經抵達目的地航空站的上空,卻因天候因素(如側風過大)或機場能見度不高,在班機盤旋該機場上空後若干時間仍未見困難因素排除,機長除了根據班機所帶備用燃油多寡及班機後續調度策略,會考慮轉降其他機場,甚至回返原出發地。有關類似情事,業界泛稱為「班機回航」。

　　當班機回航後，旅客的抱怨及無奈是難以避免的。運務人員仍須秉持高度的服務業熱忱及情緒管理的技巧，向旅客廣播及張貼公告說明回航原因及預計再起飛的時間。同時，在主管的指示下，備妥公用電話卡以供旅客使用。運務人員亦須注意該班機有無貴賓或特殊身分人員，並通報值日主管。若班機無法立即再度起飛，應請勤務人員準備點心或飲料，並送至旅客手中。如有旅客要求退票，應陪同協助辦理及通知勤務人員取出託運行李發還旅客。

　　若構成班機回航的原因排除，獲得重新出發的放行許可後，為避免無登機證者或遭其他航線旅客不慎誤登飛機，運務人員應重新於登機門入口驗證旅客身分及收取回航時發給每位旅客的臨時登機證。

六、旅客登機時突感身體不適

　　雖然病患旅客辦理劃位登機時，航空公司基於旅客搭機安全及避免班機因突發狀況被迫返航或轉降其他航空站，會要求旅客出具醫師的診斷證明書及適航證明。但實務上仍有部分旅客雖順利辦理登機手續，卻於登機前突感身體不適。於此情況，運務人員應即通報值日主管，瞭解其病情及突發狀況，並判斷是否准予登機。若該旅客不能登機時，應通知勤務人員將其行李清出，並辦理退票。若有必要，則由運務人員協助其聯絡救護車。

第七節　機坪協調作業

　　機坪作業協調人員（Ramp Coordinator, RC）為櫃檯作業之延續。RC以「平面無線對講機」（walkie talkie）與櫃檯保持聯繫，以便隨時處理機坪、登機門與運務櫃檯之間的相關問題（觀念釐清：「RC」這個英文縮寫，在運務上是表示Ramp Coordinator，但在訂位上是表示Reservation Center）。

有關機坪作業協調人員（RC）的工作執掌，茲介紹於後：

一、掌控各相關單位作業時間

(一)空勤組員方面

　　RC應確實掌握前後艙空勤組員的登機時間，並記錄前艙組員完成飛行前檢查（crew preflight check）的時間。

(二)餐勤方面

　　RC必須記錄負責供應本公司各班次航機上客艙膳食侍應品的空廚公司餐勤車抵達機邊的開始作業及完成補給的時間。若該班次有加餐的通知，則必須另行記錄餐勤車將加餐送到的時間。

圖6-12　餐勤車輛進行餐勤更換作業

資料來源：曾通潔攝於韓國仁川國際機場

(三)勤務方面

飛機停妥後，由在機坪內從事航空器拖曳、導引、行李、貨物、餐點裝卸、機艙清潔、空橋操作及其有關勞務的航空站地勤業（機場地勤服務公司）負責機坪作業各項整備工作。諸如提供停靠空橋、旅客扶梯、推／拖飛機、地面電源車（Ground Power Unit, GPU）、空調車（Air Conditioning Unit, A/C）、加油車、飲水車（potable water trucks）、裝載機上餐飲（catering）、客艙清潔、裝卸貨物等。這些工作雖然不屬於航空公司運務人員的直接任務，但RC仍必須擔任協調及記錄工作。確實記錄機場地勤服務公司於機坪內從事航空器拖曳、導引、行李、貨物、餐點裝卸、機艙清潔的完成時間。班機放行後，並注意其航班後推（push back）的時間。

(四)機務方面

確實注意燃油公司的油罐車抵達時間、加油所需時間；機務部門的

圖6-13 活生動物運送需固定於航機貨艙並鋪設吸水紙，避免寵物受傷或穢物濺濕貨艙與其他旅客行李

資料來源：曾通潔攝於華航班機裝載作業

圖6-14　航機後推時，要有安全戒護人員協助管制車輛通行

資料來源：曾通潔攝於華信航空班機後推作業

航空器維修工程師及維修員完成例行性飛航前檢視的時間。最後，並記錄班機確實起飛的時間（注意：為確保安全，依各個機場的消防緊急設施不同，對航空器加油時是否可以進行旅客登機作業有不同的作業規範，須詢問掌理飛航安全、航空人員及航空器之查驗、機場消防、救護車等事項之各機場航務組）。其次飛機是否遭受雷擊、鳥擊、重落地事件，與輪胎定期更換等機務維修事件，均須協助瞭解，掌握維修所需時間。

(五)運務櫃檯方面

注意負責航班的關櫃時間及搭乘該班次的特殊旅客、VIP/CIP登機時間。

(六)內候機室方面

俟各相關單位完成起飛前例行性的工作，RC應協調通知登機門前的運務人員廣播登機時間。當班機因機場停機坪不足而停於外側機坪

（remote bay）時，必須通知旅客搭乘接駁車至外側機坪。於此同時，RC應確實記錄航空站地勤業（機場地勤服務公司）派遣接駁車的發車時間。

二、點餐

RC應事先查明所負責航班上的訂位人數及訂餐數，並注意上級是否有通知該航班必須帶來回餐。於空廚公司餐勤人員上餐後，清點機上侍應膳食餐數，並與空勤組員確認後，回報運務櫃檯。基於不排除有關櫃前臨時報到的旅客，RC應主動與運務櫃檯確認是否需要加餐及數量。

三、通報特殊事項

RC應確認所負責航班上是否有VIP及CIP的貴賓旅客。其姓名、職銜及座位為何？另外，安排特殊旅客登機。若接獲客艙組員或機場地勤服務公司勤務員於清潔客艙時拾獲之物品，應回報櫃檯，方便失主認領。

四、掌控旅客登機

在各相關單位作業完畢後，RC應徵詢機務部門的航空器維修工程師及維修員，以及值勤該航班的機長是否可開放旅客登機之後，即可知會內候機室廣播登機。於旅客登機時，運務人員必須於登機門門口或機邊以人工或感應機器卡槽收取小截之登機證，並留意是否有旅客攜帶大件行李，最後是核對旅客是否到齊。倘若已到達起飛時間，而有旅客尚未掌握時，且經廣播該旅客仍未出現時，則應通知運務櫃檯卸載該旅客的行李（offload），由機場地勤服務公司派遣勤務員至飛機貨艙拉下該旅客的託運行李，並送回運務櫃檯，並於送機文件上修正為正確人數，且通知客艙組員之後將航空器放飛。

五、航機簽放

當某一航班關櫃後，RC必須負責與航空器簽派員協調，將預報的航機酬載量（pay load）提供給簽派員，內容應包括：旅客訂位人數、預估行李重量與訂位的貨運重量。簽派員獲得前述資料之後，會先檢核、運算，並利用電腦製作飛行計畫（flight plan）以作為後續該航班的機長從事飛航決策的參考。簽派員並參照航空器載重後總重量、最大可起飛重量限制、重心限制，利用電腦製作載重平衡表（weight and balance manifest），以達到同時控管航空器重量及重心位置的目的，確保航空器能夠穩定飛行。俟簽派員載重平衡表及飛行計畫完成後會交給RC，RC將即時親自上機，進入駕駛艙交給機長。就載重平衡表的內容而言，大致包含：

1. 各艙等旅客搭乘分布人數圖（瞭解機艙內各區重量）。
2. 飛機起飛重量（可評估飛機滑行多久應以多少推力升空）。
3. 飛機零燃油重量（瞭解油料重量）。
4. 飛機重心位置（充分掌握飛機狀況）。
5. 燃油數量（任務用油及備用油是否足夠飛抵目的地）。
6. 旅客行李數目與重量（瞭解裝載重量）。
7. 載運貨物重量（瞭解裝載重量）。
8. 貨艙有無託運活生動物（貨艙溫度一般在飛行中保持45F°左右，若有運送活生動物，則溫度通常要保持在65F°左右）。

這份平衡表共一式兩聯，且須由機長簽收。機長確認無誤後會給航空器簽派員一張簽收單副本，這表示機長確認已收到獲得飛航的必要資料。相對的，機長簽名亦表示他本身身體狀況適合飛行，願意為此趟飛航任務負完全責任。

第八節　清艙作業

　　當班機結束一趟旅程順利於機坪停妥，旅客離機後，勤務人員也同時以自動履帶車來接行李，打開行李艙，將行李從自動履帶上卸下，再載運到行李轉盤，以便旅客取回其託運的行李。當前一航段的旅客下機之後，緊接著而來的是為該航機下一趟的飛行做準備。舉例來說，負責國際航線班機維護的機務人員必須在飛機表定起飛時間前五十至六十分鐘到達此航段飛機停放之機坪做360度巡查。從引擎、輪艙（機輪、起落架）、機翼、表面蒙皮、機窗、附屬儀器、燈號與電子艙等，都作一番目視與安全檢查。機長在登梯上機前，也必須先行巡視飛機機體外圍一周（walk around），仔細觀察飛機外觀，察看是否有異常機械現象，例如：螺絲鬆脫、飛機蒙皮破損、油壓管漏油等，此時檢查若有任何瑕疵或疑問，一定要立即補救，防範於未然。RC人員必須進行貨艙行李貨物裝載區檢查，確認沒有遺漏卸下的行李與貨物，或人員躲藏在內。勤務人員除了必須將啟程站與過境旅客所託運的行李與貨物開始裝載至客機貨艙，也必須登機補充客艙內的餐點、報章雜誌、救生用品等。至於客艙組員的客艙準備工作早在勤務人員進入客艙前，他們已登機多時。客艙組員在旅客未登機前，需做飛行前的各項緊急裝備、設備及程序檢查和服務事項準備。其中包括：(1)客艙乘客區安全檢查；(2)與飛航過程相關的文件簽收；(3)膳食侍應品及飲料數量是否正確；(4)緊急裝備功能是否正常；(5)客艙環境是否清潔舒適；(6)旅客使用設施功能是否正常。

　　客艙各區準備若就緒，每一艙等（頭等艙、商務艙、經濟艙）的空服組長要向座艙長（乘務長、事務長）回報本身責任區內的狀況。若有乘客於訂位時預約的事項（如醫療用機上氧氣、嬰兒睡床、特別餐）裝載不足，或乘客使用的設備故障，則必須在旅客登機前儘速從事補救，以免因服務不週，造成旅客抱怨。航空器在每一個航段的停頓轉折時間，皆必須重新整理及資源補充，方能以全新的姿態上路，使續程班機的旅客登機後，享有全新的體貼感。凡結束前一航段的作業到開放下一航段的續

程班機旅客登機的這段客艙整理與資源補充所從事的行為稱之「清艙作業」。

　　茲就運務人員在「清艙作業」所需從事的工作，臚列如下：

圖6-15　駕駛艙與客艙組員必須檢查旅客座位區、衣帽間、廚房、廁所是否有不明物品或有人藏匿其中

資料來源：曾通潔攝於高雄國際機場

一、清艙作業準備工作

1. 依派遣表確實瞭解班機動態。
2. 當班次艙單乙份（內容包含：航空公司名稱、發航日期、班次或性質、航空器型式、機號、預計起飛時間、飛往地點、機組員名單……）。如係加班機應填具「民航機飛航到離場申請書」。
3. 航空器放行證明單乙份。
4. 協調機場管理當局或航警之聯檢清艙人員相關作業。

二、清艙作業程序

1. 當旅客下機離開且旅客行李貨物均卸下後，視各航空公司國內線或國際線等不同屬性之規定，於班機起飛前若干時間開始清艙。
2. 在空橋入口旁以電腦顯示看板展示目的地、班次號碼或在機坪上懸掛客梯目的地標示牌，俾便旅客查詢參考。
3. 核對機型、機號、班次、空勤組員（含前、後艙組員）、到達站站名。
4. 清艙人員確定無安全顧慮後，運務人員應請機務人員簽發班機維修紀錄，並聯絡確認航務簽派員已將該航班的載重平衡表送至機上。
5. 當勤務人員在機坪上以標準手勢或平面對講機通知內候機室的運務人員可以開始指引旅客登機時，運務人員必須在內候機室以廣播方式宣告旅客登機，並將相關資訊輸入電腦顯示器看板，顯示該班次的班次、航程、登機時間、登機門號碼。

三、清艙作業注意事項

運務人員必須注意，在前一航段的班機清艙手續尚未完成之前，嚴禁接受旅客私人請託先行登機。清艙手續完成後，即便是公司的相關人

員，在尚未經由清艙人員之許可之前，不得登機。若有病患、憲警人員押解囚犯或行動不便者必須先行登機，除了必須經由清艙人員之許可外，尚必須先通知客艙組員。於此同時，若清艙時發現空勤組員未到齊時，應速與公司航務部門核對該航班值勤組員名單，必要時得由備用組員接替其任務。組員名單若有異動，運務人員應立即以平面對講機聯絡運務櫃檯，通知組員名單更動事宜。俟更換人員到達後即依清艙手續清艙。

四、航空器清艙檢查作業規定

依據《航空器清艙檢查作業規定》（台內警內字第1050870912）號訂定發布全文十四點：

一、內政部（以下簡稱本部）為維護社會治安，促進飛航安全，特依國家安全法施行細則第四十八條訂定本規定。

二、航空器清艙檢查（以下簡稱清艙檢查）由本部警政署策劃，各航空公司或航空警察局指揮督導所屬安全檢查大隊、分局、分駐（派出）所（以下簡稱航空警察單位）負責執行，或航空警察單位協助督導航空公司執行。

執行清艙檢查，應填具下列表單：

(一)入境航空器清艙檢查紀錄表（附件一，以下簡稱入境檢查紀錄表）。

(二)出境航空器清艙檢查紀錄表（附件二，以下簡稱出境檢查紀錄表）。

(三)國內線航空器清艙檢查紀錄表（附件三，以下簡稱國內線檢查紀錄表）。

三、入境、出境或國內線航空器於下列情形，應由航空警察單位實施清艙檢查：

(一)重點節日或重要專案期間飛航者。

(二)重要外賓及官員搭乘者。

(三)依據情資、發現可疑、發生緊急事件或認有其他治安或飛航安全顧慮者。

(四)技術降落或緊急迫降者。

四、第三點以外之航空器，依下列規定實施清艙檢查：

(一)入境

1.客機、貨機：長時間停留及過夜之客機，於航空器抵站、乘客下機後；貨機於抵站後，即由航空公司實施；抵站航空器於加餐、補給後隨即續航者，原則併出境時，由航空公司實施。

2.專機、包機、私人小飛機：併出境時由航空公司自行實施。

(二)出境

1.客機、貨機：航空地勤作業結束後，由航空公司實施。

2.專機、包機、私人小飛機：航空地勤作業結束後，由航空公司實施，並通報航空警察單位協助。

3.國內線：離站航空器於起飛前，比照出境班機，由航空公司實施，或由航空警察單位協助；到站航空器由航空公司自行決定是否實施。

五、清艙檢查應參考國際民航組織（ICAO）之航空保安手冊附錄四十一航空器安全檢查表實施之。重點處所如下：

(一)雙層樓客艙及下艙廚房型

1.樓上駕駛艙及附近廁所、逃生門、航員寢室及衣帽間。

2.樓下客艙之衣帽間、上方儲物櫃、旅客座位及廁所。

3.下艙廚房。

4.艙尾後面左側上方之航員寢室。

(二)單層客艙型

1.駕駛艙及附近廁所。

2.客艙上方儲物櫃、旅客座位、廚房及廁所。

3.下艙廚房及廁所。

(三)單層客艙及下艙廚房型

1.駕駛艙及附近廁所。

2.客艙上方儲物櫃、旅客座位、廚房及廁所。

3.下艙廚房及廁所。

(四)全貨機及客機貨艙：依客機清艙重點處所實施，對於貨盤、貨櫃間之空隙，均應檢查有無藏匿可疑之人員及物品。

六、航空警察單位得隨時以抽查方式，督導航空公司實施清艙檢查。

七、對於接獲爆裂物恐嚇等之班機，如經研判必須實施航空器保安搜查時，應依照國際民航組織（ICAO）之航空保安手冊附錄四十一航空器安全檢查表，實施保安搜查。

八、航空警察單位及航空公司實施出境清艙檢查完畢後，應核對航員、旅客與艙單人數是否相符；航空公司發現出境登機證、人數與艙單人數不符時，應通報航空警察單位協助，於航空公司清點旅客人數相符後，始完成航空器安檢作業。

九、航空公司自行實施清艙檢查時，於實施完畢後，應將下列資料送航空警察單位彙整存查：

(一)入境：入境檢查紀錄表、艙單資料。

(二)出境：出境檢查紀錄表、艙單資料及登機證。但登機證採用二維條碼製作者，不在此限。

(三)國內線：國內線檢查紀錄表、艙單資料。

十、航空公司未依相關法令實施清艙檢查，經航空警察局或分局發覺時，得函請改善，並副知本部警政署及交通部民用航空局備查。

十一、航空公司自行實施清艙檢查，發現涉有非法入出境嫌疑人員時，應注意監控，並迅速通報航空警察單位處理。

十二、航空公司發現疑似爆裂物品時，應迅速疏散人員，嚴密監
視，不得任意移動，並迅速通報航空警察單位（防爆小組）
處理。

十三、航空器起飛後因故回航時，航空公司應查明原因，並通報航
空警察單位。

圖6-16　機務人員協助進行輪艙、電子艙的清艙作業檢查

資料來源：曾通潔攝於高雄國際機場

圖6-17　地勤代理公司忙於進行客艙清潔作業

資料來源：曾通潔攝於高雄國際機場

十四、無正當理由拒絕或逃避警察機關依國家安全法第四條規定所
　　　實施之檢查者，移送司法機關處理；違反其他法令規定者，
　　　依各該法令處理。

第九節　航空器放行作業

　　當各項地面的託運貨物裝艙、燃油添加、艙內的各項資源補給、客
艙整理等作業暫告一個段落，旅客登機完畢，關閉機門，準備離開停機坪
前，班機副駕駛必須向機場控制塔臺報告「準備滑行」（ready to taxi），
就等著將航空器後推（push back），離開本機場的機坪，以便經由滑行
道到跑道，展開下一個航段的旅程了。在地面支援的各項工作完成後，機
坪作業協調人員在詳實核對完各項起飛前的準備工作均已完備，將填寫完
畢的相關書面資料送至機場（航空站）管理當局的航務組辦理班機放行手
續。俟機場航務組的「放行許可」（clearance delivery）同意之後，班機
即可放行。有關機坪作業協調人員就航空器放行作業的操作程序如下：

一、放行準備工作

　　1.依班機派遣表或電腦上的航機動態資訊確實瞭解班機動態。
　　2.詳實核對清艙後之資料。
　　　(1)艙單上款各項資料是否正確。
　　　(2)飛機維修紀錄表（機務工程人員、該航班的機長是否有簽署）。
　　　(3)放行條（至民航局航務組填寫航機班次、機型、機號、起飛時間
　　　　與RC人員簽名）。

二、放行作業程序

　　1.交送並將該班次的「組員艙單」（GD）、「旅客艙單」（PM）、

「貨運艙單」（CM）及其他必要之相關文件裝於「機上文件袋」
（flight pouch）中，交給該航班的座艙長（乘務長、事務長）。

2. 關艙門後，負責飛機放行作業的運務人員應待班機確實後推後才可
離開工作崗位，從事其他後續工作。

3. 核對各項資料表單（包含：組員艙單、旅客艙單、放行證明單、班
機維修紀錄表）送到機場（航空站）管理當局的航務組辦理班機放
行手續。

4. 將離到班機的機型、機號、班次號碼、旅客人數、貨運重量、郵袋
重量、離到時間，輸入民航局離到班機資訊系統中。

第十節 離境班機後續處理作業

對於接送機的運務人員來說，「送往迎來」是例行的工作。對於
班機離開本機場停機坪，尚必須從事若干後續事宜。離境班機可區分為
「多航段班機」和「單航段班機」，不論是何種形式之離境班機，當其確
定班機上搭載之人數、貨物、行李之後，運務人員必須把相關資料以電報
發送，告知續程站及其他外站準備迎接離境班機。除此之外，尚需發送機
位銷售資料給總公司相關單位參考，俾便製作班機載運通報，以為決策參
考。有關運務人員處理離境班機之SITA TELIX電報資料，下列術語為先
驗常識：

1. MVT（MOVEMENT）：指班機運動狀態，MVT能使航空公司各
相關單位確定飛機目前之狀況，並提供離境班機抵達續程站之時
間。MVT主要可以分為MVD及MVA兩種形式：

(1) MVD（MVT FOR DEPARTURE FLIGHT）：航機在離場後將發
送此項資料，其內容包含：
  ・班機編號（Aircraft Region Number And Flight Number）。
  ・出場移動第一時間（Off-Block Time）。
  ・飛機離地時間（Airborne Time）。

・預計抵達目的地時間（Estimated Time of Arrival, ETA）。

・班機上之總人數（Total Passenger Including Infant）。

・補充欄（Service Information, SI）。

```
【範例】
MVT
XX123/30. BMAF. MFM
AD 0030/0043 EA0200
SI  FR16.4 PAYLOAD 23400 LBS
```

(2)MVA（MVT FOR ARRIVAL FLIGHT）：航機在降落停妥後，將發送此項資料，其內容包含：

・班機編號。

・落地時間（Touch-Down Time）。

・靜止時間（On Block Time）。

・補充欄（SI）。

```
【範例】
MVT
XX123/30. BMAF MFM
AA 0203/0210
SI  FR6.3
```

2. LDM（LOAD MESSAGE）：指班機裝載狀況資料，LDM能使航空公司各相關單位確定飛機之裝載狀況，包含旅客人數、旅客行李，以及貨物之裝載。主要可以包含：

(1)各艙等之旅客人數。

(2)以性別及年紀區隔之人數，M/F/C/I以利計算飛機飛行途中之平衡表製作（M: Male/ F: Female/ C: Child/ I: Infant）。

(3)前後艙組員之人數。

(4)各貨物隔艙之重量。

(5)起飛重量、滑行重量、降落重量等以利續程站參考。除了續程站所需外，總公司亦需要此項數據以利營收之參考。

3. PSM（PASSENGER SERVICE MESSAGE）：指旅客服務資料。提供續程站各項旅客服務之參考，其內容包羅萬象，諸如WCHR、WCHS、WCHC、MAAS（Meet and Assist）、YP（Young Passenger）、UM（Unaccompanied Minor）、MEDA Case/ Medical Clearance。

4. PTM（PASSENGER TRANSFER MESSAGE）指轉機旅客資料。旅客到達續程站後，有繼續旅行之行程，為利續程站預作轉機行程之準備，起程站必須發送「PTM」通知續程站，其內容包含：

(1)轉機之班次。

(2)轉機日期。

(3)轉機班次之目的地。

(4)轉機班次之艙等。

(5)旅客於轉機班機之訂位狀況（訂位完成？仍在候補？）

5. TPM（TELETYPE PASSENGER MENIFEST）：指搭機之旅客名單。此為一電報形式的旅客名單，僅提供旅客姓名以利查詢作業。

6. CPM（CONTAINER/ PALLET DISTRIBUTION MESSAGE）：其內容為貨艙內各式貨品及行李放置的位置。

7. IDM（INDUSTRY DISCOUNT MESSAGE）：用以告知續段場站班機上持公司折扣機票之旅客人數，以利機位超賣時得以將旅客拉下，並可利於統計銷售狀況。

8. SOM（SEAT OCCUPID MESSAGE）：作為續程航站班機空位之參考，以利下站報到之所需。

第十一節　貴賓室款待作業

　　航空公司考量到高艙等旅客及具有特殊身分之VIP/CIP旅客、飛行常客、與銀行合作享有貴賓室服務之指定信用卡持卡人等關鍵旅客，於登機前或過境轉機時，倘若候機時間過長，通常會希望有一個可以休息、繼續執行工作、查詢股匯市資訊的處所，遂於部分運量較大的機場設置貴賓室（VIP lounge）賦予前揭旅客殷勤的款待，使之坐擁無限榮耀。貴賓室規劃可以依據空間容量區分為商務艙區和頭等艙區。通常機場貴賓室裡有諸多體貼旅客的貼心設備。諸如美學設計的藝術空間、溫馨柔和的燈光與音樂、自助式的點心吧、隔間小會議室、書報閱覽區、寬頻電腦網路、影片欣賞、淋浴小間、即時的股匯市資訊等。貴賓室尚且安排專人提醒旅客登機時間及處理旅客之查詢、訂位、再確認等服務事項。現在已有許多商務人士利用貴賓室所提供便利的通訊設施、網際網路，處理公務或金融投資等相關事宜，也可食用精緻的茶點，打發候機的時間。

一、貴賓室接待服務

　　講究服務業管理的航空公司對機場貴賓室的服務系統設計牽涉數項議題，包括：貴賓室位置、設備的規劃、動線的安排、服務提供者的服務程序、顧客參與的程度、設備的選擇，以及適當的服務能量。服務形象是來自於顧客的親身體驗，而顧客對於服務的感受，是在與服務提供者接觸的瞬間所形成的。雖然只是短短的時刻，卻是顧客評價服務品質及組織獲得好名聲的重要關鍵。在服務接觸中，負責貴賓室接待服務的運務人員必須親切有禮地引導貴賓入座，並提供簡單扼要的貴賓室使用說明。

二、貴賓室資源管理

　　1.隨時注意咖啡機裡的儲水箱是否保持滿水量，以避免咖啡機無法正

常運作。

2.空廚公司送至貴賓室的餐點應隨時注意將其排列整齊，以增進貴賓經由視覺引發的味覺滿足。

3.要隨時注意熱食的溫度及易腐品的新鮮度。

4.餐點及飲料不足時要迅速補足，讓貴賓有備受尊榮之感。

5.每天早上要拿早報、下午拿晚報，並將報紙裝訂起來，置於報架櫃，雜誌書籍應隨時置放整齊。

6.補充消耗性物品，諸如紙杯、杯墊、牙線棒、吸管、奶精、糖包等物品。

7.隨時察看冰桶內是否缺少冰塊、冰水壺是否有足夠的冰水。

8.運務人員應於下班前確實將貴賓室內各項乾貨、消耗性物品等依檢查表逐一計算總消耗量，俾便任務交接於下一班的接續同仁。

9.吧檯應隨時保持清潔，避免留有飲水及咖啡的痕跡。

10.定期更換旅客於貴賓室使用的毛毯。

第十二節　常見的運務廣播用語

一、前置登機廣播

各位旅客您好：

各位貴賓請注意，這是登機順序廣播。本班機將於五分鐘後開始登機，我們將先邀請需要特別協助或有嬰兒隨行的貴賓優先登機，為了維持登機時的順暢，我們將依艙等及座位排號安排登機順序。請所有貴賓暫時留在原位，謝謝您的合作！

Good morning（afternoon, evening）, ladies and gentlemen:

May I have your attention please? This is pre-boarding announcement. Please remain seated. NKUHT Airlines flight XX departing for XX will be ready for boarding in 5 minutes. In order to board smoothly, we would like to invite passengers requiring special assistance or travelling with infants first. Other passengers will board by cabin zone and seat row number. Please remain seated until your row number has been called. Thanks for your cooperation!

二、正常登機廣播

各位旅客您好：
搭乘餐旅航空公司XX點XX分NKUHT-XXX次班機飛往XX的旅客，請由X號登機門登機。登機時請出示您的登機證及身分證件以備查驗，謝謝您的合作。首先，我們邀請商務艙旅客、年長旅客及攜帶幼童的旅客先行登機。謝謝您的合作，並祝您旅途愉快！

Passengers on NKUHT Airlines flight XXX departing for XX at XX:XX now start boarding through gate no. X. When boarding, please show your boarding pass and ID card or passport for identification check. Thank you. Business class passengers, elder passengers and passengers traveling with young children are invited for boarding first. NKUHT Airlines thanks for your fly and have a nice trip.

三、高載客量中長程寬體客機登機廣播（分成三次廣播）

(一)第一次登機廣播詞

早／午／晚安，各位貴賓請注意，餐旅航空公司第XXX班次，飛往XX的班機，即將開始登機。請需要特別協助、有嬰兒隨行，以及商務艙、頭等艙旅客，金卡會員之貴賓先行登機。其餘貴賓請暫時留在原位，謝謝！餐旅航空公司感謝您的惠顧，並祝您旅途愉快。

Good morning (afternoon, evening), ladies and gentlemen:

May I have your attention please? We are now ready to board NKUHT Airlines flight XXX departing for XX. We would like to invite passengers requiring special assistance, traveling with infants, business class passengers, first class passengers, gold card members to board first. Other passengers please remain seated. Thank you for flying with NKUHT Airlines. We wish you a pleasant flight!

(二)第二次登機廣播詞

> 現在請座位在第一區，座位排數在第40排至第52排的貴賓排隊依序登機，謝謝！

Passengers' seat at zone 1, row 40 to 52 may proceed for boarding. Thank you!

(三)第三次登機廣播詞

> 感謝您的耐心等候，現在請座位號碼第20排至第36排以及尚未登機的貴賓，排隊依序登機。謝謝！

Thanks for your patience, would passengers' seat from row 20 to 36 and all remaining passengers board now, thank you!

四、正常延誤廣播

當班機發生異常時，適時宣布正確情報是非常重要的。如果疏忽將會招致旅客不滿及不安，甚至導致不良的後果。因此，無論班機遭遇正常延誤或延誤超過三十分鐘以上時，運務人員應從事簡潔且充分的說明狀況。若旅客問及有些在廣播詞內沒有詳盡告知的情形時，應注意適當地向旅客

說明實情，以免引起不必要的恐慌。若班機異常狀況需要很細心且技巧說明時，應向值班主管請益，必要時由主管出面親自向旅客解釋。當班機發生「正常延誤」或「延誤超過三十分鐘以上」時的廣播詞分別如下：

> 各位旅客您好：
> 餐旅航空公司XX點XX分往XX的旅客，因（1.班機延遲抵達；2.班機調度；3.天候因素；4.流量管制；5.跑道關閉；6.機件檢修）的關係，預計延誤XX分鐘起飛，起飛時間改為XX點XX分，不便之處敬請原諒，謝謝您的合作。

　　Good morning (afternoon, evening), ladies and gentlemen:

　　May I have your attention please? NKUHT Airlines flight XXX for XX will be delayed XX minutes due to (1. Late arrival of aircraft; 2. Operations; 3. Weather condition; 4. Air traffic control; 5. Runway closure; 6. Maintenance check) reason. New departure time will be XX: XX. Thank you for your patience and cooperation.

【補充說明】實務上，若干航空公司因國內線的班次輪轉時間匆促，有時遭遇用餐時間，因前後艙組員用餐或休息而造成班機延誤的話，大多會引起旅客抱怨及誤解，因此應避免以「組員用餐／休息」作為延誤理由。運務人員於廣播時可以「飛機調度」、「組員調度」或「來機晚到」為由從事廣播。

五、班機延誤三十分鐘以上廣播詞

> 各位旅客您好：
> 餐旅航空公司第XXX班次，原定XX點XX分往XX的旅客，因（1.班機延遲抵達；2.班機調度；3.天候因素；4.流量管制；5.跑道關閉；6.機件檢修）的關係，將延遲起飛，起飛時間容後播報。本公司於候機室第XX號登機門櫃檯前備有（1.飲料；2.餐點；3.茶點），敬請取用。不便之處，餐旅航空公司深感抱歉，謝謝您的諒解。

Good morning (afternoon, evening), ladies and gentlemen:

May I have your attention please? All passenger on NKUHT Airlines flight XXX for XX will be delayed due to (1. Late arrival of aircraft; 2. Operations; 3. Weather condition; 4. Air traffic control; 5. Runway closure; 6. Maintenance check) reason. The new departure time will be announced later. Meanwhile, passengers are invited to the XXth gate counter where (1. soft drinks; 2. Meals; 3. Refreshments) will be served. We apologize for the inconvenience and thank you for your understanding!

六、登機門更改廣播

> 各位旅客您好：
> 餐旅航空公司XX點XX分往XX的旅客，現在改至X號登機門。請各位旅客改至X號登機門候機，謝謝您的合作。

Good morning (afternoon, evening), ladies and gentlemen:

May I have your attention please? The boarding gate for NKUHT Airlines flight XXX for XX is now changed to gate X. All passengers on this flight please proceed to Gate X for boarding. Thank you.

七、催請登機廣播詞

> 各位旅客請注意，搭乘餐旅航空公司第XXX班次，XX點XX分飛往XX的旅客，請儘速由第X號登機門登機，謝謝您的合作。

Ladies and gentlemen, May I have your attention please. This is the final call for NKUHT Airlines flight XXX for XX. All passengers on this flight please immediately to gate X for boarding. Thank you.

八、請搭乘接駁車廣播

各位旅客您好：
餐旅航空公司XX點XX分NKUHT－XXX次往XX班機，因班機調度關係，現在請各位旅客至X號登機門旁下樓梯，並搭乘接駁車登機，下樓梯時請出示您的身分證或護照以備查驗，謝謝您的合作。

Good morning (afternoon, evening), ladies and gentlemen:

Passengers on NKUHT Airlines flight XXX departing for XX at XX:XX, please proceed to gate X and go down stairs to take shuttle bus to remote bay for boarding. When going down stairs please show your boarding pass and ID card or passport for identification check. Thank you.

九、班機取消之廣播

各位旅客請注意，餐旅航空公司XX點XX分飛往XX的第XXX班次班機（由於XXXX的緣故）將取消，請各位旅客到餐旅航空公司櫃檯辦理手續。

Attention please. NKUHT Airlines flight XXX for XX (due to XXXX) is now cancelled. All passengers please come to NKUHT Airlines counter.

十、尋找旅客之廣播

XXX先生（女士），請至餐旅航空公司櫃檯。

Mr. (MRS) XXX, Please come to NKUHT Airlines counter.

十一、機內旅客使用電子用品規定廣播

> 早／午／晚安，各位貴賓請注意，根據中華民國民用航空法規定，為避免航機導航系統及通訊設備遭受干擾，航機內禁止使用行動電話及電子遊樂器等電子裝備，並請關閉電源（相關內容請參考餐旅航空公司機上雜誌）謝謝您的合作。

Good morning (afternoon, evening), ladies and gentlemen:

May I have your attention please? Please heed this warning and comply with the following regulations. Under Taiwan Civil Aviation Law, operation of cellular phones and electronic entertainment devices is prohibited at all times on board the aircraft. Please make sure which is switched-off until disembarkation. (for related regulations, please refer to NKUHT Airlines in-flight magazine) Thank you for your cooperation.

第十三節　旅客到站作業

《莊子‧山木》：「其送往而迎來，來者勿禁，往者勿止。」運輸場站的功能就在於滿足南來北往的旅客，提供「送、往、迎、來」的交通節點服務。本節要討論的是機場運務單位要如何為來自其他機場即將飛抵本地機場的航機從事相關的準備，民航實務領域的專門術語稱為「接機作業」。

國際航線之續程站（或目的地站）的機場運務單位在班機抵達前，會接收到前一站所發出之旅客服務相關電報（如Passenger Service Message, PSM），即應開始準備相關接機事項，依SITA TELIX電報內容聯絡相關協同單位（如航空公司聯合管制中心裝載管制組、地勤代理公司），並將班機預計抵達時間通知航空站中央廣播控制中心，更新班機動態廣播系統資訊，以提供接機者正確的航班動態，準備接機。現代新型客

機機種已經配備「機載通訊定址與回報系統」（Aircraft Communications Addressing and Reporting System, ACARS），國際航線航機一般於抵達航站三十分鐘之前，航機飛航管理系統（Flight Management System, FMS）會以ACARS發送航機到站資訊給聯管或航務單位班機預告抵達時間（Evaluate Time Arrive, ETA），減少機組人員的工作負荷。聯合管制中心或航務單位確認機長傳遞訊息後，將以無線電對講機或登機門管理系統通報各單位準備接機。運務人員的接機作業程序必須依照即將抵達本地航空站之前一出發站所發出之SITA TELIX電報內容來聯絡相關單位。根據經驗，準備的事項大致包含下列數項：

一、閱讀班機動態電報

把航機正確的抵達時間通知入出國移民署、海關、航空站中央控制室，裨益旅客可以透過班機動態時刻表掌握班機正確到站時間。我國民用航空局對國籍航空公司進行航權分配時，實施若航空公司未能準確報告正確的班機動態，將會被列計缺失記點，國籍航空公司未來可能在航班分配時受到影響。

二、閱讀PSM進行特殊服務需求旅客的接機準備

1.擔架服務旅客或醫療服務旅客：如使用擔架之旅客（STCR CASE；Stretcher Case）、需要醫療緊急後送之旅客（MEDA CASE；Medical Case）須運用身心障礙旅客服務升降車來運送旅客下機、救護車進行機邊運送服務，必須配合聯檢作業（C.I.Q.）進行到站快速通關或緊急機邊驗放旅客作業，因此與SOS支援平台和C.I.Q.的協同與聯繫，以及地勤代理公司準時支援，方可準確的完成醫療後送。
2.輪椅服務需求：告知該航班需要輪椅者的需求輛數以及所需輪椅

的款式、班機號碼、抵達時間及停機坪號碼，旅客為入境或當日轉機，旅客到站時使用地勤代理公司準備的輪椅或自備輪椅，至少在班機到站前三十分鐘通知地勤代理公司預做準備，倘若航機停靠遠端停機位，則須安排身心障礙旅客服務升降車，提供WCHS/WCHC服務需求旅客安全的離機。

3. 獨行孩童（UM）或單獨旅行青少年（YP）：由於獨行孩童必須事先完成訂位，並確認家屬會依諾接機方可接受。對於無法聯絡上接機家屬的孩童，務必通知出發站不得受理。當UM與YP確實搭機成行，依相關電報內容，聯絡其接機親友，告知班機抵達時間，約定見面交接地點，倘若因為班機受到不可抗力因素，轉降非原先目的地機場，需與接機親友聯絡後續運送UM/YP的方法，在無法當日送達的情況，需安排住宿與專人照顧UM/YP，等待接機親友到轉降場接回。

4. 需要特別照料之「會面與協助」（MAAS）旅客：如語言障礙旅客、首次旅行之旅客、年長旅客（AGED）、視障旅客（BLND）、聽障旅客（DEAF）、瘖啞旅客（DUMB）與嬰兒車機邊提領旅客等。依相關電報要求，請客艙組員協助引領旅客於接機空橋交接地勤服務人員，提供後續相關協助。

5. 孕婦與新生兒或幼兒同行的婦女：若有託運嬰幼兒手推車並需要機邊領用時，安排明顯標誌的提領區，讓旅客得以在提領區等候嬰幼兒手推車領取。指示與告知旅客升降電梯的位置，以防止旅客使用電動手扶梯時發生摔倒受傷的風險。盡可能在旅客通關時給予必要的協助，例如協助領取託運行李，但慎勿輕易答應旅客幫忙抱嬰兒，以免不熟悉如何照顧新生兒引發旅客抱怨。

6. 轉機旅客服務：指示旅客正確的轉機報到櫃檯與續程轉機航班的登機門，協助轉機時間不足旅客急轉服務。

7. 並非所有的航空公司對於到站旅客皆提供免費的MAAS服務，包括對於身心障礙旅客、UM、YP、孕婦或家庭旅遊到站接機服務，部

分美籍與日籍航空公司對於需求此類服務的旅客要求旅客必須購買全額機票，使用特惠票與促銷票的旅客將會被拒絕提供此類服務。

```
【範例】旅客服務資訊
QK KHHLDZZ KHHTTZZ
.HKGTTZZ 161342
PSM
ZZ736/16 PART1
-KHH CHU/J 01A PRESIDENT -MVC
ABDUL/H 36K BAG T/N ZZ323134 L/R SIGN FRAGILE
ITEM-GLASS
DAI/Q 19B  WCHR AGED OVER 70YRS
DU/F 21A BLND/DEAF
FANG/C 34F BAG T/N ZZ322422 L/R SIGN FRAGILE
ITEM-GLASS GIFT
```

【說明】

1.發文給ZZ航空高雄站的裝載管制部LD與運務部TT。

2.來源ZZ航空的香港站運務部。

3.PSM（Passengers Service Manifest）：旅客到站服務需求艙單。

4.KHH CHU/J 01A PRESIDENT –MVC朱先生到高雄，他是某公司總裁，亦是本公司的重要顧客，請提供接機服務。

5.ABDUL/H座位36K，行李BAG行李牌號T/N（Tag Number）ZZ323134，是L/R（Limited Release Tag）責任免除行李牌SIGN以簽名免除航空公司之責，FRAGILE ITEM-GLASS是玻璃易碎品，要小心處理。

6.DAI/Q座位在19B，須到站協助WCHR輪椅旅客到站服務，年長七十多歲的旅客。

7.DU/F座位在21A，身心障礙旅客（身心障礙情況：視障與聽障），須提供到站隨行服務。

8.FANG/C座位34F，行李BAG行李牌號T/N（Tag Number）

ZZ322422，是L/R（Limited Release Tag）責任免除行李牌SIGN以簽名免除航空公司之責，FRAGILE ITEM-GLASS是玻璃易碎品，提醒小心處理。

三、外站要求協尋旅客

1. MCO漏收旅客：機場運務人員偶爾會發生疏忽，未能在啟程站收取旅客MCO，或收取後卻因故遺失，以致無法進行後續機票帳款核銷作業，因此會尋求目的地機場協助收取機票或協助進行遺失機票作業。

2. 旅客超重行李費用徵收：有時旅客因故未能在啟程站繳交超重行李費用，同意抵達目的地站時，其家屬會前往付費。因此，目的地站運務人員會在旅客到站後，先行保存該旅客的託運行李，待旅客確實付妥行李運費後，再歸還行李。

3. 購買續程機票旅客：有時旅客因各國入境規定，未能於出發站備妥續程或回程機票，且無足夠現金購買機票，但目的地站的親屬同意協助購票，因此待其親屬購票後，目的站運務人員會攜帶該機票，在旅客抵達後，尋找該旅客，將續程或回程機票交給他，以利進行通關作業。

4. 到站領取入境許可證件旅客：部分旅客未能於離境時取得有效旅遊證件，但旅行社或代理商已將該旅行證件（如大陸人士入臺許可證）於班機出發前送達目的地機場，並由航空公司發送登機許可（Ok Board, OKBD）給出發站。旅客抵達後，目的地站運務人員會尋找旅客交還旅遊證件，以利旅客通關。

5. 轉機時間不足旅客（rush connected passenger）：因航空公司疏失，導致旅客轉機時間無法滿足該機場規範的最短轉機時間（Minimum Connected Time, MCT），導致旅客可能錯過行程，請求下一場站協助旅客後續轉乘服務。實務上，當旅客所有行程表列在同一本客

圖6-18　航機到站後，將依旅客服務需求提供入境與過境服務

資料來源：曾通潔攝於韓國仁川國際機場

圖6-19　旅客查閱班機時刻表以確定續程航班登機門

資料來源：曾通潔攝於韓國仁川國際機場

票時，前段運送航空公司（forward carrier）有運送責任讓旅客順利搭乘上續程航空公司航班（continue carrier），若屬航空公司延誤導致旅客錯失續程航班，依據IATA運送責任規範，前段運送航空公司需協助旅客後續行程安排。然而，倘若旅客行程前段運送航空公司與續程航空公司分屬兩份獨立的客票，代表兩個獨立運送契約，運送責任將無連續性。前段航空公司延誤可能導致旅客錯失續程航班，前段航空公司無義務為旅客續程航班負責，旅客須自行承擔續程班機後續安排的損失。

四、接機者之處理原則

當班機即將抵達以及到達後，負責接機者有下列處理原則：

1. 接機者應依飛航動態電報（Flight Movement, MVT）或班機動態告示板上所揭示的班機預計到站時間與到站登機門，於班機落地前二十分鐘抵達登機門（或接駁車預定停駐點）準備接機，備妥接機需繳交各單位（航空站航務組、檢疫局、關稅局、移民署、航警局）的旅客艙單，填寫入境與過境的正確旅客人數。
2. 執行門禁管制，旅客下機的過程中，不得讓未持有機場通行證人員或航空公司許可人員通行管制區或接近航機。
3. 檢視空橋操作人員或地勤公司的扶梯車操作人員是否已在現場待命，以及空橋操作人員是否持有合格的證照進行空橋靠機作業；使用遠端停機位的班次，需留意接駁巴士是否已就位等候。
4. 依據來機起程站的PSM電報準備輪椅、擔架旅客服務需求，地勤代理公司提供的服務人力與載具是否就位，服務數量是否正確。如是MEDA CASE、STRECHER CASE，身心障礙旅客服務升降車或餐車、地面救護車是否就位，進行機邊驗放的政府公部門官員（檢疫局、關稅局、移民署、航警局）是否就位，機邊緊急驗放申請書是否填妥，航空站救護車通行申請作業是否完成。

5. 飛機停妥後，空橋或登機樓梯車靠妥後，在艙門口識別窗口前比出大拇指向上手示（Thumb Up），待客艙組員同樣比出大拇指向上手示後才可開啟飛機的艙門。並與座艙長（事務長）交接「公司轉送文件」（Company Mail, Co-mail）與機上飛行文件，包含：「組員艙單」（GD）、「旅客艙單」（PM）及「貨運艙單」（Cargo Manifest, CM），並確認需要特別服務旅客的需求與任務交接。

6. 若該機場管理當局同意給予旅客服務便利，需協助將嬰兒車或輪椅交還託運嬰兒車旅客或輪椅旅客，歸還前須核對行李牌準確地交給物品的所有人。

7. 由運務人員陪同獨行孩童UM或需要特別照料之「會面與協助」（MAAS）旅客通關，並將UM送交其接機親友，俟點交文件簽收清楚後，將收據攜回存參。並尋找出發站通知的協尋旅客，進行後

圖6-20　空橋正要靠上飛機，警示燈閃爍，空橋未停妥前，人員不得接近工作梯

資料來源：曾通潔攝於高雄國際機場

圖6-21　航機停妥後，空橋操作員操控空橋移靠航機，進行靠橋作業

資料來源：曾通潔攝於高雄國際機場

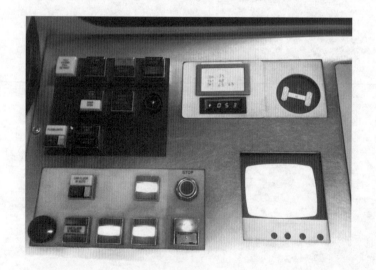

圖6-22　空橋操作台的實際操作面板圖，右下方的監視螢幕可觀察地面狀況，右上方的輪軸圖顯示空橋與航機接觸的角度。「+053」代表空橋停妥時與航機機門的垂直間距

資料來源：曾通潔攝於高雄國際機場

續服務處理。

8.遭到他國因旅客停留逾期遣返（deportee）或他國不許可入境旅客
（Inadmissible, INAD）返國時，須預先通知並取得內政部入出國及
移民署同意，班機抵達後與座艙長交接旅客證件後，帶領旅客前往
移民署公務臺辦理入境手續。

9.等候航機內前、後艙組員全部離機後，將登機門關上鎖好，落實門
禁管制。

10.遞送旅客到站文件至機場各單位存檔。

圖6-23　當空橋靠妥後須檢查空橋是否
　　　　靠妥，機門是否有異常狀況

資料來源：曾通潔攝於高雄國際機場

圖6-24　開啟艙門時須與客艙內組員安
　　　　全確認方可開啟艙門

資料來源：曾通潔攝於高雄國際機場

【範例】裝載明細通知

QK ICNTTWW KHHFFWW KHHLDWW KHHTTWW TPEFGWW
TPERBWW TPERRQQ TSAJCQQ
.ICNTTWW 161208
LDM
WW361/16.B1628.104Y01.2/3
-KHH.94/2/0.T1842.1/360.2/950.3/532.PAX/0/0/95.DHC/0/0/1
SI PANTRY CODE A
BAG/168/1842END
161208 JAN 2020 XOY 238

【說明】

1. 發文給ICN「仁川」的WW航空公司的TT運務單位；KHH「高雄」
   的WW航空公司的TT運務單位，FF貨運單位，貨營單位，LD裝載
   單位，TPE「桃園」WW航空公司的RB訂位控管單位與QQ航空公
   司的RR訂位單位，TSA「臺北」QQ航空公司的JC聯管單位。

2. 來源WW航空的仁川站運務部。

3. LDM Loading Manifest。

4. WW361班次2020年1月16日，機號B1628，總機位數104，Y是全經
   濟艙服務，01是Version01班機的組合基礎編號，2/3代表駕駛艙組
   員2位，客艙服務員3位。

5. -KHH目的地高雄，94/2/0旅客人數分別有94位成人，2位兒童，
   0位嬰兒，T1842貨艙總重量1842公斤，1/360第一貨艙重量360公
   斤，2/950第二貨艙重量950公斤，3/532第三貨艙重量532公斤，
   PAX/0/0/95旅客總人數，頭等艙0、商務艙0、經濟艙95，DHC/0/0/1
   Dead Head Crew非值勤的機組員數是頭等艙0、商務艙0、經濟艙
   1。

6. SI PANTRY CODE A機上侍應品的裝配組合代號是A。

7. BAG/168/1842旅客總託運行李是168件／1842公斤，END報告結
   束。

8.161208 JAN 2020 XOY 238此電文發報的時間日期與收報機的編
號。

五、國內航線之接機作業及處理原則

國內航線之接機作業較為單純，處理原則如下：

(一)接機作業準備工作

1.依班機全日派遣表瞭解班機動態。

2.主動與航務部門負責「航情守望」（flight watch）的簽派員查詢班
機到達時間。並與航務部門協調，瞭解班機到達後之停機位置。

3.詳閱公布欄或電腦上是否上級有特殊交辦事項。

4.通知空橋人員或地勤公司的接駁車準備。

圖6-25　香港赤鱲角機場針對入港常客設立快速入境計畫，加速通關速度

資料來源：曾通潔攝於香港赤鱲角國際機場

5.若該航班有行動不便需協助者，應事先聯絡勤務人員待命並備妥身心障礙者服務車。

6.天雨時必須通知勤務人員備妥雨具（雨傘或雨衣），以免旅客淋濕。

(二)接機作業程序

1.運務人員於確定班機降落時間後，應於班機降落前廣播到達班機。並會同機務維修人員及勤務人員在停機位置待命。

2.班機停妥後，運務人員必須登機向客艙組員接取載運艙單，並詢問有無重要物品或文件。

3.重要（機密）文件或貴重物品，應與客艙組員當面點交清楚並簽收。

4.若有憲警執法人員押送的罪犯，須請客艙組員協助通知憲警人員最後離機。

5.指引旅客前往出口方向的動線，避免旅客於機坪逗留，或穿越機翼下方管制區域以免發生危險。

6.將到達艙單一份送交運務櫃檯備查，餘送各有關單位。

7.班機到達後，將到達艙單分送下列各有關單位：(1)民航局空運組；(2)航空站管理當局航務組；(3)航空警察局；(4)航空公司分公司營業部門；(5)航空公司詢問服務櫃檯。

(三)接機突發狀況之處理

◆ 到達班機有突發病患時

當接獲航空站管理當局航務組或公司的航務部門得悉即將抵達本航站的班機上有緊急病患時，應即通報值日主管。並依病患狀況電請航空站救護車支援。若無法洽請航空站之救護車時，應速洽民間醫院急救中心，並儘速為救護車辦妥航空站場內通行證。

圖6-26　升降車是處理緊急病患時的必要輔助載具

資料來源：曾通潔攝於高雄國際機場

◆外站班機轉降或緊急迫降本地航空站時

　　若原計畫降落其他機場的班機因組員失能、機件故障、旅客因素、駕客艙起火、天候因素等臨時事件而必須改降或緊急迫降本地航空站時，運務人員接獲並受理本案後，應主動向航空站管理當局之航務中心查明降落本站的原因及預計降落時間。相關說明如下：

1. 機械故障緊急迫降作業：飛行途中，發生航機機械故障時，例如發動機轉速不一致、襟翼或起落架無法放至定位，垂直方向舵或水平升降舵無法正常操作。如果到達班機是雙發動機之窄體客機，機長會依據「雙發動機飛機延展航程作業」（Extended Range Twin Operations, ETOPS）的標準作業程序，選擇轉降機場，進行航機迫降作業。當決定轉往備降機場時，機長會聯絡該機場的塔臺，由塔臺通報航空站準備緊急應變措施，由航空站主任（值日官）成立緊

急應變小組，安排緊急危難救援裝備，消防車、救護車待命，並通
知協同的鄰近醫療院所戒備。航空公司的機場經理（站長），亦要
成立航空公司的緊急應變小組，協助接運旅客與緊急疏散旅客，運
用接駁巴士接運旅客，發給旅客臨時過境卡，讓旅客至候機大廳休
息。若降落本地航站有危險因素存在（如航空器起落架無法正常放
下，可能必須以機腹著地；或者剛起飛不久的飛機，若遇緊急情況
要立即回航或轉降其他機場的話，在飛機降落前，必須先行放油至
飛機能安全降落的存量範圍內，如果飛機不放油降落，降落時的瞬
間飛機重量，會達到飛機起飛全重量的三倍，這對飛機會產生結構
受損和機輪爆胎，甚至墜毀的危險），則應聯絡航空站依緊急迫降
程序派遣救護車、消防車待命，必要時則另需由航空站管理當局協
調安排清理降落跑道，並噴上消防泡沫，以免航機落地時摩擦係數
過大，容易引發危險。

2.組員失能：駕駛艙組員之一因故失去意識，或客艙組員受到晴空
亂流的影響以致受傷待援救，必須發揮「組員資源管理」（Crew
Resource Management, CRM）訓練計畫的指導綱領，由一位資深客
艙組員至駕駛艙，協助另一位航空器駕駛員進行緊急應變作業的確
認工作，讓航空器駕駛員可以穩定的執行作業，檢查航機的油料變
化與進行航機返航的進場作業，通知塔臺與聯管中心航機狀況，使
飛機可以平安降落，其餘組員協助將失能的組員進行緊急安置與急
救。在地面的運務人員則依組員失能狀況，聯絡地勤代理公司事先
備妥輪椅或擔架協助受傷組員離機，經航醫中心的醫護人員檢查後
與聯檢單位緊急驗關作業後，安排緊急救護車送患者至機場特約協
同醫院，進行後續的治療。繼而，協助將受傷或失能組員名單，通
報組員派遣中心，聯絡組員家屬。

3.旅客生病無法繼續航程：當有旅客發生疾病時，如休克、心肌梗
塞、流產或早產，客艙組員可使用緊急醫療服務熱線衛星電話聯繫
地面醫療支援團隊MedLink，裨益獲得專業之遠距醫療諮詢與醫療

指示，同時使用客艙廣播尋找是否有醫療背景旅客有意願進行緊急
醫療協助，並啟動備援計畫，機長會尋找最近且有所屬航空公司派
駐人員的場站進行飛機轉降，以利進行搶救。當塔臺接獲機長通知
要進行病患轉降時，會先給予該航機優先降落權，並通知該航空公
司與航空站航務組聯繫場站救護車待命，該航空公司或代理航空公
司立即準備接機，此時地勤代理公司須通知航空站航警局勤務指揮
中心、疾病管制局、內政部警政署航空警察局安檢分隊、財政部關
務署以及內政部入出國及移民署轉降班機資訊，包括國籍、班機編
號、班機機型、班機行程、旅客姓名、旅客性別、旅客年齡、旅客
國籍，並約定等候集合地點，並填寫緊急機邊驗放旅客申請書，並
通知地勤代理公司備妥醫療升降車待命，以利班機抵達時以人道安
全考量，進行快速與正確機邊驗放旅客作業，使該旅客能夠在最短
的時間離機，前往與航空站簽約緊急傷患救治的醫療院所進行急救
治療。

4.非法干擾事件：當航機出現暴行旅客攻擊其他旅客或機組員時，或
破壞航空器，以及航空站或航空公司，接獲恐嚇航機放置爆裂物等
事件，屬非法干擾事件，機長有權力進行轉降，機組員亦基於航機
安全考量，有權對該旅客施行緊急處分，制伏該旅客並限制該旅客
行為能力，重新安排暴行旅客座位區，惟其座位不得在緊急逃生口
附近或靠窗的座位。當塔臺接獲機長通知航機遭到旅客暴力行為
時，或恐嚇航機放置爆裂物時，航空站與航空公司須立即啟動緊急
應變計畫，與航空警察局保持聯繫，協調派遣防爆小組與專司反恐
怖、反脅持（人質及劫機、車、船）、反破壞等高風險治安任務的
維安特勤隊（警察特種部隊）應變。待飛機停妥後登機壓制該暴行
旅客法辦，航空公司機組員協助製作調查筆錄。運務人員必須協助
照顧受傷旅客或機組員送醫治療，並安排其餘機上旅客離機休息，
待航機完成安檢清艙作業，飛航準備妥當後，再次請旅客登機。

不論航機是什麼原因轉降，接機人員須備妥「臨時登機證」準備接機（臨時登機證核發的目的是為了區隔旅客再度登機時的身分辨認）。俟改降本站的班機停妥後，請客艙組員於客艙廣播改降原因後，詢問機組員與機務人員航機再次起飛的預計時間，若旅客在機上等候時間太久，則引導旅客下機並發給每一位旅客一張臨時登機證（包含嬰兒），安排旅客在內候機室等候，並提供飲料或茶水服務，叮囑旅客離機時需將隨身行李提下飛機。班機經確定起飛時間後，再次廣播請旅客登機並對行程的變更致歉。

◆ 班機安全轉降後的處理原則

至於班機安全轉降後的處理原則大致如下：

1. 通報相關單位並與當地有關單位協調停機位等相關事宜。
2. 通報聯管中心與航務單位班機抵達時間，並請協助製作飛行計畫書。
3. 與加油公司聯繫，執行補油任務並隨時與該航班機務人員或機坪管制員保持聯繫。
4. 旅客乘座機上進行航機補油作業時，要向航空站申請加油安全戒護作業，以維護飛行安全。
5. 統整相關資訊，隨時告知旅客最新動態，並提供必要的膳食飲料招待與必要性的協助。
6. 如旅客要離開登機口，要注意旅客動態，特別是免稅店與機場餐廳，以免航機再次登機時找不到旅客，如有必要可讓旅客身上貼上識別標籤。
7. 若班機轉降因素短期內無法排除，且公司無法從事機隊調度支援時，原則上先以其他航空公司的班機運送旅客，或安排過境旅館提供旅客休息。如有必要以特約巴士送旅客至目的地，由航空公司各場站事先與當地遊覽公司簽訂合約之特定合法車輛運送旅客，不得利用非公司契約的遊覽公司從事運送，否則航空公司投保之保險公

司將不予承認。

8.如因長時間停留，旅客自願改由其他交通工具前往目的地，倘若因天候不佳或不可抗拒之因素（force majeure clause）或其他非可歸究於公司之責，航空公司將不予補償額外費用。其他可歸責於航空公司之因素，則可協助旅客安排其他交通工具前往航機目的地，該筆費用可經公司高級主管授權後由航空公司支付，運送合約即終止。

9.如因末班機當日無法再起飛時，且為可歸責於公司作業疏失之事由，倘若旅客要求安排住宿，則需代為安排，所產生之費用由公司支付（僅限於班機異常原因可歸責於公司者或經公司高級主管特殊裁量指示者）。

10.如旅客對處理方式有不同意見時，由公司地區最高主管依公司規定視情況彈性處理，所產生之費用由公司支付。

11.轉降班機，與旅客有關之各項作業，如是否安排旅客下機休息、確定再度起飛時間等，宜由各站運務人員負責聯繫、安排、決定，並知會客艙組員之後告知旅客，俾便班機整體調度運作。

第十四節　旅客過境與轉機

　　航線網路規劃（routing network design）的型態可粗分為兩種類型：一種是將各服務點之需求匯流至主要服務點，再運送至另一主要點的「軸幅網路航線結構系統」（Hub-and-Spoke System, HSS）；另一種則是在各服務點中直接來往的「點對點網路」（point to point）。

　　「軸幅網路」是航空業極常運用的一種服務網路，其特性就是將多數的端點（spoke）集中到少數的軸心點（hub）。透過軸心點（亦稱為轉運中心）聚集網路節線（links）之流量，不僅可以滿足集結或疏散的規模經濟效益，降低單位運輸成本，減少系統間接口的開發個數，更兼具強大的擴展性。在機隊規劃上，對於「軸心點」至「軸心點」，航空公司可以

利用中型或大型客機提供服務;但從「軸心點」至「端點」時,只要派遣中型、甚至小型的客機就可以滿足服務需求。航空公司藉由不同大小機隊的組合,即可滿足軸幅網路不同需求密度的服務。另一方面,「點對點網路」則是與「軸幅網路」截然不同的網路設計型態。若航空公司的航線網路型態是以「點對點網路」配置時,由於其載客量難以達到一定規模,多半皆以小型客機為主,因而限制其服務範圍為短程區域航線或國內航線。

國際機場最大的功能,是成為軸幅的轉運站。平價航空公司(LCC)鮮少提供旅客轉機服務,區域航空與洲際航空公司除了單純的點對點班機的飛航服務外,亦須提供旅客轉機,使得航空公司航線銜接延伸增加載客數量與機場的運轉率,這也是機場管理當局與航空公司提高競爭效能的重要思考方向,目前基於主場競爭空間提升或航空公司延遠的服務,有些平價航空公司向旅客徵收轉機服務費,提供自家轉乘服務,或有簽訂運輸合約的其他航空公司轉機服務,例如德威航空(T'way Airlines, TW)與濟州航空(Jeju Air, 7C)在仁川機場與釜山機場提供旅客付費轉機服務,華航在溫哥華機場與西捷航空(WestJet,加拿大LCC)以及英國倫敦盧頓機場與易捷航空(easyJet,歐洲LCC)簽有運送合約,建立洲際航空與LCC共同服務的運送模式,讓華航延伸飛行廣度到加拿大國內各航點與歐盟各航點。過去,傳統的「軸幅網路」轉機模式是以航班銜接的方式進行,以香港赤鱲角機場為例,除了過去的轉機方式外,進而出現「航班」接「船班」的海空聯運服務型態。因香港機場的腹地內設有藍天碼頭,此碼頭運用珠海水域將旅客以新型汽艇的船運公司(如信德中旅、珠江客運)將旅客運送到廣東口岸以及澳門,節省旅客前往珠江三角洲各口岸的轉乘時間,不失為新興的轉機方式。另一方面,澳門機場為了提升機場的競爭力,降低旅客前往廣東珠海等地通關不便,遂於澳門機場提供旅客「兩關一檢」服務。只要旅客在辦理報到手續時,告知航空公司運務人員抵達澳門後要進行「兩關一檢」接駁服務,旅客抵達澳門機場後,無須提領行李,只要到澳門機場櫃檯過境櫃檯購買接駁巴士車票劃位後,將行

圖6-27 香港機場航空聯運轉機櫃檯

資料來源：曾通潔攝於香港赤鱲角國際機場

李牌出示給巴士公司員工後，即可搭乘巴士前往橫琴口岸，進入中國大陸，省去原先必須在澳門通關提領行李的不便，這種飛機轉乘巴士的轉機方式，堪稱航空公司與機場當局共同提升服務競爭力的表現。

一、過境

何謂「過境」（transit）？何謂「轉機」（transfer）？航空公司提供旅客的服務航線不一定都是從甲地到乙地的「點對點」配置。基於航線的延伸與航權的分配，以及機隊使用的最適派遣模式、航機性能最佳運用等策略，通常會設計以相同班次呼號，但飛行的航線是從甲地經乙地經丙地到丁地的航線，稱為「多航段班次」（multi sectors flight）。「transit」亦稱「原機過境」，因飛機排程需要（如加油、裝卸客貨）必須於某一中途點停留若干時間之後，讓乘客持用相同登機證，參照中途點當地運務人員

是否發給TRANSIT CARD（過境卡）以及是否需要再接受安全檢查的指示，登上同一班機且通常是乘坐相同座位以繼續其行程的行為。例如：中華航空過去曾經飛航桃園到瑞士蘇黎世（Zürich），途經馬來西亞的吉隆坡與德國的法蘭克福，若旅客啟程站是桃園而終點站是蘇黎世，便須過境吉隆坡與法蘭克福兩站。在過境時，除了行動不便旅客、身心障礙旅客、與嬰幼兒同行不方便離機旅客，經航空公司與航空站安檢單位許可而可留在原機機上等候之外，其餘旅客皆須攜帶隨身行李離機，經由過境通道轉往候機室等候下一次的登機。過境站的運務人員會發放旅客過境卡，再次登機時旅客憑過境卡登機。比較特殊的是美國對過境旅客的要求：自911事件後修正了旅客過境規定，例如旅客搭乘日本航空公司的班機從東京到巴西聖保羅（São Paulo），過境美國紐約時，所有旅客必須離機，除了提領機上的隨身行李外，尚需前往託運行李提領區領取行李，進行入境檢查後再前往過境，並取消了「過境免簽證」（Transit Without Visa, TWOV）的措施。除了持用免簽證護照的旅客之外，其餘旅客必須辦妥過境簽證或持有有效美國簽證，否則不得在美國過境或轉機。因此，「過境」（transit）的定義是指旅客搭乘「多航段班次」班機，在不同國家（地區）離機等候與再次登機的過程，且均係搭乘相同的班號與相同座位的運輸型態。

就運務人員而言，應該如何引領旅客進行過境呢？首先，要閱讀前一站在離境班機後續處理過程所發送的PTM，確認實際過境旅客人數，準備旅客過境登機證，並閱讀PSM，確認是否有特殊服務需求旅客。其次，在登機門的旅客到站出口區要明顯標示出過境通道與到站通道，在過境通道發給旅客過境登機證，並確實清點人數。第三，若是旅客過境時間較久，而時段剛好是用餐時段，那麼依從各航空公司給予旅客的服務計畫安排餐飲或是供應點心，依照機場設施與餐廳因地制宜彈性提供服務（若適用）。第四，安排專人引導旅客前往過境候機室，如果旅客有語言溝通困難，可發放旅客識別貼紙請旅客貼在身上，有利稍後登機時人數的掌控，若為停經美國航班，依美國聯邦規則彙編14 CFR 382規定，不應對

旅客有歧視行為，不得發放旅客識別貼紙；第五，要告知旅客班機再次出發的時間、旅客登機時間與登機門編號與方向位置。第六，再次登機時要收回旅客過境卡並清點人數。

二、轉機

「轉機」（transfer）是指旅客因行程需要，在轉機站換搭不同的班機，可以改搭同一家航空公司但不同班號的班機，也可以改搭不同航空公司的班機。轉機的便利與否取決於航空公司的時間帶銜接的順暢程度。一般而言，二至四小時內可完成轉機作業算是比較符合「旅客期望」與「市場賣相」的銜接方式。

全球航空公司推動跨航報到「TCI作業」，TCI是指旅客在第一次報到時便取足全程登機證的報到作業方式，也就是Through Check-In，以節省旅客轉機時間與轉機櫃檯服務壓力。現階段同一家航空公司的轉機旅客皆可於出發站取得全程的登機證（共掛班號的班次除外）。另外，熱門航線如臺灣—香港航線、臺灣—澳門航線，因轉機前往大陸的旅客數量較大，因此國籍航空公司與中國國際航空、中國東方航空、中國南方航空、港龍航空、廈門航空等簽訂「跨航報到作業合作契約」，讓旅客報到時亦能取得港、澳前往內地的登機證，旅客抵達香港或澳門後，確認登機門後即可直接前往登機門候機。實務上，因各個機場規模不同，設有轉機報到櫃檯的區域不止一處。以香港赤鱲角國際機場為例，共設有三個轉機報到櫃檯區（分別是E1、E2、W1）。航空公司會以班次密集度、航機經常性停靠的航廈、節省櫃檯使用租金與人事成本等考量因素，不會在該機場所有的轉機櫃檯設立服務據點。旅客若欲查詢轉機櫃檯區位，到達轉機站時務必要看櫃檯分布圖與方向指示，或直接詢問航空公司接機人員相關位置，才不至於延誤至轉機櫃檯辦理報到手續。

值得注意的是，近年來興起的平價航空公司既然以低價為賣點，在營運上就會盡可能降低成本，除了簡化機內服務、降低票務成本與營業

成本外，航線網路規劃多以中短程為主，且採取「點對點網路」的經營模式。因此，多半未能提供轉機與過境的服務。當旅客欲轉搭平價航空公司時，將無法進行轉機作業，行李亦無法直掛到終點目的地。旅客必須將預想的過境站視為終點站，到站須提領行李與進行入境檢查後，再自行前往平價航空公司的報到櫃檯重新辦理報到作業。此外，由於平價航空公司的機票大多有嚴格的限制與使用條件，旅客必須預留較長的銜接時間，以免因班機延誤而轉機不上。

三、過境與轉機的其他注意事項

有關獨行孩童（UM）或單獨旅行青少年（YP）的轉機與過境作業有幾項重點必須留意：第一，轉機與過境的安排必須要取得確認，特別是轉機的航班是本家轉外家的航班時，務必取得他航的服務確認，方可接受旅客搭機。以加拿大航空為例，該航空公司拒絕接受由其他航空公司轉機而來的UM。第二，留意航班的轉機時間，轉機時間以四小時內為較合適，儘量避免安排UM、YP進行過境免費旅館住宿方式轉機（Stopover on Company's Account, STPC），以免衍生轉機站的困擾。若無法避免STPC轉機，必須請家屬事先安排人員並經航空公司確認會在過境時前往過境旅館照顧UM/YP。第三，過境或轉機站的航空公司運務單位，從班機到站時的接機到接續班機登機完畢的期間，必須要安排專人全程照顧UM、YP；當班機登機完畢後務必再次發送電報通知下一站預做接機準備。第四，當UM與YP同行時，YP不可以擔任UM的照顧人，兩者均必須參照獨行孩童的操作模式進行轉機與過境服務。

至於因為旅客停留逾期遭到遣返，或他國不許可入境旅客（INAD）過境時，必須與座艙長（乘務長、事務長）交接旅客護照，全程戒護旅客轉機，並通知當地的移民署（immigration）與機場安檢單位（security officer）。特別是若旅客係由憲警執法人員押送時，須通知會同接機與協助戒護。若當地的移民署與機場安檢單位有指示旅客戒護地點時，務必

將旅客送達指定戒護地點候機，不論任何理由都不得將旅客證件歸還旅客，待旅客登機續程班機後，須再次將旅客證件與座艙長交接，並填寫交接清單後，完成過境作業並發送電報通知下一站運務單位進行後續的服務。

最後，當旅客過境時遭逢生病或發生意外事故時，首先協助旅客至航空站所設立的臨時醫療站或航醫中心，請醫護人員協助診斷，經診斷後若旅客必須送醫治療，則協助旅客取消過境或轉機行程，並尋找同行者陪同前往醫療院所，通知聯檢單位進行旅客緊急通關手續，尋求場站編制內救護車護送患者就醫，航空公司亦指派專人護送前往。其次，立即回報公司主管相關旅客意外事件，並發送電報給前一站運務與營業部門試著聯絡旅客家屬，並查明旅客登機前是否已有疾病徵兆；也要通知旅客目的地接機人員告知旅客近況與航空公司所提供的協助。第三，通知機坪裝載管制員（RC Staff）與行李查詢組（Lost and Found Staff）協助卸下旅客託運行李，讓航機可以順利起飛。第四，陪同旅客前往醫院治療的員工不宜替旅客簽立任何同意書（如手術同意書、免責同意書），除於法無據外也需避免造成家屬誤會與公司後續困擾。第五，相關醫療行為衍生的費用，對於不可歸責於航空公司的開支毋需支付，航空公司之所以指派專人護送患者，是基於人道考量而不是擔心被患者歸咎。第六，若旅客係單獨旅行，可通知該旅客所屬國籍外交部駐外單位或辦事處官員前往醫院協助後續事項辦理。航空公司也有標準作業流程去協助旅客辦理機票效期的延展。一般而言，會延展到旅客恢復健康且能夠取得確認機位的第一個航班為止，通常這類的延展機票效期授權必須由營業單位或機場運務部門的經理（站長）予以審酌、判斷及授權。

Chapter

7

行李處理要義與應用

在第六章探討「離境旅客處理作業」時，已經略述行李作業的基礎觀念。但是，行李可以深入析論的課題頗豐。旅客到機場櫃檯報到時，通常會把不願或不得攜帶進入客艙的行李辦理託運，以便拿到登機證之後得以悠閒地前往指定登機門。但是，仍有部分旅客認為託運行李在班機抵達目的地時還得費時到行李提領處取回，是一件頗為麻煩的事。有時考慮轉機時間太趕、不願承擔額外行李費用，或者因任何理由未充分判斷行李是否超過容許之尺寸或重量，試圖以手提行李方式帶上飛機，從而產生安全管理的缺口。負責報到櫃檯作業的機場運務人員雖會留意及檢視旅客的隨身行李，但是未必能夠完全防堵旅客攜帶不合規定或需要特別申報或符合檢查規範的特殊行李以手提行李方式攜入候機室。此外，飛機上的行李櫃規格與設施均有安全限重的顧慮，假設旅客隨身所攜的未過磅行李超重，逕行置放於行李櫃內，除了導致載重平衡估算的偏誤外，仍有可能在遭遇亂流時墜落，產生意外傷害。因此，航空公司基於飛航安全維護，會強制旅客將形狀特殊或逾越尺寸和重量限制的特殊規格行李辦理託運。本章即是針對旅客於辦理報到登機時的特殊行李處理問題，在系統性引導之下，促成實務知識的整合與總結。

有關旅客行李的限制規範根據是來自於《民用航空法》第47-3條：「航空器載運之乘客、行李、貨物及郵件，未經航空警察局安全檢查者，不得進入航空器。」以及《航空器飛航作業管理規則》第48條：「航空器使用人應於營運規範內訂定乘客隨身行李計畫，該計畫應包括各航空器型別之隨身行李件數、重量、尺寸及相關控管作業，並報請民航局核准。乘客隨身行李應置於乘客座椅下或客艙行李櫃內，以避免滑動或掉落，並不得阻礙緊急裝備之取用及緊急撤離通道。但經民航局核准者，不在此限。非經確認每件隨身行李均已放置妥當，航空器使用人不得允許航空器後推、準備滑行。」與該規則第198條：「航空器使用人應於航空器起飛前及降落後，執行客艙內之安全檢查，如發現可疑物，應即向當地民航主管機關報告。航空器使用人應於貨物、行李、乘客經安全檢查後，始得裝載於航空器。」

　　因此，中華航空在其《國際航線旅客及行李運送條款》第9.1.1條規範旅客不得放置下列物品於其行李中：「所有可能危及飛機、機上旅客、工作人員或財物的物品，如國際民航組織所定之國際空運危險貨物規則、國際航空運輸協會所定之危險物品規則，以及航空公司規定（該項資料可向航空公司索取）所稱的危險物品」（第9.1.1.2條）、「飛航地區各政府之法律、規定、命令所禁止載運之物品」（第9.1.1.3條）、「因物品的重量、大小尺寸、形狀及性質不符合華航的行李規定，依航空公司的規定認為不適於載運之項目」（第9.1.1.4條）、「除打獵和運動用的槍械及彈藥之外，都禁止攜帶。為打獵和運動用之槍械及彈藥得依照航空公司的規定以託運行李運送。槍械必須取出彈藥，拉上保險栓並妥善包裝。而彈藥的運送則需依據ICAO及IATA危險物品規則第9.1.1.2條及適用的當地及國際的保安管制處理」（第9.1.2條）、「武器如古董槍械、刀、劍及類似物品，或其他有影響飛航安全之虞之物品，根據航空公司的規定或當地法令得以託運行李處理，但不得放置於客艙中」（第9.1.4條）。如果航空公司認定超重或超過尺寸之行李則不可放置於客艙中。至於不適合放置於貨艙運送的物品得根據實際情況，由旅客自行妥善密封裝箱，但外包裝不得為玻璃材質，以便於搬運置放。若該物品為樂器，其外包裝須附有把手以便固定之後放置於客艙規定位置，但需事先進行申請和預訂，經航空公司確認後方可運輸，惟此項物品之運費需要另行收取。

　　中國國際航空的《旅客、行李國際運輸總條件》第8條亦約定，可能危及航空器、機上人員或者財產安全的物品，比如在國際民用航空組織（ICAO）《關於危險物品航空安全運輸技術細則》和國際航空運輸協會（IATA）《關於危險物品運輸規則》以及該公司規定中列明的物品，特別是以下禁運物品：爆炸品、壓縮氣體、腐蝕性物質、氧化物、放射性或者磁化物、易燃、有毒、有威脅性或刺激性物質等；被出境、入境或所經過國家的法律、法規或者命令禁止運輸的物品；由於物品的危險性、不安全性，或由於其重量、尺寸、形狀或者性質；不得放置現金、珠寶、貴重金屬、電腦、個人電子設備、可轉讓票據、有價證券和其他貴重物品、個

人需定時服用的處方藥、商業文件、護照和其他身分證件或者樣品；行李未按中國國際航空的要求適當包裝，不得作為行李運輸的物品。限定帶入客艙行李的最大體積或重量；帶入航空器客艙的行李必須能夠放置於您的前排座位之下或者航空器客艙上方的封閉式行李架內，如不能以上述方式放置，或由於超重的原因，或出於安全方面的考慮，則應當作為託運行李運輸。不適宜在航空器貨艙內運輸，例如精緻的樂器，須事先通知中國國際航空並得到許可後，方可帶入航空器客艙。旅客對於此項服務須單獨付費。

長榮航空對於旅客的行李亦明訂規範，定義行李係指旅客在其旅途中為了穿著、使用、方便、舒適而須攜帶之物品，包括手提和託運之行李。旅客必須使用合適、堅固的行李箱裝妥行李並確定在正常運載時，不會破損或導致內容物受損，對於以紙箱（原廠未拆封之包裝除外）、購物袋包裝之行李，旅客將自行承擔內容物掉落遺失及受損之風險。另外，長榮航空亦建議旅客於行李箱內、外，放置以英文書寫聯絡電話住址之名條，萬一行李遺失，將可由航空公司協助尋回該行李。行李箱內勿放置易碎、貴重物品、重要文件、藥物、鑰匙等物品。手提行李以能妥善放置在旅客座椅下、上方置物箱或客艙置物櫃內，以避免滑動或掉落為標準，並不得阻礙緊急撤離通道及影響緊急裝備之取用。若旅客所攜帶手提行李之尺寸或重量超過前述規範時，需請旅客選擇放棄該行李、另行付費託運或旅客及行李必須離機改搭下一航班的班機。

此外，有鑑於行李異常事件，往往是旅客抱怨事件的主要原因之一。造成行李異常事件的原因可能涵蓋轉機行李處理錯誤、客票錯誤、行李更換、行李安全檢查、行李裝載錯誤、入境行李處理錯誤、各機場及單位的行李尺寸重量限制、行李標籤錯誤等因素。國際航空運輸協會參照成員航空公司（全球絕大多數航空公司）於2013年10月31號及2014年6月1號，透過旅客行李指導委員會向IATA提出，應在全行業實施對旅客行李的單件追蹤，裨益降低全行業的行李錯運、丟失風險，繼而增益旅客體驗。國際航空運輸協會遂於2018年6月1日在《旅客服務大會決議手冊》

（*Passenger Services Conference Resolutions Manual*, PSCRM）內要求航空公司與航空站應致力運用科技從事共同合作，改善技術、流程、設施、設備作業流程，並決議旨在優化行李追蹤的「IATA第753號決議」（IATA Resolution 753），要求成員航空公司能夠在旅客行李運輸的四個關鍵節點（行李交運、裝機、中轉、到達）建構及時實施行李追蹤方案，進行信息共享以及數據交換，倡議全行業應推廣落實753決議的實施，尋求與航空站、地面代理、技術供應商、政府機關等各方的支持和合作。該決議付諸實施之後，航空公司可與其旅客及代碼共享合作夥伴共享信息，確保他們能像追蹤一個包裹那樣有效追蹤每件行李。掌握這些信息意味著，當出現航班中斷、行李延誤時，旅客將能夠獲知行李信息，各相關利害關係人亦可採取有效應對措施。

圖7-1　限制離境旅客在手提行李攜帶液體、凝膠及噴霧類物品

資料來源：楊政樺攝於馬來西亞‧吉隆坡國際機場

第一節　客艙占位行李作業實務

　　為維護旅客搭機安全及避免所攜物品損壞，航空公司在提報並經交通部民用航空局審核通過之營運規範內的「乘客隨身行李計畫」多會要求或建議旅客將不符合手提行李規範（不適合置放於旅客座椅下方或上方行李置物櫃內）卻拒絕託運之特殊物品（如大件行李、樂器、貴重或易碎物品、神佛雕像及骨灰罈等）以預訂、額外購買座位的方式，參照航空公司對「客艙占位行李」（Cabin Baggage, CBBG）種類、件數、重量、尺寸、限制及相關控管作業，將物品「妥善放置」於客艙座位上。前揭「妥善放置」的操作型定義是：(1)置於座椅下方的隨身行李必須有前擋及側擋，以避免行李滑入通道；(2)隨身行李未妨礙旅客在通道上的移動；(3)裝載於座椅上方置物櫃內的物品須符合安全原則，且客艙組員能輕易地關閉櫃門；(4)當座椅上方置物櫃門開啟時，物品不會從櫃內掉落；(5)不得放置於旅客身上。

　　本節探討旨趣之「客艙占位行李」係指旅客於報到劃位時，需要攜帶不適合託運的大型、貴重、易碎物品，因而主觀上自願或客觀上被要求額外購買一個座位（extra seat）以放置行李。根據《美國聯邦航空法》（Federal Aviation Regulations）之FAR 121.585「Exit Seating」及FAR 121.589「Carry-on Baggage」相關客艙行李規定：為不妨礙後座旅客可以看到客艙上方警示燈（如緊扣安全帶、禁止吸菸警示）及旅客進出方便性之考量，攜帶CBBG旅客及其行李均必須透過訂位人員安排於艙壁後之第一排或艙壁前最後一排。基於飛安考量，所有CBBG均需以安全帶繫緊（必要時，得使用延長安全帶），若行李不易以安全帶繫緊，必要時得要求旅客在行李外表設把手或扣環，足以使安全帶穿越並固定。

　　中華航空公司同意旅客可於訂位時預先告知預訂客艙付費行李，旅客須支付一張同艙等的機票，必須於班機起飛前四十八小時內完成告知訂位或客服人員有關客艙行李包裝後之尺寸，以利確認尺寸是否符合該班次所安排飛機機型的收受條件，俾便航空公司預先安排適當之座椅擺放，或

將其放置於艙壁或隔板前或後的座位上。旅客需將該件行李包裝妥當，不得使用玻璃或易碎的外包裝材質，以免因故破損而危害其他旅客的人身安全。旅客得自行攜帶CBBG上機，並交給機上的客艙組員執行固定該行李所需之作業。每一座位僅可放置一件妥善包裝之CBBG。如因尺寸寬度超過一個座椅寬度時，旅客最多可購買兩個座位（僅限經濟艙座椅）置放一件占位行李，但其重量仍不得超過75公斤（約165磅）。經裝箱後，可將行李置於座位上，或將樂器斜置於地板上。不能阻擋其他乘客視線，須保證其他乘客能看得到安全帶、禁止吸菸或出口標誌，且不得接近或使用安全緊急通道或其他客艙通道。內容物不可以是安全限制品或危險品。攜帶付費占位行李的旅客必須與該行李在同一個客艙內，且該行李需放置在攜帶行李的旅客身旁，飛行途中該旅客不可更換座位。

長榮航空公司規範每個CBBG之總重量不可超過70公斤（154磅）且包裝後之尺寸符合所有規範，對於各機型艙等的座位尺寸亦有限制（如**表7-1**）。CBBG之座位均須由長榮航空公司安排於符合飛安規定的座位，且要求旅客務必於起飛前四十八個工作時完成訂位。由於占位行李係由旅客於航程中帶入客艙並自行保管的行李，航空公司僅協助安置但不負理賠的責任，除非該行李之損壞或遺失是由於航空公司人員的疏失所造成。如果占位行李沒有適當的包裝、未符合相關規定或旅客不同意處理方式，該行李將不以占位方式運送，基於安全理由，航空公司將改採託運處理或拒絕乘載。倘若該CBBG對飛機和機上旅客會產生安全疑慮時，或是旅客拒絕接受將該行李固定於座位，則航空公司不予受理該行李上機。對於旅客攜帶神佛雕像未給予妥善包裝，導致可能無法固定於座椅上，基於民俗尊重，長榮集團所屬立榮航空有製作備用的鋁製神佛雕像放置箱，對於國內線航班服務時，若旅客已經購買神佛雕像的CBBG，提供緊急應變服務使用。

由於《航空器飛航作業管理規則》第48條規定：「航空器使用人應於營運規範內訂定乘客隨身行李計畫，該計畫應包括各航空器型別之隨身行李件數、重量、尺寸及相關控管作業，並報請民航局核准。乘客隨身行

表7-1　長榮航空各機型艙等對「客艙占位行李」的座位尺寸限制表

單位：吋

機型		占位行李尺寸（座椅高度×座椅深度×座椅寬度）		樂器行李尺寸（座椅高度×座椅深度×座椅寬度）	
		座椅	地板	座椅	地板
789	皇璽桂冠艙	30×28×20	46×15×20	45×18×20, 58×18×20	60×15×20, 75×15×20
	經濟艙	30×25×17	47×21×19, 47×22×19 47×10×19, 47×11×19	43×16×17, 44×16×17 57×16×17	60×10×19, 75×10×19 60×11×19, 75×11×19 62×10×19
78X	皇璽桂冠艙	30×28×20	46×15×20	45×18×20, 58×18×20	60×15×20, 75×15×20
	經濟艙	30×25×17	47×21×19, 47×22×19 47×10×19, 47×11×19	43×16×17, 44×16×17 57×16×17	60×10×19, 75×10×19 60×11×19, 75×11×19 62×10×19
77A	皇璽桂冠艙	30×28×20	47×11×16	43×18×20, 58×18×20	60×11×16, 75×11×16
	豪華經濟艙	27×29×18	45×20×23, 45×14×23	42×19×18, 57×19×18	60×14×23, 75×14×23
	經濟艙	28×27×16	46×20×20, 46×10×20	42×18×16, 57×18×16	60×10×20, 75×10×20
77B	皇璽桂冠艙	30×28×20	47×11×16	43×18×20, 58×18×20	60×11×16, 75×11×16
	豪華經濟艙	27×29×18	45×20×23, 45×14×23	42×19×18, 57×19×18	60×14×23, 75×14×23
	經濟艙	28×27×16	46×20×19, 46×10×19	42×18×16, 57×18×16	60×10×19, 75×10×19
77M	皇璽桂冠艙	30×28×20	47×11×16	43×18×20, 58×18×20	60×11×16, 75×11×16
	豪華經濟艙	27×29×18	45×20×23, 45×14×23	42×19×18, 57×19×18	60×14×23, 75×14×23
	經濟艙	28×27×16	46×20×20, 46×10×20	42×18×16, 57×18×16	60×10×20, 75×10×20

（續）表7-1　長榮航空各機型艙等對「客艙占位行李」的座位尺寸限制表

單位：吋

機型		占位行李尺寸（座椅高度×座椅深度×座椅寬度）		樂器行李尺寸（座椅高度×座椅深度×座椅寬度）	
		座椅	地板	座椅	地板
332	桂冠艙	29×30×19	與經濟艙尺寸相同	46×16×19,54×16×19	與經濟艙尺寸相同
	經濟艙	28×26×16	44×17×20,44×10×20	46×17×16,54×17×16	62×10×20,70×10×20
333	桂冠艙	28×30×19 29×29×18	與經濟艙尺寸相同	46×19×19,54×19×19 46×19×18,54×19×18	與經濟艙尺寸相同
	經濟艙	29×26×17	45×25×21,45×10×21	46×18×17,54×18×17	62×10×21,70×10×21
321	商務艙	28×30×20	45×17×28,45×15×28	45×19×20	62×17×28,62×15×28
	經濟艙	29×26×17	45×16×19,45×9×19	46×17×17	62×16×19,62×9×19

資料來源：長榮航空公司行李基本須知——占位行李

李應置於乘客座椅下或客艙行李櫃內，以避免滑動或掉落，並不得阻礙緊急裝備之取用及緊急撤離通道。但經民航局核准者，不在此限。非經確認每件隨身行李均已放置妥當，航空器使用人不得允許航空器後推、準備滑行。」目前，國籍航空公司有關CBBG的作業規定均呈報請民航局核備，航空公司對於各種機型與機上座位適合安排的CBBG尺寸與可安置的座位都會公告在網頁以供旅客查詢。而就非本國籍的航空公司而言，以國泰航空有限公司為例，額外座位上的行李僅接受樂器，重量限制為重量不得超過75公斤（165磅），尺寸限制豎立樂器箱時，高度不可超過53吋，樂器箱寬度不可超過19吋，樂器箱的厚度不可超過11.5吋。新加坡航空公司只接受經濟艙提供「特大型音樂器材」攜帶進入機艙，旅客與樂器均須持用經濟艙機票，樂器必須放置地板並且倚靠座椅，並以安全帶適當固定，至少需要4條嬰兒用安全帶才能夠固定，重量限制75公斤，體積高度不得超

出61吋，寬度不得超出19吋，惟不接受低音大提琴（contrabass）為CBBG（低音大提琴是近代管弦樂中最低音也是最大的樂器，全長約200公分，演奏者須站立拉奏）。日本航空與全日空對於CBBG的限制為重量不得超過32公斤，長寬的線性長度總和不可超過80吋，且必須七十二小時前完成訂位，否則航空公司有權拒絕。美國達美航空公司客艙占位付費行李重量限制75公斤，其他限制與華航相同。

雖然，各航空公司有不同的尺寸重量規定，但有幾點是一致的：(1)CBBG必須與旅客在同一艙等，支付相同艙等的費用。購買占位行李座位並無免費手提行李或託運行李之額度，旅客本身的免費行李額度則維持

圖7-2 乘客隨身行李不得阻礙緊急裝備之取用及緊急撤離通道，亦不得強迫客艙組員協助置放在非行李放置區域（如機上廚房）保管

資料來源：曾通潔攝於中華航空A330-300緊急出口

不變；(2)CBBG必須固定在乘客隔壁或前後排鄰近的座位（與旅客相鄰）並符合所有安全規定；(3)CBBG必須事前訂位確認；(4)CBBG必須包裝良好，各面必須有堅固之包裝（如行李箱）或包裝於安全穩固的箱子（最好有把手以利安全帶綑綁），外包裝不得使用易破裂軟袋（如塑膠袋）或玻璃材質包裝，以避免破損傷及乘客或座椅。若占位行李本身為不規則形狀（如神佛雕像或瓷器等）則需裝箱處理。請注意神佛雕像身上之配件（含頭飾等）亦須涵蓋在箱內，不可露於箱外且所有箱內物件於班機起飛／降落或遭遇亂流時，須防範箱內物品拋出誤傷旅客；(5)CBBG必須以機上安全帶綑綁固定在座位上且不會使外包裝受損或變形，內容物無損傷之虞；(6)飛行途中旅客及CBBG的座位均不得任意更換；(7)CBBG不得阻礙任何影響旅客識別的「安全帶」、「禁止吸菸」或「出口」指示燈號，亦不得阻礙或影響緊急逃生裝備與逃生路線；(8)CBBG不得包含危險物品或其他違禁品；(9)CBBG不能使飛機或搭機旅客或財產陷入危險；(10)旅客攜帶CBBG務必事先訂位，機場不受理臨櫃之CBBG申請；(11)航空公司保有接受載運與否的最終權利。

綜言之，旅客攜帶CBBG時，在現場執勤的運務人員應參照交通部民用航空局認可之符合《航空器飛航作業管理規則》（編號07-02A）第48條相關規定，並列入「航空器使用人乘客隨身行李計畫」（Air Carrier Carry-on Baggage Program）內之相關指引及說明，檢視或量測核實：(1)尺寸；(2)重量；(3)件數；(4)裝箱；(5)限定座位；(6)貼上CBBG識別標籤；(7)系統註記；(8)安全帶（若同班次件數超過三件時，櫃檯督導須確認機務備妥安全帶），均符合標準。額外購買CBBG之機票，此占位行李亦不再比照一般旅客提供免費行李額度。前揭程序係參照民用航空局綜整美國聯邦航空管理局（FAA）AC 121-29B「Carry-on Baggage」、HBAT（Flight Standards Handbook Bulletin for Air Transportation）98-28 Air Carrier Carry-on Baggage Programs、FAA Order 8900.1等相關規範，擷取適用之資訊，並邀集國籍航空公司共同參與制訂的民航通告（編號AC 121-002A），俾利現場作業參照依循。

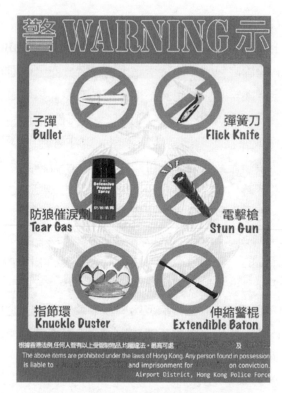

圖7-3　香港入境禁止攜帶物品須知

資料來源：曾通潔翻拍香港赤鱲角國際機場入境須知

第二節　活生動物的作業實務

一、活生動物運送梗概

　　「活生動物」（Animal Ventilation in Hold, AVIH），泛指有生命之飛禽、走獸、爬蟲等陸上動物、兩棲動物及水中動物，如鴿子、鸚鵡、雞、鴨、貓、狗、猴、兔等。航空公司對於活生動物的運送，均會遵循起迄兩國的動植物防疫檢疫局相關規定，並參考國際航空運輸協會（IATA）於1991年訂定的《活生動物規則》（*IATA Live Animals*

Regulations, LAR）對於輸運動物在特製的動物運輸容器（shipping container）之規格及空間需求，以及《瀕臨絕種野生動植物國際貿易公約》（*Convention on International Trade in Endangered Species of Wild Fauna and Flora*, CITES）的名單附錄。除了要求貨主備妥具結書之外，航空器在沿途溫控需保持在18～22°C之間。若是大量運送，尚需安排專人押運，動物運輸容器的包裝要防止動物逃逸，保證通風，底部要防止糞便外溢。

　　國際民航組織（ICAO）規定航空公司客運承載的活生動物（寵物）種類僅侷限在犬、貓、兔三類。IATA為使全球航空公司託運活生動物的作業程序能標準化，在所制定的《活生動物規則》中，要求航空公司進行此項作業時，要注意運送安全、人道作業與考量成本效率，該規則並依照歐盟與美國有關漁業與野生動物相關保育措施所制定，並符合國際貿易組織對於瀕臨滅絕的野生動植物與世界動物衛生組織（World Organization for Animal Health, OIE）的認可。攜帶犬類動物進入美國地區（包括夏威夷及關島），必須另行依照美國疾病管制局（Centers of Disease Control and Prevention, CDC）頒布的規定處理。基於各國的檢疫規定，多數航空公司「原則上」不同意旅客攜帶活生動物為客艙內寵物（cabin pet）。就臺灣而言，自2007年1月1日起，除了基於社會平等機會及人道主義對於涉及弱能人士的義犬（導盲犬、導聾犬、服務性犬）輔助保障之外，國籍航空公司航空器的客艙已經全面禁止留置寵物或動物，而家庭馴養的狗隻、貓隻或鳥類（部分國家暫停接受）則可被安置於籠中，並於航空器下方的貨艙運送。旅客如欲攜帶寵物同行，必須事先安排，除各航空公司的規定不相同外，尚必須考量各國的輸出入檢疫法規與風土民情。例如：馬來西亞古晉（Kuching）就不同意貓隻的輸入，但合格的導盲犬、導聾犬、肢體輔助犬或心靈寵物等「服務性動物」不受客艙寵物的限制，可以免費登機〔古晉是砂勞越（馬來文：Sarawak）的首府，在馬來語中，「kucing」一詞就是指貓，貓是當地的吉祥動物。英國殖民政權布洛克王朝（Brooke Dynasty）的第一代國王，英國探險家詹姆斯‧布魯克（James

Brooke, 1803-1868）曾經以「貓城」命名這座城市〕。然而，前揭「服務
性動物」需視出入境國家的相關規定及限制，如汶萊即禁止任何犬隻進入
客艙，併此敘明。

　　極少數國外的航空公司會允許國際航線客艙內至多有一隻寵物同行。
對於這些航空公司而言，只要乘客攜帶寵物的手續齊備，允許乘客將寵
物置於適當的獸籠內（尺寸不得超過23公分*36公分*56公分，總尺寸不
得超過115公分），放在座椅底下，視同手提行李，在運務上以「CPET」
（cabin pet）模式處理。惟請注意，寵物及獸籠將視為額外的託運行李，
不納入免費託運行李計算額度內。但無論以「手提行李」或「託運行李」
的方式運送，除了弱能人士的引導犬，其獸籠和食物則可免費運送，而不
計入旅客的免費託運行李之限額內，其他的寵物及裝載的容器均不能算是

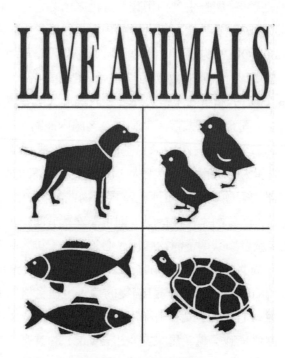

圖7-4　活生動物標誌

資料來源：國際航空運輸協會《活生動物規則》

免費行李，必須依航空公司規定另外付費，以享有擔保標的物的保險。對於有些寵物太過敏感或凶猛，有些航空公司會要求寵物的飼主上機前要給予安撫、遮光或配戴口罩。此外，由於部分目的地的限制，寵物未必均能被視為託運行李而與飼主同機旅行入境。例如：入境或出境澳洲、入境或出境汶萊、入境或出境峇里島、入境或出境紐西蘭、入境或出境南非、入境杜拜、入境中國香港特別行政區、入境英國。飼主於行前應與旅遊目的地的貨運公司、報關行或專運寵物的國際聯運公司聯繫及確認。

二、活生動物運送作業法規與行政處理程序

依據《動物保護法》第20條第三項規範，行政院農業委員會頒布之《公告具攻擊性寵物及其出入公共場所該採取之防護措施》公告事項（2015年9月23日修訂）：「一、具攻擊性之寵物指危險性犬隻及無正當理由曾有攻擊人或動物行為紀錄之犬隻。二、危險性犬隻指以下品種及與其混血之犬隻：(一)比特犬（Pit Bull Terrier）：美國比特鬥牛犬（American Pit Bull Terrier or American Pit Bull）、史大佛夏牛頭犬（Staffordshire Bull Terrier）、美國史大佛夏牛頭犬（American Staffordshire Terrier）。(二)日本土佐犬（Japanese Tosa）。(三)紐波利頓犬（Neapolitan Mastiff）。(四)阿根廷杜告犬（Dogo Argentino）。(五)巴西菲勒犬（Fila Braziliero）。(六)獒犬（Mastiff）：西藏獒犬（Tibetan Mastiff）、鬥牛獒犬（Bull Mastiff）、義大利獒犬（Cane Corso）、波爾多獒犬（Dogue de Bordeaux）。三、具攻擊性之寵物出入公共場所或公眾得出入之場所，應由成年人伴同，並採取下列防護措施：(一)以長度不超過一點五公尺之繩或鍊牽引。(二)配戴不影響散熱之透氣口罩。」

在接受上述攻擊性之寵物指危險性犬隻，需查閱國際航空運輸協會的《活生動物規則》，確認該公司接受運送，方可承運。另參照《身心障礙者權益保障法》第60條第一項規定：「視覺、聽覺、肢體功能障礙者由合格導盲犬、導聾犬、肢體輔助犬陪同或導盲犬、導聾犬、肢體輔助

犬專業訓練人員於執行訓練時帶同幼犬，得自由出入公共場所、公共建築物、營業場所、大眾運輸工具及其他公共設施。」同法第100條規定：「違反第十六條第二項或第六十條第二項規定者，應令限期改善；屆期未改善者，處新臺幣一萬元以上五萬元以下罰鍰，並命其接受四小時之講習。」合格犬相關證件範本如圖7-5。

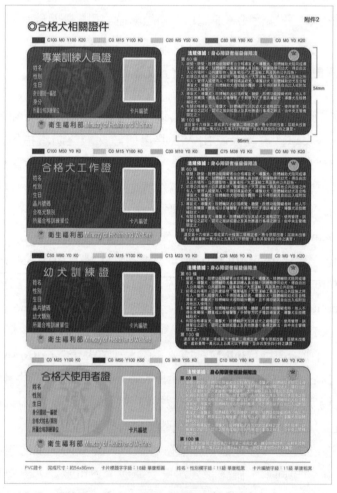

圖7-5　合格犬相關證件範本

資料來源：教育部108年3月14日臺教學(四)字第1080036043號函

　　值得注意的是，對於欲將寵物從事國際空運者應該瞭解，部分狂犬病非疫區國家或地區〔如日本、新加坡、英國、瑞典、冰島、挪威（Svalbard群島除外）、澳大利亞、紐西蘭、美國夏威夷州及關島〕規定自臺灣攜帶貓或犬進入該國不僅必須符合該國之動物檢疫規定，同時亦須遵循行政院農業委員會動植物防疫檢疫局相關輸入規定摘要如下：

1. 犬、貓應滿九十日齡以上，並植入晶片，於輸入三十日前至一年之期間內，完成狂犬病不活化疫苗預防注射〔寵物晶片植入為非醫療之注射行為，通常係為可用單頻或多頻感讀機讀取的RFID植入式晶片（如AVID、HomeAgain、Destron、Trovan等符合ISO 11784/11785動物無線射頻身分識別通訊協定的晶片）〕。一般而言，晶片的植入不需要手術甚至麻醉，僅是透過一個專用注射器注入動物的兩個肩胛間的皮下。在寵物晶片植入過程中，儘管針頭很大，但是大部分動物在植入時並不會害怕或退縮。

2. 犬、貓於預定起運至少二十日前，線上申請（https://pet-epermit.baphiq.gov.tw/）輸入同意文件，或填申請書並檢附下列文件影本向抵達港、站之動植物防疫檢疫局所屬各分局（以下簡稱本局所屬分局）申請「輸入同意文件」：(1)獸醫師簽發之狂犬病不活化疫苗預防注射證明書；(2)申請人國民身分證。但申請人非屬居住臺灣地區設有戶籍國民者，應檢附其他身分證明文件；(3)輸出後一百八十日內復運回臺，應另檢附自我國輸出檢疫之證明文件。

3. 犬、貓起運前，請向輸出國動物檢疫主管機關申辦「動物檢疫證明書」，該證明書須以中文或英文記載下列事項：(1)犬、貓之品種、性別、年齡及晶片號碼；(2)符合規定之狂犬病不活化疫苗預防注射日期；(3)犬、貓經檢查無狂犬病臨床症狀；(4)輸出國過去二年內未發生狂犬病病例；(5)犬、貓於輸出前六個月或自出生後均飼養於輸出國。

4. 犬、貓運抵港站時，申請人應檢附輸入同意文件影本、輸出國政府動物檢疫機構簽發之動物檢疫證明書正本及航運公司提單（Bill of

Lading, B/L）或海關申報單，向本局所屬各分局申報檢疫，未檢附動物檢疫證明書正本者，該批犬貓須依規定施打狂犬病疫苗、狂犬病中和抗體檢測並延長隔離一百八十七日以上，或退運、撲殺銷毀。

5.運輸途中經由狂犬病疫區轉換運輸工具者，應予退運、送往指定隔離場所隔離檢疫二十一日，或撲殺銷毀。但符合下列規定之一者，不在此限：(1)輸出前由輸出國檢疫機關籤封運輸籠，並將籤封號碼或其他標示記載於動物檢疫證明書；(2)檢附轉換運輸工具所在地之動物檢疫機關、海關、航空或海運公司等出具該犬、貓未出港、站，且未與其他具感受性動物接觸之證明文件。

6.自臺灣輸出至狂犬病非疫區之犬、貓，因故於該國飼養未達一百八十日即返國者，申請人應於犬、貓預定返國起運二十天前，填申請書並檢附上述所列文件及自我國輸出時之輸出檢疫證明書影本，向到達港、站之行政院農業委員會動植物防疫檢疫局所屬各分局申請輸入同意文件。申請人依規定申報檢疫所檢附之動物檢疫證明書，除了應符合上述第3點(1)至(5)應記載事項外，並應記載「犬、貓於抵達本國後未再進出第三國」。此措施可方便出國旅客攜帶犬貓寵物往返非疫區國家停留時間不會受到太大的限制，返國時寵物亦不需接受隔離檢疫。

三、活生動物運送的飼主認知事項

動物於輸入該國之前，飼主必須事先取得該國政府動物檢疫站之同意，動物必須隨伴其有效的輸入許可書（有效期限通常為兩個月）方能入境。簡言之，凡欲辦理寵物申請入境該國者，與寵物同行的旅客或代理人應於須檢疫寵物（活生動物）到達目的地之前，先向該輸出入動物檢疫機關申請檢疫，並儘早提出申請，俾便該檢疫站保留須檢疫動物之居住空間。若該國檢疫檢驗局同意後，會寄給申請人「輸入同意許可書」，並隨

附動物輸出前之健康及檢疫規定。當申請人接到輸入許可書後,應安排合格之獸醫院為動物注射疫苗、檢查或治療事宜。這些事宜應在動物輸出前完成,以確保動物符合該國之動物健康規定。同時務必事先聯絡航空公司安排動物之運送事宜。動物抵達該國時會有該國檢疫檢驗局官員在場,繳驗輸出國檢疫機關發給之動物檢疫證明書(輸出國獸醫師簽發之「狂犬病不活化疫苗注射證明書」),若檢疫結果認為罹患或疑患動物傳染病者,則將禁止進口或為「必要之處置」。到達目的地後,自輸入港、站之日起,動物將直接被運送至動物檢疫站的指定隔離場停留原則上大約三十日(詳細日期視各國政府動物檢疫機關決定),並由飼主或其代理人向有關口岸動植物檢疫機關交付隔離場租用費用,以確保人民權利與動物保護及便民為宗旨,並兼顧減低狂犬病可能入侵之風險性。於此停留期間內,動物將被安排至特定的居住環境並受到該國檢疫檢驗局官員之照顧。動物抵達該國七日後,動物主人可每週探視動物一次。探視規定可能因動物檢疫站不同而有所差異,詳情應洽詢各國的動物檢疫站。同時犬貓於隔離檢疫,確認健康無虞始予放行後,亦可能視當地政府規定由其動物防疫機關繼續追蹤檢疫六個月。

綜言之,各國對動物的輸出入規定不同,出發前旅客需清楚瞭解其規定,並請準備好寵物的健康證明、檢疫證明,並且獲得行程上出、入、過境國家的許可。如果有隔離檢疫的必要,所有產生的相關費用將由飼主自行負責。隔離檢疫時間長短,將視不同目的地城市的動植物檢疫當局規定而異。請確認已為託運寵物備妥下列文件:

1.相關政府核發的有效輸出/輸入文件。
2.妥善備齊所有行程中涵蓋的入境/過境國要求的入境許可、健康聲明書及疫苗注射證明。
3.任何行程中涵蓋的入境/過境國政府要求的額外特殊文件。

請旅客及其寵物至遲應於班機起飛之前兩小時至機場報到,以便機場人員有充裕的時間執行適當安排。

【實務案例】

2010年1月，一位住在日本的甲小姐一月初帶狗返回臺灣，機場官員表示文件有缺失，狗不能放行，甲小姐只能陪著狗在機場過夜。隔日，加註時間和地點證明「未經過第三地」後才放行。但小狗因為長時間不能動彈，得了緊張症，雙腿幾乎是僵硬。不過，兩份文件仔細看內容幾乎一樣，唯一不同的就是備考欄中的條文，前半段都一樣，證明這隻狗沒到過第三國，只是補正的文件多了時間地點與「未經過第三地」六個字。動檢所人員強調，是因為文件有缺失才會扣留狗，一切都是依法辦事，絕非刻意刁難。因此，愛護寵物的飼主，有必要瞭解相關的檢疫作業規定。

四、活生動物運送的航空公司作業認知

　　攜帶犬貓等活生動物入境者，飼主除了對擬運動物進行身體狀況評估之外，對於輸送前的先置作業而言，應檢附「進口同意文件」、輸出國政府動物檢疫機構簽發之動物檢疫證明書正本及航運公司提單，依法申報檢疫，這些文件是缺一不可的，若有缺乏證件或沒有加蓋關防者就無法接著辦理後續的停留檢疫。無法順利通關的活生動物會先暫存於海關區內的檢疫局鐵籠內，待所有手續齊備後始可辦理為期二十一日的停留檢疫。二十一日後，若確認活生動物無檢疫相關疑慮，始可輸入我國。然而，對於航空公司是否願意接受活生動物運送的申請？實務上，如果要將活生動物置於客艙運送，僅有兔、狗、貓可以被接受，惟其注意事項如下：

1. 寵物必須是健康無害、乾淨沒有異味、不吵鬧。
2. 部分航空公司限制輸送之雌性動物不得懷孕，帶幼兒或騷動不安不得載運。部分航空公司則規範懷孕及產後寵物的旅行規範為：(1)寵物懷孕不可超過四十天；(2)產後七天內之寵物不得受理。
3. 寵物必須放置於防漏、防逃脫、防抓的容器或獸籠內。
4. 出生未滿十週的幼獸不得運送（實際狀況應視各航空公司規定）。
5. 這些動物必須攜有適用於起程地、目的地及轉機地之文件（如運送

文件、健康及檢疫證明）。

6.犬、貓獸籠內以放置一隻成全犬（貓）為限。

7.若寵物於客艙內不停吵鬧時，機長有權於下一停留點要求將動物放入貨艙。

8.飛行途中不得將動物取出籠外。

9.2007年1月1日起，臺灣的動植物檢疫規定，禁止寵物以客艙行李方式，攜帶進入客艙。

10.除了導盲犬、導聾犬、服務性犬之外，其他寵物必須置放於妥善容器內以託運方式置於貨艙運送，且寵物及置放寵物的容器將依重量或數量以超額行李收費方式收費。因考量貨艙溫度調節因素，以中華航空B738和ERJ機型為例，不接受旅客託運寵物。如旅客的寵物需以託運方式運送，航空公司會要求旅客於託運行李牌上簽名。

11.具有視力障礙或聽力障礙困擾的旅客所攜帶的身心障礙人士使用的引導犬，可與身心障礙人士同行，不用關在籠內，但必須蹲坐在主人的腳旁。

12.凡攜帶犬、貓來回程過境中華民國的旅客，均必須先填妥「過境檢疫申請書」傳送至臺灣動植物檢疫局電子信箱hc04@mail.hcbaphiq.gov.tw，在獲得准許後始可搭機成行。旅客攜帶犬類動物進入美國地區（包括夏威夷及關島），必須依照美國疾病管制局頒布的新規定處理。

　　若將託運的活生動物與主人分開運送，則這些活生動物將被置於貨艙。多數貨艙內有溫度及氣壓調整設備，可附載活生動物。對於準備將寵物以託運方式運送者，要考慮轉機站不可帶其出來活動，應於行前於籠內準備足夠的飲水及食物，並附上詳細的餵食方法。對於裝載活生動物的獸籠應注意下列事項：

　　1.在運送過程中，活生動物運輸裝置動物的容具（container）或牢籠

必須防漏、防脫逃、堅固，具有防止動物口鼻、腳爪及舌伸出籠具外。地勤公司或航空公司勤務部門處理時，必須確實檢查獸籠是否牢固，惟需特別強調，防爪子伸出獸籠外。

2. 獸籠必須符合IATA規範的堅固硬質塑膠材質製成，且僅有一個寵物門供寵物進出及防止脫逃、籠爪外露功能。寵物可以在籠內完全站立、躺臥及轉身，寵物在籠內站立時頭部不可觸及寵物籠頂端。三邊籠壁必須具備通風口。底部必須鋪設吸水襯墊。寵物籠門四邊必須用束帶束緊。黏貼活生動物（live animals）貼紙。籠內附加盛裝備妥飲水、食物的容器。下層墊有易吸水之物，避免滲漏排泄物（避免以稻草鋪於下層吸水，以免觸及某些國家農業規定及限制）。寵物籠四周可以再用行李束帶（打包帶）加強。

3. 航空公司要求裝載「AVIH」的籠具必須適合動物站立、轉身、臥躺，其測量標準規定如下：若「A」代表動物由鼻子到尾根的長度，「B」代表動物由地面到肘部的長度，「C」代表動物肩胛骨之間的背寬，「D」代表動物四腳站立時地面到頭頂或耳尖（取較高者）的高度，則依據慣例，籠具的長度、寬度、高度衡量標準如下：

   (1)籠具的長度＝A＋1/2×B

   (2)籠具的寬度＝C×2（一籠關兩隻寵物則需調整為C×3，一籠關三隻寵物為C×4）

   (3)籠具的高度＝D

4. 利用空運方式者，籠具必須符合國際航空運輸協會之《活生動物規則》，並必須被列為裝載之貨物。建議利用直飛方式以減少動物所受之壓迫及避免時間上的拖延。

5. 獸籠必須夠堅固，且無內載動物逃脫或傷害到動物本身及其他裝載的風險。

6. 符合運送處理的要求（餵食、給水、清潔）且無危害到經手職員安全的考量。

7.有特殊要求的活體動物運輸，託運人應當向承運人說明注意事項或在現場指導作業。

8.須知會擬運送班次機長活生動物所在位置，以便調節溫度不致凍死。

9.須確認目的地國家與轉機國國家是否接受寵物以行李託運方式寄送。

　　另外，這些被置於貨艙的活生動物會安靜不吵鬧嗎？由於噴射飛機的發明，動物的運送問題變得更為棘手。在動物必須以「裝載之貨物」的方式置於貨艙內，會引發一些重要的考量，包括：(1)動物的種類、數量和體重；(2)運送中動物自由活動的空間；(3)二氧化碳的密度；(4)地面滯留的時間；(5)季節因素；(6)地面四周的溫度與濕度；(7)運送時的條板設備（crating）；(8)飛航的高度和時間；(9)使用何段貨艙；(10)廢棄物的收拾。

五、活生動物運送的航空公司作業實務

　　考慮活生動物在空間有限的機艙內被運送，除了飛行時的發動機運轉聲音、機體震動、機艙內的低氣壓及低濕度，不至於危害動物自身的健康與舒適外，也不至於對航空公司從業人員或設備產生負面的影響。通常應注意的事項有三，分別為飛航前的準備、載運時動物的上下飛機，以及承運量規範，茲分述如下：

(一)航空公司飛航前的準備

　　行政院農業委員會以2012年5月23日接獲發現第一例鼬獾傷亡案例的日期，作為臺灣動物狂犬病疫情的發生日期，於2013年7月17日通報世界動物衛生組織（OIE）為狂犬病疫區。依據行政院農業委員會動植物防疫檢疫局公布監測資料，該疫情侷限於鼬獾、白鼻心等野生動物。當時導致部分國家對於寵物由臺灣運送至該國的簡易法規修正，有運送動物需求者

應事先向輸入國確認相關檢疫條件或可向農委會防檢局詢問相關問題，方可避免不必要的困擾。其次是裝運動物的容具一定要具有防逃、防漏（因為動物的排泄物、分泌物的潑灑或滲漏，會腐蝕、剝蝕機艙金屬及破壞有機物質表面）。有關排洩物處理的原則可參閱《活生動物規則》與容積大小適中而通風良好的特性。此外，各項容具應該適當地標示所運動物的種類與目的地。自1903年人類實現持續可控制的載人動力飛行以來，超過百年的發展，空中旅行早已符合人類進化與生存的習慣。但是，動物則不然，牠們會需要特殊的考慮，諸如動物不能長時間曝露於噴射機的噪音中，以及需要充足的食物與水。在貨艙內，動物所處的環境，燈光將會被關上而周遭顯得昏暗，且聽得到發動機與機械運轉聲、空氣氣流聲以及收放「起落架」（landing gear）等聲音。貨艙內雖然多設有空氣調節和濕度控制，但外部氣溫可能以和客艙不同的方式影響貨艙的環境（如夏季時，貨艙可能因外部高溫和停機坪反射的熱力而變熱）。為了確保動物運送過程中能夠盡可能放鬆和平靜，在飛航前，這些動物應留置於乾燥、通風良好、溫度適中的地區，不要受到陽光的直曬以及避免強烈的侵襲。綜言之，有若干因素必須被綜合考慮，分別是：溫度、通風、濕度、艙壓、噪音程度及高風險具攻擊性的動物種類辨識，茲介紹如下：

◆ 溫度

運送過程中，動物可能受到溫度影響導致熱衰竭死亡，地面與客艙溫度遂為定調是否承載的關鍵因素，運送工具應依運送時環境，使用適當防曬、防寒及通風功能。倘若場面溫度過高，或航空器空調溫控系統故障，均不得運送活生動物。以長榮航空為例，每年北半球航點高溫季節的4月1日至11月30日及南半球高溫季節的10月1日至隔年3月31日期間，不接受運載以下短鼻扁臉型的犬／貓及其混血品種運送，涉及東南亞航線，全年禁運短鼻扁臉犬／貓。航行過程，組員難以調動貨艙內的溫度，艙內溫度務必在飛航前予以設定，並考慮動物本身散發的熱量、飛機的空速（影響機身表面的溫度）以及機艙與外界空氣的溫度。適中的機艙溫度對

活生動物的運送是非常重要的，尤其是夏陽冬雪的溫差變化可能會增加動物的緊張，嚴重者甚至可能受到傷害或殞命。

◆ 通風

　　貨艙通風程度是決定載運動物能力的一項重要考量。二氧化碳是動物呼吸時持續不斷產生的必然現象，而二氧化碳的產量會因動物的不適狀況，如緊張、熱度、溫度而增加。因此，動物空運作業務必須排除呼吸時放出的二氧化碳、水蒸氣和熱量對動物造成的不適，保持艙內空氣環境得到嚴格控制，並換入新鮮空氣以確保通風順暢。然而，並非所有機種均能妥善提供溫度、濕度控制與空氣，有些機種僅提供部分的貨艙，適合載運活生動物，如B757前貨艙；有些機種不適合載運活生動物，如B738-800，但大部分的廣體噴射客機的貨艙有空氣通風設備，如B747、B787、B777、B767、A330、A350均有空氣迴轉調節系統及良好搭乘環境，可以接受活生動物運送，倘若貨艙空調系統發生臨時性故障，則須婉拒活生動物運送。

◆ 濕度

　　航空器運行中，貨物中的含水量伴隨空氣溫度、貨物溫度和空氣溫度的變化會影響貨艙內及其空氣中的水汽含量。活生動物的出汗與呼吸亦會增加貨艙內的濕度。基於權衡溫度與濕度的相對關係（若溫度高，會促增動物體溫而增加二氧化碳的排放，將會產生不良的惡性循環），不僅影響動物的搭乘舒適與健康，逾越比例原則的濕度亦有可能觸發下貨艙的煙霧探測系統（Lower Deck Cargo Compartment Smoke Detection）和滅火系統發出不正常訊號，導致航空器駕駛員誤判而實施緊急降落。另一方面，某些貨物（例如鋼材、袋裝農產品）如果積載在潮濕的環境中可能產生「濕損」。

◆ 艙壓

　　飛機貨艙內的艙壓是與客艙一樣的，這樣的艙壓對一般動物均頗為

合適。不過，對於短鼻扁臉犬／貓（如拳師犬、巴哥犬、牛頭犬、北京犬、喜馬拉雅貓和波斯貓等），由於牠們的鼻道狹窄，軟顎瘦長，對溫度變化敏感，在運送過程中有極高的風險會引發其呼吸方面的問題，容易對此類動物造成不良的健康影響。尤其是在飛航中艙壓降低時更具影響，炎熱季節期間（北半球航點高溫季節的4月1日至11月30日及南半球高溫季節的10月1日至隔年3月31日期間）不被航空公司接受運載，甚至東南亞國家則全年禁運。以星宇航空「寵物託運規範」（Carriage of Live Animals）為例，不受理載運以下短鼻扁臉型的犬／貓及其混血品種：(1)犬類：阿芬平嘉犬／猴面犬、波士頓狡犬、拳獅犬、比利時粗毛犬、鬥牛犬／牛頭犬、牛頭狡犬、查理士王小獵犬、鬆獅犬、波爾多犬、英國玩具獵狐犬、巴哥犬／哈巴犬、日本獵犬、拉薩犬、獒犬、北京犬、西班牙加納利犬、沙皮狗、西施犬、斯塔福郡牛頭狡、西藏獵犬、美國鬥牛狡犬、美國斯塔福郡狡犬、阿根廷杜高犬、巴西非勒犬、日本土佐犬、卡斯羅犬；(2)貓類：英國短毛貓、緬甸貓、異國短毛貓、喜馬拉雅貓、波斯貓、蘇格蘭摺耳貓。

◆ 噪音程度

航空噪音不但音量大又偏屬高頻，不僅可能導致動物情緒不穩、疲倦、發怒、焦慮，以及情緒或情感上的轉變，心情煩躁，難以適應與生理疼痛閾值提高，亦可能引發動物壓力荷爾蒙濃度的上升，影響心臟及身體其他部位血管的健康。鑑此，在運送活生動物過程中應儘量避免將牠們曝露在發動機、輔助電源或其他噪音較大的機器附近。簡單的判斷原則就是避免將牠們置於人類也需要帶耳罩的衝擊性噪音環境中。

◆ 高風險具攻擊性的動物種類辨識

特定寵物品種具有高度攻擊性，可能會在裝載、運輸途中至卸載的過程中導致運送人員傷害或財物損失，為維護機場作業區域職工安全，經航空公司向國際航空運輸協會宣告，以犬隻品種為標準，於《活生動物規則》登錄後拒絕承運。諸如比特犬、日本土佐犬、紐波利頓犬等。

(二)航空公司載運時動物的上下飛機

飛機在裝卸時，動物應該採取「後進先出法」（Last In, First Out, LIFO），最後登機，最先下機，不僅最大限度降低其受傷的機會，亦可將牠們曝露在不習慣環境的時間減緩到最低的程度。另外，裝運動物的容器應牢固地繫緊，避免在飛航途中與其他貨物發生碰撞；在到達目的地或中途停站時，應即開啟艙門，便利通風，並視察動物的狀況。

動物抵達目的地後，應立即將之引導下飛機至航站有氣溫調節設備的待領區，由收貨人或託運人來領取，不可以使用貨物滑送槽（cargo chute）來交遞活生動物，以免獸腳被機器夾傷。

(三)航空公司考慮的承運規範

運送人除了應該考慮所運動物的種類、體積，以及機艙內的溫度、濕度與二氧化碳含量等條件，藉以對飛機運送貨物的最大承運量從事適當的綜合判斷之外，對於活生動物亦有相關承運規範：

1. 即便旅客未攜帶行李，亦不可把活生動物及獸籠當作免費行李處理。

2. 貨運站收受之國內航線活生動物，按一般貨運以10公斤起運，並參照其實際重量或籠箱體積重量，以一般貨物運價之雙倍收費。國際航線，以中華航空為例：(1)美洲及美加屬地以外地區寵物規定：狗、貓託運，容器與寵物本身不能列計於免費託運行李之額度內。依實際託運重量（含獸籠與寵物），以1.5倍之超重行李費計算；(2)往／返美洲地區及美加屬地寵物規定：狗、貓託運請先洽華航，容器與寵物本身不能列計於免費託運行李之額度內。若每件（含獸籠與寵物）總重量不超過32公斤以超件兩件行李費計算，若每件總重量超過32公斤（含）以上則以超件三件行李費計算，超過45公斤每增加10公斤將增加一件之超件行李費。綜言之，搭機旅客攜帶之活生動物按其實際重量加上籠箱重量的總重計價，依照該航段適用

的超重運費來計價,若干航空公司對於寵物託運甚至以運價之雙倍收費。

3.我國所有的活生動物皆須裝入貨艙,旅客不可隨身攜帶。

4.活生動物處理注意事項:

(1)活生動物需裝入附有托盤之籠箱,欄門必須牢固加鎖,以防汙染貨艙或發生意外事故。

(2)具有危險性或侵略性之活生動物應婉拒受理收運。

(3)各類活生動物限置於貨艙並防擠壓。

(4)航空公司各站接收活生動物時,須由貨主或旅客填寫切結書一式兩份,一份自存,一份隨貨運通知單送到達站。

(5)對於由兩個或兩個以上國家的運輸企業在國際間銜接運送貨物或旅客之「國際聯運」業務的航班,機場運務人員另需確認事項包含:

- 續程航空公司已經接受AVIH訂位。
- 需確認旅客確實取得輸出入許可證。
- 需填寫「告知機長之特殊物品裝載訊息文件」(Notification to Captain, NOTOC)。
- 需確認轉機站接受AVIH轉運。
- 需將旅客填寫的免責同意書送達轉機站,並確實告知次航程航空公司會再次與旅客進行AVIH運送確認。
- 須通知轉機站本公司地勤代理公司確保AVIH轉運安全。

活生動物的託運在實務操作上偶有發生事故的案例,諸如死亡、受傷、遺失或因證件不齊而被到達站之機場檢疫單位禁止進口或採取「必要之處置」。寵物常被其主人視為家族的一份子,若遭逢意外,常使其主人悲痛欲絕。因此機場作業單位必須謹慎處理,在作業上接受旅客託運時務必與飼主確認寵物的健康狀況,若寵物明顯出現疾病症狀或精神委靡,應勸導飼主不要攜帶出境;並須詳細說明可能遭遇的風險,與航空公司相關的限制責任,取得飼主同意並簽立對航空公司的免責同意書後,以「免責

同意行李牌」（limited release），經旅客簽名後辦理託運。根據旅客載運契約約定，活生動物若因：(1)自然死亡；(2)自身行為導致的受傷；(3)容器的缺陷導致的事故，航空公司並無賠償責任。但是，如果動物在運送過程死亡的原因可歸責於航空公司，而必須擔負賠償責任時，因行李賠償有其上限（以國際航線為例，華沙公約每公斤的行李賠償金最高為20美金），其賠償額是有限的，甚至某些無法用價格衡量的寵物死亡所獲得的賠償額與主人的期望落差頗大，引發旅客不滿，亦易引起訴訟事件。因此，航空公司對於活生動物運送的處理格外謹慎，並對若干具有潛在危險的動物託運保留拒絕運送的權利。

第三節　武器託運作業實務

依據2020年06月10日修正《槍砲彈藥刀械管制條例》第4條，對於槍砲、彈藥、刀械定義如下：

1. 槍砲：指制式或非制式之火砲、肩射武器、機關槍、衝鋒槍、卡柄槍、自動步槍、普通步槍、馬槍、手槍、鋼筆槍、瓦斯槍、麻醉槍、獵槍、空氣槍、魚槍及其他可發射金屬或子彈具有殺傷力之各式槍砲。
2. 彈藥：指前款各式槍砲所使用之砲彈、子彈及其他具有殺傷力或破壞性之各類炸彈、爆裂物。
3. 刀械：指武士刀、手杖刀、鴛鴦刀、手指虎、鋼（鐵）鞭、扁鑽、匕首及其他經中央主管機關公告查禁，非供正當使用具有殺傷力之刀械。

就航空運務實務的「武器託運作業」而言，所謂「武器」泛指具有攻擊性，能夠造成航空公司人員或旅客傷害的物品，如槍械、子彈、警棍、刀械等。以現行各航空公司的運務作業的武器託運對象是受到限制的。依據《民用航空法》第47條第五款：「航空保安計畫之訂定與報核

程序、航空器所有人或使用人對於航空器之戒護與清艙檢查、旅客、行李、貨物、空廚餐飲與侍應品之保安措施、保安控管人之申請程序、戒護與被戒護人、武裝空安人員與其他經航空警察局許可攜帶武器進入航空器人員搭機應遵行事項、保安控制人員之資格、航空保安事件之緊急應變措施、航空保安品質管制計畫之訂定與報核程序、保安訓練計畫之訂定與報核程序、保安資料之保密、外籍航空器所有人或使用人保安管理及其他應遵行事項之辦法，由交通部定之。」另外，內政部警政署航空警察局得依據《民用航空保安管理辦法》（2012年07月04日）第22條指派武裝空安人員，於航空器上執行保安任務，並於搭機前七十二小時，通知航空器所有人或使用人。但緊急情況時，不受七十二小時通知之限制。航空器所有人或使用人於接獲前項通知後，應轉知起運國、過境國及目的地國之有關航空站作業單位。航空器所有人或使用人載運經航警局核准攜帶武器進入航空器之其他人員，準用前二項規定。對於旅客攜帶任何類型的槍械、武器或彈藥登機的禁止，《中華人民共和國民用航空法》第八章第101條亦有類似規範：「公共航空運輸企業運輸危險品，應當遵守國家有關規定。禁止以非危險品品名託運危險品。禁止旅客隨身攜帶危險品乘坐民用航空器。除因執行公務並按照國家規定經過批准外，禁止旅客攜帶槍枝、管制刀具乘坐民用航空器。禁止違反國務院民用航空主管部門的規定將危險品作為行李託運。」

一、因公攜帶槍彈搭機出勤特殊任務之軍警人員、首長隨從人員

對於維護中央政府機關首長及特定人士之安全警衛任務或執行特殊任務之軍警人員、首長隨從人員，倘有因公攜帶槍彈搭機出勤需要，應該如何辦理？依據《臺灣地區民航機場安全檢查作業規定》（台內警字第10608718053號令）第15條（槍彈代管）敘明：政府各部、會首長、一般外國貴賓、軍方上將級主管、情治單位首長之隨從人員及軍、警、情治人員因公攜帶槍彈在國內搭機，可依規定辦理託運，隨從人員應先向機場航

空警察單位辦理登記。軍、警、情治人員應由所屬單位主管（上校或薦任八職等或警察分局長以上身分人員）出具證明文件，向機場航空警察單位辦理查驗。原則上，凡在旅途中執行勤務人員所攜帶之武器必須託運，不可隨身攜帶。但是，基於若干特殊任務的考量，為了護衛最高行政機關首長的人身安全能做到滴水不漏，是可以經事先申請核可而允許相關軍、警、情治人員「隨身攜帶」槍械登機。

依據《臺灣地區民航機場安全檢查作業規定》第15條第六款規定：「下列禮遇對象之隨從人員，經事先通報航空警察單位者，其警衛槍彈得准予自行攜帶登機：

1. 本國部分：總統、副總統（含其家屬）、五院院長、副院長；總統、副總統候選人；總統、副總統當選人及其配偶；卸任總統及其配偶、已故總統之配偶；其他經總統核定保護人員。

2. 外國部分：經我國邀請來華訪問之各國總統、副總統（均含其家屬）及經外交部報請行政院院長核准之特殊禮遇對象。

3. 經外交部報請行政院院長核准特殊禮遇之對象，請外交部通知我駐外有關單位轉知欲搭乘班機之航空公司負責人。」

二、攜行槍枝、彈藥出國參加國際性比賽或賽前訓練之團體

對於依法立案或登記從事射擊運動之下列團體：(1)經中華奧林匹克委員會承認之全國性運動團體；(2)屬國際帕拉林匹克委員會會員之中華民國殘障體育運動總會；(3)屬國際聽障體育運動協會會員之中華民國聽障者體育運動協會。若欲將基於練習、訓練、測驗及比賽所為之射擊活動使用之手槍、步槍、空氣手槍、空氣步槍、飛靶槍及其他經教育部公告專供射擊運動使用之各式槍枝從事武器託運，必須遵循《射擊運動槍枝彈藥管理辦法》（2014年7月28日修正）第8條及第9條規定辦理，茲摘錄如下：

第8條

提領槍枝、彈藥離開庫房至不同地址之靶場參加射擊運動時，應由活動舉辦單位以書面載明參賽射擊運動團體及其會員、提領槍枝彈藥所在之庫房、活動與提領起迄時間及活動地點；其屬訓練、測驗或比賽者，並檢附經主管機關備查之證明文件，向內政部申請許可，並副知本部；所提領槍枝、彈藥未跨其他直轄市、縣（市）者，逕向直轄市、縣（市）政府申請許可。

內政部或直轄市、縣（市）政府應於收受前項申請之次日起十五日內准駁，並通知活動舉辦單位、槍枝彈藥庫房與靶場所在地之直轄市、縣（市）警察局，及副知本部（教育部）。

第一項活動期間所使用之槍枝、彈藥，應委託當地靶場儲存、管理；活動結束後，應於第一項提領起迄時間內，將槍枝及賸餘彈藥集中送原保管處所，不得任意攜出。

第9條

攜行槍枝、彈藥出國參加國際性比賽或賽前訓練，應由全國性射擊運動團體以書面載明選手姓名、起迄時間、比賽地點、出、進口地、時間、槍枝、彈藥數量、槍枝號碼及所屬射擊運動團體，並檢附比賽或賽前訓練證明文件，報本部核轉內政部申請出、進口許可。

前項槍枝及賸餘彈藥，應於進口二十四小時內集中送回原保管處所。

國外射擊運動選手攜行槍枝、彈藥進、出口本國參加比賽或賽前訓練，應由全國性射擊運動團體以書面載明選手國籍、姓名、起迄時間、比賽地點、進、出口地、時間、槍枝、彈藥數量及槍枝號碼，並檢附比賽或賽前訓練證明文件，報本部核轉內政部申請進、出口許可；其比賽或賽前訓練活動期間，使用槍枝、彈藥之管理，準用前條第三項規定。

內政部應於收受第一項及前項申請之次日起十五日內准駁，並通知申請之全國性射擊運動團體、槍枝彈藥庫房所在地之直轄市、縣（市）警察局，及副知本部與所屬團體會員。

三、航空公司對於武器託運的作業程序

除了因特殊任務需要，經內政部警政署航空警察局核准，並經航空器使用人同意，而藉由航空器進行武器託運之外，實務上，航空公司為了確保人機的安全，多會要求：凡具有攻擊性且能夠造成傷害的物品，不論何種式樣的武器，亦不論拆散、分解與否，均不可攜帶上機或置放於行李箱中。綜整各主要航空公司在其《運務作業手冊》對於「危險品載運──武器託運作業」的作業規範如下：

(一)出發站的作業程序

槍彈之接受託運及歸還均由運務督導以上之主管人員處理。接獲槍彈託運通知時，應按下列程序處理：

1. 政府各部、會首長、一般外國貴賓、軍方上將級主管、情治單位首長之隨從人員及軍、警、情治人員因公攜帶槍彈者應先向機場航空警察單位辦理登記。
2. 軍、警、情治人員應由所屬單位主管（上校或薦任八職等或警察分局長以上身分人員）出具證明文件，向機場航空警察單位辦理查驗。
3. 前述人員及航空警察單位應會同航空公司辦理槍彈代管手續後，發給代管收據。
4. 航空警察單位及航空公司之專責人員，將代管之槍彈密封並妥善包裝後送至搭乘之航機，親交機長或機長指定之人員簽收保管。
5. 航空警察單位及航空公司應於航機起飛後，迅速通報目的地相關單位，準備到站時發還作業。

機場運務人員在現場處理類似個案時的處理技巧包含但不限於：

1. 將武器託運保管箱（鉛製）、密封簽條兩張（同號碼）、槍彈代管收據一式四份等備妥。
2. 內政部警政署航空警察局安全檢查大隊職司國境線入境安全檢查，

主要職掌係防範械彈、野生動物產製品及其他違禁品偷運入境，並協同海關查緝走私，以維護國家安全及社會治安。機場運務人員應將上列備妥物品聯絡機場航警局安全檢查大隊進行託運作業。

3. 託運人必須先辦妥登機手續，並持有登機證。

4. 會同交運人及安檢人員依旅客申報書，清點槍枝與彈藥，數量確實無誤後槍械必須退出彈匣並清槍後（確認武器未裝填彈藥），再將槍枝裝入保管箱內，立即以兩張「密封簽條」封妥該保管箱。此外，彈藥為第一類危險品，每位旅客僅可攜帶5公斤，若為團體彈藥不可以併裝，且必須採用安全固定的包裝。

5. 填妥槍彈代管收據，第一聯由交運人保管，第二聯交起程站安檢單位，第三聯交座艙長（乘務長、事務長）簽收後交航空公司起程站收存，收據由機場運務人員簽字負責，第四聯交由座艙長簽收保管，並由座艙長確實告知機長轉交到達站。

6. 槍枝保管箱不再置於航空器駕艙內，而是由勤務人員依機型屬性放置於貨艙或航空器飛航時無人可觸及之處，並採取槍彈分離的方式分別放置前後貨艙。運務人員另需準備「告知機長之特殊物品裝載訊息文件」（NOTOC），請機長簽收與確認。

7. 國內航線以電話告知主管某班次有槍彈，必須派員領取，並登錄受話人姓名及時間備查。國際線透過「國際航空電訊協會網路」（SITA TELIX）以LDM（Load Message）與CPM（Container/Pallet Distribution Message）或另行電報（telecommunication）通知該航班續程站或到達站，請其回覆電文確認知悉。

8. 航空器所有人或使用人於接受武器託運時，應通知航警局派員確認武器未裝填彈藥，並置於航空器飛航時無人可觸及之處（《民用航空保安管理辦法》第16條）。

9. 航空器所有人或使用人應防止貨物於收受後至航空器起飛前，被未經授權之人員接觸。航空器所有人或使用人發現貨物被未經授權之人員接觸時，應即通報航警局處理（《民用航空保安管理辦法》第

17條）。

10.航空器所有人或使用人、航空站地勤業及空廚業，應確保空廚餐飲及侍應品於裝載航空器前已經保安控制，並於進入管制區時，接受航警局檢查（《民用航空保安管理辦法》第18條）。

(二)續程站或到達站的作業程序

◆航警局與安檢人員作業程序

1.航機到達目的地後，航空警察局人員及航空公司專責人員應先行登機，向機長或機長指定之人員領取代管槍彈。

2.前述人員於領取代管槍彈後，應迅速發還原武器持用人，並收回起站所發給之代管收據。

3.航空公司應於航機內設置槍彈存放容器，並存置於安全處所，嚴密保管。

4.駐外單位無論有無安全人員接送航機，均由航空公司各站安管人員或經指派之高階可靠人員辦理代管及發還等手續。

5.航空公司之「槍彈領取人」應為運送航空公司之安管人員、站長（副站長）、督導或被指派之資深可靠人員辦理代管及發還等手續。

◆運務人員處理槍彈作業程序

續程站或到達站的運務人員接獲槍彈通知時，應按下列程序處理：

1.班機到達後，承辦交運武器作業人員至客艙，向座艙長（乘務長、事務長）領取槍彈代管收據第四聯及貨艙門提領武器託運保管箱。

2.將武器託運保管箱攜至隱密安全處，並請交運人出示槍彈代管收據第一聯。

3.會同交運人當面剪開「密封簽條」請交運人清點項目並確認項目數量無誤後，請其在槍彈代管收據第一聯簽署。

4.武器託運領取、清點武器時，避免閒雜人員在場。

四、武器託運作業注意事項

1. 除經《臺灣地區民航機場安全檢查作業規定》第15條第六款對於禮遇對象之隨從人員，經事先通報航空警察單位者，其警衛槍彈得准予自行攜帶登機，由航空警察局專案核准的少數個案之外，在旅途中因公執行勤務人員所攜帶之武器必須辦理託運，不可隨身攜帶。

2. 託運槍枝彈匣內不得裝填子彈。槍械必須取出彈藥，拉上保險栓並妥善包裝。而彈藥運送需依據ICAO及IATA *Dangerous Goods Regulation*（簡稱IATA DGR）第9.1.1.2條及適用的當地及國際的保安管制處理。前揭第9.1.1.2條係指貨物收運人員應藉由託運人得到任何可能包含危險品的可疑貨物內容的肯定答覆，旨在防止未申報的危險品作為普通貨物裝載至航空器上。

3. 託運武器必須裝入航空警察局武器託運的危險品專用袋內。

4. 如託運武器的體積相較航空警察局武器託運之危險品專用袋為大之武器，必須包裝及遮蔽良好，以免歹徒覬覦，徒增運送過程的風險。

由於彈藥係屬於IATA DGR第一類危險品「1.4S」，在數量限制（5公斤）以內是安全的，但依照各航空公司與政府的安全政策，並非所有航空公司皆接受旅客託運。在IATA DGR中，各國航空公司會將其對危險品運送規則，陳列在IATA DGR 2.9章節中，其中定義接受危險品的數量、包裝方式、檢查與可接受的危險品種類皆載明其中。例如：長榮航空的BR-04、中華航空的CI-02、中國國際航空CA-07、馬來西亞航空MH-06、泰國國際航空TG-01與越南航空VN-02僅可接受小量危險品的數量。舉凡機場運務人員接受旅客託運時，務必確認輸出國、輸入國以及承載的航空公司皆可接受彈藥的運送。以香港特別行政區政府民航處航空託運槍械（包括體育運動用槍械）和彈藥的規範為例，係根據《1995年飛航（香港）令》第43條辦理——任何武器、子彈及含有炸藥成分或有害及有毒液體、氣體或其他設計成或用作做戰爭或傷人用途的物件都被分類為「軍火」。航空公司在運載軍火前，必須得到民航處的空運軍火許可證及遵

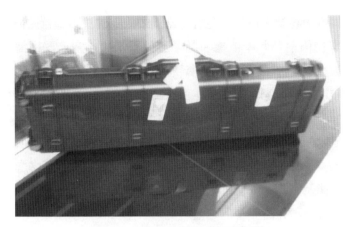

圖7-6　槍枝運送包裝示意圖

資料來源：曾通潔攝於高雄國際機場

從有關的條款，否則即屬違法。乘客、付運人及貨運代理人如想提供軍火、武器、槍械（包括體育運動用槍械）及彈藥作航空託運，必須預先知會航空公司，以及請他們向民航處申請有關批准。

第四節　報值行李作業實務

　　近年來，中華民國消費者文教基金會接獲多起國際旅行中行李遺失申訴案。案由態樣中，有部分消費者認為行李在託運時遺失，是以重量來論賠償金額，而非行李的內容物，往往認知有落差而衍生消費爭議。如果旅客有「貴重行李」，最妥適的方式是隨身攜帶；若要託運，最好做到「事先報值」的動作，才可獲得相對較合理之賠償。

　　臺灣目前在行李遺失的賠償機制主要是依據《華沙公約》內的條文規定：「託運行李遺失賠償金額以每公斤250普安卡雷法郎（相當於20美元）為上限，經濟艙行李（20公斤×20美元）限額為每人美金400元；延誤、受損則視情況而定。」當消費者的行李在託運時遺失，航空公司的有限責任時是按照搭乘航線適用的協議，以旅客在報到劃位時登載於「Bag Check」欄中記錄的重量作為賠償金額的定調；倘若不能確定行李重量，

公司將根據各級客艙每位乘客免費行李上限規定的重量進行賠償,而非以行李的內容物價值為判準依據。為了避免爭議,航空公司通常會建議旅客,若有貴重行李,最好是隨身攜帶。若要託運,建議其做到「事先報值」的動作以證實行李的價值,才可望獲得較合理的賠償。航空公司通常會收取其報值若干比例的手續費,倘若行李真的遺失,便可依報值金額照價賠償。但原則上,若事先申報貴重物品並支付最終價格,按其申報價格進行賠償,並且若支付超重行李費用,則以支付的重量為基準進行賠償。

儘管法律及國際公約已針對航空公司(承運人)在運送行為時可能碰到的侵權狀況做了保護旅客的賠償規範,航空公司(承運人)也完全知道他們的職責,並據以安排保險。旅客們雖也能明白地從機票後面的「運送條款」(Conditions of Carriage)知道遇有傷害或損失時可以期望獲得什麼賠償。然而,有些旅客可能會認為這些賠償的額度不夠,他們可以選擇另外購買保險或在運務櫃檯報到劃位時,要求航空公司以「報值」的方式來處理他們的託運行李,冀求萬一發生損害時可以獲得更多的賠償。

綜上所述,所謂「報值行李」(declare excess valuation)係指乘客若認為其攜帶之託運行李價值超過航空公司依據現行法規規定所訂之最高賠償金額,為了降低該行李之旅行風險(遺失、損壞等)而向航空公司申請報值,航空公司則於承載責任範圍內提供限定金額內之服務項目。在航空運輸對「報值行李」的認定中,與傳統「保險」的意義不同。航空公司對於行李報值費用的收取亦非隸屬保險費用的名目,其意義僅只是旅客認為其攜帶之託運行李價值超過航空公司依據現行法規規定所訂之最高賠償金額,主觀上為了降低其行李之旅行風險(如遺失、損毀等)而向航空公司申請「報值」,航空公司則於承載責任範圍內提供限定金額內之服務項目。

一、報值行李接受範圍

1.為了避免操作上的複雜性及風險控制,報值行李的相關作業僅限機

票填發單位之航空公司飛行的航線適用，旅客行程若牽涉兩家（含以上）航空公司的載運行為，則不接受旅客申辦報值（如轉機他航）。

2.國際線接受之報值金額最高不得超過2,500美元；國內線接受之報值金額最高不得超過新臺幣60,000元。若旅客認定其行李價值超過航空公司所訂定的額度或未能符合需求，建議乘客事先另洽保險公司辦理產物險。此外，如承運人對聲明價值持有懷疑而旅客又拒絕接受檢查時，承運人有權拒絕接受報值。

3.僅接受個人旅遊之旅客申請「託運行李」報值（手提行李不接受報值申請），但不限一件或多件託運行李同時申請報值。

4.航空公司不接受下述行李之託運行李報值：金錢、珠寶、稀有金屬（礦石）、可轉讓票據、有價證券、商業（個人）文件、樣品、藝術（畫）作品、古董、手稿、天然皮毛製品、不能再修補之絕版書或出版品、攝錄、影音器材及相關產品、行動電話及其他通訊設備、急用藥品、醫療用品、其他貴重物品或無法替代物品等。

二、報值行李計費規定

1.航空公司對託運行李所負之責任，國內線依據《航空客貨損害賠償辦法》第4條之規定，每公斤賠償額為新臺幣1,000元，故最高法定賠償額為NTD 1,000×10公斤＝NTD 10,000；國際線則依據《華沙公約》及《海牙議定書》之規定，每公斤賠償額為20美元，若該旅客機票免付費託運行李額度為20公斤，最高法定賠償額為USD 20×20公斤＝USD 400。

2.國際線每報值100美元，收取1美元之服務費；國內線每報值新臺幣3,000元，收取新臺幣20元之服務費。

3.若涉及當地貨幣與美金之換算，則以當地銀行買入美金價格計算。

【案例探討一】
國內線旅客一件10公斤託運行李，申請報值新臺幣80,000。
申請報值金額 ➔　　　　　NTD 80,000
最高法定賠償金額 ➔　　　 NTD 1,000×10公斤＝NTD 10,000
超過之報值金額 ➔　　　　 NTD 70,000（80,000－10,000＝70,000）
報值行李服務費收取 ➔　　 NTD 70,000/3,000×20＝NTD 466.6元≒467元

【案例探討二】
國際線旅客一件20公斤託運行李，申請報值美金2,500。
申請報值金額 ➔　　　　　USD 2,500
最高法定賠償金額 ➔　　　 USD 20×20公斤＝USD 400
超過之報值金額 ➔　　　　 USD 2,100（2,500－400＝2,100）
報值行李服務費收取 ➔　　 USD 2,100/100×1＝USD21

三、場站處理要領

(一)起程站

1.航空公司承辦人員於收取行李報值費後，應立即對該報值行李單獨
　開立一張「MCO」（Miscellaneous Charge Order）給旅客，若該行
　李重量已經超過免費託運行李額度，應先收取超重行李費用。計算
　報值行李服務費時，要注意申報報值金額須扣除免費託運行李額度
　與已付費超重行李額度，再計算出應收取的報值行李服務費。副本
　交由旅客收執，並應將該報值行李掛牌之號碼填於票上。
2.航空公司承辦人員務必要求旅客打開該報值行李並檢視其內容有
　無金錢、珠寶、稀有金屬（礦石）、可轉讓票據、有價證券、商業
　（個人）文件、樣品、藝術（畫）作品、古董、手稿、天然皮毛製
　品、不能再修補之絕版書或出版品等限制品，若有發現則應立即要
　求旅客將該限制品取出並改為手提行李項目。

3.為了避免旅客飛抵目的地站後對行李內容物的完整性質疑或其他不可預期的困擾，航空公司承辦人員務必當面與旅客確認報值行李內容無誤後，方可將其行李押運至行李艙內，以防遺失或損毀，且必須通過當地機場海關、安檢的檢驗及相關查核。

4.若旅客於辦理報值手續之後，因故沒有確實在該航班登機時出現，則航空公司依據慣例必須將行李取出，並退還其所支付之報值行李費，旅客應憑機票辦理退費手續並繳回收據。

5.當載送報值行李的班機放行後，運務人員必須將該報值行李的相關資料，諸如旅客姓名、行李牌號碼、行李特色、行李置放處、報值金額等，透過電話或SITA TELIX電報告知目的地站，以確保報值行李於到達目的地站後得以順利遞還旅客。

(二)目的地站

若目的地站的運務人員由SITA TELIX電報或其他通報管道得知由出發站飛抵本站的旅客中有申報行李報值者，應通知行李處理中心的運務人員或地勤公司的勤務人員，當班機抵達時必須至飛機旁接機，確認行李箱或行李櫃封籤完好，俟從飛機貨艙卸下該行李後，安排人員全程押送該行李，當面交給旅客點收無誤後索回行李掛牌，並通知原出發站該行李已安全交還旅客始得結案。為了便於日後他人的查詢和稽核之便，結案後至少應將相關資料存檔三個月。

第五節　遺體託運作業實務

科學家告訴我們，整個宇宙只不過是變化、活動和過程而已。無常是宇宙運行的常態：四季的更迭、葉脈上的露珠、指天為誓的山盟海誓、信守不渝的信念，甚至是我們的容貌、年齡……無一不可找到「無常」的鏡子。我們肉體的存活依靠肌肉、體液、體熱、呼吸和身體氣色維持運作，對於大多數的人來說，雖然明知這個世界的運行，有生就有

死，死亡是不能規避，也不是個人可依個人意志主觀決定的過程，甚至不容許自己想到死亡這件事。談到死亡，多數人的反應是恐懼與忌諱，無論恐懼與否，生離死別都是人生的必修課。華人對死亡所抱持的普遍態度而言，即使死亡難以避免，但「壽終正寢」卻是對死亡方式的最佳妥協。然而，人生無常，世事詭譎，對於客死異鄉的人來說，家人莫不希望將其遺體送回故鄉安葬，以入土為安。然而，若客死異鄉的遺體離其家鄉甚遠，甚至是關山萬里、遠隔重洋。透過航空運輸這種快捷、有效的運輸方式，往往是託運遺體時所考慮的管道。然而，對於航空運務作業來說，遺體託運有哪些注意事項？

雖然人類的生命及身體是不能用價值衡量的，基於對人類生命的尊重，也不能當作「貨物」看待。但是，在運輸實務操作上，遺體的託運在民航業界是屬於「特種貨物」。特種貨物係指在收運、儲存、保管、運輸及交付過程中，因貨物本身的性質、價值、體積或重量等條件需要特別處理的貨物。實務上常見的特種貨物包含：禁止運輸、限制運輸的貨物、急件、菌種、毒種及生物製品、植物和植物產品、活體動物、骨灰、靈柩、危險物品、鮮活易腐物品、貴重物品、槍械、彈藥、押運貨物等。對於託運的遺體，可以分為已經過火化的骨灰及大體，其託運注意事項如下：

一、骨灰

1. 託運人應將包裝骨灰的容器包裹合適的外包裝，如外加木盒或紙箱，以客艙行李方式，放置在客艙置物架或另外購買座位，以付費占位行李的方式運送，避免驚擾鄰座旅客；或是以一般貨運方式寄運，並知會航空公司，裨益裝卸時留意。
2. 託運人應預先訂妥運送的航班及日期。
3. 家屬隨身扶抱骨灰搭機入、出境，財政部關務署並無特殊規定，如檢具死亡證明書及火化證明書供核，將有助通關檢查。另有少數航空公司規定，骨灰不得隨身攜帶入境，限定以貨運方式入境，行前

請先向航空公司問明。

二、大體（或稱靈柩託運）

若以貨運方式運送裝斂於靈柩的「大體」（屍體）回臺灣，均需辦理通關手續。家屬可委託報關行報關，或親自辦理報關。報關時應檢附家屬代表身分證影本、往生者護照及身分證件影本、火化證明或死亡證明書、空運提單等文件。航空運務在實務上對於靈柩託運申請，僅提供航空貨運服務。有關申請屍體入、出國境的詳細作業程序，逐一列述如下：

1. 託運人應當備妥申請人身分證明文件、死者身分證明文件、當地檢察機關或醫院簽發之死亡診斷證明書或其他死因證明文件、防腐證明書（當地醫院或殯葬管理部門開具）、殯葬管理部門出具的入殮證明及有關部門（航警局、海關及疾管局等）等佐證文件，填妥「屍體檢疫申請書」（**圖7-7**）向中華民國衛生福利部疾病管制署申請「屍體出國（境）准許證明書」。申請「屍體出國（境）准許證明書」前，託運人應先確定託運日期及飛機（船舶）航班，委託報關行辦理屍體出國（境）的貨運提單。前述文件須檢附正本（如正本文件另有用途，請先行影印，現場審核時併同正本提供，經核對無誤後發還）。遺體若是從中國大陸地區運回臺灣，相關文件需經海峽兩岸關係協會（中華人民共和國成立的社團法人）及海峽交流基金會（中華民國辦理海峽兩岸交流所衍生的各項事務的民間組織）認證。

2. 靈柩內必須是非傳染性疾病死亡的大體。經檢疫單位審核，確認非因傳染病致死者，將准予放行，不另發給檢疫證明書且免收費。如經診斷係因傳染病致死者，應依《傳染病防治法》相關規定處理。

3. 大體應以鐵質棺材或木製棺材為內包裝，外加鐵皮箱和便於裝卸的環扣。

4. 棺內敷設木屑或木炭等吸附材料，棺材應當釘牢、銲封，無漏縫，

No.
日期
date

中華民國衛生福利部疾病管制署
CENTERS FOR DISEASE CONTROL
MINISTRY OF HEALTH AND WELFARE
TAIWAN, REPUBLIC OF CHINA

屍體檢疫申請書
Application for human corpse quarantine

本人謹此聲明，此申請書內填報的各項資料與所檢附文件全部屬實且正確無誤。
I hereby declare that all the information given in this application form and the attached documents are true and correct.

申 請 審 查 類 別 Type of application ：☐入境 import ☐出境 export
死 者 姓 名 Name of decedent ：＿＿＿＿＿＿＿＿＿＿＿＿＿
死 亡 原 因 Cause of death ：＿＿＿＿＿＿＿＿＿＿＿＿＿
運 送 人 Carrier ：＿＿＿＿＿＿＿＿＿＿＿＿＿
航機(船名) 班次、日期 Flight (Name of Ship) No. and date：＿＿＿＿＿＿＿＿
啟運地點 / 運往地點 Departure location /Destination：＿＿＿＿＿ / ＿＿＿＿＿

檢附文件：
Required documents：

(正本或與正本相符之影本乙份，正本核對發還，入國境者如有「防腐證明」，請一併遞交)
(Submit the original/a photocopy that is consistent with the original of the following documents. The original documents will be returned after being verified. When importing a human corpse into the territory, please also submit a certificate of embalmment if it is available.)

1. ☐死亡證明書 或 ☐其他證明死因之文件，請說明：
   Death Certificate or other proof of cause of death, please specify：
2. ☐防腐證明 Certificate of embalmment
3. ☐申請人身分證明文件 Identity document of applicant
4. ☐死者身分證明文件 Identity document of decedent

申 請 人 Applicant：
地 址 Address：
電話號碼 Tel.：
身分證或護照號碼 Identity card/Passport No.：

備註 Remarks：
申請者所提供之文件，必須以中文或英文載述，如非，則由申請者於翻譯後交駐外單位或公證人公證。
Documents provided by the applicant must be written in Chinese or English, otherwise they should be translated and notarized by embassies & missions of Republic of China or by authorized notary public agencies.

承辦人員：＿＿＿＿＿ 收費人員：＿＿＿＿＿ 審核人員：＿＿＿＿＿
Officer   Cashier   Inspector

收據單據 No.＿＿＿＿＿   檢疫證明書 No. ＿＿＿＿＿
Receipt No.   Quarantine certificate No.

圖7-7 屍體檢疫申請書

資料來源：中華民國衛生福利部疾病管制署

確保氣味及液體不致外漏。

5.除死者遺物外，靈柩不能與其他貨物使用同一份貨運單託運。

6.託運人應預先訂妥運送的航班及日期。

7.靈柩必須在旅客登機前裝載，在旅客下機後卸載。

8.靈柩不能與活生動物、鮮活易腐物品、食品裝在同一集裝器（亦稱為「航空貨物承載裝置」或Unit Load Device）內；散裝時，靈柩不能與動物裝在同一貨艙內；分別裝有靈柩和動物的集裝器，裝機時中間至少有一個集裝器加以間隔。

9.為避免現場通關審查資料有疑義，建議辦理大體進、出口之申請者，可事先傳真相關申請資料給衛生福利部疾病管制署辦理「屍體進出口檢疫」單位公告之受理區管制中心，提供事前審查諮詢。

　　我國對於遺體託運的入出境檢疫相關法律規範係依據《港埠檢疫規則》（2017年10月17日修正）第7條：「國內、外流行疫情有傳入、出國（境）之虞時，檢疫單位得採行下列措施；必要時得商請各機關（構）、公、民營事業機構協助，或會同為之：一、對人員、物品、郵包、行李、屍體、貨櫃、貨物與運輸工具，施行管制及防疫措施。二、督導運輸工具之所有人、使用人、管理人、駕駛人或代理人（以下簡稱負責人）及港埠內各機關（構）、公、民營事業機構，施行環境消毒或病媒防治措施。前項之措施由港埠經營管理機關（構）動員，並協調港埠內各機關（構）、公、民營事業機構配合辦理之。」第26條：「辦理屍體入、出國（境）者，應於入、出國（境）前，檢具死亡證明書或其他證明死因之文件，向檢疫單位申請檢疫；其因罹患傳染病致死者，應依傳染病防治法處理。骨灰、骨骸入、出國（境），得免予施行檢疫。」

第六節　危險物品與安全限制品的通識規則

　　由於危險物品與普通貨物不同，各項危險物品作業均有規範標準之作業流程，抑或採取特殊運輸方式和運輸條件，因而大都是仰賴貨運運

輸為主。就航空運務作業實務而論，如能嚴格遵守原則及規則，危險物品或物質是可以有條件被安全運送的。旅客能夠被允許攜帶少數可接受攜帶或辦理託運部分危險物品或物質，藉由控制數目及數量來降低因可能或不預期的異常而產生的危害。依據《民用航空法》第43條第四項規定，並援引聯合國國際民航組織第18號附約（ICAO Annex18）發布的《危險物品航空運送安全技術規範》（*Technical Instructions for the Safe Transport of Dangerous Goods by Air*）及國際航空運輸協會《危險物品處理規則》，可將危險物品區分為九大類，規範貨主／託運人（shipper）及航空貨運承攬業／貨運代理人（freight forwarder）在處理或託運航空危險品時必須遵從現行版本的技術指令去選用合適的包裝工具和包裝方法。

就我國而論，交通部民用航空局訂定國內空運危險物品作業標準，大致將航空危險品的運送類別區分成四類：(1)可接受的危險物品（Dangerous Goods Acceptable）：此類物品運送完全符合從出發地通過中轉站飛到最終目的地之當地法令或法規許可，亦不違反國際航空運輸協會《危險物品處理規則》，可以使用貨機運送的危險物品（Cargo Aircraft Only, CAO）；(2)禁運危險物品（Dangerous Goods Forbidden for Transport by Air）：此類物品屬於容易爆炸或是內含易爆物質，使用航空運送非常容易造成航機或環境的嚴重危險發生；(3)特許的危險物品（Dangerous Goods Exempted）：該項危險品雖然是屬於禁運危險物品，但是因為輸出國與輸入國的特許之下，在指定航線、班次與航空公司的情況下，准許將此危險物品採用航空貨運方式運送；(4)除外的危險品（Dangerous Goods Excepted）：這類物品一般而言雖然是危險品，但是當旅客或是飛航組員攜帶少量該種類物品在手提（隨身）行李內或放置在託運行李中，不會產生飛安問題，例如少量的免稅品（酒類或香水類）、髮雕、定型液。

繼而，要如何定義「危險物品」？所謂危險物品係指該物品本身或是內容物的材料特性，易受外界環境的影響，接觸到水、火、撞擊、電力、空氣、溫度變化而產生化學作用，引發爆炸、燃燒、氧化作用、釋放毒氣，甚至輻射外洩，造成對健康、安全、財產或環境構成危險的物

品或物質。在學習危險品處理過程的從業人員，包括：航空空勤與地勤（運務）人員、地勤代理公司人員、航空貨運承攬商、航空貨運倉儲中心人員，都必須學習有關危險物品在運輸、裝卸、生產、使用、儲存、保管過程中，攸關危險物品標準作業的程序與專業知識，期能規避或降低釀成危險與引起災害的風險。《航空器飛航作業管理規則》第2條第二十四項敘明：「危險物品：指民航局依本法第四十三條第三項公告之物品或物質。」其範圍係指行政院勞工委員會訂定之《危險物及有害物通識規則》規定適用之危害物質、行政院環境保護署依據《毒性及關注化學物質管理法》公告之毒性化學物質及危險物品。其分類標準可以依據《危險物品空運管理辦法》（2018年12月10日修正）第3條界定九大類危險物品之分類如下：(1)第一類：爆炸物品（Explosives）；(2)第二類：氣體（Gases）；(3)第三類：易燃液體（Flammable Liquids）；(4)第四類：易燃固體、自燃物質、遇水釋放易燃氣體之物質（Flammable Solids; Substances Liable to Spontaneous Combustion; Substances which, in Contact with Water, Emit Flammable Gases）；(5)第五類：氧化物、有機過氧化物（Oxidizing Substances and Organic Peroxide）；(6)第六類：毒性物質、傳染性物質（Toxic and Infectious Substances）；(7)第七類：放射性物質（Radioactive Material）；(8)第八類：腐蝕性物質（Corrosives）；(9)第九類：其他危險物品（Miscellaneous Dangerous Goods）。前揭危險物品之分類基準，依技術規範之規定。危險品的運輸存在巨大的危險性，稍不注意可能會造成人員傷亡或財產損失。對於具有多重危險性之物質，應在分類過程中，掌握「擇重入列」的原則，根據各該化學物品特性中的主要危險性，確定其歸於哪一類，並以不同危險性所對應之包裝等級中最嚴格者採行之。

最後，為了規範各機場相關單位運送處理危險物品之作業，讓各類危險物品能藉由航空安全運送至目的地，並讓相關人員瞭解發生緊急意外事件時之通報作業程序，民用航空局不僅要求貨主或託運人必須確實申報所託運之危險物品，承攬危險物品交運之航空貨運承攬業者及航空公

司應確實檢查該危險物品，確認其不屬於禁止空運之物品。貨主或託運人並應將危險物品正確分類、標籤並包裝之外，並由該局於2003年12月19日以「站務場字第09200378980號」函頒《機場空側作業程序大綱》，規定所有從事危險物品空運作業之人員必須接受危險物品運送相關訓練（Shipper and Operator's Responsibilities），取得受訓合格證書後，方能從事危險物品運送相關作業；完成訓練後，每二十四個月應接受複訓，以確保證書之有效性（證書之有效期限為兩年）。茲於後依序簡述九大類危險物品：

一、第一類危險品：爆炸物品

第一類危險品標示圖除了類別外，在每一類別下，另外會有不同的相容性組合（various compatibility groups），以一個英文字母代表其次危險因子（sub risk），不同的相容性組合，在進行裝載時要特別查詢不相容性檢核表，避免產成危險。部分航空公司接受易爆物品以全貨機方式

表7-2　爆物品類別說明

類別	內容	例如	貨機運送	客機運送
1.1	具有巨量爆炸危害的物質或物體	核彈、火藥	禁運	禁運
1.2	具有射出危害的物質或物體	手榴彈	禁運	禁運
1.3	具有起火危害以及輕微的爆破危害或輕微的射出危害，或者兩者兼具但無巨量爆炸危害的物質或物體	訓練用手榴彈、閃光彈	1.3C/G 視航空公司而定 其他禁運	禁運
1.4	不致引起重大危害的物質或物體	鞭炮、競技用子彈	1.4B/C/D/E/G/S 視航空公司而定	1.4S 視航空公司而定
1.5	具有巨量爆炸危害，但敏感度低的物質或物體	爆破用炸藥	禁運	禁運
1.6	敏感度極低且不具有巨量爆炸危害的物質或物體		禁運	禁運

資料來源：IATA《危險物品處理規則》

載運，例如：IMP Code（Interlines Message Procedure Code）、RCX（易爆物品1.3C）、RGX（易爆物品1.3G）、RXB（易爆物品1.4B）、RXC（易爆物品1.4C）、RXD（易爆物品1.4D）、RXE（易爆物品1.4E）、RXS（易爆物品1.4S）。部分航空公司並同意將運動、競技比賽專用的子彈RXS（易爆物品1.4S）視為可以接受的危險品，以「客貨兩用機」（這類航空器前半部供旅客乘坐，後半部為貨艙，經常被稱為「combi機」）從事載送。

圖7-8　爆炸物品標籤

資料來源：IATA《危險物品處理規則》

二、第二類危險品：氣體

依據國際航空運輸協會所制定之《危險物品處理規則》於氣體（Gases）的定義是：「物理性質在攝氏50度時的蒸氣壓大於300kPa，或是在攝氏20度及101.3kPa的標準壓力差下是完全氣態的物質。」在第二類

危險品中，依可能在運送過程中產生的主要危害區分為三類：易燃氣體
（Flammable Gases）；非易燃氣體、無毒性氣體（Non Flammable or Non-
toxic Gas）、毒性氣體（Toxic Gas），分述如下：

(一)2.1項：易燃氣體

1.在攝氏20度及標準壓力差101.3kPa時，體積在13%或13%以下與空
氣混合所形成的混合物。其物理特性為會起火的氣體，例如：瓦
斯。

2.不論燃燒範圍的低點為何，與空氣的燃燒級距至少為12個百分點的
氣體。

圖7-9　易燃氣體標籤

資料來源：IATA《危險物品處理規則》

(二)2.2項：非易燃氣體、無毒性氣體

1.在攝氏20度及標準壓力差不低於280kPa時，或是作為冷凍液體時的
非易燃氣體，無毒性氣體。例如：液態氮。

2.此類氣體會稀釋或取代正常的氧氣。例如：二氧化碳（Carbon
Dioxide）、氖（Neon）滅火器。

3.此類氣體通常會供應氧氣，相對於其他物料，雖非易燃，但相對於
空氣會有較高的可燃性。例如：氧氣瓶。

圖7-10　非易燃氣體標籤

資料來源：IATA《危險物品處理規則》

(三)2.3項：毒性氣體

　　氣體中所包含的物質是有毒氣體或是毒性氣體足以導致人體的危害，如殺蟲劑。由於其半數致死量（Median Lethal Dose）LC50值等於或小於5,000 ml/m³（ppm），對人體產生毒害或腐蝕性氣體。2.3項中的大部分有毒氣體是禁止空運承載，但部分是可接受，例如：催淚儀器（tear gas devices）或低毒性煙霧氣體。

圖7-11　毒性氣體標籤

資料來源：IATA《危險物品處理規則》

三、第三類：易燃液體

第三類危險物品在民生市場上是普遍且具經濟性的。它們是以物質或物品的「閃點」作為歸類的依據。舉凡閃點高於攝氏61度的物質或物品均歸屬於「易燃液體」（Flammable Liquids）。第三類危險物品可再細分為：

1. 第I包裝群體：低閃點液體，起沸點≦35℃。例如：乙醚、二硫化碳、乙醛、環氧丙烷。
2. 第II包裝群體：中閃點液體，起沸點＞35℃，閃點≦23℃。例如：汽油、丙酮。
3. 第III包裝群體：高閃點液體，起沸點＞35℃，23℃≦閃點≦61℃。例如：煤油。

圖7-12　易燃液體標籤

資料來源：IATA《危險物品處理規則》

四、第四類：易燃固體

依據燃燒方式區分為易燃固體（Flammable Solids）、自燃性固體（Spontaneously Solids）、遇濕易燃的固體（Dangers When Wet）。

(一)4.1項：易燃固體

　　易燃固體在運送過程中很容易因摩擦生熱導致起火或是物品本身會生熱具有「即燃性」（Readily Combustible），易於著火。例如：安全火柴（Matches）、硫磺（Sulphur）、賽璐珞（Celluloid）等。

圖7-13　易燃性固體標籤

資料來源：IATA《危險物品處理規則》

(二)4.2項：自燃性固體

1. 「起火物質」（Pyrophoric Substances）：此類物質即使數量稀少，只要與空氣接觸，常會在五分鐘內自行起火。例如：白／黃磷（White or Yellow Phosphorus）、二醯胺鎂（Magnesium Diamide）等。
2. 「自熱物質」（Self-Heating Substances）：此類物質與空氣接觸時，即使是沒有供給能量，也會自行加熱。但此類物質只有在數以公斤計的大量之下，或經過數以時日的長時間才有被點燃的可能。例如：救身衣自動充氣裝置。

圖7-14　自燃性固體標籤

資料來源：IATA《危險物品處理規則》

(三)4.3項：遇濕易燃的固體

　　此類「遇濕易燃」的固體又稱為「禁水性物質」，係指接觸到水會輕易迅速的發生化學反應，該化學反應是具爆炸性的或劇烈的，而與空氣形成爆炸性混合物，產生大量的熱，足以導致易燃物燃燒或自燃。例如：碳化鈣（Calcium Carbide）、鈉鋁氫化物（通樂）、鈉（Sodium）等。

圖7-15　遇濕易燃的固體標籤

資料來源：IATA《危險物品處理規則》

五、第五類：氧化物、有機過氧化物

(一)5.1項：氧化物（Oxidizing Substance）

此類物質本身未必會自燃，但是因為會釋出氧氣，恐有與其他物質接觸而產生燃燒的危險。例如：硝酸銨化肥（Ammonium Nitrate Fertilizer）、氯酸鈣（Calcium Chlorate）、漂白水（Bleach）等。

(二)5.2項：有機過氧化物（Organic Peroxide）

有機過氧化物為溫度不穩定的物質，會產生放熱性自我加速分解，如硝酸氮。具有下列特質：易爆炸性分解、快速燃燒、對衝擊或摩擦敏感、與其他物質危險反應、對眼睛產生傷害。例如：過氧化三級丁基（Tert-Butyl Hydroperoxide）。

圖7-16　氧化物質（左）與有機氧化物（中、右）標籤

資料來源：IATA《危險物品處理規則》

六、第六類：毒性物質、傳染性物質

(一)6.1項：毒性物質（Toxic Substances）

第一項毒性物質若吞食或吸入肺部，或經由皮膚接觸會造成嚴重傷害或當事人死亡的危險。例如：砷（Arsenic）、砒霜（Arsenic）、尼古丁（Nicotine）、氰化物（Cyanide）、殺蟲劑（Pesticides）等。

(二)6.2項：傳染性物質（Infectious Substances）

第二項傳染性物質包含已知或有理由認為具有生命力的細菌、病原體、病毒等微生有機物，而可能會對人類或動物造成危害。例如：病毒（Virus）、細菌（Bacteria）、狂犬病病毒（Rabies）等生物科研樣品或臨床廢棄物。

圖7-17　毒性物質（左）和傳染性物質（右）標籤
資料來源：IATA《危險物品處理規則》

七、第七類：放射性物質

第七類通常是用於醫藥或工業用途之放射性核種或同位素的放射性物質，包含：

1. 第七類第一級分類的標貼顏色：白色（放射線傳送指數T.I值0<T.I.<0.05）。
2. 第七類第二級分類的標貼顏色：黃色（放射線傳送指數T.I值0.05<T.I.<1.0）。
3. 第七類第三級分類的標貼顏色：黃色（放射線傳送指數T.I值1.0<T.I.<10.0）。
4. 第七類FISSIL的標籤顏色：白色（可分裂性物質）。與放射性物質合成包裝且內容是屬於易分裂之物質，需張貼此標籤。

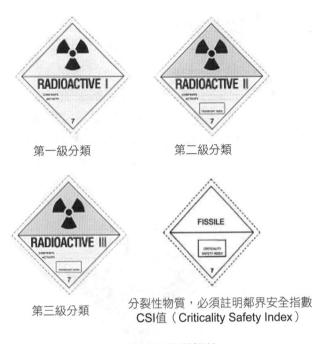

第一級分類　　　　　　第二級分類

第三級分類　　　分裂性物質，必須註明鄰界安全指數
　　　　　　　　CSI值（Criticality Safety Index）

圖7-18　放射性物質標籤

資料來源：IATA《危險物品處理規則》

符合國家與國際間的檢驗合格標準（此盒中裝載放射線物品後，不需再次經由機長確認）

圖7-19　微量輻射品標籤

資料來源：IATA《危險物品處理規則》

八、第八類：腐蝕性物質

第八類腐蝕性物質（Corrosives），無論是液體或固體於滲漏情況發生時，具備經由化學反應嚴重損傷與其接觸之生物組織，造成可見的破壞或造成永久的改變，抑或存在嚴重損毀其他貨物及運輸工具的危險因素。例如：硫酸（Sulfuric Acid）、硝酸（Nitric Acid）、鹽酸（Hydrochloric Acid）、王水（Aqua Regia）等。

圖7-20　腐蝕性物質標籤

資料來源：IATA《危險物品處理規則》

九、第九類：其他危險物品

對於第九類DGR分類標準的涵蓋範圍來說，主要是任何危險物品在前述八大分類中均無法被歸類者，抑或此類物質或物體在運送途中，呈現其他類危險貨品所未涵蓋之危險，一律隸屬於這個類項，統稱為「其他危險物品」或「雜項類危險物品」（Miscellaneous Dangerous Goods）。例如：磁性物質，可能危害到機體結構的物質，及其他因固有特性若未經過適當包裝處理就不適合以空運從事遞送。

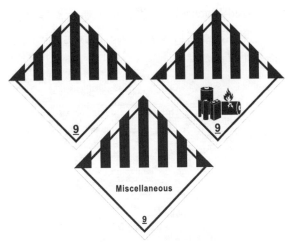

圖7-21　雜項危險品標籤

資料來源：IATA《危險物品處理規則》

　　關於九大類危險品的菱形識別標籤，依照IATA DGR Section 7規定，此標示的最小長寬為100 mm×100 mm，為使服務流程更加順暢，另外設計了處理標籤（Handling Label），以依照貨物特性給予更貼心的處理，在第九類危險品中，對磁性物品設立了專屬標籤，最小面積是100×90 mm。另外，依據2018年元旦發行的第五十九期《危險物品處理規則》（*DGR 59th*）規定，自2019年1月1日開始，專門使用於鋰電池（電芯容量>20 Wh或電池容量>100 Wh）的貨物運輸，必須使用「第九類鋰電池危險品標籤」（**圖7-21**的上排左），不可使用第九類其他類危險品標籤。此外，由於微弱的雜散磁場對航空器的導航系統和控制信號均有干擾，如果距包裝件外表面任一點2.1 m（7 ft）處最大磁場強度低於0.159 A/m（200 nT），則該物品不作為磁性物質受到限制，可以作為普通貨物收運。如果距被測物表面2.1 m（7 ft）處最大磁場強度超過0.159 A/m（200 nT），但距被測物品表面4.6 m（15 ft）處的任意磁場強度小於0.418 A/m（525 nT），則該貨物可以作為危險品收運。如果該項要求亦無法滿足，則該物品不能透過空運遞送，但可將該貨物委託海運從事遞送。**圖7-22**是磁性

物質標籤（Magnetized Material），警告遠離航空器羅盤相關儀器。常見帶有磁性物質者包含：音響器材、麥克風、電機配件、汽車充氣泵等，在申請空運遞送前會被要求做磁性檢測。

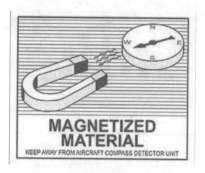

圖7-22　第九類危險品：磁性物質
資料來源：IATA《危險物品處理規則》

有鑑於部分化學液體或貨物的特殊性，不可傾倒，提供方向指示標籤，以利運務及勤務人員裝卸時能多予留意。**圖7-23**的左、中為「此面向上」（This Way Up）標籤，右圖係指「僅限貨機」載運的危險品須貼上CAO（Cargo Aircraft Only），避免錯誤裝載到客貨混裝的「客貨兩用機」載送，以維護運送安全。

圖7-23　向上指示標籤（左、中）；CAO僅限貨機標籤（右）
資料來源：IATA《危險物品處理規則》

　　圖7-24左邊為「冷凍液態氣體標籤」（Cryogenic Liquid），用於第2.2類非易燃性氣體，且為低溫液態形態時。圖7-24右邊則為不適合長期曝曬在陽光下的物品，實務中常見於部分裝有4.1項的易燃固體或5.2項的有機過氧化物的貨物，應避免陽光直射，遠離熱源，且要通風良好，慎勿與其他貨物混合儲放。此外，亦包含裝載生鮮食品、活生動物，用以提醒運務人員、裝載人員與倉儲人員採取正確儲藏與裝載的作業流程。

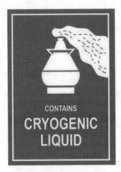

圖7-24　冷凍液態氣體標籤（左），防止陽光直射遠離熱源標籤（右）

資料來源：IATA《危險物品處理規則》

圖7-25　鋰電池以貨運寄送時須張貼的警告標示，註明包裝破損不予收運

資料來源：IATA《危險物品處理規則》

在機場運務實務中,常見身心障礙旅客會託運電動輪椅的個案。電動輪椅的自由移動係因安裝有電瓶提供電力,一般經常使用的形式涵蓋制式非溢漏式電池(non-spillable batteries)、制式溢漏式電池(spillable batteries)與鋰電池。由於電池內蘊含第八類危險品的易腐蝕液體,制式乾電池本身封裝良好,檢視外殼良好就比較不會有滲漏的危險。但是,制式濕電池因為需定期填充電解液以維繫電瓶供電正常,比較可能有滲漏的危險,因此當處理到旅客欲託運電動輪椅時,務必確認電瓶種類,確實固定在輪椅的安裝電瓶位置,保持正確的「向上」方向,並將正負兩極安全絕緣後,使用飛機上的抑制裝備固定電動輪椅,以避免電瓶遺失、傾倒引發的危險事件與旅客求償的後續發展。對於使用鋰電池電動輪椅,可分為可拆卸鋰電池電動輪椅與不可拆卸式電動輪椅,目前IATA《危險物品處理規則》與我國規範電動輪椅鋰電池功率,必須小於或等於300瓦特小時(watt-hour),可攜帶一個;鋰電池功率,小於或等於160瓦特小時,可攜帶兩個,超過限制不得攜帶。**圖7-26**係為電動輪椅幫助操作含電池的輪椅或移動工具之辨認,如此標籤分開,表示電池已與輪椅分離。無論旅客使用何種電動輪椅,承運後需填寫機長通知書,提供機長相關載運資訊與聯合國危險品識別編碼,以為後續因應。

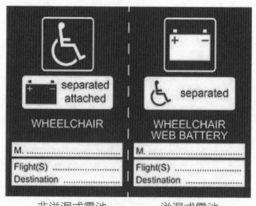

非溢漏式電池　　　　溢漏式電池

圖7-26　電動輪椅的指示標籤

資料來源:IATA《危險物品處理規則》

　　由於危險品內含許多化學成分，若包裝不良或是外洩，可能造成強酸或強鹼汙染環境，燃燒產生有毒廢氣，甚或輻射外洩而可能對人體健康造成傷害。因此，對於可能產生環境破壞與汙染的危險品，除了前述的危險品標籤外，亦須加掛環境危害物質（Environmentally Hazardous Substance Mark）標籤（**圖7-27**），使得儲存、裝卸與載運各個環節的工作人員，能夠確保執勤安全，提升勤務效能。

圖7-27　環境危害物質標籤

資料來源：IATA《危險物品處理規則》

第七節　帶得安心、飛得放心

　　航空飛行安全並非僅靠民用航空局、航空警察局與航空公司共同努力即可確保飛行安全，實際上仍有仰賴所有旅客共同遵守規範，才能全面落實飛安。本節針對有關旅客行李要如何託運、什麼是可以手提的、什麼是必須託運的、什麼是不可以帶的，參照並援引交通部民用航空局於2017年3月22日以「空運安字第1065004820號」函頒《其他有影響飛航安全之虞不得攜帶進入航空器之物品名稱》、內政部警政署航空警察局執檢標準以及各主要航空公司《運務作業手冊》，綜整如下：

一、不可放置在隨身或手提行李中的物品

以下物品因有影響飛航安全之虞，不得放置於手提行李或隨身攜帶進入航空器，但可放置於託運行李內交由航空公司辦理託運：

(一)刀類

如各種水果刀、剪刀、菜刀、西瓜刀、生魚片刀、開山刀、鐮刀、美工刀、牛排刀、折疊刀、手術刀、瑞士刀等具有切割功能之器具等（不含塑膠安全（圓頭）剪刀及圓頭之奶油餐刀）。

(二)尖銳物品類

如弓箭、大型魚鉤、長度超過5公分之金屬釘、飛鏢、金屬毛線針、釘槍、醫療注射針頭等具有穿刺功能之器具。

(三)棍棒、工具及農具類

各種材質之棍棒、鋤頭、鎚子、斧頭、螺絲起子、金屬耙、錐子、鋸子、鑿子、冰鑿、鐵鍊、厚度超過0.5mm之金屬尺等可作為敲擊、穿刺之器具。

(四)槍械類

各種材質之玩具槍及經《槍砲彈藥刀械管制條例》與《警械許可定製售賣持有管理辦法》之主管機關許可運輸之槍砲、刀械、警棍、警銬、電擊器（棒）等。

(五)運動用品類

如棒球棒、高爾夫球桿、曲棍球棍、板球球板、撞球桿、滑板、愛斯基摩划艇和獨木舟划槳、冰球球桿、釣魚竿、強力彈弓、觀賞用寶劍、雙節棍、護身棒、冰（釘）鞋等可能轉變為攻擊性武器之物品。

(六)液狀、膠狀及噴霧物品類

1.搭乘國際線航班之旅客,手提行李或隨身攜帶上機之液體、膠狀及噴霧類物品容器,不得超過100毫升,並須裝於一個不超過1公升(20×20公分)大小且可重複密封之透明塑膠夾鍊袋內,所有容器裝於塑膠夾鍊袋內時,塑膠夾鍊袋須可完全密封,且每位旅客限帶一個透明塑膠夾鍊袋,不符合前揭規定者,應放置於託運行李內。

2.旅客攜帶旅行中所必要但未符合前述限量規定之嬰兒牛奶(食品)、藥物、糖尿病或其他醫療所需之液體、膠狀及噴霧類物品,須於機場安檢線向內政部警政署航空警察局安全檢查人員申報,並於獲得同意後,始得放於手提行李或隨身攜帶上機。

(七)其他類

其他經人為操作可能影響飛航安全之物品。

二、隱藏性危險品

旅客或貨主託運行李與貨品時,經常以一般品名申報之行李或貨物形式來進行託運。然而,行李或貨物中的些許材質或有可能暗藏了不適合託運的危險品物質。為了避免旅客或貨主攜帶或託運危險品登機,導致裝載錯誤而引發意外事件,因而第一線服務人員必須熟悉與旅客或貨主確認行李或貨物內容物的技巧,與辨識危險品的方法。首先,機場運務人員要閱讀旅客寄運貨物的申報書或對託運行李的內容進行詢問,確認內容物沒有危險品項;其次,確認貨物或行李的外包裝是否有危險品的標示與說明。如果有,隨即請求機場安全檢查大隊人員會同旅客或貨主共同確認內容物是否是危險品。如果行李的內容物是危險品,則婉言拒絕旅客託運,並請旅客將該物品改用全貨機運送。如果行李的內容物不是危險品,則請旅客使用無危險品標籤的行李箱重新包裝,或移除行李箱上的危險品標示,俟旅客重新包裝良好後受理託運。如果貨運內容疑是

危險品但貨運提單並未註明，須按照公司「危險品規章」關於危險物品
的分類定義查驗其所託運之物品，聯絡貨主或代理商確認貨品內容修改
提單，若確認非危險品亦要求貨主或代理商在空運提單註明「非限制」
（Not Restricted），以顯示該貨物已經通過檢查，強調貨物內物品不具危
險性。典型的隱藏性危險物品說明如下，詳如**表7-3**。

表7-3　典型的隱藏性危險物品

品名	中文翻譯	可能含有的危險性
Aircraft on Ground (AOG)	緊急運送的航機修復器材	油料、化學藥劑或濕、鋰電池、壓縮氣體鋼瓶等
Automobiles、Automobile Parts	汽車、汽車零件	磁性物質、腐蝕性電解液及安全氣囊
Breathing Apparatus	呼吸裝置	可能有空氣循環壓縮機或氧氣筒
Camping Equipment	露營器材	易燃氣體、易燃液體、易燃固體
Car、Car Parts	汽車、汽車零件	磁性物質、腐蝕性電解液及安全氣囊
Chemicals	化學物品	各種的危險物質
COMAT (Company Materials)	公司航材	各種的危險物質：油料、化學藥劑、壓縮氣瓶……
Consolidated Consignment	併裝貨	各種的危險物質
Cryogenic Liquid	液體低溫劑／冷凍液體	液化氣體
Cylinders	鋼瓶	壓縮氣體／液體
Dental Apparatus	牙科醫療器材	易燃液體（溶劑）
Diagnostic Specimens	醫療檢體／試劑樣本	傳染性物質
Diving Equipment	潛水裝備	潛水照明燈、鋼瓶
Drilling/ Mining Equipment	探鑽及採礦裝備	爆炸品等
Dry Shipper (Vapour Shipper)	液態氮裝置	含有液態氮
Electrical Equipment	電氣裝備	磁性物質、水銀等
Electrically Powered Apparatus	電動裝置／器具	鋰電池

品名	中文翻譯	可能含有的危險性
Expeditionary Equipment	探險裝備	照明彈、信號彈、易燃氣體／液體等
Film Crew or Media Equipment	影片攝影組或媒體器具	爆炸煙霧裝置、鋰電池
Frozen Embryos	冷凍胚胎	乾冰、液態氮
Frozen Fruit、Vegetables	冷凍水果、蔬菜	乾冰
Fuels	燃料	易燃液體
Fuel Control Units	燃油控制單元	易燃液體
Hot Air Balloon	熱氣球	易燃氣體的泵、滅火器、內燃機、電池
Household Goods	家庭用品	油漆、噴霧劑、漂白劑
Instruments	儀器	氣壓計、溫度計、水銀
Laboratory/ Testing Equipment	科學實驗設備	各種的危險物質
Machinery Parts	機器零件	易燃液體
Magnets and Other Items of Similar Material	磁鐵或相關類似物質	磁性物質
Medical Supplies	醫藥器材	危險的化學品
Metal Construction Material, Metal Fencing, Metal Piping	金屬建構材料、金屬柵欄、金屬鋼管	磁性物質
Parts of Automobile (Car, Motor, Motorcycle)	汽車、機車零件	濕電池
Passengers Baggage	旅客行李	爆竹、清潔劑、露營頭燈、瓦斯爐各種的危險物質
Pharmaceuticals	藥品	各種的危險物質
Photographic Supply	攝影設備	危險的化學品
Racing Car or Motorcycle Team Equipment	賽車或機車團體裝備	易燃液體、電池
Refrigerators	冰箱	液化氣體或氨
Repair Kits	修理工具組	易燃氣體／液體、樹脂等
Samples for Testing	試驗用樣品	傳染性物質、易燃物質、毒性或腐蝕性物質
Semen	精液	乾冰或液態氮

品名	中文翻譯	可能含有的危險性
Show, Motion Picture, Sage and Special Effects Equipment	表演、影片、舞臺及特種效果裝備	易燃物質、爆炸品等
Swimming Pool Chemicals	游泳池化學劑	氣化或腐蝕性物質
Switches in Electrical Equipment or Instruments	電氣裝備或儀器之開關	水銀
Tools Boxes	工具箱	爆炸物、易燃氣體／液體、壓縮氣體
Torches	火炬、噴火器	易燃氣體／液體
Unaccompanied Passengers Baggage/ Personal Effects	後送行李	各種的危險物質
Vaccines	疫苗	乾冰

資料來源：IATA《危險物品處理規則》

　　當然，還會有其他物品未能表列其中，若需查詢，可閱讀IATA《危險物品處理規則》或各航空公司的《危險品訓練計畫》與《危險品標準作業手冊》。其中，航空公司的緊急修護用航材，雖然是危險品，但是考量航機故障會造成旅客極大不便與航空公司嚴重損失。因此，經報備核准後，可裝入該公司的航機進行緊急運送，若要使用其他航空公司的航機運送就必須查詢該公司的「危險品規章」辦理。

三、旅客及組員可攜帶或託運上機之危險物品

　　除了符合下列規定外，旅客及組員均不得將其他空運危險物品放置於手提或託運行李或隨身攜帶上機：

(一)須經航空公司同意始可託運上機之危險物品

　　1.安全包裝之彈藥（Ammunition）：每人僅能攜帶供個人使用毛重5公斤以內，屬危險物品分類1.4S類且安全包裝之彈藥（僅限聯合國危險貨物編號UN0012或UN0014），不包括含爆裂性或燃燒性之彈

藥。兩名以上旅客所攜帶之彈藥，不得合併為一個或數個包裝件，彈藥之運輸必須符合《槍砲彈藥刀械管制條例》之規定，方可進行運送。承辦之運務人員尚需準備「告知機長之特殊物品裝載訊息文件」（NOTOC），知會機長危險品裝載位置，並參照《緊急應變指南》（*Emergency Response Guidebook*, ERG），註明緊急應變處理代碼ERG Code 1L。

2. 裝有溢漏式電池之輪椅或其他電動行動輔助裝置（Wheelchairs/ Other Battery-powered Mobility Aids with Spillable Batteries）：在裝載、存放、固定及卸載的過程中，電池須全程維持直立狀態，且須切斷電源，電極並須保護避免短路，另電池須牢固附於輪椅或行動輔助裝置上且注意如下要點：

   (1) 包裝件須堅固防止滲漏，使電池液體不致流出，並且在打盤、裝櫃作業時，除了以貨物或行李支撐以外，應使用諸如皮帶、托架或支架適當保護防止翻倒。

   (2) 電池須避免短路，並直立固定於包裝件內，周圍須包覆足以吸收所有電池液體之合適吸附性材料。

   (3) 電池包裝件須防漏並標記「Battery, Wet, with Wheelchair」或「Battery, Wet, with Mobility Aid」，電池包裝件須貼上腐蝕性標籤及方向性標籤。

   (4) 製作「告知機長之特殊物品裝載訊息文件」（NOTOC）知會機長危險品裝載位置，並註明緊急應變處理代碼ERG Code 8L。

3. 裝有非溢漏式電池之輪椅或其他電動行動輔助裝置（Wheelchairs/ Other Battery-powered Mobility Aids with Non-spillable Batteries）：必須符合IATA《危險物品處理規則》特殊條款A67（Special Provision A67）電池，電極須加以保護或隔離避免短路。例如：將電池裝於保護盒中並牢固附於輪椅或輔助器上，必須確認裝有非溢漏式電池之輪椅或其他電動行動輔助裝置，使用諸如皮帶、托架或支架適當保護方式運送並予以保護，以防止正常作業時因行李、郵

件、侍應品或貨物移動而受到損壞。

4.露營用火爐及含有易燃液體之燃料罐（Camping Stoves and Fuel Containers that have Contained a Flammable Liquid Fuel）：露營用火爐及用於露營用火爐裝有易燃液體之燃料罐，得放置於託運行李中，惟所有易燃液體應完全排乾，且採取必要措施以防止危險發生。

(二)須經航空公司同意始可手提上機之危險物品

1.水銀氣壓計或溫度計（Mercury Barometer or Thermometer）：政府氣象局或類似官方機構之每一代表，可隨身攜帶一支水銀氣壓計或溫度計，惟須裝進堅固的外包裝中，且內含密封之內襯墊或堅固防漏及防止穿刺材料製成之袋子，以防止水銀或水銀蒸氣的外洩。

2.以電池為驅動方式之可攜式電子煙霧裝置（如電子煙、電子雪茄、電子煙斗、個人霧化器、電子式尼古丁遞送系統）：裝置及電池禁止在機上充電；必須採取避免加熱組件於機上被意外啟動之措施。

(三)須經航空公司同意始可託運或手提上機之物品

依各航空公司的危險品作業規定不同而有所差別。

1.醫療用氧氣筒（Medical Oxygen）：提供作為醫療使用之小型氧氣瓶或潛水用氧氣瓶，每一個鋼瓶毛重不能超過5公斤，鋼瓶上之氣閥和調節器必須要保護避免損壞導致氧氣散發，且含液態氧之裝置禁止隨身攜帶或放置於託運或手提行李。值得注意的是並非所有航空公司皆同意旅客自行攜帶氧氣瓶上機，非醫療用氧氣瓶更是無法被同意帶上飛機，倘若旅客需要此類服務時，可以事先向航空公司預定醫療用氧氣瓶服務，自帶的氧氣鋼瓶必須洩氣至壓力閥指數為零後，經核准後始得辦理託運。

2.固態二氧化碳（乾冰）（Solid Carbon Dioxide; Dry Ice）：乾冰是二氧化碳的固體形式。在正常氣壓下，二氧化碳的凝固點是攝

圖7-28　SOS救援旅客需求氧氣供應服務，需使用航空公司合格氧氣瓶（AXOY）

資料來源：曾通潔攝於高雄國際機場

氏-78.5度，在保持物體維持冷凍或低溫狀態下具有實用價值。被當做生鮮食品防腐保鮮使用之乾冰，每個人可攜帶不超過淨重2.5公斤，且包裝必須可以散發乾冰所產生的二氧化碳氣體。手提與託運行李合計每人不得超過淨重2.5公斤之乾冰。由於各國法規不一致，如菲律賓民用航空局要求，舉凡行李中內含乾冰者一律辦理託運，旅客與航空公司亦當遵從。

3. 裝在救生衣內之非易燃氣體氣瓶（Non-flammable Gas Cylinder fitted into a Life Jacket）：裝入可自行膨脹之救生衣內之二氧化碳或屬危險物品分類2.2類之其他小型氣瓶，每人最多可帶兩個，另可帶兩個備用瓶。有的航空公司除了屬第九類危險品之乾冰外，其餘危險品禁止客機運送。

4. 含填充冷凍液態氮之隔熱包裝（Insulated Packages Containing Refrigerated Liquid Nitrogen）：液態氮須完全由多孔物質吸附，並

且用於低溫下運輸非危險物品。此隔熱包裝之設計，不得任壓力在容器內累積，而且不論包裝物之方向如何，都不會釋出任何冷凍液態氮。航空公司除了屬第九類危險品之乾冰外，其餘危險品禁止以客機運送。

5. 雪崩救援背包（Avalanche Rescue Backpack）：每人可攜帶一件雪崩救援背包，可內裝含有淨重不超過200毫克屬危險物品分類1.4S類之煙火發射裝置，以及淨重不超過250毫升屬危險物品分類2.2類之壓縮氣體。此救援背包必須包裝成不會因意外而被啟動，其內含的氣囊必須配備有壓力釋放閥。

6. 化學計量偵測設備（Chemical Agent Monitoring Equipment）：禁止化學武器組織（The Organization for the Prohibition of Chemical Weapons, OPCW）所屬人員因公務旅行得攜帶化學計量偵測設備，惟設備中所含之放射性物質不得超過行政院原子能委員會《放射性物質安全運送規則》（2007年12月31日修正）之活度限制，並須包裝牢固且未含鋰電池。

7. 產生熱源的產品（Heat Producing Articles）：如水底照明設備（潛水頭燈）和焊接設備等，一旦受到意外啟動，即可產生高熱和起火之電池驅動設備。惟須將產生熱量或電池（能源）裝置分離分別包裝，任何被分離的電池必須要保護防止短路，以防止運送時意外啟動。

8. 鋰電池（包括可攜式電子裝置）：每個鋰離子電池之功率大於100瓦特小時但不超過160瓦特小時者；每個鋰含量大於2公克但不超過8公克且用於可攜式醫療電子設備之鋰金屬電池，須經航空公司同意，每位旅客可攜帶兩個。內含鋰電池之可攜式電子裝置建議以手提行李方式攜帶，若採取託運行李方式運送時，必須採取措施防止該裝置意外啟動，並保護該裝置不被損壞且該裝置必須完全關機，不得處於睡眠或休眠模式。

圖7-29　客艙的便攜式氧氣瓶

資料來源：楊政樺攝於遠東航空公司

(四)無須經航空公司同意即可託運或手提上機之物品

　　搭乘國際線航班之旅客，手提行李或隨身攜帶上機之液體、膠狀及噴霧類物品容器，有特別之安檢規定，不得超過100毫升，並須裝於一個不超過1公升（20×20公分）大小且可重複密封之透明塑膠夾鍊袋內。所有容器裝於塑膠夾鍊袋內時，塑膠夾鍊袋須可完全密封，且每位旅客限帶一個透明塑膠夾鍊袋。另外，旅客攜帶旅行中所必要但未符合前述限量規定之嬰兒牛奶（食品）、藥物、糖尿病或其他醫療所需之液體、膠狀及噴霧類物品，須於機場安檢線向內政部警政署航空警察局安全檢查人員申報，並於獲得同意後，始得放於手提行李或隨身攜帶上機。其他注意如下所列：

1.醫療、梳妝用品及分類為2.2類危險物品之噴劑（medicinal or toilet articles and aerosols in division 2.2）：非放射性醫療用品或梳妝用品

（含噴劑），如髮膠、香水、古龍水及含酒精之藥物等，可攜帶上機。為避免內容物不慎洩漏，噴劑壓力閥門須由蓋子或其他適合方式加以保護。醫療、梳妝用品及分類為2.2類危險物品之噴劑，每人可攜帶之總重量不超過2公斤或2公升，單一物品不超過0.5公斤或0.5公升，僅可作為託運行李。前述限量規定僅適用於搭乘國內線航班；國際線航班旅須遵從國際航線安檢規定。

2.義肢用氣瓶（cylinders for mechanical limbs）：供操作義肢用屬危險物品分類2.2類之小型氣瓶，另可攜帶航程中所需之小型備用氣瓶。

3.心律調整器（cardiac pacemakers/ radio-pharmaceuticals）：放射性同位素之心律調整器或其他裝置，包含植入人體並以鋰電池為動力之裝置，或因醫療所需而置於人體內之放射性藥物，不可手提或託運。

4.醫療或診療用溫度計（medical/ clinical thermometer）：放在保護盒內供個人使用之小型醫療或診療用水銀溫度計，每人限帶一支，僅能託運。

【案例】
某醫學中心等級教學醫院組織一醫療團隊欲前往友邦國家進行人道醫療行為，除了相關醫療藥物、器械外，更攜帶三百支水銀體溫計為致贈之禮品。但因違反航空公司運送危險品的安全作業規則，遭到航空公司以客機無法載運危險品為由拒絕運送，並請旅客將該物品改以貨運方式寄送。

5.安全火柴或香菸打火機（safety matches or cigarette lighter）：以個人使用隨身攜帶為限，禁止放置於手提或託運行李內，每人限帶一盒安全火柴或一個香菸打火機，惟不可攜帶無法被吸收之液體燃料（不含液化氣）打火機與打火機燃料，或打火機燃料填充罐及非安全火柴。部分國家機場禁止旅客攜帶安全火柴或香菸打火機，如美國、韓國。

6.含酒精飲料（alcoholic beverages）：酒精濃度超過24%但不超過70%且以零售包裝之酒精飲料，其容器內盛裝量不得超過5公升，

每人攜帶的總重也不得超過5公升。酒精含量等於或少於24%的酒精飲料，則無攜帶數量之限制。前揭限量規定僅適用於搭乘國內線航班，搭乘國際線航班亦需符合國際航線安檢規定，且前述之攜帶數量與各國海關免稅酒有一定額度限制，當攜帶數量超出免稅額度時，旅客將被入境國徵收關稅。

7.捲髮器（hair curlers）：含碳氫化合物氣體之捲髮器，每人只可攜帶一個，且其安全蓋必須牢固的裝置在加熱元件上。這種髮捲不論任何時候，都不可以在機上使用。此類捲髮器備用的氣體填充罐，禁止攜帶。

8.含有鋰或鋰離子電池之消費性電子裝置（consumer electronic devices containing lithium or lithium ion cells or batteries）：作為個人使用之消費性電子裝置，如手錶、計算機、照相機、手機、筆記型電腦及攝錄影機等，備用電池須個別保護避免短路，且僅限放置於手提行李中。鋰電池須符合以下規範：

   (1)鋰金屬或鋰合金電池，其鋰含量不超過2公克。

   (2)鋰離子電池不得超過100瓦特小時。每個鋰離子電池之功率大於100瓦特小時但不超過160瓦特小時者；每個鋰含量大於2公克但不超過8公克且用於可攜式醫療電子設備之鋰金屬電池，須經航空公司同意，每位旅客可攜帶兩個。

   (3)內含鋰電池之可攜式電子裝置建議以手提行李方式攜帶，若採託運行李方式運送時，必須採取措施防止該裝置意外啟動並保護該裝置不被損壞，且該裝置必須完全關機，不得是睡眠或休眠模式。

9.含有燃料電池系統之消費性電子裝置（consumer electronic devices containing fuel cell systems）：使用燃料式電池系統為動力之可攜式電子設備（如照相機、手機、手提電腦及攝影器材）及備用燃料式電池匣，符合以下條件得作為手提行李或隨身攜帶上機，但不可作為託運行李：

(1)燃料電池芯匣僅限裝易燃液體、腐蝕性物質、液化易燃氣體、遇水會有反應物質或金屬氫化物之氫氣。

(2)除非可允許安裝備用燃料電池芯匣，否則機上禁止對電池芯進行燃料充填。

(3)任何燃料電池芯及燃料電池芯匣中之燃料量不得超過下列標準：(a)液體：200毫升；(b)固體：200公克；(c)液化氣體：於非金屬燃料電池芯匣120毫升；於金屬之燃料電池芯及燃料電池芯匣200毫升；(d)金屬氫化物之燃料電池芯或氫氣燃料電池芯匣：水容量等於或少於120毫升。

(4)依據交通部民用航空局於2019年4月3日以「空運安字第10850051353號」公告之「空運危險物品名稱」及其附件顯示，每個燃料電池芯及燃料電池芯匣必須符合國際電工委員會（IEC）62282-6-100 Ed. 1（含修訂1/ Amendment 1）之規範，每個燃料電池芯匣上應有製造商認證符合標準之標記，並標明匣中所含燃料之最大數量與類型。

(5)金屬氫化物之氫氣燃料電池芯匣必須符合特殊條款A162規範。

(6)每人最多可攜帶兩個備用燃料電池芯匣。

(7)含有燃料之燃料電池芯僅允許以手提方式上機。

(8)裝置內之燃料電池芯與電池組間之交互作用，必須符合IEC 62282-6-100 Ed. 1（含修訂1/ Amendment 1）之規範，僅供裝置中電池充電用途之燃料電池芯不允許上機。

第八節　到站行李作業

一、到站行李提領作業

　　班機到達後，運務人員應確認並協調航空站地勤業的勤務人員立即將行李送到旅客出口行李提領處，並將所使用的行李轉盤號碼輸入機場顯

示看板，俾便旅客查詢。國內航線與部分大陸航線的航空公司會在旅客於行李轉盤取回行李後，請旅客交出行李牌，以確認旅客提領的行李與其行李牌號碼一致。一般的國際航線對於旅客提領行李時，除了申報保值行李外，並不會特別去核對旅客行李牌，大都採旅客自由心證的方式處理旅客託運行李的提領作業，一則是各國海關會對可疑的行李採取抽驗方式，二則誤領他人行李有刑事責任侵占之嫌，且若不小心誤領到內含毒品走私或槍械走私的行李箱時，各國刑事處罰刑期不一，最嚴重甚至可判處死刑，提領行李時不可不慎。為避免旅客領錯行李，航空公司多在旅客報到櫃檯提供免費的旅客姓名掛牌供旅客使用，旅客姓名掛牌也是讓旅客領行李行可降低誤領他人行李機會的良好辨識工具。航空公司行李組的運務人員對於旅客在行李轉盤提領行李時，若表現出遲疑或不知所措的態度時，主動向前詢問或協助核對行李，亦可避免或降低行李誤領事件發生。

二、旅客遺失行李牌時

若旅客遺失行李牌時，應請旅客出示機票，經查證旅客艙單及行李託運艙單無誤後，可將行李交還旅客。同時，請旅客於行李牌第二聯上簽名，證明已領取。

三、行李異常狀況處理

若有旅客抱怨其行李遺失、破損、部分物品失竊或遭受汙染，應請其至行李處理中心，由勤務人員與值日主管負責確認並處理旅客遺失、破損、部分物品失竊、汙染行李的查詢、賠償事宜。有關旅客遺失行李查詢作業通則如下：

1.因前一站轉機時間不足進行行李轉運作業或未收到應轉運行李時，應發送「行李未銜接」的電報，告知目的地機場行李組協助查詢。當行李組接獲此類電報時應該在旅客到站後，主動尋找旅客告知行

李異常情形，並請旅客前往行李組辦理行李異常申告。

2. 旅客於出關前告知行李延遲、遺失、部分內容物遺失或損壞，要以耐心與誠懇的態度詢問旅客的行程、託運行李件數與重量、內容物的概述、行李箱的廠牌款式與顏色、行李牌號碼等有關資料，並詳實記載在「行李意外報告表」，簡稱「PIR」（Property Irregularity Report）以提供航空公司進一步搜尋的資料及日後行李遺失時之索償依據。

3. 再次請前站運務人員或地勤代理公司協助清查該航機行李貨艙與行李盤櫃內有無遺漏之未卸下或誤送至貨運集散區的行李。

4. 檢查行李提領作業區死角有沒有無人認領的行李，若發現有無人認領行李，就有可能是「旅客誤領行李事件」（Cross Pick Up）。

5. 若為團體旅客，應請該團體領隊協助清查團體旅客行李，有無家人或朋友代領或多領。

6. 若於短時間內將行李找回，應即向旅客致歉並請留下聯絡方式。除了填寫「行李意外報告表」，並將該報告表的正本交給旅客表示已完成行李異常申告的處理。繼而，運務人員將旅客護照與機票影印備查後，對於外籍旅客支付購買日常盥洗用品零用金，若日後仍無法尋獲行李，必須進行理賠作業時要扣除該費用。綜合前述程序後，將相關資訊輸入電腦，運用國際航空公司異常行李配對搜尋系統尋找遺失行李。為了順遂尋獲行李後的後續運送問題，運務人員應請旅客授權航空公司協助處理海關對後送行李的檢查規定，若旅客同意，日後將尋獲的行李以快遞運送交還旅客。

7. 若旅客申報報行李箱破損時，須檢視破損情形與行李牌上是否已有「損害確認」的旅客簽名，對於行李箱的輕微損壞（如刮傷）、行李箱名牌斷裂、綑綁帶遺失、拉鍊頭斷裂、行李鎖頭遺失與行李牌上已有旅客簽名的損害確認是不賠償的。除此之外，須請旅客填寫「行李意外報告表」，並拍照存證，協助旅客送修行李箱。

8. 若旅客申告行李內容物遺失，須檢視行李箱是否遭外力破壞，拍照

存證，並請旅客填寫「行李意外報告表」與「遺失物清單」，並協助旅客向機場航警局報案。

9.若旅客申報行李汙損，須檢視汙損狀況並拍照存證，協助旅客送洗或旅客自行送洗後憑繳費單據申請理賠。

10.行李遺失當日，即須將旅客申報資料建檔，輸入國際航空公司異常行李配對搜尋系統進行配對尋找。依據經驗，大約90%的行李在次日便會有尋獲或配對類似行李的回覆。

11.行李遺失後的二十四小時後若仍未有回覆，要與遺失行李旅客聯絡，並再次確認行李箱款式、顏色與詳細的內容物說明，並發送第二次行李異常尋找電報。

12.行李箱遺失的七十二小時後若仍未有回覆，要與遺失行李旅客聯絡，並再次確認行李箱款式、顏色與詳細的內容物說明，並發送第三次行李異常尋找電報，並寄發「行李索賠申請書」給旅客，準備進入理賠程序。

13.領取遺失的隨身行李時，請旅客填寫「拾獲物品簽收單」（Found Property Record），俾便證明無誤。

四、賠償標準

就《民法》對運送營業規範的相關侵權案例觀察，係以債務不履行與侵權行為居多。就航空運輸於旅客行李上的責任來說，應屬於侵權行為（民事違法行為）。侵權行為在《民法》上可以分為「一般侵權行為」和「特殊侵權行為」兩大類。一般侵權行為之成立，係採過失責任；特殊侵權行為有別於一般侵權行為的理由，在於其採取介於過失責任與無過失責任之中間責任。所謂中間責任係指責任人所負責任的標準，在過失責任之上，無過失責任之下之意。亦即，「責任人如能證明其於損害之防止已盡相當注意，或縱加以相當注意，仍不免發生損害者，不負賠償責任。」（《民法》第187條第二項、188條第一項但書、第190條第一項但書、第

191條第一項但書）即屬之。

　　我國《民用航空法》對於賠償責任之構成，內容較為複雜，每因個案差異而有所不同。倘若侵權的原因是肇始於「航空器失事所致之損害」或「自航空器上投擲物品所致之損害」，則根據《民用航空法》第89條（航空器所有人之無過失責任）：「航空器失事致人死傷，或毀損他人財物時，不論故意或過失，航空器所有人應負損害賠償責任；其因不可抗力所生之損害，亦應負責。自航空器上落下或投下物品，致生損害時，亦同。」意謂侵權原因係為前揭兩項者，舉凡遇損害發生，不論是出於何種原因，概行負責。

　　倘若侵權原因並非航空器失事所致之乘客傷亡或財物損害，則採「相對責任主義」。依據《民用航空法》第93條規定：「乘客或航空器上工作人員之損害賠償額，有特別契約者，依其契約；特別契約中有不利於中華民國國民之差別待遇者，依特別契約中最有利之規定。無特別契約者，由交通部依照本法有關規定並參照國際間賠償額之標準訂定辦法，報請行政院核定之。前項特別契約，應以書面為之。」就航空公司於旅客行李之責任來說。旅客行李有交託於旅客運送人者，亦有未交託而自行攜帶者，兩者責任輕重不同，試析論如下：

　　旅客隨身行李可以區分為「無託運行李」（unchecked baggage）和「託運行李」（checked baggage）。無託運行李所指為乘客自行攜帶上機且自行保管的行李，包含「免費攜帶物品」（free carry on item）及「座艙行李」（cabin baggage）。在《民法》上對於行李是否有交託予運送人，法律的責任不一。就託運行李來說，不管是在行李免費額度之內，抑或因超重額外收費的行李，《民法》第657條敘明：「運送人對於旅客所交託之行李，縱不另收運費，其權利義務，除本款另有規定外，適用關於物品運送之規定。」因而可發現《民法》對於託運行李於運送人的責任採取「通常事變責任主義」。此外，旅客自行攜帶上機的「無託運行李」，依據《民法》第658條：「運送人對於旅客所未交託之行李，如因自己或其受僱人之過失，致有喪失或毀損者，仍負責任。」就無託運行

李，倘若在航行過程中損毀，則乘客必須自行舉證損毀時間是由航空公司
管理的狀況下造成且損毀原因可以歸責於航空公司或其履行輔助人方有機
會獲得賠償，若無法舉證或確認航空公司或其履行輔助人無過失，則無賠
償之義務。因此，《民法》對於無託運行李於運送人的責任採取「過失責
任主義」。此外，旅客因行李喪失或毀損所生之賠償請求權，屬於「短期
時效」。根據我國《航空客貨損害賠償辦法》第7條之規定：「航空器使
用人或運送人對於乘客及載運貨物或行李之損害賠償，應自接獲申請賠償
之日起三個月內支付之。但因訴訟或有其他正當原因致不能於三個月內支
付者，不在此限。」《中華人民共和國民用航空法》第134條：「旅客或
者收貨人收受託運行李或者貨物而未提出異議，為託運行李或者貨物已
經完好交付並與運輸憑證相符的初步證據。託運行李或者貨物發生損失
的，旅客或者收貨人應當在發現損失後向承運人提出異議。託運行李發
生損失的，至遲應當自收到託運行李之日起七日內提出；貨物發生損失
的，至遲應當自收到貨物之日起十四日內提出。託運行李或者貨物發生
延誤的，至遲應當自託運行李或者貨物交付旅客或者收貨人處置之日起
二十一日內提出。任何異議均應當在前款規定的期間內寫在運輸憑證上或
者另以書面提出。」亦即，旅客行李延誤到達後，運送人應立即通知旅客
領取，也可直接送達旅客指定地點。旅客在領取行李時，如果沒有提出異
議，即可視為託運行李已經完好交付。旅客如果有異議，亦應在規定期限
向運送人以書面方式提出。以長榮航空為例，其官網所揭的「行李遺失與
損壞及攜帶限制」之「異常申告」表明：「若您發現行李延遲、遺失、部
分內容物遺失或損壞，應於出關前向機場行李服務人員提出申告，以協助
我們於第一時間內為您處理行李問題，同時提供您相關服務。如您未於出
關前提出申告，請備妥相關證明文件於以下申告期限內提出說明：部分內
容物遺失、行李損壞七天（自領取行李的隔日算起）。行李延遲、遺失
二十一天（自行李應抵達日的隔日算起）。同理，美國聯合航空亦在其官
網載明搭乘國際航班旅客的行李異常申告：「在抵達七天之內向機場的行
李服務處提出任何關於行李的問題，如果您的行李延遲抵達，請於二十一

天內提出。您也能以書面形式提報問題。」其他有關行李異常申告的時程
依此類推。

　　接下來，有關賠償金額的範圍，就國內線的損害賠償標準，我國的
《航空客貨損害賠償辦法》之授權係依據《民用航空法》第93條規定：
「乘客或航空器上工作人員之損害賠償額，有特別契約者，依其契約；特
別契約中有不利於中華民國國民之差別待遇者，依特別契約中最有利之規
定。無特別契約者，由交通部依照本法有關規定並參照國際間賠償額之標
準訂定辦法，報請行政院核定之。」因此，《航空客貨損害賠償辦法》
在法律位階上屬於授權命令，為行政院發布之命令。該辦法第4條規定：
「航空器使用人或運送人對於載運貨物或行李之損害賠償，其賠償額依下
列標準：一、貨物及登記行李：按實際損害計算。但每公斤最高不得超過
新臺幣一千元。二、隨身行李：按實際損害計算。但每一乘客最高不得超
過新臺幣二萬元。」另一方面，中共民航總局（2008年3月起，更名為中
國民用航空局）於2006年1月29日經國務院批准發布，自2006年3月28日起
施行的《國內航空運輸承運人賠償責任限額規定》（中國民用航空總局
令第164號），針對發生在民用航空器上或者在旅客上下民用航空器過程
中的事件，造成旅客人身傷亡的，將承運人的責任賠償限額為四十萬人民
幣。對每名旅客隨身攜帶物品的賠償責任限額為人民幣三千元；對旅客託
運的行李和對運輸的貨物的賠償責任限額，為每公斤人民幣一百元。就
國際航線（包括接駁的國內班機）的賠償標準而言，依據旅客搭機適用
的公約規定進行理賠，例如《華沙公約》、《海牙公約》與《蒙特利爾
公約》規定，除運送人之作為或不作為是有意造成損害或預知其會發生損
害，《華沙公約》、《海牙公約》運送人對於託運行李損失的責任以每公
斤二十美元為責任限額（每公斤二百五十普安卡雷法郎為限）；《蒙特利爾
公約》（MC 99）規定運送人對於託運行李損失的責任以1288 SDRs（特
別提款權，Special Drawing Rate）為責任限額；有關手提行李損失航空公
司並無明確責任，倘若能證明該項疏失是因航空公司過失所致，《華沙公
約》與《海牙公約》則以機票合約約定之免運費託運行李重量乘以二十美

元為最高理賠責任限額（每位旅客以五千普安卡雷法郎為限）。倘若各國法律另有規定，將以適用之法律規定為依據。但若旅客的託運及隨身手提行李，基於推定過失責任主義，非可歸責航空公司疏忽所造成之損害，概不負賠償責任。有關處理旅客相關賠償作業的程序如下：

1. 依據IATA對旅客行李遺失作業的處理建議，如果旅客的行程涉及一家以上的航空公司從事聯合運送（through carriage/ interline carriage），則請依國際慣例向最後搭乘之航空公司申報行李之延遲、損壞或遺失等服務異常，並由最後一家航空公司進行理賠作業。若僅搭乘同一家航空公司的航班，則於到達站先申報行李異常報告，可待返國後再商討後續理賠事項。

2. 航空公司的機場行李查詢組須致力協助旅客處理異常行李情形，並與旅客適切保持聯絡，使旅客能掌握處理經過。當確認行李已經無法找回，亦應當坦白地向旅客說明致歉，並主動通知旅客填寫理賠申請書，並與旅客解釋理賠的相關作業流程與航空公司的責任限制原則，尋求理賠共識。

3. 對於理賠金額未超出理賠上限的賠償案，應儘量授權權責單位合理迅速完成理賠事項，以免延遲理賠反而提升旅客不滿與抱怨的負面情緒。

4. 由承辦人員填寫「行李意外報告表」、「旅客行李賠償建議報告表」，附旅客艙單一份，按正常行文程序呈報總公司營運部門及貨運部門核備。

5. 如旅客的行李係修理或清洗賠付，另外加附收據憑證。

6. 對於超出責任限額的理賠要求，原則上總公司行李異常事件處理部門會針對個案資料予以審查，經法務保險部門與財務部門審核後，經主管核可後，再將賠償額通知原呈報單位辦理賠付。原呈報申請賠付單位，依相關部門通知之賠償額，以支票或郵局匯票支付該旅客，並取得其簽字之理賠同意書。

7. 總公司營運部門及法務保險部門將和解書行文簽送財務部門。由財務部門將前項資料連同索賠申請單經核可之後，提交保險公司申請索賠。

8. 航空公司雖善盡管理人之注意義務，仍不免損害的發生。行李損壞原則上以修理方式處理，且將根據破損程度和時間及折舊率等，提供修理以外的處理辦法。除相關公約或其他法律或法規另為規定者外，航空公司不就行李之正常磨損或撕裂負擔責任，包括：(1)行李本身材質缺陷或使用過後的老化現象而造成之行李毀損；(2)輕微凹陷、割傷、擦傷、磨損、汙垢及汙漬等；(3)行李本體以外或突出之附屬品，如保護套、束帶、掛勾、扣帶、外掛鎖頭、姓名掛牌等遺失或損傷；(4)過度塞滿或過重超過負荷及包裝未妥善的行李所造成的損壞；(5)因美國運輸安全管理局（TSA）和各國實施之安全檢查所導致之行李損壞或內容物遺失。

五、無人認領之掛牌行李處理

最後，若該班機結束相關作業，行李轉盤處仍有無人認領之掛牌行李時，其處理原則如下：

(一)掛目的地為本站行李牌的行李

1. 航空公司的機場行李組（Lost and Found）負責登記、保管、建立檔案公布於國際航空公司異常行李配對搜尋系統。

2. 依行李託運艙單追查旅客資料，設法掌握旅客行程，聯絡發還。

3. 如當天無人認領，則向海關填具申請書，存入海關關棧待領。遺失者應自公告之日起六個月內，親自攜帶護照及身分證赴財政部關務署稽查組檢查課認領，並依照《入境旅客攜帶行李物品報驗稅放辦法》規定辦理徵、免稅及提領手續。屆滿認領期限仍無人認領，財政部關務署將逕依《民法》第807條及《關稅法》第96條等相關規

定辦理。

(二)掛其他航空站行李牌的行李

1. 行李組聯絡有相同行程航班的友航行李組，查證是否為友航旅客因故非自願或自願更改行程，以致行李誤送航班，若為友航旅客遺失之物，則將行李交還友航進行後續處理。

2. 若行李牌為友航行李牌，行程與目的地皆非本家所有，但係前站運務人員或地勤代理公司誤裝載航班以致誤送，則以最近的航班送返原始出發機場，以利後續處理。

3. 若行李有旅客聯絡電話但是行李牌已經遺失，可試圖致電旅客詢問旅客行程並協助將行李送交相關的航空公司進行後續轉運處理。

4. 若為外站友航所處理的遺失案件，且委託本站代為轉運送行李給旅客，應先聯絡旅客說明緣由後，取得旅客同意後，始得協助將行李通關並以快遞送交旅客，並向友航收取相關服務費用。倘若拾獲物品送還旅客，應請失主填具「拾獲物品簽收單」，俾便結案。

5. 如該項行李無人提領，則予以登記，申請存入海關關棧待領，並依照行李牌號、旅客姓名掛牌、行李款式顏色材質建立無人認領行李

圖7-30　遺失行李後送急轉掛牌，運送時儘量安排直航班機或轉機次數最少的班次，以免二次遺失行李。行李後送是航空公司間的互惠行為，但行李數量太多時仍可能收取運費

資料來源：翻拍國泰航空公司遺失行李後送急轉掛牌

圖7-31　拾獲物品保存倉庫

資料來源：曾通潔攝於香港赤鱲角國際機場

　　檔案，並公布於國際航空公司WorldTracer異常行李配對搜尋系統
中，讓系統自動配對尋找失主。

第九節　WorldTracer行李追蹤查詢系統

　　為降低行李搜尋成本及提高行李搜尋成功機率，WorldTracer行李追
蹤查詢系統是一種提升航空公司整合「服務誤失」造成行李異常運送相
關訊息的作業系統。它將過去全球各航空公司所使用的不同系統加以整
合，具有彈性且易於使用。這套追蹤與管理系統是由國際航空電訊協會
（SITA）與國際航空運輸協會（IATA）共同開發。WorldTracer強調能快
速地尋找迷失行程的旅客行李，讓全球各航空公司公平地交換資訊。現
今WorldTracer組織了不同的服務區塊用來追蹤與管理行李動態，這些服
務模組讓行李的處理需求更佳的客製化。自1960年以來，WorldTracer以
標準化的服務流程提供全球航空公司行李追蹤業務，迄今已有360家以
上的航空公司使用該系統。此外，WorldTracer廣泛應用網路、無線應用

協議（Wireless Application Protocol, WAP）、無線射頻識別系統（Radio Frequency Identification, RFID）、整合性語音識別系統（Interactive Voice Response, IVR）及自助服務系統（Common Use Self Service, CUSS）等技術，大幅提高系統效率及降低系統執行成本，以取代傳統文件存檔系統。

WorldTracer具備有四套主要功能：(1)行李追蹤功能；(2)行李管理功能；(3)索賠調查功能；(4)網際網路服務功能。茲分述如下：

一、行李追蹤功能

WorldTracer行李追蹤功能發展是基於BagTrack（Baggage Tracking System，縮寫為BT）系統架構所建立，是容易操作且具有效率的追蹤系統。此系統提供持續長達一百天以上的追蹤期限，它遵循IATA規則與建議從事行李追蹤作業，擁有全球最強大的搜尋資料庫與後送行李資訊，參照行李外觀與內部物品的特點，以先進的配套比對機制來進行追蹤作業。先進的配套功能，是以類似口語模式產生的「行李內容組合指示」來操作，能讓因處理不當而遺失的行李更快更容易被找到，追蹤期的長短會影響到所需支付的服務費用，各航空公司會依照實際的作業需求來簽訂所需的追蹤期限。

二、行李管理功能

WorldTracer管理模式的特徵是運用延伸工具來管理與矯正異常行李事件產生的成因，並建立、檢索與修改異常行李的檔案紀錄。此一紀錄會自動轉換信息與其他車站或航空業的行李追蹤系統連結（如WorldTracer Tracing、EASYTRAC、ACTS），無須再個別輸入行李追蹤需求到其他的搜尋系統。此系統也提供登錄旅客在航空公司的服務場所或設施遺留物品的功能，並建立失物招領檔案，這類檔案的在網上公告的時效性約可維持

三十天到九十天。另一個有關WorldTracer的特點是他具有強大與彈性的報告功能，提供量化的數據定義不同行李異常事件發生的原因，讓使用者能夠對誤失行李產生的原因進行綜合統計分析，確認誤失發生的環節，讓航空公司對產生誤失的原因從事偵錯與排除，以降低行李異常事件發生。

三、索賠調查功能

索賠調查模組是一個獨立的區塊，詳實地記錄異常行李處理過程的相關紀錄，包括異常行李的類別（遺失、損壞或失竊），配對檔案紀錄，搜尋歷程、理賠經過、歸檔結案。索賠調查模組已被設計和追蹤與管理系統無縫接合，只要輸入現有的行李遺失申報檔案（AHL）或行李損壞檔案（DPR），便可檢索出該案件的索賠與調查的參考資料，所有的理賠調查資料內容與欄位填入，皆由負責該理賠案件的員工在系統內建立詳細且完整的紀錄。

四、網際網路服務功能

通常，旅客對行李異常事件的發生容易衍生對航空公司的服務品質的負面評價，且經常抱怨航空公司未盡力協助。因此，在航空公司的要求下，WorldTracer建立網際網路的互動查詢功能，提供航空公司作為服務的選項。此一系統提供旅客除了運用電話或電子郵件向航空公司查詢異常行李的處理過程，亦提供網際網路的查詢服務。旅客只要輸入WorldTracer正確的檔案編號及旅客姓氏後，隨即可以查詢遺失行李的最新處理狀態。另一方面，旅客亦可點選「聯絡航空公司」功能鍵，將想要詢問的問題或意見直接傳送到行李案件成立場站之信箱，航空公司當地場站將會透過電話或電子郵件方式直接回覆。

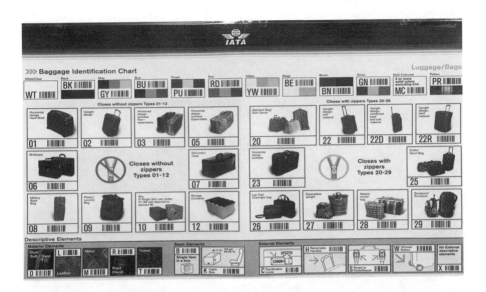

圖7-32　IATA Baggage Identification Chart

資料來源：Passenger Services Conference Resolutions Manual (PSCRM) —Baggage ID

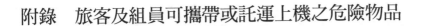
附錄　旅客及組員可攜帶或託運上機之危險物品

中華民國交通部民用航空局公告2019年2月20日空運安字第1085002810號

　　除依本表規定所允許並僅限個人使用外，旅客及組員均不得將空運危險物品放置於手提或託運行李或隨身攜帶上機；另第24及25項之危險物品僅限禁止化學武器組織（OPCW）及政府機關人員可攜帶上機。

項目	危險物品	位置		須經航空公司同意	限制
		託運行李	手提行李		
電池（Batteries）					
1	鋰電池（包括可攜式電子裝置）（Lithium batteries (including portable electronic devices)）	可（限制第7點及第8點所列者除外）	可	詳見限制第3點及第4點	1.電池類型須符合聯合國「測試和標準手冊」第3部分，38.3節（UN Manual of Tests and Criteria, Part III, section 38.3）之每項試驗要求； 2.每個電池須符合下列規定： (1)鋰金屬電池：鋰含量不得超過2公克；或 (2)鋰離子電池：瓦特小時功率不得超過100瓦特小時。 3.每個鋰離子電池之功率大於100瓦特小時但不超過160瓦特小時者，須經航空公司同意； 4.每個鋰含量大於2公克但不超過8公克且用於可攜式醫療電子設備之鋰金屬電池，須經航空公司同意； 5.內含鋰電池之可攜式電子裝置建議以手提行李方式攜帶，若採託運行李方式運送時： (1)必須採取措施防止該裝置意外啟動並保護該裝置不被損壞；和 (2)該裝置必須完全關機（不在睡眠或休眠模式）； 6.能夠產生高熱以致於被驅動時將產生火焰之可攜式電子裝置，其所含之電池和產生熱源之組件必須藉由移除產生熱源之組件、電池或其他組件之方式來加以隔離； 7.備用鋰電池，包括行動電源： (1)必須以手提行李方式攜帶；和 (2)備用電池須個別保護避免短路（如放置原廠零售之包裝中或隔離電極，如於外露／裸露電極上貼上絕緣膠帶或將電池個別放入塑膠袋或保護袋中）； 8.配備有鋰電池且電池超過以下規定之行李箱，必須以手提行李方式攜帶，除非鋰電池已從行李箱移除並依據限制第7點規定攜帶： (1)鋰金屬電池：鋰金屬含量0.3公克；或 (2)鋰離子電池：功率2.7瓦特小時； 9.符合限制第3點及第4點規定之備用鋰電池，每人攜帶數量不得超過二個。

項目	危險物品	位置		須經航空公司同意	限制
		託運行李	手提行李		
2	非溢漏式電池（Non-spillable batteries）	可	可	否	1.必須符合特殊條款A67規範（Special Provision A67）； 2.每一個電池不得超過12伏特，亦不得超過100瓦特小時； 3.每一個電池必須藉由有效絕緣裸露之電極，以保護其避免短路； 4.每人不得攜帶超過二個備用電池；和 5.若設備內含電池，則設備必須保護以避免意外啟動，或每一個電池必須斷路及外露／裸露電極必須絕緣。
3	以電池為驅動方式之可攜式電子煙霧裝置（如電子煙、電子雪茄、電子煙斗、個人霧化器、電子式尼古丁遞送系統）（Battery-powered portable electronic smoking devices (eg. e-cigarettes, e-cigs, e-cigars, e-pipes, personal vaporizers, electronic nicotine delivery systems)）	否	可	否	1.若係以鋰電池為驅動方式，則每一鋰電池必須符合第1項限制之第1、2及7點規定； 2.裝置及／或電池禁止在機上充電；和 3.必須採取避免加熱組件於機上被意外啟動之措施。
4	以電池為驅動方式之行動輔助裝置（例如輪椅）（Battery-powered mobility aids (e.g. wheelchairs)）	可	詳見限制第4點	是	1.限身心障礙、健康或年齡因素而使行動受限或暫時行動不便（如腿骨骨折）的旅客使用。 2.建議旅客洽所搭乘的航空公司預作安排，並提供行動輔助裝置所安裝電池類型及行動輔助裝置使用說明之資訊（包括如何將電池絕緣之操作指引）； 3.若為非溢漏式濕電池： (1)每一個電池必須符合特殊條款A67規範；和 (2)每個人僅能攜帶一個備用電池； 4.若為鋰離子電池 (1)電池類型須符合聯合國「測試和標準手冊」第3部分，38.3節（UN Manual of Tests and Criteria, Part III, section 38.3）之每項試驗要求； (2)當行動輔助裝置未有適當保護電池之設計時 • 必須依照製造商之使用說明將電池自裝置移除； • 電池不得超過300瓦特小時； • 被移除的電池必須要保護以防止短路（將電極絕緣，如將外露的電極以膠帶絕緣） • 取出之電池必須保護以避免損壞（如將每個電池放入保護袋中）；和 • 取出之電池必須放置於客艙中； (3)最多僅能攜帶一個不超過300瓦特小時或兩個單顆不超過160瓦特小時之備用電池；備用電池必須放置於客艙中。
火焰及燃料來源（Flames and fuel sources）					
5	香菸打火機、安全火柴（Cigarette lighter, Small packet of safety matches）	不可	詳見限制第2點	否	1.每人最多限帶一個香菸打火機或一盒安全火柴 2.必須以隨身方式攜帶上機； 3.不可含有未被吸收之液體燃料（不含液化氣體）；和 4.以鋰電池驅動之香菸打火機，則每一個電池必須符合項目1之限制第1、2及7點與項目3之限制第2、3點規定。

項目	危險物品	位置		須經航空公司同意	限制
		託運行李	手提行李		
6	酒精濃度超過24％但小於等於70%之飲料（Alcoholic beverages containing more than 24 percent but not more than 70 percent alcohol by volume）	可	可	否	1.必須為零售包裝；和 2.每人攜帶的總淨量不得超過5公升。 註：酒精濃度不超過24%則攜帶不受限制。
7	內燃機或燃料電池引擎（Internal combustion engines or fuel cell engines）	可	不可	否	必須採取措施以消除危險性。更多資訊，請參閱特殊條款A70規範。
8	含有燃料之燃料電池芯（Fuel cells containing fuel）	不可	可	否	1.燃料電池芯匣（cartridges）僅限裝易燃液體、腐蝕性物質、液化易燃氣體、遇水會有反應物質或金屬氫化物之氫氣； 2.除非可允許安裝備用燃料電池芯匣，否則機上禁止對燃料電池芯進行充填； 3.任何燃料電池芯及燃料電池芯匣中之燃料量不得超過下列標準： (1)液體：200毫升； (2)固體：200公克； (3)液化氣體：於非金屬燃料電池芯匣120毫升；於金屬之燃料電池芯及燃料電池芯匣200毫升；和 (4)金屬氫化物之燃料電池芯或氫氣燃料電池芯匣：水容量等於或少於120毫升； 4.每個燃料電池芯及燃料電池芯匣必須符合國際電工委員會（IEC）62282-6-100 Ed. 1（含修訂1/Amendment 1）之規範，每個燃料電池芯匣上應有製造商認證符合標準之標記，並標明匣中所含燃料之最大數量與類型； 5.金屬氫化物之氫氣燃料電池芯匣必須符合特殊條款A162規範； 6.每人最多可攜帶二個備用燃料電池芯匣； 7.含有燃料之燃料電池芯僅允許以手提方式上機； 8.裝置內之燃料電池芯與電池組間之交互作用，必須符合IEC 62282-6-100 Ed. 1（含修訂1/Amendment 1）之標準，僅供裝置中電池充電用途之燃料電池芯不允許上機； 9.可攜式電子裝置於未使用狀態時，燃料電池芯必須是不為電池充電的型態，並應由製造商標示「APPROVED FOR CARRIAGE IN AIRCRAFT CABIN ONLY」之恆久性標記；和 10.除啟運國可要求其他語言之文字外，前述標記建議使用英文。
	備用燃料電池芯匣（Spare fuel cell cartridges）	可	可	否	
氣瓶及氣罐內之氣體（Gases in cylinders and cartridges）					
9	供醫療使用的氧氣瓶或氣瓶（Cylinders of oxygen or air required for medical use）	可	可	是	1.每一個氣瓶毛重不能超過5公斤； 2.裝有氣體之氣瓶、閥和調節器必須要保護好以避免損壞而導致內容物散發； 3.建議事先安排；和 4.必須填寫機長通知書告知機長氧氣瓶（或氣瓶）數量與裝載於航空器內之位置。
10	供操作義肢用屬危險物品分類2.2類之氣罐（Cartridges of Division 2.2 worn for the operation of mechanical limbs）	可	可	否	如果有需要，也允許攜帶具有類似尺寸的備用氣罐，以確保在旅程期間提供足夠的供應。
11	內含於頭髮造型設備中之碳氫化合物氣體氣罐（Cartridge of hydrocarbon gas contained in hair Styling equipment）	可	可	否	1.每人最多只能攜帶一個； 2.安全蓋必須牢固裝置在加熱元件上；和 3.備用的氣體填充罐，禁止攜帶。

項目	危險物品	位置		須經航空公司同意	限制
		託運行李	手提行李		
12	填充於可自行充氣膨脹之個人安全裝備（如救生夾克或背心）內之分類2.2類無次要危險性氣罐（Cartridges of Division 2.2 with no subsidiary hazard fitted into a self-inflating personal safety device such as a life-jacket or vest）	可	可	是	1.每人最多限帶一個個人安全裝備； 2.個人安全裝備必須妥適包裝以確保不會被意外啟動； 3.僅限充氣使用； 4.裝備最多可裝置二個氣罐；和 5.最多攜帶二個備用氣罐。
13	非個人安全裝備內所含分類2.2類無次要危險性氣罐（Cartridges of Division 2.2 with no subsidiary hazard for other than a self-inflating personal safety device）	可	可	是	1.每人最多可帶四個氣罐；和 2.每個氣罐之水容量不得超過50毫升。 註：以二氧化碳而言，水容量50毫升的氣罐等同於28公克的氣罐（cartridge）。
14	內含於雪崩救援背包之分類2.2類無次要危險性氣瓶或氣罐（Cartridges and cylinders of Division 2.2 with no subsidiary hazard contained in an avalanche rescue backpack）	可	可	是	1.每人最多攜帶1個雪崩救援背包； 2.救援背包必須妥適包裝以確保不會被意外啟動； 3.可內裝含有淨重不超過200毫克屬危險物品分類1.4S類之煙火觸發裝置；和 4.其內含的氣囊必須配備有壓力釋放閥。
	放射性物質（Radioactive material）				
15	植入人體的放射性同位素心律調整器或其他醫療裝置（Radioisotopic cardiac pacemakers or other medical devices）	不適用（詳見限制）	不適用（詳見限制）	否	因醫療所需植入於人體內或配掛於人體外部方可攜帶。
	水銀（Mercury）				
16	內含水銀之小型醫療或診療用溫度計（Small medical or clinical thermometer which contains mercury）	可	否	否	1.每人最多限帶一支；和 2.必須放置於保護盒內。
	其他危險品（Other dangerous goods）				
17	非放射性物質之醫療用品（含噴劑）、梳妝用品（含噴劑）和分類2.2類危險物品且無次要危險性之噴劑（Non-radioactive medicinal articles (including aerosols), toiletry articles (including aerosols) and aerosols in Division 2.2 with no subsidiary hazard）	可	可	否	1.單一物品不超過淨重0.5公斤或淨容量0.5公升； 2.每人可攜帶淨總量不超過2公斤或2公升（如攜帶四個500毫升之壓縮噴罐）； 3.噴劑壓力閥門須由蓋子或其他適合方式加以保護以防止意外洩漏；和 4.噴劑釋放之氣體不得對組員造成極度氣惱或不適，以免妨礙其正確履行職務。
18	乾冰（Dry ice）	可	可	是	1.每個人最多可攜帶2.5公斤； 2.用於非危險物品之生鮮食品； 3.包裝必須可以散發乾冰所產生的二氧化碳氣體；和 4.以託運行李運送時，每個包裝必須標示： 　(1)「乾冰」或「固態二氧化碳」（DRY ICE或CARBON DIOXIDE, SOLID）；和 　(2)乾冰的淨重或其淨重不超過2.5公斤之說明。
19	安全包裝且屬分類1.4S之彈藥（只限UN0012及UN0014）（Securely packaged cartridges in Division 1.4S (UN0012 or UN0014 only)）	可	否	是	1.每人僅能攜帶毛重5公斤以內； 2.必須安全包裝； 3.不得包括含爆裂性或燃燒性之彈藥；和 4.兩名以上旅客所攜帶之彈藥，不得合併為一個或數個包裝件。
20	滲透裝置（Permeation devices）	可	否	否	有關如何包裝校準空氣品質監控設備之滲透裝置，請參見特殊條款A41規範。

項目	危險物品	位置		須經航空公司同意	限制
		託運行李	手提行李		
21	易燃性混合物中不具傳染性之樣本（Non-infectious specimens in flammable solutions）	可	可	否	有關包裝及標示，必須符合特殊條款A180規範。
22	冷凍液態氮（Refrigerated liquid nitrogen）	可	可	否	必須包裝於隔熱包裝內（例如真空瓶），此隔熱包裝之設計不得任壓力在容器內累積，且液態氮須完全由多孔物質吸附，以確保不會有任何冷凍液態氮釋出。 更多資訊請參考特殊條款A152規範。
23	含於保全裝置（例如公文箱、現金箱、現金袋等）之危險物品（Dangerous goods incorporated in security-type equipment, such as attaché cases, cash boxes, cash bags, etc）	可	否	是	保全裝置必須備能有效防止意外啟動之功能，且該裝置中所含有之危險物品必須符合特殊條款A178規範。
24	限禁止化學武器組織（OPCW）及政府機關人員可攜帶上機　含有放射性物質之設備（如化學式監測儀或快速警報及識別裝置監測儀）（Instruments containing radioactive material (i.e. chemical agent monitor (CAM)and/or rapid alarm and identification device monitor (RAID-M))	可	可	是	1.設備中所含之放射性物質不得超過國際民航組織危險物品航空安全運送技術規範放射性物質安全運送規則表2-14例外包裝之活性限制（Table 2-14. Activity limits for excepted packages）； 2.須包裝牢固；和 3.僅「禁止化學武器組織」（OPCW）所屬人員因公務旅行可攜帶。
25	水銀氣壓計或溫度計（A mercurial barometer or mercurial thermometer）	否	可	是	1.必須由政府氣象局或類似官方機構之代表攜帶； 2.必須裝進堅固的外包裝中，且內含密封之內襯墊或以堅固防漏及防穿刺材料所製成之袋子，以防止水銀或水銀蒸氣的外洩；和 3.必須填寫機長通知書將氣壓計或溫度計告知機長。

備註：

1. 搭乘國際線航班之旅客，手提行李或隨身攜帶上機之液體、膠狀及噴霧類物品容器，不得超過100毫升，並須裝於一個不超過1公升（20×20公分）大小且可重複密封之透明塑膠夾鍊袋內，所有容器裝於塑膠夾鍊袋內時，塑膠夾鍊袋須可完全密封，且每位旅客限帶一個透明塑膠夾鍊袋。另旅客攜帶旅行中所必要但未符合前述限量規定之嬰兒牛奶（食品）、藥物、糖尿病或其他醫療所須之液體、膠狀及噴霧類物品，須於機場安檢線向內政部警政署航空警察局安全檢查人員申報，並於獲得同意後，始得放於手提行李或隨身攜帶上機。

2. 本表中所述各項危險物品應選擇最適用之條目之限制，例如，電子菸必須符合「以電池為驅動方式之可攜式電子煙霧裝置」項目之限制，而非符合「鋰電池或非溢漏式電池」項目之限制。

3. 包含多種危險物品之項目必須符合所有限制條件，例如旅客及組員可攜帶或託運上機之危險物品表中之第1項和第14項之限制均適用於內含鋰電池和分類2.2類無次要危險性氣瓶或氣罐之雪崩救援背包。

4. 本表所述特殊條款規範詳見最新版國際民航組織之「危險物品航空安全運送技術規範」（Technical Instructions for the Safe Transport of Dangerous Goods by Air）。

觀光旅運系列

航空地勤運務導論

作　　者／楊政樺、曾通潔
出 版 者／揚智文化事業股份有限公司
發 行 人／葉忠賢
總 編 輯／閻富萍
特約執輯／鄭美珠
地　　址／新北市深坑區北深路三段 258 號 8 樓
電　　話／(02)8662-6826
傳　　真／(02)2664-7633
網　　址／http://www.ycrc.com.tw
 E-mail ／service@ycrc.com.tw
 I S B N ／978-986-298-365-2
初版一刷／2021 年 9 月
定　　價／新台幣 500 元

國家圖書館出版品預行編目（CIP）資料

航空地勤運務導論 = Introduction to airport
passenger service / 楊政樺，曾通潔著. --
初版. -- 新北市：揚智文化事業股份有限
公司, 2021.09
　　面；　公分. --（觀光旅運系列）

ISBN 978-986-298-365-2(平裝)

1.航空運輸管理

557.93   110006144